U0516011

权威·前沿·原创

皮书系列为
"十二五""十三五""十四五"时期国家重点出版物出版专项规划项目

BLUE BOOK

智 库 成 果 出 版 与 传 播 平 台

西部蓝皮书
BLUE BOOK OF WESTERN REGION

中国西部发展报告（2023）

ANNUAL REPORT ON DEVELOPMENT IN WESTERN REGION OF CHINA (2023)

数字化驱动西部地区高质量发展

吴振磊　徐璋勇 等／著

社会科学文献出版社
SOCIAL SCIENCES ACADEMIC PRESS（CHINA）

图书在版编目（CIP）数据

中国西部发展报告.2023：数字化驱动西部地区高
质量发展/吴振磊等著.--北京：社会科学文献出版
社，2023.12
（西部蓝皮书）
ISBN 978-7-5228-2778-0

Ⅰ.①中… Ⅱ.①吴… Ⅲ.①西部经济-区域经济发
展-研究报告-2023②西部经济-经济改革-研究报告-
2023 Ⅳ.①F127

中国国家版本馆 CIP 数据核字（2023）第 218434 号

西部蓝皮书
中国西部发展报告（2023）
——数字化驱动西部地区高质量发展

著　者／吴振磊　徐璋勇 等

出 版 人／冀祥德
组稿编辑／丁　凡
责任编辑／王玉霞
文稿编辑／吴尚昀
责任印制／王京美

出　　版／社会科学文献出版社·城市和绿色发展分社（010）59367143
　　　　　地址：北京市北三环中路甲 29 号院华龙大厦　邮编：100029
　　　　　网址：www.ssap.com.cn
发　　行／社会科学文献出版社（010）59367028
印　　装／三河市东方印刷有限公司

规　　格／开　本：787mm×1092mm　1/16
　　　　　印　张：26.25　字　数：394 千字
版　　次／2023 年 12 月第 1 版　2023 年 12 月第 1 次印刷
书　　号／ISBN 978-7-5228-2778-0
定　　价／128.00 元

读者服务电话：4008918866

教育部人文社会科学重点研究基地——
西北大学中国西部经济发展研究院建设项目

西北大学"双一流"建设项目资助
Sponsored by First-class Universities and Academic
Programs of Northwest University

主要编撰者简介

吴振磊 现任西北大学党委常委、副校长、教授、博士生导师，西北大学中国西部经济发展研究院主任，中国工业经济学会副会长，中国数量经济学会副会长，中国《资本论》研究会常务理事，中国技术经济学会常务理事、全国马经史学会理事，陕西省区域经济研究会会长，人大复印报刊资料、《社会主义经济理论与实践》、《经济学文摘》学术编辑委员会编委。主要研究领域为市场经济理论与实践、城乡一体化与反贫困，在核心期刊发表学术论文30余篇，独立或参编著作、教材20余部。主持完成国家社科基金项目、国家社科基金重大项目子课题等国家级和省部级课题10余项，获国家教学成果奖、陕西省教学成果奖、陕西省哲学社会科学优秀成果奖、陕西省科学技术进步奖等省部级及以上教学科研奖励10余项；完成咨询建议多项被省部级部门采纳或获得肯定性批示。

徐璋勇 现任西北大学经济管理学院金融学系教授、博士生导师、硕士生导师，西北大学中国西部经济发展研究院研究员，兼任国家社科基金通讯评议专家、教育部人文社科基金项目评审专家、陕西省发展经济学会会长、陕西省金融学会常务理事。近年来在国内外核心刊物发表论文100余篇，被人大复印报刊资料全文转载19篇；出版专著与合著6部，主编研究报告14部；主持省部级及以上基金项目8项，承担及参与地方政府委托咨询规划项目16项；获得教学成果奖励8项、科研成果奖励25项，其中省部级及以上科研成果奖励10项。

摘　要

　　《中国西部发展报告》（西部蓝皮书）是由教育部人文社会科学重点研究基地——西北大学中国西部经济发展研究院组织全国长期研究中国西部发展问题的专家学者共同撰写，并由社会科学文献出版社出版的年度专题性研究报告，从2005年起每年出版一部，已经连续出版十七部，《中国西部发展报告（2023）》（西部蓝皮书）是第十八部。

　　《中国西部发展报告（2023）》（西部蓝皮书）以"数字化驱动西部地区高质量发展"为研究主题。党的十八大以来，党中央高度重视发展数字经济，大力推进数字产业化和产业数字化。2020年，中共中央、国务院发布《关于新时代推进西部大开发形成新格局的指导意见》，为推进西部地区高质量发展提供了战略指导与具体规划。西部地区作为我国重要的经济区域，在我国的宏观布局中具有至关重要的战略地位，其经济社会发展对我国实现区域协调发展、全面建成社会主义现代化强国具有重要意义。但在传统经济背景下，西部地区受地理位置、要素禀赋等客观条件限制，发展水平相对落后，导致我国区域间出现了较为明显的发展不平衡不充分现象。而以数字信息技术为支撑的数字化的高速发展为西部地区提供了新的发展机遇。

　　因此，本书以数字化驱动西部地区高质量发展为研究主题。全书分为"总报告""数字化驱动经济发展""数字化驱动社会发展与法治建设""数字化驱动教育科技发展""数字化驱动环境友好"5个板块。其中，"总报告"主要基于对数字化驱动西部地区高质量发展的背景、发展现状、发展机遇的分析，提出了数字化驱动西部地区高质量发展的实现路径及政策建议;"数字化驱动经济发展"主要对数字化驱动西部地区企业发展、产业升级、金融发展、居民收入消费增长 4 个专题进行了分析研究;"数字化驱动社会发展与法治建设"主要对数字化驱动西部地区社会发展质量提升、乡村治理完善、就业质量提升、法治建设 4 个专题进行了分析研究;"数字化驱动教育科技发展"主要对数字化驱动西部地区高等教育发展、职业教育发展、科技创新、文化产业发展与文化品牌建设 4 个专题进行了分析研究;"数字化驱动环境友好"主要对数字化驱动西部地区低碳发展、新能源开发利用、水资源利用、灾害治理 4 个专题进行了分析研究。

关键词: 西部地区　数字化　产业数字化

Abstract

Western Blue Book-Report on Economic Development in Western China is a research report published by Social Sciences Academic Press (China), written by experts and scholars who are researching the ecomomic development of western region and organized by Centre for Studies of China western Economic Development of Northwest University, one of Ministry of Education. It has been published every year since 2005, seventeen books have been published in succession, and the Western China Development Report (2023) (Western Blue Book) is the eighteenth.

The Western China Development Report (2023) (Western Blue Book) takes "Digitalization drives high-quality development in the western region" as the research theme. ince the 18th CPC National Congress, the CPC Central Committee has attached great importance to the development of digital economy and vigorously promoted digital industrialization and industrial Digitalization. In 2020, the CPC Central Committee and the State Council issued the Guiding Opinions on Promoting the Western Development in a New Era and Forming a New Pattern, which provided strategic direction guidance and specific planning for promoting high-quality development in the western region. As an important economic zone in China, the western region has a crucial strategic position in China's macro layout, and its economic development is of great significance for China to achieve high-quality regional coordinated development and build a socialist modern power in an all-round way. However, in the context of traditional economy, restricted by the geographical location, factor endowment and other objective conditions of the western region, there has been a relatively obvious phenomenon of unbalanced and inadequate development in various regions of

China. Since the new era, the rapid development of digitization has provided new development opportunities for the western region.

Therefore, this report focuses on the Digitalization drives high-quality development in the western region. The whole book is divided into five parts: general report, digital driven economic development, digital driven social development and legal construction, digital driven development of education and science and technology, and digital driven environmental friendliness. The "general report" mainly studies the background of digital driven high-quality development in the western region, the analysis of the current situation of digital driven high-quality development in the western region, the practice path and policy recommendations of digital driven high-quality development in the western region, and the opportunities and prospects of digital driven high-quality development in the western region. The chapter of digital driven economic development mainly studies digital driven enterprise development in the western region, digital driven industrial upgrading in the western region, digital driven financial development in the western region, and digital driven income and consumption growth of residents in the western region. The chapter of digital driven social development and legal construction mainly studies the improvement of the quality of social development in the western region, the improvement of rural governance in the western region, the improvement of employment quality in the western region, and the legal construction in the western region. The chapter of digital driven development of education and science and technology mainly studies the digital driven development of higher education in the western region, the digital driven development of Vocational Education in the western region, the digital driven innovation of science and technology in the western region, and the digital driven construction of cultural brands in the western region. Digital driving environmental friendliness mainly studies digital driving low-carbon development in the western region, digital driving new energy development and utilization in the western region, digital driving water resources utilization in the western region, and digital driving disaster management in the western region.

Keywords: Western Region; Digitization; Industrial Digitalization

目 录 ↘

Ⅰ 总报告

Ⅱ 数字化驱动经济发展

III 数字化驱动社会发展与法治建设

IV 数字化驱动教育科技发展

V 数字化驱动环境友好

皮书数据库阅读**使用指南**

CONTENTS ⤵

I General Report

II Digitalization Drives Economic Development

西部蓝皮书

III Digitalization Dives Social Development and Legal Construction

IV Digitalization Dives the Development of Educational Science and Technology

V Digitalization Dives Environment Friendly

总 报 告

General Report

B.1
数字化驱动西部地区高质量
发展的回顾与展望

吴振磊　张瀚禹　苏 芳*

摘　要： 数字化和数字技术被认为是引领高质量发展的新动能。西部地区作为高质量发展的薄弱区域，面临产业发展不足、地理区位差、生态环境脆弱等发展制约因素，利用数字化和数字技术的新特性驱动西部地区高质量发展对补齐中国式现代化短板具有较强的现实意义。本文着眼于数字化驱动西部地区高质量发展的现状，从数字化接入能力、数字化应用能力和数字化绩效三个维度出发构建相应的指标体系，利用熵权法对其进行综合测算与分析。本文围绕数字接入、数字应用与数字绩效三个方面对数字化驱动西部地区高质量发展的制约因素进行研究，并提出相应的政策建议和长期展望，以期为实现西部地区高质量发展提供参考与借鉴。

* 吴振磊，教育部人文社会科学重点研究基地西北大学中国西部经济发展研究院主任，西北大学党委常委、副校长、教授、博士生导师；张瀚禹，西北大学经济管理学院博士研究生；苏芳，西北大学经济管理学院教授。

一 数字化驱动西部地区高质量发展的背景

党的二十大报告提出加速数字经济发展，推动数字经济与实体经济融合发展。中央及地方政府相继出台了诸多专项政策，以期推动数字化转型、实现高质量发展。国务院印发的《"十四五"数字经济发展规划》指出，到2025年，我国数字经济迈向全面扩展期，数字经济核心产业增加值占GDP的比重达10%，数字化创新引领发展能力大幅提升，智能化水平明显提升，数字技术与实体经济融合取得显著成效，数字经济治理体系更加完善，数字经济竞争力和影响力稳步提升。未来的10年将是全球治理体系深刻重塑的10年，随着互联网等数字基础设施的大规模建设，物联网、大数据、云计算等新一代信息技术发展突飞猛进，有别于传统平台化经济的数字产业蓬勃兴起。人工智能、数字孪生等数字新技术的发展与应用将会改变地区间的交流互动方式，重塑中国区域发展格局。由此可见，数字化与数字技术将成为新时代引发质量变革的"新技术"、引发效率变革的"新业态"、引发动力变革的"新动能"，已成为现代社会生产力发展的新引擎、新标志，把握数字化的发展先机就能抢占未来发展的制高点。

中国西部地区处于我国内陆，包含12个省（区、市），总面积约686万平方公里，约占全国总面积的72%，根据第七次全国人口普查数据，西部地区人口3.83亿，占全国人口的27.12%。2022年，西部地区生产总值为256985亿元，占全国的21.23%。从以上数据可以发现，西部地区面积占全国的近3/4，人口占全国的近1/3，是我国经济发展的重要组成部分，在我国的宏观布局中具有至关重要的战略地位。但西部地区生产总值只占全国的1/5，因此现阶段，西部地区经济发展能力、社会发展水平较东部沿海地区仍显逊色，面临着产业发展不足、地理区位差、生态环境脆弱等现实问题，是中国区域协调发展和现代化进程中的短板地区。

针对西部地区的发展现状，党和国家高度重视西部地区发展工作。1999年9月，中共十五届四中全会通过的《中共中央关于国有企业改革和发展若干重大问题的决定》明确提出国家要实施西部大开发战略。1999 年 11 月，中共中央、国务院召开经济工作会议，在部署 2000 年工作时把实施西部大开发战略作为一个重要的方面。自 2000 年以来，国家不断加大对西部地区的投入力度，西部地区也取得了长足的发展，人均国内生产总值从 2000 年的 0.14 万元增长至 2022 年的 6.7 万元。党的十八大以来，中国特色社会主义进入新时代，党的十九大首次提出"高质量发展"的表述，表明中国经济由高速增长阶段转向高质量发展阶段。随着发展阶段的转变，西部地区的发展模式也需要发生转变，过去的"西部大开发"战略过度集中于固定资产投资和资源能源开发却忽视了软环境建设，造成人力资本挤出和产业结构调整滞后等不良后果，并可能进一步拉大与其他地区的差距。[1]习近平总书记在党的二十大上宣告："从现在起，中国共产党的中心任务就是团结带领全国各族人民全面建成社会主义现代化强国、实现第二个百年奋斗目标，以中国式现代化全面推进中华民族伟大复兴。"要实现中国式现代化，全面建成社会主义现代化强国，推动区域协调发展是其中的关键。由此可见，缩小西部地区同其他地区的发展差距，实现西部地区高质量发展是实现中国式现代化的重要一环，没有西部地区的高质量发展，中国的高质量发展就不能实现，没有西部地区的现代化，中国式现代化也无从实现。因此，结合数字技术飞速发展的时代背景和实现西部地区高质量发展的时代任务，有必要针对数字化驱动西部地区高质量发展的现状与存在的问题进行分析研究，为数字化驱动西部地区高质量发展提供可行的战略规划与路径建议。

二 数字化驱动西部地区高质量发展的现状分析

已有众多学者对高质量发展的现状评价进行了深入研究，当今正处于数字经济蓬勃发展的机遇期，数字经济的新技术和新业态改变了原有的发展条

---

[1] 刘瑞明、赵仁杰：《西部大开发：增长驱动还是政策陷阱——基于 PSM-DID 方法的研究》，《中国工业经济》2015 年第 6 期。

件，数字化成为驱动经济高质量发展的"新动能"。因此，应将高质量发展评价体系与数字化发展评价体系相融合，进一步构建数字化驱动背景下高质量发展评价体系，客观评价数字化驱动背景下西部地区高质量发展的现状。

（一）数字化驱动西部地区高质量发展评价体系

高质量发展是一种新的发展方式和发展战略，习近平总书记在党的十八届五中全会上提出："以新发展理念引领高质量发展。"因此，对高质量发展的评价也应该围绕新发展理念展开，从创新、协调、绿色、开放、共享五个方面评价地区高质量发展现状。当今正处于数字技术和数字经济蓬勃发展的新时代，数字化和数字技术被认为是驱动经济高质量发展与新旧动能转换的重大历史机遇，同时也是西部地区在中国特色社会主义建设新时代实现追赶超越的重要机会。因此，为客观准确地评价数字化驱动西部地区高质量发展的现状，本文在传统的高质量发展指标体系中融入数字化发展指标，构建面向数字经济时代的西部地区高质量发展评价体系。

1. 数字化驱动西部地区高质量发展的依据

在构建数字化驱动西部地区高质量发展的评价体系前，首先需要厘清数字化驱动西部地区高质量发展的依据，只有厘清数字化驱动西部地区高质量发展的各个环节，才能全面、客观地对数字化驱动西部地区高质量发展现状做出评价。数字技术具有非竞争性、边际成本趋于零、去中心化等新特性，这些新特性可以从宏观、中观、微观三个层面驱动全社会高质量发展。

从宏观层面来看，数字化有利于优化资源配置，提高资源的整体使用效率。现代网络信息技术等数字技术可以极大地提高信息传播效率，进而助力政府制定更加合理、有针对性的政策规划，增强政府宏观调控的有效性和前瞻性，可最大限度地克服投资盲目性造成的社会资源浪费，极大地提高社会经济发展的宏观经济质量。数字经济互联互通的特点扩大了企业市场规模，市场规模的扩大又能带动生产规模扩大，实现范围经济与规模经济相结合，从而加快形成多元化盈利模式。

从中观层面来看，数字化可以有力推动产业转型升级，促进企业高质高效发展。数字经济能促进不同产业相互渗透，其融合效应加快了数字经济与实体经济的融合，有利于加快制造业数字化转型和全新价值链的形成，能促进大规模的产业协作。对于市场来说，提高信息传播效率可以克服信息不对称，提高市场运行效率。

从微观层面来看，数字化具有去中心化的特点，个人电脑、手机等个人终端成为数字经济时代的生产工具，劳动者可以随时随地展开生产劳动。人们在互联网上进行各种经济活动或是信息交流不需要通过传统的物理市场或是交易中介，每一个数字市场的参与者都可通过区块链等数字技术为数字合约提供见证，数字市场成为真正的全领域、大范围的陌生人市场，过去处于中心和边缘的市场主体在数字市场中都具有同样的地位。数字化具有去中心化的特性，可以增强市场微观主体活力，给予每个微观主体公平的地位。

但数字技术的发展并非没有负面影响，数字经济由于其背后蕴含着复杂的技术条件，相较工业经济对地区基础设施和人力资本提出了革命性要求。正是基于上述原因，未来学家托夫勒提出了"数字鸿沟"的概念，认为"数字鸿沟"可能会带来新的"权力转移"，并进一步造成结果的分化。有学者认为数字鸿沟可以进一步被分解为三级，一级鸿沟（数字化接入）和二级鸿沟（数字化应用）是造成三级鸿沟（数字化绩效）的原因，① 要实现数字绩效的提升更需要实现地区数字接入和数字应用的提升。

综上所述，数字化驱动西部地区高质量发展本质上是通过数字技术和数字经济的发展促进西部地区实现高质量发展，因此，数字化驱动西部地区高质量发展的过程就是通过提升西部地区数字基础设施、提升西部地区数字应用能力，进而实现高质量发展的过程。要实现数字化驱动西部地区高质量发展（数字化绩效），就必须提升西部地区数字基础设施和数字化工具的普及率（数字化接入），提升西部地区的信息获取效率，塑造全新的数字化思维，进而推动西部地区的数字产业发展和数字化转型（数字化应用）。由此

---

① A. Scheerder, A. Deuesen, J. Dijk, "Determinants of Internet Skill, Uses and Outcomes, A Systematic Review of the Second and Third Level Digital Divide," *Telematics and Informatics* 34 (2017): 1607-1624.

可见，数字化驱动西部地区高质量发展主要可以分为三个环节，即数字化接入、数字化应用和数字化绩效。

2. 数字化驱动西部地区高质量发展的测度体系

基于数字化驱动西部地区高质量发展的逻辑，借鉴现有研究以及考虑到数据的可获得性，本文构建由数字化接入、数字化应用与数字化绩效 3 个维度 9 个一级指标 26 个二级指标构成的数字化驱动西部地区高质量发展评价指标体系（见表 1）。

（1）数字化接入。

数字化接入水平衡量的是地区数字化技术和服务的接触能力，主要从数字基础设施和数字化工具普及率两个指标进行评价。本文选取每百人使用计算机数、每百家企业拥有网站数、移动电话普及率、4G 移动电话普及率作为数字化工具普及率指标；选取每万人均移动电话基站数、光缆线路长度、IPv4 地址数、人均宽带接口作为数字基础设施指标。

（2）数字化应用。

数字化应用主要衡量数字技术使用者的能力和技能水平，具体到地区层面主要衡量地区应用数字技术实现自身发展的能力。本文选取有电子商务交易活动企业的比重、电子商务销售额占 GDP 的比重作为数字化转型指标；选取信息产业收入占 GDP 的比重作为数字产业发展指标。

（3）数字化绩效。

数字化绩效主要衡量地区高质量发展水平，本文围绕五大新发展理念融合数字化发展构建地区高质量发展指标。本文选取每万人均数字专利数量、每万人均 R&D 人员、每万人均 R&D 项目数、每万人均 R&D 经费作为创新发展指标；选取城乡消费支出比、城乡居民收入比作为协调发展指标；选取单位 GDP 废气排放量作为绿色发展指标；选取外贸依存度、软件业务出口占 GDP 的比重作为开放发展指标；选取小学生师比、初中生师比、普通高中生师比、每万人均卫生机构人员数、人均教育经费、数字普惠金融指数作为共享发展指标。

表1 数字化驱动西部地区高质量发展评价指标体系

维度	一级指标	二级指标
数字化接入	数字化工具普及率	每百人使用计算机数
		每百家企业拥有网站数
		移动电话普及率
		4G 移动电话普及率
	数字基础设施	每万人均移动电话基站数
		光缆线路长度
		IPv4 地址数
		人均宽带接口
数字化应用	数字化转型	有电子商务交易活动企业的比重
		电子商务销售额占 GDP 的比重
	数字产业发展	信息产业收入占 GDP 的比重
数字化绩效	创新发展	每万人均数字专利数量
		每万人均 R&D 人员
		每万人均 R&D 项目数
		每万人均 R&D 经费
	协调发展	城乡消费支出比
		城乡居民收入比
	绿色发展	单位 GDP 废气排放量
	开放发展	外贸依存度
		软件业务出口占 GDP 的比重
	共享发展	小学生师比（教师人数＝1）
		初中生师比（教师人数＝1）
		普通高中生师比（教师人数＝1）
		每万人均卫生机构人员数
		人均教育经费
		数字普惠金融指数

（二）数字化驱动西部地区高质量发展的测度结果分析

在进行具体的现状分析前，需对东、中、西部地区的范围进行明确。根据国家统计局划分的标准，将全国 31 个省（区、市）划分为东部、中部和西部三大区域，其中，东部地区包括北京、天津、上海、辽宁、河北、山东、江苏、浙江、广东、福建、海南;中部地区包括黑龙江、吉林、河南、山西、湖南、湖北、江西、安徽;西部地区包括贵州、重庆、宁夏、四川、陕西、云南、甘肃、青海、内蒙古、新疆、广西、西藏。指标体系原始数据主要来源于2017~2022年的《中国统计年鉴》及中国统计数据应用支持系统和各省(区、市)统计局网站。

1. 数字化驱动西部地区高质量发展总体情况

从西部地区内部来看,2021年西部地区12个省(区、市)中,陕西的数字化驱动高质量发展水平最高,紧随其后的是重庆和四川,这3个省(区、市)也是西部地区的发达地区,产业发展基础好于西部地区其他省(区、市),科教资源丰富、创新实力较为雄厚,研发人才、研发资金、知识信息和高新技术产业在该地区聚集,有利于促进数字基础设施建设的不断完善,加速人工智能、大数据等新一代信息技术与实体经济的融合发展。排在后3位的是西藏、贵州和广西,这3个省(区、市)也是西部地区一直以来发展较为薄弱的地区,这些地区新一代信息技术基础较为薄弱,数字产业化和产业数字化进程缓慢,其所处地区也尚未形成紧密关联的数字化网络。从东、中、西部三个地区整体来看,我国数字化发展总水平仍呈现东强西弱的空间演化规律,东部沿海地区的数字化发展水平始终较高(见表2)。

表2　2016~2021年各地区数字化驱动高质量发展指数总体情况

地区	2016年	2017年	2018年	2019年	2020年	2021年
内蒙古	0.1445	0.1594	0.1446	0.1610	0.1828	0.1826
宁夏	0.1871	0.1839	0.1814	0.1880	0.1817	0.1809
青海	0.1831	0.1577	0.1512	0.1572	0.1845	0.1810
甘肃	0.1343	0.1549	0.1461	0.1499	0.1457	0.1447
广西	0.1318	0.1240	0.1232	0.1366	0.1393	0.1400
陕西	0.1971	0.2048	0.1973	0.1988	0.2032	0.2351
四川	0.2010	0.1915	0.1869	0.1991	0.2221	0.1867

地区	2016 年	2017 年	2018 年	2019 年	2020 年	2021 年
贵州	0.1616	0.1629	0.1405	0.1361	0.1407	0.1402
西藏	0.1304	0.1503	0.1224	0.1409	0.1457	0.1420
新疆	0.1822	0.1710	0.1616	0.1515	0.1687	0.1680
云南	0.1458	0.1435	0.1369	0.1392	0.1459	0.1448
重庆	0.1941	0.1971	0.1982	0.2003	0.2013	0.2019
西部地区均值	0.1744	0.1751	0.1659	0.1715	0.1801	0.1790
东部地区均值	0.3577	0.3410	0.3432	0.3620	0.3630	0.3524
中部地区均值	0.1405	0.1412	0.1345	0.1408	0.1529	0.1526

2. 数字化接入水平

2016~2021 年各地区数字化接入指数情况如表 3 所示，2021 年西部地区除贵州和甘肃外其余省（区、市）数字化接入指数均达到了 0.18。受历史、地理和经济等因素的影响，西部地区基础设施不够完善，极大地限制了西部地区数字化基础设施的发展。数字化接入水平的差异使得西部地区的企业和居民无法享受数字化技术带来的便利和发展机遇。从数字化接入维度来看，东部地区的数字化基础设施普遍优于西部地区。从西部地区各省（区、市）数据来看，陕西、四川、内蒙古、青海的数字化接入指数均超过 0.2，而甘肃的数字化接入指数仅为 0.1459，西部地区内部的差异也十分明显。从西部地区均值与东部地区均值的差异可以发现，相较于数字化驱动高质量发展指数的均值差异，数字化接入指数的均值差异相对较小，西部地区通过多年的大规模基础设施建设目前已基本填平了地区间的数字接入鸿沟，各地区之间在数字基础设施和数字工具的可获得性上差距已明显缩小，数字基础设施和数字工具可获得性的差异已经不是造成东西部地区数字化驱动高质量发展差异的主要原因。着眼于西部地区不同省（区、市）的数字化接入与数字化应用水平对比分析，可以发现该区域各省（区、市）在绝对值与排名上较为稳定。

表3 2016~2021年各地区数字化接入指数情况

地区	2016年	2017年	2018年	2019年	2020年	2021年
内蒙古	0.2027	0.1816	0.1773	0.1813	0.1897	0.2011
宁夏	0.1971	0.1796	0.2059	0.1878	0.1784	0.1801
青海	0.2569	0.1870	0.1910	0.1989	0.2060	0.2020
甘肃	0.1657	0.1526	0.1440	0.1298	0.1375	0.1459
广西	0.1510	0.1275	0.1378	0.1562	0.1844	0.1919
陕西	0.2486	0.2053	0.2016	0.2082	0.2071	0.2186
贵州	0.1969	0.1604	0.1537	0.1603	0.1327	0.1428
四川	0.3240	0.2608	0.2545	0.2729	0.2800	0.2839
西藏	0.1915	0.1955	0.2005	0.2094	0.1835	0.1816
新疆	0.2889	0.2060	0.2296	0.1873	0.1853	0.1937
云南	0.1911	0.1487	0.1574	0.1741	0.1834	0.1885
重庆	0.2264	0.1890	0.2026	0.2030	0.1913	0.1960
西部地区均值	0.2284	0.1912	0.1963	0.1974	0.1966	0.2022
东部地区均值	0.3876	0.3288	0.3311	0.3359	0.3309	0.3330
中部地区均值	0.2100	0.1733	0.1600	0.1613	0.1792	0.1823

3. 数字化应用水平

2016~2021年各地区数字化应用指数情况如表4所示,从西部地区各省(区、市)数字化应用指数可以看出,西部地区除重庆、陕西、四川外的其他地区数字化应用水平较低,利用数字化手段实现自身发展的能力较弱。数字应用水平的核心是数字产业的发展水平。从东、中、西部地区对比可以发现,东部地区数字化应用指数是西部地区的2倍多,可以说数字化应用水平的差异是造成地区之间数字化驱动高质量发展水平差异的主要原因。从变化趋势来看,多数地区的数字化应用指数有下降趋势,这表明目前数字产业发展以及数字经济与实体经济融合存在现实困境,数字经济与实体经济目前尚未找到最佳的契合点,今后需要在数字产业发展、数字经济与实体经济融合、地区数字化转型方面着重发力,提升地区的数字化应用能力。

表4　2016~2021年各地区数字化应用指数情况

地区	2016年	2017年	2018年	2019年	2020年	2021年
内蒙古	0.0794	0.0816	0.0779	0.1033	0.0999	0.1017
宁夏	0.1140	0.0777	0.0776	0.0627	0.0574	0.0569
青海	0.1693	0.0785	0.0782	0.0722	0.0673	0.0660
甘肃	0.1019	0.0482	0.0581	0.0533	0.0486	0.0465
广西	0.1107	0.0760	0.0785	0.0879	0.0833	0.0821
陕西	0.2434	0.2061	0.2240	0.2512	0.2061	0.1850
贵州	0.1676	0.1238	0.1162	0.0848	0.0777	0.0784
四川	0.2804	0.2315	0.2304	0.2125	0.1922	0.1678
西藏	0.2034	0.1269	0.1187	0.0914	0.0815	0.0800
新疆	0.0350	0.0284	0.0370	0.0206	0.0172	0.0167
云南	0.1529	0.1188	0.1081	0.0938	0.0859	0.0840
重庆	0.2692	0.2445	0.2644	0.2514	0.2275	0.2216
西部地区均值	0.1606	0.1202	0.1224	0.1154	0.1037	0.0989
东部地区均值	0.3080	0.2652	0.2671	0.2673	0.2388	0.2231
中部地区均值	0.1015	0.0882	0.0964	0.0780	0.0711	0.0679

4. 数字化绩效水平

从创新发展水平的层面看，不同省（区、市）的创新发展能力呈现不同水平，但也出现了相似的指数变动规律，多数省（区、市）创新发展指数出现了2021年较2016年降低的现象（见表5），这反映出西部地区在创新发展能力上的欠缺。究其原因，首先，资源分配不均是造成东、西部地区创新能力差异大的核心问题之一。东部沿海地区一直是中国经济发展的重点区域，政府和企业资源更多地投向这些地区，技术型人才也偏好于去往资源丰富的地区工作，进而导致西部地区在研发投入方面缺乏足够的支持。其次，企业创新意识薄弱也是造成差异的原因之一。西部地区的部分企业由于对创新意识缺乏重视，更多关注传统产业和现有技术，主张延续先前的老路以保证企业的稳定发展，而非投入大量资源进行新技术的研发和创新。从西部地区各省（区、市）数据来看，重庆、四川和陕西3个省（区、市）的R&D经费支出较多，与其余省（区、市）相比有绝对优势。西部地区 R&D

经费高度集中在这3个省（区、市），主要原因是这3个省（区、市）高校较多，拥有丰富的技术和人才资源，同时，这3个省（区、市）也是整个西部地区经济最为发达的省（区、市），制造业集聚程度较高，但这也导致西部地区内部发展的不平衡进一步加剧。总体来看，西部地区的研发投入较少，且与东部地区差异明显。

表5　2016~2021年各地区创新发展指数情况

地区	2016 年	2017 年	2018 年	2019 年	2020 年	2021 年
内蒙古	0.3348	0.3099	0.2997	0.2807	0.3066	0.3092
宁夏	0.3578	0.3255	0.3193	0.2858	0.2826	0.2894
青海	0.4676	0.3795	0.3440	0.3471	0.3893	0.3770
甘肃	0.2677	0.2854	0.2479	0.1991	0.2274	0.2357
广西	0.1189	0.1307	0.1191	0.1341	0.1450	0.1557
陕西	0.3232	0.3429	0.3036	0.2984	0.3024	0.3140
贵州	0.3203	0.2999	0.2561	0.2553	0.2162	0.2245
四川	0.1961	0.1860	0.1790	0.2198	0.1996	0.2028
西藏	0.3255	0.3808	0.3190	0.3072	0.3136	0.2877
新疆	0.4459	0.3586	0.3382	0.2516	0.2417	0.2354
云南	0.2555	0.2327	0.2071	0.1992	0.2195	0.2132
重庆	0.2302	0.2635	0.2430	0.2640	0.2510	0.2549
西部地区均值	0.3203	0.3079	0.2813	0.2702	0.2746	0.2750
东部地区均值	0.3925	0.3550	0.3285	0.3516	0.3517	0.3550
中部地区均值	0.1681	0.1638	0.1305	0.1482	0.1719	0.1759

西部地区的研发投入不足，导致创新要素很难在西部地区集聚。从2021年内地31个省（区、市）的每万人均R&D人员数量数据可以看出，西部地区排名最靠前的是重庆，排在第9位，并且排在后10位的省（区、市）中大都是西部地区省（区、市）。浙江每万人均R&D人员数量高达68.8人，而西藏每万人均R&D人员数量仅为0.7人。东部地区与西部地区的R&D人员数量差异巨大，说明西部地区的创新环境较差，没有充足的资源吸引和引进创新性人才，导致优质人才外流，人力资本缺失严重。

从开放发展水平层面看，大部分地区普遍呈现增长趋势，但不同地区年增长率具有差异，即不同地区在开放水平发展的速度上有一定差别，尤其是陕西作为丝绸之路的起点，受益于国家"一带一路"等向西开放政策，2021年开放发展指数相较2016年增长109.03%；重庆受益于中欧班列，开放发展水平同样有所提高。整体来看，受益于"一带一路"等向西开放政策，西部地区开放发展水平整体有所提高，但其开放发展水平仍远低于东部地区（见表6）。

表6　2016~2021年各地区开放发展指数情况

地区	2016年	2017年	2018年	2019年	2020年	2021年
内蒙古	0.0048	0.0163	0.0158	0.0214	0.0208	0.0206
宁夏	0.0162	0.0317	0.0185	0.0218	0.0094	0.0093
青海	0.0034	0.0035	0.0035	0.0035	0.0035	0.0035
甘肃	0.0139	0.0109	0.0116	0.0130	0.0137	0.0136
广西	0.0615	0.0656	0.0661	0.0839	0.0801	0.0791
陕西	0.1384	0.1864	0.1722	0.1318	0.1606	0.2893
贵州	0.0001	0.0124	0.0075	0.0083	0.0118	0.0138
四川	0.1320	0.1244	0.1349	0.1597	0.2454	0.1164
西藏	0.0059	0.0110	0.0057	0.0067	0.0015	0.0014
新疆	0.0396	0.0428	0.0332	0.0443	0.0386	0.0381
云南	0.0256	0.0308	0.0339	0.0362	0.0398	0.0393
重庆	0.0918	0.0855	0.0892	0.1005	0.1054	0.1058
西部地区均值	0.0444	0.0518	0.0493	0.0526	0.0609	0.0608
东部地区均值	0.2595	0.2502	0.2554	0.3349	0.3463	0.3228
中部地区均值	0.0334	0.0431	0.0360	0.0432	0.0494	0.0521

从绿色发展水平的层面看，由于三大地区的自然资源禀赋与经济发展所依托的核心产业各有不同，三大地区绿色发展指数由高到低依次为西部地区、中部地区、东部地区，且2022年三大地区指数值均较2016年大幅降低。西部地区部分省（区、市）绿色发展指数的基数非常高（如宁夏、新

疆），部分省（区、市）绿色发展指数的基数较低，西部地区绿色发展指数的整体基数远高于东部地区。从各地区绿色发展指数变化趋势可以看出各地区对绿色发展的高度重视，且东、中、西三大地区在高水平层面上较为均衡（见表7）。

表7 2016~2021年各地区绿色发展指数情况

地区	2016年	2017年	2018年	2019年	2020年	2021年
内蒙古	103.1594	168.3333	107.1668	110.3663	84.3210	76.2905
宁夏	200.6884	199.1355	133.8966	127.4607	75.0599	67.9113
青海	138.5646	130.8461	81.7044	74.0862	62.3410	56.4037
甘肃	98.6436	146.4114	107.0620	97.3639	47.8244	43.2697
广西	41.8102	52.0047	41.8014	39.7426	22.1697	20.0583
陕西	50.8110	53.6787	32.6775	29.9085	24.6012	22.2583
贵州	104.3802	111.3817	61.3901	39.0333	35.5888	32.1994
四川	36.7986	42.2631	25.2731	21.8354	16.2894	14.7380
西藏	66.9947	134.0577	66.3116	105.6908	36.6603	33.1688
新疆	159.2949	151.3449	94.2536	82.4687	71.1086	64.3364
云南	82.5473	83.4294	61.0516	46.7870	33.3053	30.1334
重庆	33.9256	32.4611	22.0418	17.2485	12.7702	11.5540
西部地区均值	93.1349	108.7790	69.5525	65.9993	43.5033	39.3601
东部地区均值	38.7853	40.4554	27.9976	28.1356	19.7874	17.9029
中部地区均值	66.1855	70.3207	45.4923	37.9632	26.4466	23.9279

从协调发展水平的层面看，西部地区呈现整体基数较大且部分省（区、市）增长的趋势，目前仍处于一个比较高的水平，尤其是甘肃、西藏、云南协调发展的水平明显高于其他省（区、市），但结合甘肃、西藏、云南自身发展水平来看，这3个省（区、市）处于低水平的协调，因为城镇和乡村地区的整体收入和消费水平均不高，故而城乡差距较小。中部、东部地区的协调发展水平较为一致，东部地区略高于中部地区，但二者均远低于西部地区（见表8）。

表 8   2016～2021 年各地区协调发展指数情况

地区	2016 年	2017 年	2018 年	2019 年	2020 年	2021 年
内蒙古	0.3120	0.2454	0.3052	0.2923	0.3139	0.3202
宁夏	0.3968	0.2662	0.3372	0.3985	0.3950	0.4029
青海	0.4638	0.3791	0.4750	0.4494	0.5207	0.5312
甘肃	0.6700	0.6325	0.6548	0.7076	0.8213	0.8377
广西	0.3221	0.2239	0.2581	0.2462	0.2643	0.2695
陕西	0.4545	0.3811	0.4465	0.4697	0.5149	0.5252
贵州	0.6279	0.5516	0.5268	0.4924	0.5316	0.5423
四川	0.2658	0.1878	0.2132	0.2292	0.2572	0.2624
西藏	0.8886	0.8939	0.8665	0.8453	0.8124	0.8286
新疆	0.5725	0.6106	0.6123	0.5767	0.4651	0.4744
云南	0.6097	0.5321	0.5605	0.5525	0.6291	0.6417
重庆	0.3098	0.2665	0.2904	0.3001	0.3403	0.3472
西部地区均值	0.4911	0.4309	0.4622	0.4633	0.4888	0.4986
东部地区均值	0.2528	0.2213	0.2545	0.2641	0.2756	0.2811
中部地区均值	0.2582	0.2339	0.2571	0.2615	0.2634	0.2687

从共享发展水平的层面看，2016～2021 年除宁夏、青海、甘肃、新疆、贵州、西藏外，西部地区其余省（区、市）共享发展指数均有所提高，其中广西的共享发展指数提高最快。由此可见 2016 年以来，由于我国出台各项政策对西部地区共享发展水平的扶持及省（区、市）内自身对该发展理念的重视，西部地区一半省（区、市）取得了较为明显的成效。与东部和中部地区对比来看，西部地区整体水平略高于中部地区，但与东部地区依然存在差距（见表9）。

表 9   2016～2021 年各地区共享发展指数情况

地区	2016 年	2017 年	2018 年	2019 年	2020 年	2021 年
内蒙古	0.2900	0.2980	0.2810	0.2878	0.3160	0.3155
宁夏	0.2817	0.2622	0.2724	0.2517	0.2375	0.2438
青海	0.3721	0.3017	0.2932	0.3046	0.3229	0.3136
甘肃	0.2413	0.2592	0.2368	0.1988	0.2178	0.2275

地区	2016 年	2017 年	2018 年	2019 年	2020 年	2021 年
广西	0.1741	0.1909	0.1853	0.2143	0.2654	0.2798
陕西	0.3083	0.3308	0.3045	0.3142	0.3235	0.3330
贵州	0.2969	0.2806	0.2570	0.2586	0.2279	0.2373
四川	0.3496	0.3781	0.3437	0.3662	0.3897	0.3913
西藏	0.3237	0.3682	0.3514	0.3540	0.3395	0.3211
新疆	0.3950	0.3276	0.3426	0.2577	0.2583	0.2584
云南	0.2622	0.2532	0.2564	0.2731	0.3098	0.3086
重庆	0.2340	0.2594	0.2468	0.2682	0.2577	0.2641
西部地区均值	0.3024	0.3008	0.2893	0.2874	0.2972	0.2995
东部地区均值	0.3795	0.3708	0.3531	0.3670	0.3714	0.3715
中部地区均值	0.2466	0.2711	0.2320	0.2250	0.2533	0.2618

（三）数字化驱动西部地区高质量发展存在的问题

从西部地区的高质量发展现状以及上述数据分析结果来看，西部地区数字化驱动高质量发展在除协调发展外的各个维度上均与东部地区存在差距，其开放发展水平和绿色发展水平受到国内外发展环境变化的制约较多。当前，数字化驱动西部地区高质量发展中亟待解决的问题主要有以下四个方面。

1. 数字基础设施存在短板，数字化接入水平较低

尽管西部地区在经济和社会发展方面取得了显著成就，但在数字化接入水平方面仍存在薄弱之处。数字化接入能力的核心是数字化基础设施和数字化工具普及率，5G、物联网、大数据、人工智能、卫星物联网等新一代信息基础设施为经济社会数字化转型提供关键支撑。因此，在信息化和数字化时代背景下，数字基础设施和数字化工具普及率对一个地区的发展至关重要。然而，相较于东部地区，西部地区在数字基础设施方面存在短板，这在一定程度上延缓了西部地区高质量发展的步伐。

数字化接入水平较低体现在经济层面，首先，数字基础设施薄弱影响了

西部地区数字经济的发展。数字经济包括电子商务、在线服务、数字支付和创新技术等领域，已经成为全球经济增长的新引擎。然而，在部分西部地区，数字基础设施不完善，企业无法顺利进行在线交易，消费者无法享受便捷的电子服务，数字支付系统无法高效运作，创新技术无法得到广泛应用。这些问题限制了数字经济的发展潜力，阻碍了西部地区高质量发展的实现。其次，数字基础设施薄弱加剧了数字安全风险。随着数字化程度的提高，网络安全问题变得日益严峻。薄弱的数字基础设施容易受到网络攻击和数据泄露的威胁，可能导致个人隐私泄露、经济损失和社会不稳定。与发达的东部地区相比，西部地区缺乏有效的数字安全防护措施和强大的网络基础设施，地区和企业将难以有效应对这些威胁给经济发展带来风险和不确定性。

数字化接入水平较低体现在社会层面，首先，数字基础设施薄弱限制了信息和知识的流动。信息和知识是现代社会发展的核心资源，网络更是现代社会人们获取信息、表达意见和参与公共事务的重要平台，对经济增长、创新和决策制定至关重要。然而，西部地区缺乏充足的宽带网络和高速互联网接入，人们将难以获取和分享信息。特别是在农村和偏远地区，数字基础设施普及和建设缺乏，数字鸿沟进一步扩大，信息和知识分配不平等，使这些地区发展受到限制。其次，数字基础设施薄弱限制了数字技能的培养和应用。在数字化时代，具备良好的数字技能已经成为就业和创业的重要条件。数字基础设施的不完善导致贫穷和偏远地区难以为下一代提供良好的数字学习环境和在线培训资源，这将导致年轻人缺乏必要的数字技能，无法适应现代劳动市场的需求，造成人力资源浪费和社会不公平。

2. 数字产业发展不足，数字应用能力较弱

从前文的测算结果可以看出，西部地区在数字接入水平方面虽与其他地区存在差距，但差距已显著缩小，数字化应用水平的差距成为造成西部地区与东部地区数字化驱动高质量发展水平差距的主要原因。

（1）数字产业发展不足。

数字化应用中最直接关乎地区高质量发展的就是数字产业。数字产业能够为经济的质量变革提供保障。数字产业有助于将数字信息、数字技术转化

为资本、人力、土地以外的新生产要素,将数字技术与传统管理模式、制造模式相结合,催生新的、高效的管理手段、制造方法,促进新旧动能转换,形成新产业,最终实现经济高质量发展。近年来,数字产业在我国国民经济中的地位愈加突出,其规模由 2016 年的 22.6 万亿元增长至 2021 年的 45.5 万亿元,占 GDP 的比重也从 30.28% 提升至 39.78%。然而,随着我国数字产业的不断壮大,数字产业发展的区域性差距也在逐渐拉大。西部地区滞后的数字产业发展对其高质量发展产生了以下不利影响。首先,西部地区落后的数字产业延缓了新生产要素的产生,阻碍了新生产技术与传统生产模式的融合,进而影响经济活动各个环节的升级改造,这对提高资源配置效率、促使经济结构优化、推动传统产业转型升级尤为不利,最终将会对经济高质量发展产生消极影响;其次,西部地区落后的数字产业阻碍了大数据技术的推行,消费者的需求无法在第一时间被生产者有效了解,其消费体验大打折扣,这同样对产业结构升级、发展质量提高产生了不利影响。

(2)数字经济与实体经济融合度有待提高,数字化转型不足。

促进数字经济和实体经济深度融合发展,加快推进数字产业化和产业数字化,是催生我国实体经济高质量发展新动能的关键举措,也是建设现代化经济体系的重要着力点。数字经济与实体经济的融合度关系数字经济发展的活跃程度,同时也影响资源的配置效率,关系经济发展质量。从当前实际情况来看,西部地区数字经济发展势头强劲,催生了新技术、新业态,但数字经济与实体经济未深度融合以及产业数字化水平偏低制约了数字经济发展,阻碍了数字经济赋能高质量发展的进程。数字经济和实体经济深度融合在基层推广面临许多问题。随着数字化产业的不断蓬勃发展,若是不能对产业结构进行积极调整,充分发挥数字经济以及先进技术的作用,产业发展将会受到限制。数字经济与实体经济融合度不高,延缓了产业数字化进程,不利于资源的有效配置。实体经济数字化、网络化、智能化转型是重要的发展趋势,如果不能顺应趋势以数字经济带动传统产业转型升级,传统产业产能过剩的问题将得不到解决,会造成大量资源浪费,导致资源配置低效率,违背新发展理念,不利于实现经济高质量可持续健康发展。

3. 人力资本薄弱，创新能力不足

创新是新时期引领数字经济发展的重要动力，也是数字经济时期驱动我国经济高质量发展的核心动能。科学技术的演化升级可以提升资源的利用效率，加速经济和社会的全面发展。我国自主创新能力不足以及创新政策扶持力度不够的短板不断暴露，逐渐凸显我国新型数字技术创新实力薄弱的问题。数字技术创新能力不足且核心关键技术受制于人，会阻碍数字经济推动传统产业的优化升级，妨碍数字经济的发展，延缓供给侧结构性改革的进程，不利于实现经济的高水平、高质量发展。西部地区的研发投入不足，导致创新要素很难在西部地区集聚。西部地区 R&D 人员数量与东部地区存在巨大差异，说明西部地区的创新环境较差，没有充足的资源吸引和引进创新型人才，导致优质人才外流，人力资本缺失严重。创新投入不足和人力资本薄弱造成的后果就是创新绩效较差，西部地区与东部地区在专利数量上存在较大差距，进一步导致西部地区的内生发展动力与东部地区存在差距。

4. 共享水平不足，政府数字化治理能力有待完善

共享发展直接关系人民群众在发展中的获得感和幸福感，关乎社会和谐稳定和国家的长治久安，是实现高质量发展的基石。没有政府强干预，数字经济的发展会自发地产生和扩大数字鸿沟。共享发展维度包含的社会发展指标则需要通过政府行政调节手段间接产生，因此经济发展成果转化为社会发展成果受到政府调节的影响。习近平总书记一再强调："要不断增强人民群众在发展中的获得感、幸福感、安全感。"党的十八大以来，以习近平同志为核心的党中央高度重视发挥信息化、数字化在助力民生保障中的重要作用。地方政府在应用数字技术和数字思维提升社会治理能力上的差异也会导致地区间形成政府数字治理鸿沟。数字政府可以通过数字技术提高社会治理效率。数字化治理可以帮助政府充分掌握群众意见和民生需求，更加精准、及时地解决群众关心的身边事。相较于传统信息传播渠道，移动化和数字化社交平台极大地压缩了社会舆情的发酵和传播时间，促进了政府行为的公开化，加大了社会监督力度，这一转变要求政府必须加快对社会舆情和民生需求的响应速度。在党中央和国务院不断强调"放管服"的背景下，数字政

府通过优化行政审批服务，优化营商环境，构建以人民需求为导向的服务型政府。因此，要提升地区共享发展水平就必须提升政府的数字化治理水平。

根据清华大学数据治理研究中心发布的省级数字政府发展指数，除四川外，西部地区其余省（区、市）的数字政府发展指数均居于全国第 20 名以后，排在后 4 位的为青海、宁夏、新疆、西藏，全部属于西部地区。这体现了东、西部地区省级政府在治理数字化水平领域的巨大差距。从各区域梯度分布来看，引领型、优质型政府多数为东部地区省（区、市）政府，西部地区省（区、市）政府多数被划分为发展型、追赶型政府，仅有极个别省（区、市）政府被列入优质型、特色型政府，远远落后于东部地区。西部地区治理效果维度总体得分依旧落后于东部发达地区，在政府治理数字化的背景下，民众对政府公共服务的满意度和获得感不高，这也从侧面反映出西部地区公共服务供给的不足。在经济建设中，公共服务供给不仅会影响人力资本积累、创新驱动、企业投资，还会通过以下途径影响经济社会发展。首先，公共服务供给是对社会资源进行分配的一种方式，旨在为每一个人提供平等的机会和机遇。因此，西部地区必须改善现有公共服务供给，为民众提供相对公平的机遇，这样才能最大限度地激发劳动者参与生产劳动的积极性，为高质量发展添砖加瓦。其次，有效的公共服务供给可以提升人民生活质量，促进消费市场发展。现阶段西部地区公共服务供给覆盖面较窄，仍有大量人口难以享受医疗、住房、教育领域的便利，这大大增加了这部分民众的生活压力，降低了民众消费意愿。改善公共服务供给结构有助于降低民众生活压力，释放消费潜力，从需求侧拉动西部地区经济增长，更进一步推动经济高质量发展。

三 数字化驱动西部地区高质量发展的战略新机遇

在当前数字技术和数字经济飞速发展的时代背景下，西部地区虽然在数字化接入能力、数字化应用能力以及数字化绩效等方面与东部地区存在一定差距，但西部地区也存在独特的自身优势，这些优势一方面是数字技术和数字经济的新特性带来的，另一方面是西部地区独特自然区位条件造就的。利用好西部地区在数字经济时代的独特优势，抓住数字化发展的战略新机遇，必将助力西部地区补齐高质量发展短板，实现追赶超越。

（一）数字技术发展带来交流新机遇

互联网、移动支付、5G 网络等数字技术已经渗透到当前社会的方方面面，极大地方便了人民生活，提升了信息传播效率。从西部地区的角度来说，过去制约西部地区发展的主要因素即地理区位劣势。数字技术的出现降低了信息交流成本，依托现代信息网络和通信技术形成的数字技术使得大量信息的高速远距离传输轻而易举。地区之间的经济交流不再受到地理空间的限制，内陆与沿海地区在获得信息和对外交流的时效与质量上已基本没有差异。数字经济带来的"距离死亡"可以削弱地理区位对西部地区发展的制约，进而推动西部地区的高质量发展。

（二）算力成为核心生产力，带来资源新机遇

西部地区横跨四类风资源区和三类光资源区，是重要新能源基地，建设运营数据与算力中心具有成本低、潜力大的优势。在数字经济时代，算力成为新生产力，西部地区可以通过"东数西算"工程，将先天"风光"优势转化为发展动能，以数字技术赋能经济社会高质量发展。"东数西算"工程实施以来，广大西部地区以算力枢纽节点和数据中心集群建设为契机，充分发挥政策与资源禀赋优势，在数字基础设施建设领域取得了长足进展，为区域经济高质量发展夯实了算力基础。"东数西算"的八大国家算力枢纽节点中，属于西部地区的有内蒙古、贵州、宁夏、甘肃、成渝以及粤港澳大湾区中的广西。10 个国家数据中心集群中，位于西部地区的有和林格尔集群、中卫集群、庆阳集群、天府集群、重庆集群和贵安集群。随着"东数西算"工程的全面实施，西部地区将成为我国数字经济产业发展的"大后方"，为提高算力效率、确保数据安全做出贡献。西部地区建设数据与算力中心，具有成本优势，应在数字经济"新赛道"上抢抓新机遇、加快发展。西部地

区应充分认识"东数西算"工程对高质量发展的赋能效应,把握东西协作的历史发展机遇,加快实现经济高质量发展。

(三)"一带一路"倡议带来向西开放新机遇

自"一带一路"倡议提出以来,全球贸易格局正在发生变化。特别是中欧班列的开通和运行,将几乎中断的欧亚大陆桥变成了沿线国家间"政策沟通、设施联通、贸易畅通、资金融通、民心相通"的陆上丝绸之路,陆地经济重新焕发华彩。重庆、成都、西安等重要枢纽城市将因陆港的物流汇聚功能,汇聚更多的人流、商流、资金流、信息流,从而带动加工贸易、先进制造、保险物流、金融服务等产业的兴起,进而带动产业链上下游企业跟进落户,形成一定规模的产业集群。产依城而兴,城因产而盛。要推进现代化产业体系建设,夯实西部地区现代化物质技术基础;要抓住数字经济发展机遇,推进数字产业化和产业数字化,打造具有西部特色的数字产业集群。

(四)国家数字化发展的政策新机遇

2022年1月出台的《"十四五"数字经济发展规划》,分别对优化升级数字基础设施、充分发挥数据要素作用、大力推进产业数字化转型、加快推动数字产业化、持续提升公共服务数字化水平、健全完善数字经济治理体系、着力强化数字经济安全体系和有效拓展数字经济国际合作8个方面提出了具体要求和措施,并提出了加强统筹协调和组织实施、加大资金支持力度、提升全民数字素养和技能、实施试点示范、强化监测评估等保障措施。

2023年2月中共中央、国务院印发的《数字中国建设整体布局规划》,是我国数字中国建设的第一部纲领性文件,对全面建设社会主义现代化强国、全面推进中华民族伟大复兴具有重要意义和深远影响。该文件明确表示,数字中国建设将按照"2522"的整体框架进行布局,即夯实数字基础设施和数据资源体系"两大基础",推进数字技术与经济、政治、文化、社会、生态文明建设"五位一体"深度融合,强化数字技术创新体系和数字安全屏障"两大能力",优化数字化发展国内国际"两个环境"。该文件提出"发展高效协同的数字政务",明确了新时期数字政务建设路线图。深入贯彻落实《数字中国建设整体布局规划》任务要求,以数字思维、数字技术驱动党政机关数字化发展,对于加快数字中国建设、推进国家治理体系和治理能力现代化具有十分重要的意义。

利用好国家的政策支持是数字化驱动西部地区高质量发展的一大新机遇。随着政企合作的进一步推进,数字基础设施建设的进一步完善,以及市场需求的不断扩大,西部地区数字经济将会迎来更多的发展机遇。随着产业的不断完善,合理运用市场经济的发展规律,辅以宏观层面的积极调控,数字经济将会更加健康有序发展,进一步实现高质量发展目标。

四 数字化驱动西部地区高质量发展的实现路径及政策建议

2023年2月中共中央、国务院印发《数字中国建设整体布局规划》,提出"到2025年,基本形成横向打通、纵向贯通、协调有力的一体化推进格局"的数字中国建设目标,明确"2522"整体框架布局下基础设施、数据要素、平台经济、数字技术等方面的重点工作任务。进一步落实新发展理念、促进区域经济协调平衡发展,加快西部地区数字经济发展,促进西部地区融入全国经济社会发展大局,消除西部地区与东部地区之间经济社会发展的差距,在以国内大循环为主体、国内国际双循环相互促进的新发展格局中发挥新的功能和作用。结合西部地区在数字化方面的短板与机遇,数字化驱动西部地区高质量发展可以围绕以下几项重点开展相关工作。

(一)加快西部地区数字基础设施建设,缩小数字接入鸿沟

在新发展阶段,西部地区要紧紧抓住数据这个核心生产要素和算力这个核心生产力,以"东数西算"工程为牵引,适度超前布局数据中心、算力网、5G等新一代数字基础设施,打造面向全国的算力保障基地。面向东部地区开展跨区域算力输出,协同粤港澳大湾区、长三角地区等区域开展算力

资源联动，探索开展"西部算力网络枢纽+东部算力资源需求"的数字经济发展合作模式。做好数字基础设施建设的统筹规划，避免无效投资、产能过剩等不良现象。对数字基础设施不同领域实施不同发展策略，由政府主导5G基站、轨道交通、能源互联网等非竞争性、非排他性数字基础设施建设，对于人工智能、工业互联网、新能源充电桩以及部分大数据中心等涉及高新技术和专门领域的数字基础设施建设则要充分激发市场主体的积极性，推动专业化发展。与东部地区相比，西部地区由于整体经济发展水平较低，数字经济发展所需要的数字基础设施、数字技术能力仍然存在不足。因此，西部地区在推动数字经济发展时，应加大数字基础设施投资力度，可适度超前建设数字基础设施。

（二）提升数字创新能力，夯实数字化驱动核心

首先，要着重依托平台企业推动科技创新，更好地发挥平台企业的要素融合创新优势，鼓励和支持平台企业提高研发投入强度，打造跨产业、跨地域、跨领域的开放式创新生态。从市场准入规则、监管法治化、政策稳定性等方面给予平台企业信心，引导大型平台企业加快人工智能、云计算、区块链、操作系统、处理器等领域的技术研发，推动平台企业在数字技术"无人区"开展探索。支持有实力的龙头企业或平台企业牵头组建创新联合体，成为国家战略科技力量的重要组成部分。其次，人力资本结构的高级化不仅能直接促进产业结构升级，还可以通过促进科技创新和消费升级间接对产业结构升级产生影响，这表明应该重视人力资本在数字经济对产业结构升级的影响中所起的作用。随着数字经济的发展，西部地区要加强对科技人才的支持，加强对创新型数字人才的培养。西部地区数字核心技术薄弱，问题在于数字人才不足。补齐人才短板，应完善数字经济相关人才发展的体制机制，增加对创新型数字经济人才资源的投入和政策支持。基于西部地区数字人才短缺这一基本现实，培育并举，着力形成结构合理的人才梯队。实施数字人才集聚行动，聚焦国内外重点院校、面向数字经济发展重点产业链，探索实施"揭榜挂帅"等引进形式，大力引

进产业数字化、数字产业化、数字经济与实体经济融合发展等领域的高层次人才。

（三）推动数字化产业高质量发展，弥合数字应用鸿沟

西部地区要把推动数字产业高质量发展作为目标，大力培育壮大数字经济核心产业，围绕核心关键技术龙头企业形成关联产业链上下游、加速数字技术应用推广、具有国际竞争力的数字产业集群。同时，把数字经济与实体经济深度融合作为重点，以产业数字化、数字产业化为主线，推进传统产业数字化改造，挖掘传统优势产业与数字技术融合的巨大潜力，加快数字技术创新应用。

一方面，西部地区在找准地区特色产业和比较优势产业的基础上，需要激发创新动力，提升数字创新能力，实现西部地区产业结构的优化与升级。其一，西部地区要加快创新动力转换与重塑，加快创新发展是地区基本实现现代化的核心动力。不同于经济规模和经济总量的扩大，创新发展是指产业结构的优化升级，能够激发、扩散创新动能并将其广泛应用于产业端，提高传统产业的生产效率，为传统产业制造新的增长极，而且能够整体实现地区产业结构的优化配置，加快经济现代化基本实现的进程。其二，西部地区政府只有结合地区要素禀赋优势，高瞻远瞩，谋划布局新兴产业和高新技术产业，前瞻性判断优势产业布局与特色产业组合，才能在西部地区现代化建设中取得优异的成绩。

另一方面，产业数字化是数字经济发展的主战场，西部地区应借鉴发达省（区、市）在数字技术融合应用方面的成功经验，支持各产业企业"互联网+"和"5G+"改造，全面推动数字经济与实体经济深度融合发展。充分发挥西部地区比较优势，推动具备条件的产业集群化发展，在培育新动能和传统动能改造升级上迈出更大步伐，促进信息技术在传统产业广泛应用并与之深度融合，构建富有竞争力的现代化产业体系。推动农村一二三产业深度融合，促进农牧业全产业链、价值链转型升级。加快推进高标准农田、现代化生态牧场、粮食生产功能区和棉油糖等重要农产品生

产保护区建设，支持发展生态集约高效、用地规范的设施农业。加快高端、特色农机装备的生产研发和推广应用。推动发展现代制造业和战略性新兴产业。积极发展大数据、人工智能和"智能+"产业，大力发展工业互联网。推动"互联网+教育""互联网+医疗""互联网+旅游"等新业态发展，推进网络提速降费，加快发展跨境电子商务。支持西部地区发挥生态、民族民俗、边境风光等优势，深化旅游资源开放、信息共享、行业监管、公共服务、旅游安全、标准化服务等方面的国际合作，提升旅游服务业水平。依托风景名胜区、边境旅游试验区等，大力发展旅游休闲、健康养生等服务业，打造区域重要支柱产业。加快发展现代服务业特别是专业服务业，加强现代物流服务体系建设。

（四）提升数字化治理能力和数字治理思维，缩小数字政府鸿沟

一方面，要提升政府的数字化治理能力。推动公共服务数字化转型突破，推进学校、医院、养老院等公共服务机构资源数字化，加大开放共享和应用力度。要持续提升公共服务数字化水平，就要加快数字社会、数字政府建设，推动各领域数字化优化升级，全面强化全国一体化政务服务平台功能，优化公共服务资源数字化供给和网络化服务，统筹推动新型智慧城市和数字乡村建设，推动服务设施升级和服务模式创新，打造智慧共享的新型数字生活。

另一方面，要加强数字经济治理制度创新。要在日趋激烈的数字经济发展大潮中占据制高点，就要采取积极主动的政策措施。政府要在扶持数字经济发展中发挥中坚力量，利用丰富多样的宏观政策促进生产要素更多向西部地区数字经济产业配置。首先，因地制宜、因时制宜地做好西部地区数字经济产业的发展规划。在综合分析各种影响因素的基础上，抓住数字经济发展的核心问题，对西部地区的数字经济产业发展做出全局性、前瞻性、战略性发展规划安排，尤其对当地适宜发展的数字经济相关产业进行充分论证和精准定位，将相关产业的发展纳入当地的总体规划和专业规划，形成"一张蓝图绘到底、一任接着一任干"的产业持续发展良好格局。其次，有针对

性地出台配套宏观经济政策和产业发展措施，挖掘和统筹利用区域内的各种资源向数字经济发展集聚，主动打造数字经济发展的政策"洼地"，通过调整财政政策为数字经济发展提供"催化剂"。西部地区大多数地区经济发展相对落后，缺乏促进产业发展的财力、物力，在这些地区发展数字经济产业，往往需要政府提供"催化"资金，通过乘数效应带动整个产业的联动发展，通过调整税收政策实现减税增收。与东、中部地区相比，西部地区在人文环境、基础设施等各个方面的条件都不足以对数字经济发展形成强大的吸引力，这就要回归经济活动主体的存在价值——对收益的追求，比如通过对所得税率、减免时限等的调整，增加数字经济发展主体的预期收益、增强数字经济从业个人和企业的获得感，从而引导人才、资本等各种生产要素向西部地区集聚。

五　数字化驱动西部地区高质量发展的展望

本部分基于西部地区数字经济发展的现状，根据中央对数字中国的蓝图设计以及中央对于新时代推进西部大开发的顶层规划，对未来十年数字化驱动西部地区高质量发展进行展望。着眼于西部地区存在的基础设施薄弱、创新能力较弱、产业发展水平较低等问题，西部地区可通过夯实数字基础设施、数字赋能经济社会发展、加快推动数字经济制度创新、加大人才培养和引进力度，因地制宜、科学地制定数字经济发展的长期规划与短期目标，在结合区域自身发展条件的基础上，充分利用资源禀赋和成本优势推动数字经济发展。

从数字化推动西部地区实现创新发展的视角出发，大数据、云计算、人工智能和区块链等技术日益成为推动经济发展的重要动力，带动了生产力和生产关系的变革。当前，西部地区生产的多为初级产品，技术水平较低，对资源的加工深度不够，制造业整体处于价值链的中低端，同时，西部地区的产品与其他地区具有同质化倾向，缺乏竞争优势。因此，要通过发展数字经济推动西部地区发展质量变革。一方面，发展数字经济有助于提高西部地区

产品和服务质量，西部地区发展质量变革的核心是提高供给体系的质量，其中最为重要的是提高产品和服务质量。大数据、人工智能等技术在生产过程中的应用能够帮助企业实现更加严格的产品质量监控，从而降低产品不良率，提高产品质量。另一方面，发展数字经济有助于打造西部特色品牌，中国西部地区拥有众多特色产品，包括少数民族的特色文化产品、特色畜牧业产品等，数字经济的发展有助于提高特色产品质量和知名度，拓宽特色产品销售渠道，提高西部地区产品竞争力。

从数字化助力西部地区实现协调发展的视角出发，中央网信办等五部门印发《2023 年数字乡村发展工作要点》，提出加快建设乡村信息基础设施、发展农村数字经济、建设智慧绿色乡村等多项举措。数字乡村战略的提出对于西部地区乡村发展具有重要意义。一是促进城乡信息化融合发展。信息基础设施的完善有利于促进城乡生产、生活和生态空间的网络化和智能化发展，形成城乡共建共享、互联互通的数字经济融合发展新格局。二是缩小城乡公共服务差距。西部地区乡村的医疗资源、教育资源较为贫乏，数字技术的发展为远程问诊、在线教育等的出现提供了可能，能够进一步提高西部地区的人口素质。三是促进城乡经济发展一体化。数字乡村战略要求实施"互联网+小农户"计划，提升小农户的发展能力。数字技术有利于促进信息资源在西部地区城乡之间的流动，帮助农牧民根据城市需求及时调整生产，促进城乡经济融合发展。未来十年，数字经济将助力西部地区实现平衡发展，促进区域协调发展，进而缩小西部地区各省（区、市）之间的差距，推动形成优势互补、高质量发展的区域经济格局，实现共同繁荣。

从数字化驱动西部地区实现绿色发展的视角出发，生态环境部环境发展中心主任任勇指出生态环境是影响高质量发展的内生要素，良好的生态环境是检验高质量发展的重要标准，绿色发展是实现高质量发展的一个重要途径。① 因此，本文针对西部地区的现状对其协调发展进行展望，首先，对其发展方

---

① 任勇：《用高水平生态环境保护推动经济社会高质量发展》，《中国环境报》2020 年 12 月 11 日。

式进行展望，未来十年，要坚定贯彻"绿水青山就是金山银山"理念，坚持在开发中保护、在保护中开发，按照全国主体功能区建设要求，保障好长江、黄河上游生态安全，保护好冰川、湿地等生态资源。进一步加大水土保持、天然林保护、退耕还林还草、退牧还草、重点防护林体系建设等重点生态工程的实施力度，开展国土绿化行动，稳步推进自然保护地体系建设和湿地保护修复，展现大美西部新面貌。其次，对其发展模式进行展望，未来十年，数字经济能够促进西部地区资源的开采效率提高，同时也能够结合可持续发展要求和生态保护要求保障适度、合理开发，帮助西部地区摆脱"资源诅咒"。畜牧业也是西部地区的优势产业，牧民或企业可以借助智能监测系统对牲畜的健康状况进行监测，同时也可以借助物联网等技术对温度、湿度等养殖环境及牧草长势进行监测。数字经济具有先天性优势，发展数字经济能够极大地破除和解决城市绿色发展中存在的各种资源要素供需的矛盾、经济活动过程中空间的限制和公平与效率时常不能兼顾的问题。最后，对其发展成果进行展望，基于为人民服务的发展宗旨，西部地区将在改善人民居住环境的同时增强民生保障、提升政府治理水平，以治理体系和治理能力的现代化更好地服务人民，发挥服务型政府职能，切实以生态环境保护与经济高质量发展的协调促进人民生活质量的改善。

从数字化驱动西部地区实现开放发展的视角出发，2023年5月18日，中国-中亚峰会在陕西西安成功举行，中国同中亚五国明确达成了"挖掘中国-中亚电子商务合作对话机制潜力""加快数字和绿色基础设施联通""拓展人工智能、智慧城市、大数据、云计算等高新技术领域合作"等数字经济合作共识，并签署了《"中国-中亚五国"经贸部门关于数字贸易领域合作的谅解备忘录》。这一系列成果都将为西部地区提供向西开放发展的新机遇。展望未来十年，西部地区与中亚五国等丝绸之路沿线国家的数字经贸合作将持续加强，将推动西部地区打造向西数字平台"出海"的新高地，打造"数字丝绸之路"新局面。

从数字化驱动西部地区实现共享发展的视角出发，着力提高西部地区政

府数字化治理效能，促进政府数字化转型，发挥好政府对基本公共服务的调节作用。政府应通过数字化信息获取渠道，充分依靠微信、微博等即时通信工具和网络社交平台采集社会信息数据，实时掌握社会舆情动态，维护政府公信力，形成"民之所愿，必有回应"的"官民互动"良好局面；着力解决好群众"急难愁盼"的身边事，提升人民群众在发展中的获得感；基本形成政务审批一网通办，发挥 App、公众号等互联网平台在节约行政办公成本和提升政务服务效能上的作用，提升线下服务效率，切实为人民群众提供便捷服务。展望未来十年，西部地区与东部地区的数字化治理鸿沟将基本弥合，数字化政府建设将基本完成，西部地区人民生活水平将大幅度提升，人民生活幸福度、安全度与满意度将显著增强。

数字化驱动经济发展

Digitalization Drives Economic Development

B.2
数字化驱动西部地区企业发展

杨春江　陈奥博　陈亚硕*

摘　要： 数字化经济背景下，全球商业环境正经历颠覆性变革。顺应变革，将企业运营与数字技术深度融合，不仅是西部地区实现企业现代化的必然选择，更是凝练核心竞争力，实现西部大开发新格局的必然路径。本报告聚焦西部地区 12 个省（区、市），系统搜集和整理了来自多个渠道有关企业经营和数字化的资料和数据，全面呈现近年来西部地区企业数字化转型取得的新进展，讨论了数字化对企业发展的驱动作用，分析了企业数字化进程中存在的问题和原因，并提出了促进西部企业数字化发展的策略和建议。

关键词： 数字化　数字经济　西部地区　企业发展

---

* 杨春江，博士，西北大学中国西部经济发展研究院研究员，西北大学经济管理学院教授、博士生导师；陈奥博，燕山大学经济管学院博士研究生；陈亚硕，博士，中山大学管理学院博士后。

数字经济时代，以大数据、AI、云计算和区块链为代表的数字技术持续创新迭代，与实体企业实现深度融合。企业数字化在宏观上推动数字经济迅速发展，在微观上驱动企业数字化变革，成为我国现代化市场经济和企业高质量发展的新引擎。党的十九大报告明确提出建设"网络强国、数字中国、智慧社会"，《中华人民共和国国民经济和社会发展第十四个五年规划和2035年远景目标纲要》更是专篇强调了"加快数字化发展，建设数字中国"。上述纲领性规划为中国数字经济和企业数字化发展提供了指引和顶层设计。因此，全国各地都致力于打造具有国际竞争力的数字产业集群，快速推进企业现代化，实现经济模式和企业的又好又快发展。数据显示，2022年我国数字经济规模达到50.2万亿元，同比增长10.3%，已连续11年超过同期的GDP增速，数字经济占GDP的比重达到41.5%，与第二产业的比重相当。①

西部各地区在数字基础设施建设、数字技术应用、数字经济发展和企业数字化等方面卓有成效，西部地区企业的数字化转型和创新实践不断深化。例如，作为西部经济发展较活跃的区域之一，西安正全力构建数字产业集群，加快数字基础设施建设，使数字经济成为区域经济发展的新动能。最新数据显示，西安市现有大数据企业400余家，人工智能企业300余家，各类软件及信息服务企业2600余家。2022年全市数字经济规模达到5249亿元。根据《西安市"十四五"产业发展规划》，到2025年数字经济将成为西安经济社会发展的强劲引擎，规模将达到7000亿元。

在国家"双循环"新发展格局战略背景下，考虑到纷繁复杂的国际形势和瞬息万变的市场环境，以及国家对发展数字经济的战略部署，数字化转型已成为我国各类企业提升竞争力、实现高质量发展的必选路径。对于西部地区企业而言，抓住这一轮技术革命的机会，实现快速发展，提升数字化能力是根本落脚点。在坚持创新驱动发展、全面塑造发展新优势的西部大开发新进程中，数字化企业无疑是技术创新、模式创新、业态创新的重要载体，

---

① 中国信息通信研究院：《中国数字经济发展研究报告》，2023年4月。

担当着以创新驱动西部地区经济高质量发展的主力军。因此，提升西部企业数字化水平是实现企业和西部地区经济高质量发展的必由之路。

一 西部地区的数字化进程和企业发展现状

（一）西部地区的数字经济发展现状

我国数字经济规模呈现快速发展的态势，自 2016 年的 22.6 万亿元增长到 2023 年的 50.2 万亿元（见图 1）。2022 年 7 月国家工业信息安全发展研究中心发布的《全国数字经济发展指数（2021）》显示，截至 2021 年 12 月，中国数字经济持续健康发展，整体数字经济发展指数达到 130.9，环比增长 2.4%，同比增长 15.3%。其中，数字产业化指数、产业数字化指数和数字化治理指数分别为 55.8、62.6 和 12.5，分别同比增长 28.3%、3.8% 和 23.8%。2021 年，我国 5G 网络和千兆宽带呈现飞跃式增长，其中 5G 基站数量和千兆宽带用户数量分别同比增长 98.5% 和 440%，拉动了全国数字经济的发展。分区域来看，东部、中部、西部和东北地区数字经济发展指数分别为 167.8、115.3、102.5 和 103.0；有 12 个省（区、市）的数字经济发展指数高于全国平均水平，其中 75% 在东部地区（广东、江苏、浙江、上海、山东、福建、海南、湖北、安徽），只有重庆和四川位于西部；有 3 个西部地区省（区、市）位于全国前 20，重庆（第 6）、四川（第 10）和陕西（第 16）的指数分别为 160.8、133.6 和 115.4。可见，西部地区基础差、发力晚、增长慢，仍是中国数字经济发展的洼地。

工业与信息化部第五研究所发布的《中国数字经济发展指数报告（2022）》[①] 显示，东部地区数字经济发展指数从 2013 年的 1218.34 增长到 2021 年的 7818.25，增长了 5.42 倍，无可替代地引领中国数字经济发展；中部地区数字经济发展指数在 8 年间增长了 3.31 倍，自 2020 年起超过西部

---

① 工业与信息化部第五研究所：《中国数字经济发展报告（2022）》，199it 网，2023。

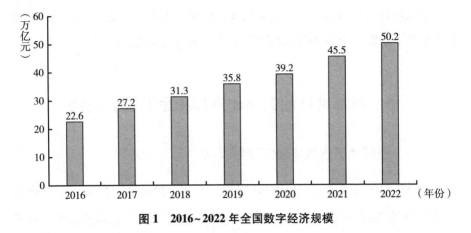

图 1　2016~2022 年全国数字经济规模

地区；西部地区数字经济发展指数从 2013 年的 755.04 增长到 2021 年的 2855.36，增长了 2.78 倍，虽也保持着较快增长，但指数值仅为东部地区的 36.5%。在西部地区中，发展最快的是四川，2021 年指数增长到 4355.22 （2013 年为 916.26，增长 3.75 倍）。在赛迪顾问发布的《2021 年城市数字化转型百强》名单中，西部地区有 12 个城市上榜，除了遵义和柳州外，其余的入选城市均是省会城市或直辖市。①

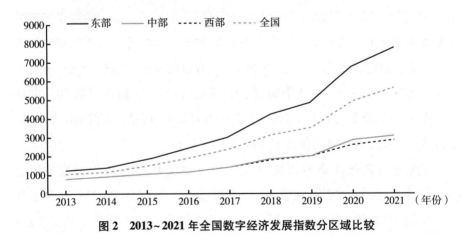

图 2　2013~2021 年全国数字经济发展指数分区域比较

---

① 赛迪顾问：《中国城市数字化转型白皮书（2021）》，赛迪顾问网站，2023。

（二）西部地区的数字化产业和平台发展

1. 工业大数据产业

随着"工业互联网"的发展，现代工业已与信息、数字、网络和人工智能等完成了高度融合，生成了工业领域产品和服务的全生命周期数据。这些庞大的工业大数据资源，深刻影响着企业的研发创新、资源利用、运营管理、科学决策等各个方面。

工业大数据与云计算、互联网技术和物联网技术密不可分，因此工业大数据产业是数字经济的重要组成部分，而大数据企业的发展在很大程度上代表了所属区域数据产业的发展。西部地区各省（区、市）积极发展大数据产业。如陕西旨在培育大数据骨干企业和推动大数据产业创新发展，先后发布了《陕西省大数据与云计算产业发展顶层设计》和《陕西省"十四五"大数据产业发展规划》等文件。据《互联网周刊》与德本咨询、eNet 研究院联合发布的《2021 工业大数据企业排行榜》，位于西安高新区丝路软件城的美林数据以 Tempo 大数据分析平台（BI+AI），跻身榜单第 1 位，这也是该企业连续第 6 年入选"中国大数据企业 50 强"[1]。但从整体上看，西部地区大数据企业的规模和竞争力仍不强，上榜企业主要集中在东部地区，西部地区只有 4 家企业入选，其中成都 3 家、西安 1 家。与北京、上海、广州、深圳等领先区域相比，西部地区省（区、市）尚未形成规模性大数据产业集群。[2]

2. 人工智能产业

人工智能（Artificial Intelligence，AI）是利用人为制造智能机器或者机器上的智能系统来模拟、延伸和扩展人类智能，感知环境，获取知识并使用知识获得最佳结果的理论、方法和技术科学。近年来，世界各国高度重视人工智能产业的发展，我国也不例外，也已形成较为完整的人工智能产业链。

---

[1] 《我省一企业位列全国工业大数据企业排行榜第一位》，陕西省人民政府网站，http://www.shaanxi.gov.cn/xw/sxyw/202206/t20220613_2224290.html。

[2] 《互联网周刊》、德本咨询、eNet 研究院：《2021 工业大数据企业排行榜》，http://enet.com.cn/article/2022/0427/A202204271267094.html。

根据德勤中国预测，全球人工智能产业规模将从 2017 年的 6900 亿美元增长至 2025 年的 64000 亿美元，年复合增长率达 32.10%。[①] 但是，我国西部地区发展仍相对滞后。根据中国新一代人工智能发展战略研究院的人工智能科技产业区域综合竞争力排名，除四川和重庆外，西部地区其他省（区、市）普遍位列第三梯队。2018~2022 年西部地区各省（区、市）人工智能科技产业的区域综合竞争力、企业能力和资本环境排名分别见表 1、表 2 和表 3。

表 1　2018~2022 年西部地区各省（区、市）人工智能科技产业区域综合竞争力排名

地区	2018 年	2019 年	2020 年	2021 年	2022 年
重　庆	12	15	16	14	11
四　川	11	6	8	7	7
贵　州	14	21	26	21	24
云　南	25	24	20	25	25
西　藏	31	29	30	31	31
陕　西	18	11	12	15	13
甘　肃	24	20	23	26	26
青　海	29	29	29	29	28
宁　夏	30	29	31	30	29
新　疆	21	25	24	24	20
内蒙古	26	27	27	27	27
广　西	28	26	25	23	21

表 2　2018~2022 年西部地区各省（区、市）人工智能科技产业企业能力排名

地区	2018 年	2019 年	2020 年	2021 年	2022 年
重　庆	12	14	16	13	10
四　川	9	9	12	14	13
贵　州	14	19	21	16	24
云　南	19	23	23	27	26
西　藏	22	24	23	30	25

① 《企业规模化落地 AI：时代已来　前路仍艰》，德勤中国，https://www2.deloitte.com/cn/zh/pages/technology/articles/large-scale-ai-in-enterprise.html。

续表

地区	2018 年	2019 年	2020 年	2021 年	2022 年
陕　西	19	13	17	21	17
甘　肃	19	23	23	29	30
青　海	20	24	23	31	31
宁　夏	21	24	23	25	28
新　疆	18	20	20	24	12
内蒙古	19	23	23	28	27
广　西	19	23	23	23	18

表 3　2018～2022 年西部地区各省（区、市）人工智能科技产业区域资本环境排名

地区	2018 年	2019 年	2020 年	2021 年	2022 年
重　庆	11	15	14	14	16
四　川	16	12	12	9	9
贵　州	12	13	15	15	19
云　南	17	22	23	26	29
西　藏	20	23	23	29	25
陕　西	17	16	16	17	22
甘　肃	17	22	23	29	13
青　海	18	23	23	29	31
宁　夏	19	23	23	27	30
新　疆	17	18	19	21	21
内蒙古	17	22	23	28	27
广　西	17	22	23	23	26

3.云计算产业

云计算是企业数字化的重要部分，其通过网络"云"在将海量数据的计算处理程序分解成无数个小程序后，借助多部服务器构建的系统进行数据处理和分析，并将结果反馈给用户。云计算极大地提高了 IT 资源的

利用效率，节约了企业成本，使企业更专注于提升核心竞争力。云计算产业链可分为上、中、下游，其中，上游产业包括核心硬件（芯片、内存）和基础设施（服务器、存储和网络设备）；中游产业是云运营服务商包括 IaaS（云服务平台）、PaaS（云解决方案）和 SaaS（云集成服务）；下游产业是使用云的客户（企业客户、金融客户、政府客户、医疗客户等）。

（1）云计算上游产业。芯片提供商主要包括：华为海思、Intel 和 AMD（CPU 芯片提供商），信骅科技和中电科技（BMC 芯片提供商）。基础设备提供商主要包括：浪潮信息、新华三和超聚变（服务器提供商），II-VI、Lumentum 和旭创科技（交换机提供商），华为、新华三和星网锐捷（光模块提供商）。

根据中商产业研究院和中商情报网的统计①，中国集成电路产量从 2017 年的 1564.9 亿块增长到 2022 年的 3241.9 亿块，中国芯片市场规模也从 2017 年的 5411 亿元增长到 2022 年的 11298 亿元，2022 年市场规模中芯片设计占 39.6%、封装测试占 32%、晶圆制造占 28.4%；中国服务器市场规模从 2017 年的 759 亿元增长到 2022 年的 1835 亿元，2022 年市场规模中浪潮信息占 28.1%、新华三占 17.2%、超聚变占 10.1%、宁畅占 6.2%、中兴通讯占 5.3%；交换机市场规模从 2017 年的 229 亿元增长到 2022 年的 591 亿元，2022 年市场规模中华为占 36.4%、新华三占 35.2%，星网锐捷、思科和中兴通讯分别占 12.4%、5.3% 和 1.7%。处于云计算产业链上游的上市公司主要有光环新网（300383.SZ）、中际旭创（300308.SZ）、光迅科技（002281.SZ）、城地香江（603887.SH）、新易盛（300502.SZ）、金财互联（002530.SZ）、数据港（603881.SH）、天孚通信（300394.SZ）、奥飞数据（300738.SZ）等。

（2）云计算中游产业。主要包括以亚马逊、微软、谷歌、阿里云和腾讯云为代表的 IaaS 提供商，以亚马逊、微软、IBM 和 Salesforce 等为代表的

---

① 《2023 年中国云计算产业链上中下游市场分析》，中商情报网，https：//www.askci.com/news/chanye/20230407/0852012680828719638153 06_ 2.shtml。

PaaS 提供商，以 Salesforce、Adobe、用友和金蝶为代表的 SaaS 提供商。根据中商产业研究院和中商情报网的统计，2022 年全国云计算支出总额约为 2033 亿元。近年来，我国公有云的市场规模急速增长，尤其是在 2020 年和 2021 年分别较上一年实现了 85% 和 71% 的增长。从 2022 年数据来看，中国云计算市场中公有云的市场规模最大，占整个市场的 61.3%，私有云和混合云分别占比 32.4% 和 6.3%。在中游市场的云服务方面，仍然呈现四大巨头占据优势的局面，阿里云（36%）、华为云（19%）、腾讯云（16%）和百度智能云（9%）共占市场总额的 80%。从云计算企业的热力分布来看，主要集中在北京、上海、浙江和广东等地区，西部地区较少。中国云计算行业营业收入排名前 50 的上市企业中，只有远东股份（青海）、宁夏建材（宁夏）、润建股份（广西）、南天信息（云南）和高鸿股份（贵州）5 家企业位于西部地区。2017~2022 年我国云计算产业链上游和中游市场规模变化如图 3 所示。

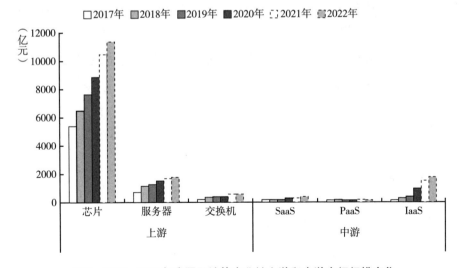

图 3　2017~2022 年我国云计算产业链上游和中游市场规模变化

（3）云计算下游产业。云计算的下游产业包括了大量的数据服务用户，广泛涉及互联网、金融、政府、医疗、软件、制造和教育等行业。

二 西部地区上市企业与数字化进程

（一）西部地区上市企业经营现状

在互联网、云计算、大数据、人工智能等新兴数字技术的快速推动下，数字化转型已成为企业改造和提升传统核心竞争力、培育和发展新核心竞争力的重要手段。越来越多的西部企业卷入数字化转型的浪潮，通过数字技术强化组织运营和业务模式等。本部分以总部位于西部地区的 A 股上市公司为企业样本，分析西部地区上市企业的经营情况和数字化转型进程。

截至 2023 年 5 月 5 日，我国共有 A 股上市公司 5166 家，营业收入共计718200.65 亿元，总利润 52127.16 亿元，平均利润率为 6.95%。其中西部地区共有上市公司 607 家，占比 11.75%；营业收入共计 56813.36 亿元，占比 7.91%；总利润为 4727.56 亿元，占比 9.07%，平均利润率为 9.71%。数据可见，西部地区 A 股上市公司的数量在全国仍占较低的比例，仅为 1/10多一些，其中营业收入和利润占比更是不足 1/10。从西部整体来看，无论是企业规模、数量，还是企业绩效等，仍处于全国的弱势地位。[①] 2022 年西部地区各省（区、市）的 A 股上市公司数量如图 4 所示。

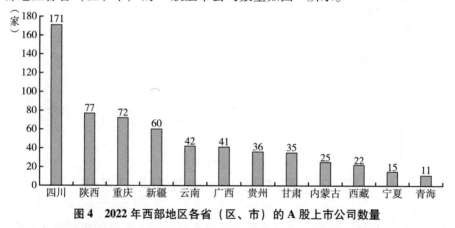

图 4　2022 年西部地区各省（区、市）的 A 股上市公司数量

---

① 根据 Choice（https：//choice.eastmoney.com/）数据统计整理得到。

2022 年西部地区各省（区、市）GDP 及 A 股上市公司营业收入如图 5 所示，由此可知上市公司营业收入占 GDP 的比例情况，其中新疆和青海占比较高，分别为 44.64% 和 31.15%。可见，上市企业在这两个地区的经济发展中起到了举足轻重的作用。由于上市公司数量较少，宁夏和广西两地上市公司营业收入占 GDP 的比例最小，仅为 11.26% 和 14.13%。

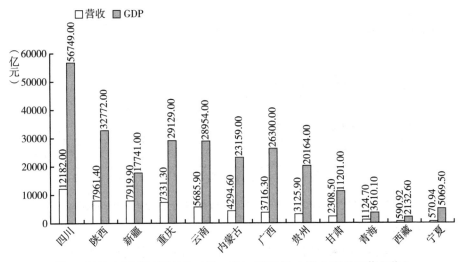

图 5　2022 年西部地区各省（区、市）GDP 及 A 股上市公司营业收入

2022 年西部各地区各省（区、市）A 股上市公司利润总额如图 6 所示。从利润来看，总部位于陕西的 77 家上市公司的利润总额最高，达到了 1388.6 亿

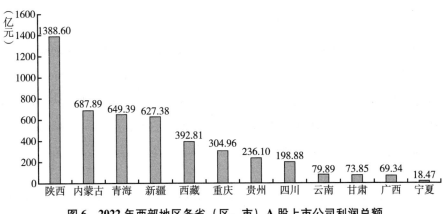

图 6　2022 年西部地区各省（区、市）A 股上市公司利润总额

元，而上市公司数量最多的四川，上市公司总利润仅为 198.88 亿元，位于西部地区省（区、市）第 8；从利润率来看，青海和贵州的上市公司利润率最高，均超过了 20%；广西的上市公司利润率最低，仅为 0.49%。从西部地区整体来看，各个地区上市公司均处于盈利状态（见图 7）。

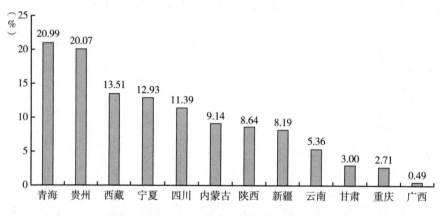

图 7　2022 年西部地区各省（区、市）A 股上市公司的平均利润率

由以上数据可知，西部地区各省（区、市）上市公司占所在地区 GDP 比例普遍大于 10%，青海和新疆该占比甚至超过 30%，因此，以上市公司为研究对象勾勒出西部地区企业数字化程度的画像是具有较强代表性的。

（二）西部地区上市企业的数字化程度

企业数字化是一个系统性过程，如何测量企业数字化程度极具挑战性。本报告参照袁淳等①的做法和统计，在建立企业数字化术语词库的基础上，通过计算上市企业年报中有关数字经济的表述来量化企业的数字化程度。鉴于中国数字经济的快速发展和数字技术的逐步应用主要发生在 2010 年之后，故而本报告以 2010 年、2015~2021 年 A 股上市公司为样本企业，在剔除金融行业、ST、PT、资不抵债、相关变量缺失的样本后，分析样本企业每年的企业年报。

---

① 袁淳等：《数字化转型与企业分工：专业化还是纵向一体化》，《中国工业经济》2021 年第 9 期。

在企业数字化程度增长趋势方面，从全国范围来看，上市企业年报披露的数字化相关词汇的频数呈现逐年增多的趋势。分年度的纵向统计显示，全国上市企业披露的数字化词汇的频数从 2010 年的 12.43 次增长到 2021 年的 162.40 次，增长超过 12 倍（见图 8）。从整体增速来看，统计年份期间西部地区的增速最快，超过了东部地区（12.18%）、中部地区（13.24%）和东北地区（10.94%）。具体到西部地区各省（区、市），在数字化程度方面，2021 年四川的数字化程度最高，青海最低；在增长率方面，广西近年来的数字化程度增长率最高，统计期间增长了近 30 倍；甘肃的增长率最低，仅增长了 8.45 倍。西部地区上市企业数字化程度的大幅度增长，表明西部地区上市企业已深刻认识到数字经济时代下，企业进行数字化变革的必要性，数字技术与西部企业正经历着快速的融合，推动着西部地区企业的发展。

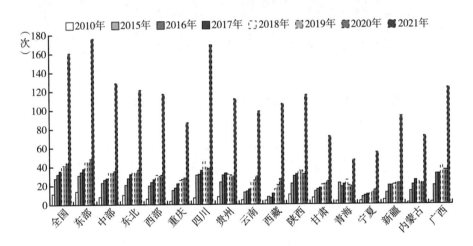

图 8　2010 年、2015~2021 年上市企业数字化词频的分区域统计

进一步地，计算数字化词汇的频数之和与"管理层讨论与分析部分"文字长度之间的比值，以此为目标企业的数字化程度。按此方法，本报告分别计算了全国、东部、中部、东北、西部地区和西部地区各省（区、市）的数字化程度。2010 年、2015~2021 年上市企业数字化程度的分区域统计如图 9 所示。2021 年我国各个区域企业的数字化程度发生了飞跃性发展，

较上一年平均提高了49%。2010年、2015~2021年上市企业数字化程度变化趋势的分区域统计如图10所示。东部地区企业的数字化进程始终处于领跑地位，在2010年平均数字化程度是西部地区的1.57倍，即使在东、西部地区数字化程度差距最小的2021年，也有1.45倍的差距，东部地区企业数字化程度历年平均是西部企业的1.50倍。与东部发达地区相比，西部

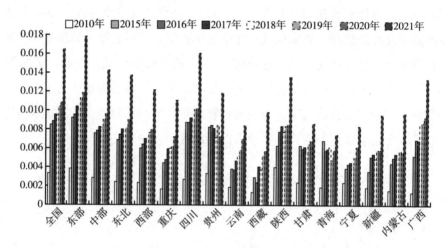

图9　2010年、2015~2021年上市企业数字化程度的分区域统计

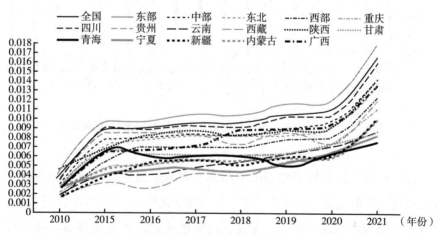

图10　2010年、2015~2021年上市企业数字化程度变化趋势的分区域统计

地区企业的数字化程度发展缓慢，既落后于东部地区，也落后于全国平均水平，只有四川的数字化程度较接近全国的平均水平。

三 数字化对企业发展的作用

（一）数字化能够提升企业运营管理效率

数字化使企业实时掌握运营管理各环节的信息，更好地进行管理决策、提高运营效率。首先，数字化有助于企业进行需求预测。当今时代，消费者需求变化更快、更具个性。企业可以借助数字化工具获得更丰富的用户信息（如用户浏览、关键词搜索、购买、使用和评价等数据），更准确地掌握用户偏好和个性化需求。通过大数据，企业能够更及时、更精准地预测顾客的个性化需求，开展精准营销，进行需求预测。其次，数字化有助于企业开发和设计出更契合消费者需求、性能更佳的产品。消费者广泛使用社交媒体和网络购物，由此产生大量的有用数据，为企业准确设计适应消费者需求的新产品提供了可能。模拟仿真、虚拟现实和增强现实等技术，也极大地提升了新产品开发的成功率。云计算和价值共创等提高了消费者在研发设计中的参与度和互动程度，更能满足消费者的个性化需求。再次，数字化能够帮助企业优化定价和库存决策。从数据中学习，企业既可以动态优化产品定价策略，又可以实施不同渠道和细分市场的差异化定价，完善收益管理。最后，企业可以通过获取和监控供应链上下游数据，对供应链实施全链条管理和优化。①

（二）数字化可以促进企业高质量发展

数字化能够促进企业全要素生产率的提升，为中国企业的高质量发展赋能。大量研究显示，数字化能够发挥管理赋能、投资赋能、营运赋

---

① 陈剑、黄朔、刘运辉：《从赋能到使能——数字化环境下的企业运营管理》，《管理世界》2020 年第 2 期。

能与劳动赋能等功能，有助于企业降低内部管控成本，提高投资决策质量与资产营运效率，改善劳动力资源结构，从而推动企业全要素生产率提高。

当今，中国企业在大数据、区块链等数字技术领域的专利申请量已居全球首位。考虑到企业数字化转型具有门槛高、投资高、成本高等特点，企业如何在数字技术创新中实现经济效益，是每一家西部地区企业数字化过程中必须解决的现实问题。数字化至少可能通过以下四条路径为企业高质量发展赋能。①

第一，数字化可以提高企业内部的沟通和协作效率，减少内部损耗，降低监督和控制成本，实现"管理赋能"。首先，数字化能够降低企业系统对各个子系统的活动实施统筹与协调所产生的管控成本；其次，数字化能够减少企业因代理关系而产生的管理效率的损失，以及在监督代理时所产生的监管和控制成本。

第二，企业通过数字化能够提高自身的信息获取和分析能力，提升企业投资决策的准确性，实现"投资赋能"。投资作为企业重要战略决策之一，决策准确性的提高能优化企业资本，提高各业务的组合效率。从全产业链来看，数字化能够推进上下游企业之间的互联互通，发挥协同效应。企业可以通过对信息的掌握和分析，掌握市场需要，预测市场趋势，准确识别买方和卖方市场的变化，抓住投资机会，计算投资收益，进而做出科学的投资决策。

第三，数字化能够优化企业全要素资源配置，提高生产经营效率，实现"营运赋能"。"数字+"传统生产要素和技术能够提升企业对既有生产要素的有效利用。不仅如此，数字化还能够有效打破不同部门、不同层级之间的藩篱，减少"信息孤岛"，促进信息共享。

第四，数字化有助于企业与高技能劳动力相契合，进而提升企业人力资

---

① 龙帼琼：《数字化对中国制造业高质量发展的影响研究》，博士学位论文，云南财经大学，2022。

源的层次和优化人才结构，进而实现"劳动赋能"。企业的数字化进程不仅需要设备等硬件的系统升级，还需要人力资源、管理模式等软件的系统升级。这些升级都需要掌握相关先进技术的人才来实现。一方面，高技术劳动与新兴数字技术不可分割，高级专业技术人员和知识员工是企业实现数字化必不可少的人力资源。另一方面，传统的基础性、惯例性工作被数字系统代替后，员工将更加专注于具有高附加值的创造性工作，从而提高人力资本效率。

（三）数字化有助于增值企业价值

企业对大数据、AI、云计算和人工智能的应用能够提高其市场价值。在加快数字化发展，全面打造数字经济和各个产业数字化转型的推动下，企业应用信息技术的程度和数字化水平不断提高。大量研究显示，数字化确实有助于实体企业提高生产效率和增加企业的研发投入，由此产生的价值增值能够获得投资人和资本市场的青睐，对企业的战略发展和核心竞争力提升具有重要的深远意义。可见，以数字化为支点，抓住全球数字化发展的契机，撬动企业生产方式和运营流程等方面的优化和提升，催动企业公司治理结构和管理模式的持续化创新，是我国企业特别是西部地区企业谋求高质量发展的必然路径。

（四）数字化会提升企业绩效

数字化能有效地扩大企业的债务融资规模。外部融资是企业可持续发展的重要资金保障。而我国中小企业普遍面临融资难的问题，信息不对称引起的逆向选择是主要原因。银行贷款融资需要企业证明自身能力，其中信用信息、财务状况和获利能力等十分关键。一方面，企业数字化能够使信息更透明，有利于银行等外部金融机构了解企业的经营、生产和市场状况，更准确地获取企业相关信息；另一方面，数字化转型普遍受到资本市场的青睐，向市场和投资者传递积极的信号，有利于改善企业财务状况、经营绩效、治理能力等，增强投资者和金融机构的信心。[①]

---

① 崔琳、曾峰：《数字化转型对零售业企业绩效的影响》，《商业经济研究》2023 年第 4 期。

数字化能有效降低企业的债务融资成本。外部投资者为了规避风险，会要求企业提供更高的回报作为补偿，进而产生融资溢价，增加了企业的融资成本。金融机构更倾向于向会计信息更加透明的企业注资。数字化让企业更大限度地公开和分享信息，使金融机构在风险评估时除了获取企业的财务报表等公开信息，还可以获取企业的订单、存货等信息，对企业经营状况和盈利能力进行信用评级，降低企业的债务融资成本。同时，数字平台企业的大量涌现释放出更多的企业经营信息，有助于金融机构和投资者评估企业经营状况和预测现金流。因此，数字化在帮助企业优化信息处理的同时，也使市场获得更多的企业信息，缓解企业与投资者之间的信息不对称情况，进而降低股权融资成本。

数字化能有效地提高投资效率。高效率的投资是企业现金流增长的重要保障，能够推动企业成长和提升企业价值。传统模式下，信息不对称和委托代理冲突造成企业偏离最优投资状态，降低企业的投资效率。对于前者，信息不对称使企业无法从外界获得足够的资金，不得不放弃高价值回报的投资项目，导致投资不足；对于后者，委托代理所诱发的管理层机会主义易造成过度投资。这些问题可以被数字化有效缓解。

四　加快西部地区企业数字化发展的建议和策略

（一）完善西部地区数字化平台，为企业数字化提供基础设施支撑

数字基础设施是企业数字化转型的支撑。近些年，西部地区的数字基础设施建设实现了长足的进步，但仍存在关键领域技术创新能力不足，核心部件、操作系统等技术研发和工艺制造落后于东部地区和国际先进水平等问题。这些问题不解决，西部地区的高新技术产业链和供应链发展会受到限制，西部地区的数字产业化和产业数字化基础就难以牢固。要彻底转变数字经济大而不强、快而不优的局面，西部地区必须加快实施创新驱动发展战

略，充分发挥社会主义的制度优势，汇集西部地区各省（区、市）的集体力量，瞄准全球数字技术基础设施前沿领域和我国数字技术薄弱环节，集中力量推进关键核心技术攻关，夯实企业数字化转型的基础。西部地区各级政府需要强化数字基础设施的统筹部署、协调发展和利益共享，鼓励从地区、行业实际出发积极拓展数字化在各类企业中的应用场景。推进数据信息分类分级的确权和授权管理，实现数据信息的市场化流通交易，完善数据要素权益保护制度，逐步形成具有西部特色的数据产权制度体系。

（二）降低企业数字化转型门槛

近些年，我国大力实施企业"上云用数赋智"等行动，使我国企业数字技术的应用水平有了显著的提升。从推进数字化的企业分类来看，大型企业的数字化转型意愿普遍较强，而且转型速度较快、程度较高，效果也较好，相比之下中小企业则在数字化转型中困难重重、转型较慢。究其原因，根本在于数字化转型的经济技术门槛较高，而中小企业存在资源短缺的问题。中小企业既不敢贸然转型，也不知道如何转型。解决上述困难，必须着力降低中小企业数字化转型门槛和成本。为此，选择重点行业和区域建设一批具有国际先进水平的公共工业互联网平台和数字化转型促进中心，鼓励一批西部地区的行业龙头企业开放数字化资源，为相关行业的中小企业提供普惠性数字转型服务；促进西部地区中小企业数字化赋能专项行动提速，支持中小企业向全业务、全流程数字化转型延伸拓展；继续大力推行普惠性"上云用数赋智"服务，推动中小企业上云、上平台，拓宽融资渠道，降低其数字化转型的技术、资金门槛。

（三）完善企业数字化转型的人才引育体系

随着全球数字经济的持续深化，各国对数字化人才的需求激增。数字化人才是企业数字化转型的基石。我国在大数据、人工智能、云计算和智能制造等相关领域的人才培养和储备均难以满足市场对相关人才的需求。对于西部地区企业而言，人才短缺则更加严重。我国数字化人才更多集聚在北京、上海、广州和深圳等核心城市和东部沿海城市。越来越多的西部地区企业意识到数字化转型所面临的关键障碍是没有足够的人才支撑。在宏观层面，数字化人才应具备构建数字产业生态、预测数字化发展方向、制定企业数字化战略的能力；在中观层面，数字化人才应具备创新数字化商业模式和经营模式的能力；在微观层面，数字化人才应具备深化产品数字化和服务数字化的能力。西部地区具有较为丰富的教育资源，应该加快西部地区高校的数字化人才培养速度，增加西部地区的数字化人才储备，为西部地区企业的数字化转型提供人才支持。

（四）明确企业数字化转型的战略定位和规划

不同行业和类型企业数字化转型的重点和路径是存在明显区别的，企业需要根据自身所处行业的特点和本企业业务发展的需要，寻找适应自身情况的数字化转型战略定位和规划。战略定位和规划要明确企业数字化转型的目的、范围和价值创造模式，指导企业制定与战略相匹配的数字化转型路径和方案。

B.3
数字化驱动西部地区产业升级[*]

高 煜 曾鑫洋[**]

摘 要： 产业升级是数字化时代高质量发展的重要内容，在数字化驱动西部地区高质量发展的过程中，要注重数字化赋能产业升级的作用，不断推进西部地区高质量发展。首先，本文对数字化的内涵及数字经济的发展现状、产业升级的内涵及产业升级的发展现状进行了分析评价；其次，从数字产业化、产业数字化和数字化驱动产业创新三个方面进行理论分析；再次，通过分析揭示了西部地区数字产业赋能不足、数字基础设施建设有待完善、产业数字化发展基础薄弱、产业数字化经济效益扩散有限，数字化对西部地区产业的国际竞争力提升速度有限，数字化驱动西部地区建设资源节约型和环境友好型产业体系任务重的问题；最后，针对问题提出了相应的政策建议。

关键词： 数字化 西部地区 产业升级

---

* 国家社科基金后期资助项目（21FJLB028）；陕西省社会科学基金项目（2021DA016）。

** 高煜，西北大学学术委员会委员，西北大学经济管理学院经济学系主任、三级教授、博士生导师，西北大学中国西部经济发展研究院兼职研究员，研究方向为产业经济学；曾鑫洋，西北大学经济管理学院硕士研究生，研究方向为数字经济、产业经济学。

一　西部地区数字化及产业升级发展现状

（一）数字化及数字经济发展现状

1. 数字化的内涵及数字经济指标的建立

对于数字化的内涵，Verhoef[1]认为随着技术水平的飞速提高，人工智能、大数据、物联网等新一代信息通信技术逐步融入现代企业的生产经营，数据资源成为组织的关键生产要素，这一过程也被定义为数字化。Xu 等[2]认为，数字化是指以信息和知识为关键生产要素，以互联网为重要载体，有效利用信息通信技术（ICT）提高效率和优化经济结构的一系列经济活动。刘政等[3]从微观层面定义了数字化，指的是企业内部引入并应用数字技术，其中企业利用数字技术整合前端信息、处理加工有用信息进而赋能企业战略层面的抉择是企业数字化的典型表现。当组织内部的结构与大数据相适应时，数字化的应用更有利于组织创造价值。Guo 和 Ma[4]从城市的角度出发，认为数字化是指在数字技术应用和数据要素驱动下，城市发展模式实体结构的转型过程，包括经济发展、社会生活、政府治理等方面的数字化转型。

在数字经济时代，数字化是经济发展的重要推动力。为了全面反映数字化赋能经济的推动作用，本文参考柏培文和张云[5]的相关研究，构建了数字经济指数评价体系（见表1），从国家统计局和《中国高技术产业统计年

① P. C. Verhoe，T. Broekuizen，Y. Bart，"Digital Transformation：A MultidisCiplinary Reflection and Research Agenda," *Journal of Business Research* 122（2021），889-901.

② Q. Xu，Zhong Meirui.，Li X.，"How Does Digitalization Affect Energy？ International Evidence," *Energy Economics* 107（2022）.

③ 刘政、姚雨秀、张国胜、匡慧姝：《企业数字化、专用知识与组织授权》，《中国工业经济》2020 年第 9 期。

④ S. Guo，H. Ma，"Can Urban Digitalization Signifcantly Improve Carbon Emission Efciency？ Evidence from 282 Cities in China," *Environmental Science and Pollution Research* 30（2022）.

⑤ 柏培文、张云：《数字经济、人口红利下降与中低技能劳动者权益》，《经济研究》2021 年第 5 期。

鉴》获得二级指标数据，并采用熵权法计算得到一级指标数据后，再采用熵权法计算得到数字经济指数。

表1 数字经济指数评价体系

指数名称	一级指标	二级指标	指标方向
数字经济指数	数字产业	信息传输、计算机服务和软件业就业人数占比	+
		软件业务收入	+
		信息传输、计算机服务和软件业固定资产	+
	数字创新	数字产业 R&D 经费	+
		数字产业专利申请数	+
		数字产业新产品销售收入	+
	数字用户	移动电话普及率	+
		电信业务总量	+
		人均互联网宽带接入用户数	+
		电子商务交易额	+
	数字平台	域名数	+
		网民数	+
		网站数	+

资料来源：参照柏培文等（2021）的相关研究制作。

由表1可知，数字经济指数评价体系由数字产业、数字创新、数字用户和数字平台4个一级指标和13个二级指标构成。一级指标中，数字产业反映了包括信息传输、计算机服务和软件业等数字产业的发展情况，具体的二级指标包括：信息传输、计算机服务和软件业就业人数占比，软件业务收入以及信息传输、计算机服务和软件业固定资产；数字创新反映了各产业、企业有关数字化的创新发展情况，具体的二级指标包括：数字产业 R&D 经费、数字产业专利申请数和数字产业新产品销售收入；数字用户反映了数字经济的用户使用情况，具体的二级指标包括：移动电话普及率、电信业务总量、人均互联网宽带接入用户数和电子商务交易额；数字平台反映了数字化中起到媒介作用的数字平台的使用状况，具体的二级指标包括：域名数、网民数和网站数。

2. 数字产业发展现状

数字产业是具有先导性、战略性、高渗透的技术密集型产业，其发展对社会经济发展具有巨大的推动作用。① 2016~2021 年我国数字产业指数有所提升，东部地区提升幅度较大，中西部地区提升较为缓慢。东部地区的数字产业指数从 2020 年的 0.22 提升到 2021 年的 0.37，体现了 2021 年东部地区数字产业发展的态势良好，而西部地区的数字产业指数从 2016 年的 0.08 缓慢增长到 2021 年的 0.12，与东部地区的发展差距逐渐拉大（见图 1）。

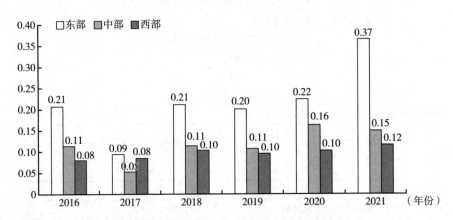

图 1　2016~2021 年东、中、西部地区数字产业指数情况

资料来源：根据国家统计局和《中国高技术产业统计年鉴》相关数据计算所得。

从信息传输、计算机服务和软件业就业人数占比这个具体指标来看，2016 年到 2021 年西部地区大多数省（区、市）的信息传输、计算机服务和软件业就业人数占比在不断上升，2020 年到 2021 年重庆信息传输、计算机服务和软件业就业人数占比从 0.84% 大幅上升至 1.6%，这是由于 2021 年11 月重庆率先建立 "智能+技能" 数字技能人才培养试验区，重视人才培养，打造有影响的数字技能人才高地，吸引了各地大批数字技能人才流入。2021 年陕西信息传输、计算机服务和软件业就业人数占比突破 0.6%，领先于西部地区其他省（区、市）。西藏、新疆等地区的信息传输、计算机服务和软件业就业人数也实现了从无到有的逐步增加（见图 2）。

---

① 王俊豪、周晟佳：《中国数字产业发展的现状、特征及其溢出效应》，《数量经济技术经济研究》2021 年第 3 期。

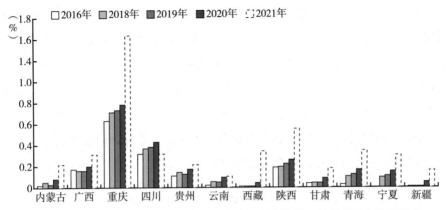

图2 2016~2021年西部地区各省（区、市）信息传输、计算机服务和软件业就业人数占比情况

资料来源：国家统计局。

从软件业务收入指标来看，2016~2021年西部地区的软件业务收入整体呈现增加趋势。其中四川、重庆、陕西地区的软件业务收入处于西部地区领先位置，截至2021年底，四川软件业务收入达到4341.13万元，重庆软件业务收入达到2481.42万元，陕西软件业务收入达到3148.73万元。西藏、青海、宁夏、新疆、甘肃等地的软件业务收入虽然近几年也在上升，但截至2021年底这些地区的软件业收入均未达到80万元，仍需进一步提高软件业整体发展水平（见图3）。

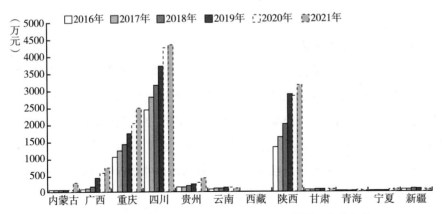

图3 2016~2021年西部地区各省（区、市）软件业务收入情况

资料来源：国家统计局。

从信息传输、计算机服务和软件业固定资产指标来看，截至 2021 年底四川、广西、陕西、贵州、云南的信息传输、计算机服务和软件业固定资产投资规模分别为 425.46 亿元、336.09 亿元、340.74 亿元、271.85 亿元、224.60 亿元，表明这些地区信息传输、计算机服务和软件业的固定投资规模大，西藏、青海、宁夏、甘肃的固定资产规模较小，青海、宁夏等地区近两年固定投资规模有下降趋势，需要进一步扩大这些地区信息传输、计算机服务和软件业的固定投资规模（见图 4）。

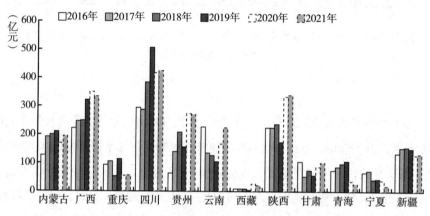

图 4　2016~2021 年西部地区各省（区、市）信息传输、计算机服务和软件业固定投资规模情况

资料来源：《中国高技术产业统计年鉴》。

3. 数字创新发展现状

数字创新是以数字化思维与逻辑为导向，依靠数字硬件、软件和数据信息，对现有物质进行数字化改造，或利用数字化元件与知识创造新的事物，进而取得创新的行为。① 源源不断的数字创新是经济高质量发展的动力。2016~2021 全国东、中、西部地区的数字创新水平不断提升。截至 2021 年底，西部地区的数字创新指数为 0.02，东部地区指数为 0.16，反映出西部

---

① 胡增玺、马述忠：《市场一体化对企业数字创新的影响——兼论数字创新衡量方法》，《经济研究》2023 年第 6 期。

地区的数字创新水平与东部地区、全国平均水平相比仍有很大差距且差距有拉大的趋势（见图5）。

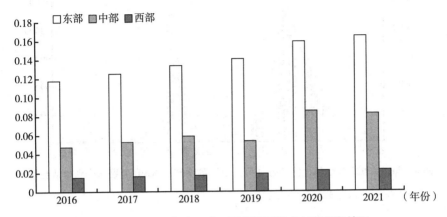

图5 2016~2021年东、中、西部地区数字创新指数情况

资料来源：根据《中国高技术产业统计年鉴》相关数据计算所得。

从具体二级指标来看，截至2021年底，四川的数字产业R&D经费为2157767万元，是西部地区数字产业R&D经费排名第1的地区，陕西与重庆的数字产业R&D经费分别为1634746万元、1116165万元，分别位列第2、第3。四川2021年的数字产业专利申请数为14414件，是西部地区专利申请数最多的地区，且与排名第2的陕西（5192件）有很大差距（见图6）。

从数字产业新产品销售收入指标来看，四川从2019年到2021年数字产业新产品销售收入由15748665万元增至24183410万元，发展态势迅猛，增长幅度大；重庆数字产业新产品销售收入也从2019年的13304004万元增加至2021年的19233545万元，发展态势良好。陕西2021年的数字产业新产品销售收入突破了10000000万元，与2020年的5486827万元相比增长幅度较大。西部地区其他省（区、市）的数字产业新产品销售收入增长较慢，西藏、新疆、云南等地区数字产业新产品销售收入甚至出现下降的情况（见图7）。

整体来看，川渝地区数字创新发展引领西部地区整体发展，这是由于自2019年10月起，国家数字经济创新发展试验区启动建设工作，开辟西部地

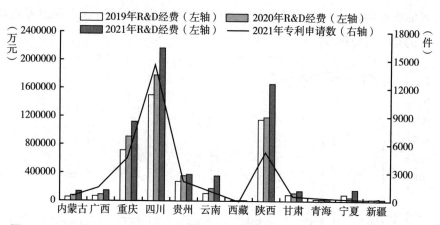

图6　2019~2021年西部地区各省（区、市）数字产业R&D经费和专利申请数情况

资料来源：《中国高技术产业统计年鉴》。

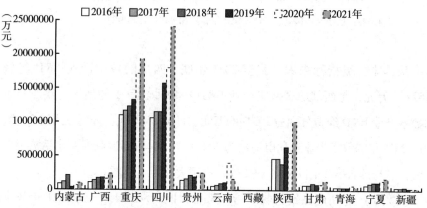

图7　2016~2021年西部地区各省（区、市）数字产业新产品销售收入情况

资料来源：《中国高技术产业统计年鉴》。

区的四川、重庆与东部地区的河北（雄安新区）、浙江、福建、广东6个省（区、市）为试验区。四川、重庆积极推进数字经济创新发展工作，四川大力发展全产业链、区块链等数字产业，加快新型基础设施建设，赋能数字产业升级；重庆着力打造"智造重镇"，不断推进数字产业发展，打造新的发展动能。

4. 数字用户发展现状

数字用户体现了数字经济的消费主体，数字用户在一定程度上反映了数字经济的用户需求与产品流量情况，是衡量数字经济不可或缺的重要指标。2021 年东、中、西部地区的数字用户指数均出现下降的情况，这是由于 2021 年全国商品流通受阻，电信业务等业务总量下降，总体数字用户发展情况出现下降趋势（见图8）。

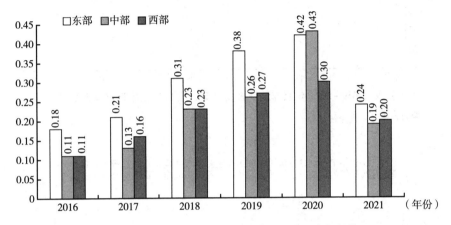

图8 2016~2021 年东、中、西部地区数字用户指数情况

资料来源：国家统计局。

2021 年西部地区的移动电话普及率与 2020 年相比有所提升，2021 年内蒙古与陕西的移动电话普及率分别为 125.71 部/百人与 120.83 部/百人，较为领先于西部地区其他省（区、市），西藏的移动电话普及率为 91.1 部/百人，有待进一步深入普及（见图9）。

2021 年全国统一大市场商品流通受阻，电信业务总量出现大幅下降，云南由 2020 年的 5647.84 亿元降至 523.73 亿元；广西由 2020 年的 4826.86 亿元下降至 536.25 亿元，西部地区其他省（区、市）下降幅度也均大于 80%。从 2021 年电子商务交易额来看，广西、四川、贵州的电子商务交易额分别为 286.89 亿元、415.29 亿元、429.30 亿元，反映了这 3 个省（区、市）的电子商务交易活跃度不高，内蒙古与新疆的电子商务交易额分别为 3015.49 亿元、1789.19 亿元，发展情况比较好（见图10）。

从人均互联网宽带接入用户数这个二级指标来看，2021 年底重庆、陕

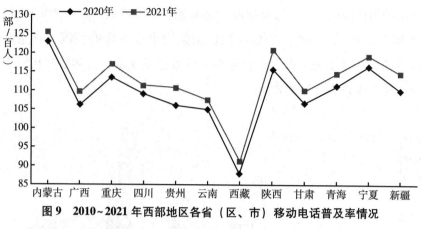

图9　2010～2021年西部地区各省（区、市）移动电话普及率情况

资料来源：国家统计局。

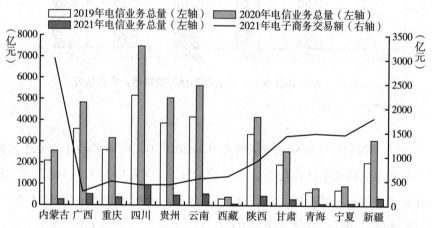

图10　2019～2021年西部地区各省（区、市）电信业务总量和电子商务交易额情况

资料来源：国家统计局。

西、甘肃、宁夏、新疆的互联网宽带接入用户数分别为0.43户、0.40户、0.41户、0.46户、0.44户，均达到全国平均水平（0.40户），体现了西部地区这些省（区、市）互联网宽带普及较快较广，但内蒙古、云南、贵州、西藏人均互联网宽带接入用户数不及0.35户，仍需要进一步扩大互联网宽带普及范围（见图11）。

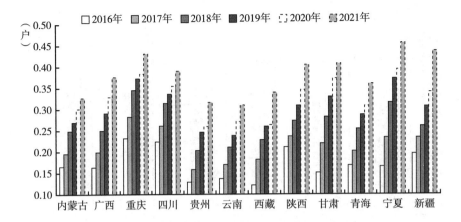

图 11　2016～2021 年西部地区各省（区、市）人均互联网宽带接入用户数情况

资料来源：国家统计局。

5. 数字平台

数字经济的普及与发展，推动了以平台企业为代表的新型组织形态在各个领域的崛起。平台企业会构建起数字平台，整合各种资源、聚集海量用户、进行高效多边贸易。① 2016～2021 年，东、西部地区数字平台持续建设，数字平台指数较为平稳，但东部与西部地区的数字平台建设差距仍很大；中部地区的数字平台指数在 2020 年达 0.84，2021 年下降到 0.73，有所起伏（见图 12）。

从具体二级指标来看，2021 年西部地区大部分省（区、市）的域名数与 2020 年相比出现下降的情况，但是重庆四川、甘肃、青海等仍然保持了正向增加。并且，2021 年广西、重庆、四川、贵州、云南、陕西地区的域名数超过全国平均水平（701083 万个）；重庆、四川、陕西地区的网站数也超过全国平均水平（9450.47 万个）。但是西藏、青海、宁夏的域名数不到 500000 万个，网站数不足 2000 万个，需要进一步建设普及（见图 13）。

① 邢小强、汤新慧、王珏、张竹：《数字平台履责与共享价值创造——基于字节跳动扶贫的案例研究》，《管理世界》2021 年第 12 期。

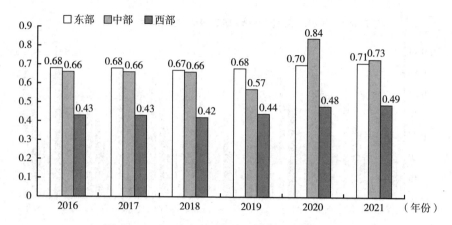

图 12　2016～2021 年西部地区数字平台发展情况

资料来源：根据国家统计局相关数据计算所得。

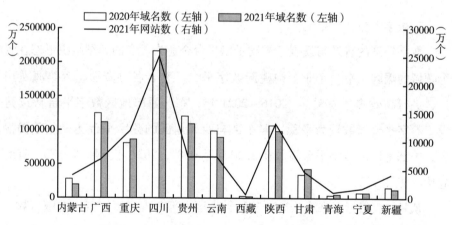

图 13　2020～2021 年西部地区各省（区、市）网站数和域名数情况

资料来源：国家统计局。

从网民数这个二级指标来看，2016～2021 年，西部地区各省（区、市）网民数出现逐步增加的趋势，截至 2021 年底，四川、广西网民数突破 30000000 人，西藏、青海、宁夏网民数不足 5000000 人，需要进一步加强入网硬件设施建设，增加网站数、域名数、网民数（见图 14）。

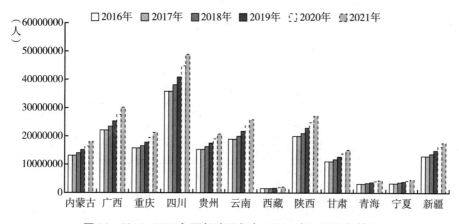

图 14　2016~2021 年西部地区各省（区、市）网民数情况

资料来源：国家统计局。

（二）产业转型发展现状

1. 产业升级的定义及产业升级指标的建立

产业结构是指各个产业之间的构成情况以及各产业之间的比例关系。产业结构的演变过程会遵循一定的规律，总体看来会呈现由低级向高级的发展趋势。产业结构升级又称产业升级，是指产业从低水平到达一个更高水平的一种发展趋势或发展进程①，其演变过程是一个动态的、复杂的、由低级到高级的过程。劳动力、资本、人才、制度等要素都对产业升级有着重要的作用，技术创新是产业升级的决定性因素，在数字经济背景下，数字技术对产业升级有着不可或缺的驱动作用。

为了全面反映产业升级，本文参考李业锦等②、陈蕾兰③的相关研究，从产业规模、产业效率等 7 个方面，利用熵权法构建了产业升级指数评价体

---

① 李子伦：《产业结构升级含义及指数构建研究——基于因子分析法的国际比较》，《当代经济科学》2014 年第 1 期。

② 李业锦、闫欣雨、申郑钰、刘潇忆、赵秀云：《中国产业转型升级示范区环境规制对产业转型升级的影响研究》，《环境污染与防治》2023 年第 1 期。

③ 陈蕾兰：《中国产业高质量发展评价指标体系及测度研究》，《科技创新与生产力》2023 年第 2 期。

系（见表2）。其中二级指标的原始数据来源于国家统计局官方网站，利用熵权法计算得到一级指标和产业升级指数。

表 2　产业升级指数评价体系

指数名称	一级指标	二级指标	指标方向
产业升级指数	产业规模	产业增加值	+
		产业就业人数	+
		企业法人单位数	+
	产业效率	劳动生产率	+
		资本生产率	+
		全要素生产率（EDA 测算）	+
	产业高端化	第三产业与第二产业比值	+
		高技术产业占规模以上制造业比例	+
		工业增加值增长率	+
		产业高级化指数	+
	产业合理化	产业合理化泰尔指数	−
		第二、第三产业产值占比	+
	产业集群化	生产性服务业区位熵	+
		制造业区位熵	+
	产业国际化	外商直接投资占地区生产总值比例	+
		进出口总额占地区生产总值比例	+
	产业绿色化	单位工业增加值电力消费量	−
		单位工业增加值氮氧化物排放量	
		单位工业增加值二氧化硫排放量	
		单位工业增加值化学需氧量	

资料来源：参照李业锦等（2023）、陈蕾兰（2023）的相关研究制作。

　　由表2可知，产业升级指数评价体系由产业规模、产业效率、产业高端化、产业合理化、产业集群化、产业国际化、产业绿色化7个一级指标和20个二级指标构成。一级指标中，产业规模反映了三大产业的整体产值增加、企业数、就业数情况，具体的二级指标包括：产业增加值、产业就业人数、企业法人单位数；产业效率反映了各产业、各企业的各要素生产效率，具体的二级指标包括：劳动生产率、资本生产率、全要素生产率（EDA 测算）；产

业高端化体现产业水平由低端到高端的发展过程，具体的二级指标包括：第三
产业与第二产业比值、高技术产业占规模以上制造业比例、工业增加值增长率、
产业高级化指数；产业合理化反映了产业间资源配置状况，具体的二级指标包
括：产业合理化泰尔指数，第二、第三产业产值占比；产业集群化反映了产业
间相互协调、融合的集群效应，具体二级指标包括：生产性服务业区位熵、制
造业区位熵；产业国际化反映了我国产业参与国际产业链条进行分工合作、产
品贸易、商品流通等情况，具体的二级指标包括：外商直接投资占地区生产总
值比例、进出口总额占地区生产总值比例；产业绿色化反映了产业发展的环境
效益，具体的二级指标包括：单位工业增加值电力消费量、单位工业增加值氮
氧化物排放量、单位工业增加值二氧化硫排放量、单位工业增加值化学需氧量。

2. 产业规模

产业规模反映出整体产业的发展情况与发展方向，是评价产业升级的重
要指标。2016~2021 年中、东、西部地区的产业规模指数在不断提升，东部
地区提升速度最快，中部地区次之，西部地区最慢。2016 年东部与西部地
区产业规模指数差距为 0.18，2021 年东部与西部地区产业规模指数差距为
0.25，这反映了东部与西部地区的产业规模差距拉大，还需进一步提升西部
地区的产业规模指数（见图 15）。

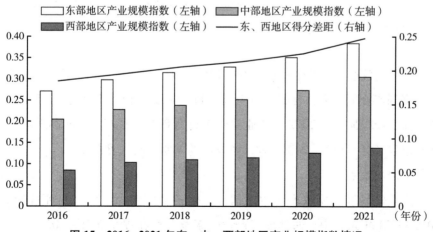

图 15　2016~2021 年东、中、西部地区产业规模指数情况

资料来源：根据国家统计局相关数据计算所得。

从产业增加值这个具体指标来看，2019~2021 年西部地区各省（区、市）产业增加值在逐步上升，2021 年四川产业增加值突破 50000 亿元，陕西省产业增加值达到 30000 亿元，但是西藏、青海、宁夏 3 个省（区、市）的产业增加值未达到 10000 亿元，落后于西部地区其他省（区、市）。从 2021 年企业法人单位数来看，四川、广西、重庆、云南、陕西、贵州企业法人单位数均突破 500000 家；西藏、青海、宁夏企业法人单位数同样落后于西部地区其他省（区、市），均未达到 50000 家（见图 16）。

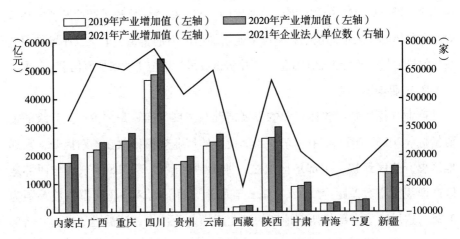

图 16　2019~2021 年西部地区各省（区、市）产业增加值
和企业法人单位数情况

资料来源：国家统计局。

从产业就业人数这个指标来看，2019~2021 年西部地区大部分省（区、市）出现产业就业人数保持不变甚至下降的趋势，但是四川近 3 年产业就业人数稳步增加，且 2021 年产业就业人数为 871.5 万人，远远多于西部地区其他省（区、市），发挥引领产业发展的重要作用（见图 17）。

3. 产业效率

产业效率直接反映产业生产情况，是各个要素生产效率的评价指标。2016~2021 年东、中、西部地区产业效率指数都在逐步提升，2021 年东部地区产业效率指数提升至 0.5 以上，西部地区产业效率指数突破 0.4。东、

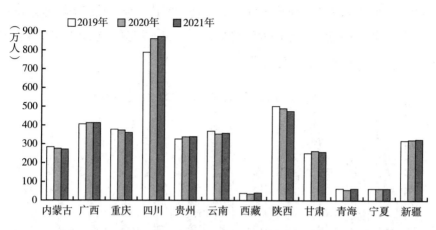

图17 2019~2021年西部地区省（区、市）产业就业人数情况

资料来源：国家统计局。

西部地区的产业效率指数差距在 2019 年达到最高（0.86），在 2021 年降至最低（0.54），体现近年来差距缩小趋势（见图18）。

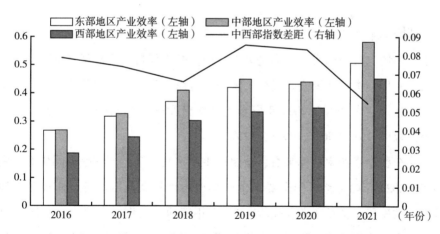

图18 2016~2021年东、中、西部地区产业效率指数情况

资料来源：根据国家统计局相关数据计算所得。

从劳动生产率指标来看，2016~2021 年西部地区各省（区、市）劳动生产率整体呈提升趋势，2021 年西部地区各省（区、市）劳动生产率出现较大

幅度提升，内蒙古 2021 年增幅达 16%，陕西增幅达 15%，重庆增幅也有 13%，体现了西部地区劳动生产率的发展趋势好。甘肃、新疆的劳动生产率未达到 50 万元/人，需要进一步提高其劳动生产率（见图 19）。

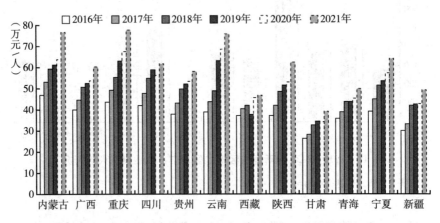

图 19 2016~2021 年西部地区各省（区、市）劳动生产率情况

资料来源：国家统计局。

从资本生产率指标来看，2019~2021 年西部地区各省（区、市）的资本生产率情况分为两类，一类是大部分地区基本保持稳定甚至有所下降，如重庆、四川、贵州、云南、西藏、陕西、青海、宁夏、新疆等地；另一类是广西、甘肃、内蒙古在 2021 年资本生产率出现较大幅度的提升（见图 20），其提升幅度分别为 56%、49%、42%。

从全要素生产率指标来看，全要素生产率与劳动生产率呈现同样的发展趋势，2021 年西部地区的全要素生产率也出现较大幅度提升，体现西部地区生产效率稳中向好的发展趋势。2021 年广西、云南、宁夏三个地区的全要素生产率突破 1.8，四川、贵州、西藏、新疆的全要素生产率不及 1.5，需要进一步提高（见图 21）。

4. 产业高端化发展现状

产业高端化体现产业由低端向高端演变的趋势，更加强调第一、第二产业向第三产业发展。2016~2021 年东、中、西部地区的产业高端化指数均在

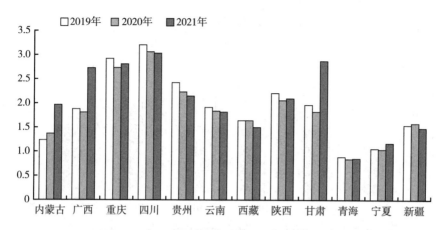

图 20　2019~2021 年西部地区各省（区、市）资本生产率情况

资料来源：国家统计局。

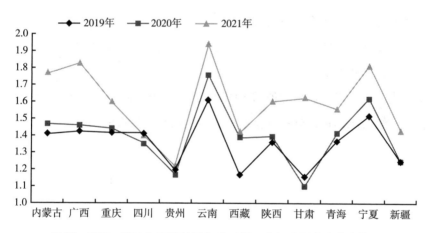

图 21　2019~2021 年西部地区各省（区、市）全要素生产率情况

资料来源：笔者根据国家统计局数据采用 DEA-Malmquist 法计算所得。

缓慢上升，东部地区的产业高端化指数一直与中西部地区有很大差距。2021
年东部地区产业高端化指数为 0.32，而西部地区为 0.17，差距仍然很大，
需要进一步推动西部地区产业高端化发展（见图 22）。

从第三产业与第二产业比值指标来看，2021 年西部地区各省（区、市）
的产业比值除西藏外均有所下降且差距不大，下降趋势与疫情影响有关，西

西部蓝皮书

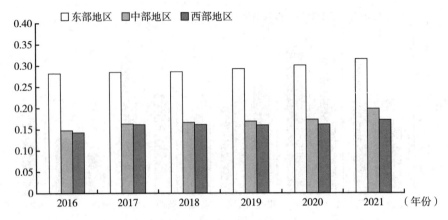

图 22　2016~2021 年东、中、西部地区产业高端化指数情况

资料来源：根据国家统计局相关数据计算所得。

藏不降反升是因为其受疫情的影响小。

从产业高级化指数指标来看，此处的产业高级化指数参考付凌晖[①]的研究，其计算方法如下。

首先，将第三产业增加值占 GDP 的比重作为空间向量中的一个分量从而构成一组三维向量，分别计算产业由低层次到高层次的角度：

$$\theta_j = \arccos\left[\frac{\sum_{i=1}^{3}(x_{i,j} \cdot x_{i,0})}{\sum_{i=1}^{3}(x_{i,j}^{2})^{1/2} \cdot \sum_{i=1}^{3}(x_{i,0}^{2})^{1/2}}\right] \tag{1}$$

上式中 $j=1$，2，3，进而产业高级化指数值 W 的计算公式如下：

$$W = \sum_{k=1}^{3}\sum_{j=1}^{k}\theta_j \tag{2}$$

2021 年重庆、西藏的产业高级化指数在 2.45 以上，新疆、广西、内蒙古在 2.35 以下，西部地区还需要进一步优化产业结构，推动产业由低端向高端转型升级（见图 23）。

---

① 付凌晖：《我国产业结构高级化与经济增长关系的实证研究》，《统计研究》2010 年第 8 期。

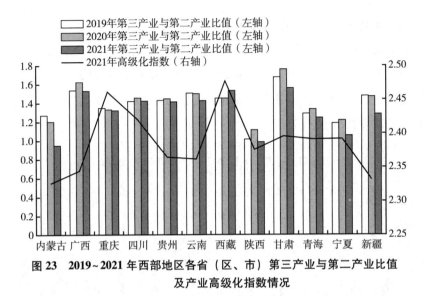

图23　2019~2021年西部地区各省（区、市）第三产业与第二产业比值及产业高级化指数情况

资料来源：笔者根据国家统计局数据利用式（1）和（2）计算所得。

从高技术产业占规模以上制造业比例指标来看，2016~2021年重庆一直在西部地区排名第1，引领西部地区高技术产业发展。2016年重庆获批建设国家自主创新示范区，2021年重庆高新技术产业开发区生产总值为588.6亿元，同比增速12.9%。西藏、内蒙古、新疆高技术产业占规模以上制造业比例较低，需要进一步加大对高技术产业的投资（见图24）。

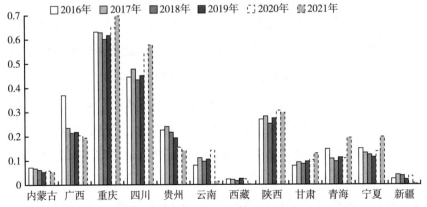

图24　2016~2021年西部地区各省（区、市）高技术产业占规模以上制造业比例情况

资料来源：笔者根据国家统计局相关数据和《中国统计年鉴》数据计算所得。

从工业增加值增长率指标来看，2021年西部地区各省（区、市）的工业增加值增长率有大幅提升，2021年内蒙古工业增加值增长率为41%，陕西工业增加值增长率为29%，宁夏的工业增加值增长率为28%，新疆的工业增加值增长率为27%，表明这些省（区、市）2021年工业发展态势良好，工业增长速度快（见图25）。

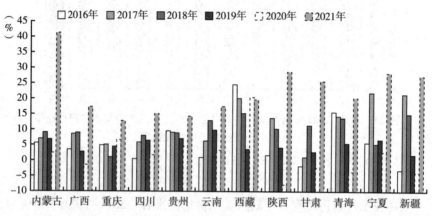

图25 2016~2021年西部地区各省（区、市）工业增加值增长率情况

资料来源：国家统计局。

5. 产业合理化发展现状

产业合理化是指产业结构的合理化，即对资源进行合理的配置使得产业协调发展。产业合理化可以较为直观地反映各产业间、产业内部资源配置情况。2016~2021年东、中、西部地区的产业合理化指数整体趋势为略有上升，2021年东、西部地区产业合理化指数与2020年相比基本保持不变。产业合理化是一个长期、动态的变化过程，相近年份的产业合理化变化较小。

分地区来看，东部地区2016~2018年的产业合理化指数略有上升，2019~2021年产业合理化指数基本保持不变。西部地区2016~2018年产业合理化指数有明显上升趋势，2019~2021年有明显下降趋势。因此，中、西部地区产业合理化指数差距从2016年的0.17下降到2018年的0.14，从2019年的0.14上升到2021年的0.17，差距有拉大的趋势。

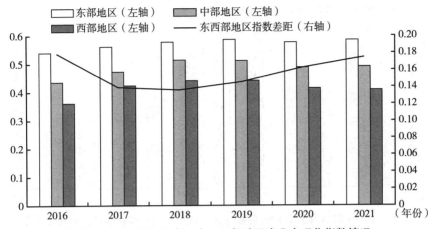

图 26 2016~2021 年东、中、西部地区产业合理化指数情况

资料来源：根据国家统计局相关数据计算所得。

产业合理化泰尔指数能够体现产业结构偏离度，其计算公式为：

$$\text{IDR} = \frac{P_i}{G}\ln\left(\frac{P_i}{L_i}\bigg/\frac{P}{L}\right) \tag{4}$$

式中 P_i 是该地区三次产业的生产总值（亿万元），L_i 为该地区三次产业的总从业人数（万人），那么 P_i/L_i 作为第 i 产业的增加值与第 i 产业内从业人数之比，经济意义即第 i 产业的生产率。产业结构合理化表示的是产业结构偏离度的泰尔熵标准。根据地区内三次产业比重进行加权可以计算出地区三次产业的产值（P）与从业人员（L）之间比值的均衡程度。当 $P_i/L_i =$ P/L 表示经济达到均衡状态，意味着 IDR 的值越小，产业结构越合理。

2019~2021 年西部地区各省（区、市）产业合理化泰尔指数变动情况各不相同，出现逐年下降趋势的地区有西藏、四川、贵州；出现逐年上升趋势的地区有内蒙古、云南、甘肃、宁夏、新疆；出现先上升后下降趋势的地区有广西、重庆、陕西。2021 年西部地区产业合理化泰尔指数在 0.3 以下的省（区、市）有青海、宁夏、内蒙古；在 0.4 以上的地区有广西、贵州、云南、西藏、新疆，这些地区需要平衡产业之间的关系，合理配置资源，提高产业合理化水平（见图 27）。

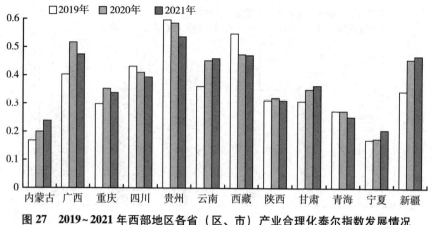

图 27　2019~2021 年西部地区各省（区、市）产业合理化泰尔指数发展情况

资料来源：笔者根据国家统计局数据利用式（3）计算所得。

2016~2019 年西部地区各省（区、市）第二、第三产业产值占比变化
不大，基本保持持平状态。且 2016~2021 年各省（区、市）之间第二、第
三产业产值占比差距也不大，都位于 0.8~0.95。2021 年第二、第三产业产
值占比高于 0.9 的省（区、市）有重庆、西藏、陕西、宁夏（见图 28）。

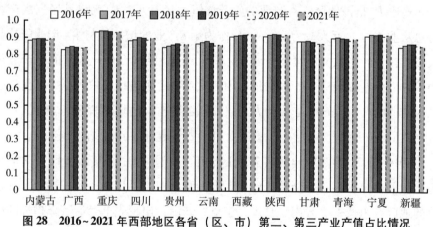

图 28　2016~2021 年西部地区各省（区、市）第二、第三产业产值占比情况

资料来源：国家统计局。

6. 产业集群化

在波特的《国家竞争优势》这一著作中，产业集聚化是指围绕某种产

品的生产在一定范围内聚集起密切相关的大量企业，以增强产品生产竞争力的过程。产业集群化反映了产业间相互协调、融合的集群效应。2016～2021年，东部地区的产业集群化指数呈现较为明显的上升趋势，中部地区的产业集群化指数呈现较为明显的下降趋势，西部地区的产业集群化指数呈现保持不变或者略有起伏的变化趋势。从东、西部地区的比较来看，2016～2021年东、西部地区产业集群化指数的差距明显拉大，需要西部地区加强产业集群化建设，提升其产业集群的竞争力（见图29）。

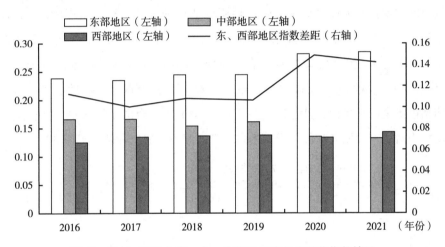

图29　2016～2021年东、中、西部地区产业集群化指数情况

资料来源：根据国家统计局相关数据计算所得。

对产业集群化的测度有许多指标可以选择，区位熵指数能够剔除区域之间的规模差距因素，较好地反映产业空间集聚情况。本报告借鉴杨仁发[①]的研究，用区位熵指数来衡量生产性服务业集聚程度，使用生产性服务业就业人数来进行区位熵计算，计算公式如下：

$$ \text{PAS} = \frac{L_{cr} / \sum_{c} L_{cr}}{\sum_{c} L_{cr} / \sum_{c} \sum_{r} L_{cr}} \tag{4} $$

---

① 杨仁发：《产业集聚与地区工资差距——基于我国269个城市的实证研究》，《管理世界》2013年第8期。

其中，c 代表地区，r 代表行业，L_{cr} 表示 c 地区 r 行业的就业人数。从取值来看，区位熵的值域为（0，+∞），0<PAS<1 表明该区域的生产性服务业集聚水平不及全国平均值，集聚水平较低；PAS >1 则表明该区域生产性服务业集聚水平较高。

2016~2021 年西藏生产性服务业区位熵有大幅增长，从 2019 年的 2.3 到增长为 2020 年的 4.6，这是因为西藏受疫情影响小，地区旅游周转量大量增加，国内旅游人数在 2020 年达到 540.44 亿元，同比增长 14.1%。其首府拉萨是全区的现代服务业集聚地，生产性服务业快速发展，集聚化程度高。2020年重庆生产性服务业区位熵出现较大幅度上升，从 2019 年的 0.67 上升到 2020年的 1.1，但其数值在 2021 年又有所下降。2016~2021 年西部地区其他各省（区、市）出现明显的下降趋势，截至 2021 年底只有西藏生产性服务业区位熵超过了全国平均值，其他省（区、市）均未达到全国平均水平，需要进一步加强对生产性服务业的重视，增强生产性服务业聚集程度（见图 30）。

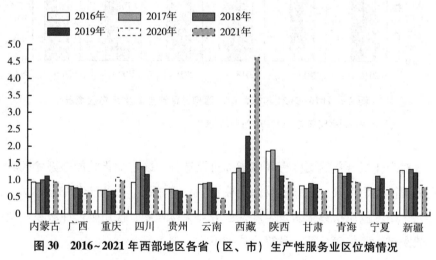

图 30　2016~2021 年西部地区各省（区、市）生产性服务业区位熵情况

资料来源：笔者根据国家统计局数据利用式（4）计算所得。

从制造业区位熵指标来看，2019~2021 年，西部地区各省（区、市）的制造业区位熵一直均未达到 1，低于全国平均水平，但是重庆、四川、陕西的制造业区位熵在西部各地区中排名靠前，其制造业区位熵在 2021 年具体数值分别为 0.83、0.74、0.72，带动西部地区其他省（区、市）制造业发展与集聚。重庆打造"智造重镇"不仅推动了数字产业转型，也加强了地区制造业发展与集聚的程度。截至 2021 年底，西藏制造业区位熵不足 0.2，贵州、云南、新疆、甘肃的制造业区位熵不到 0.5，需要进一步加强制造业转型升级，增强制造业聚集程度（见图 31）。

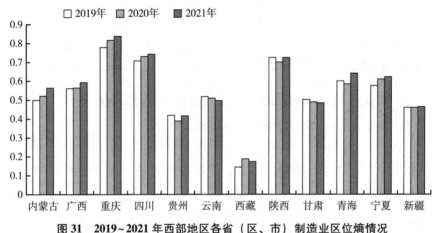

图 31　2019～2021 年西部地区各省（区、市）制造业区位熵情况

资料来源：笔者根据国家统计局数据利用式（4）计算所得。

7. 产业国际化

产业国际化的经济内涵是一个国家或地区的产业跻身或嵌入跨国产业价值链，并实现区域内产业集群和跨国产业集群对接的过程。[①] 产业国际化的指标体现了我国产业融入世界产业链条、参与分工合作的程度。

整体来看，2018～2021 年中、东、西部地区的产业国际化指数均出现下降趋势（见图 32）。这是由于 2018 年中国进出口商品总额减少，对中国产业国际化造成了一定的负向影响，2020 年全球商品市场流通受到一定程度的阻碍，各地区产业国际化指数进一步下降。

从外商直接投资占地区生产总值比例指标来看，西部地区部分省（区、市）从 2018 年开始出现明显的下降趋势，如内蒙古、重庆、四川、云南，

---

① 焦军普：《产业国际化的内涵与演进路径研究》，《经济纵横》2013 年第 6 期。

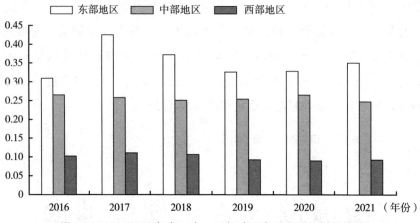

图 32　2016~2021 年东、中、西部地区产业国际化指数情况

资料来源：根据国家统计局相关数据，笔者计算所得。

其中内蒙古、云南的下降幅度较大，下降速度较快，内蒙古由 2016 年的 1.9% 下降至 2021 年的 0.1%，云南由 2016 年 2.2% 下降至 2021 年的 0.78%。但是 2016~2020 年陕西外商直接投资占地区生产总值比例一直呈现上升趋势，其具体数值从 2016 年的 1.75% 上升至 2020 年的 2.22%，2021年下降为 2.13%，其指标仍然位于西部地区第 1，引领西部地区发挥外商直接投资对地区经济总值的拉动作用（见图 33）。

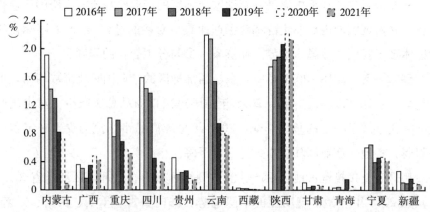

图 33　2016~2021 年西部地区各省（区、市）外商直接投资占地区生产总值比例情况

资料来源：国家统计局。

从进出口总额占地区生产总值比例指标来看，2016~2021 年，广西、重庆、四川、陕西进出口总额占地区生产总值比例较高，且 2021 年这四个地区此指标仍然有大幅提升。截至 2021 年底，重庆进出口总额占地区生产总值的比重高达 44.39%，但是贵州、西藏、青海进出口总额占地区生产总值比例还未达到 5%，需要进一步参与国际分工合作，加强产业与国际市场的联系，促进进出口总额占地区生产总值比例的提升（见图 34）。

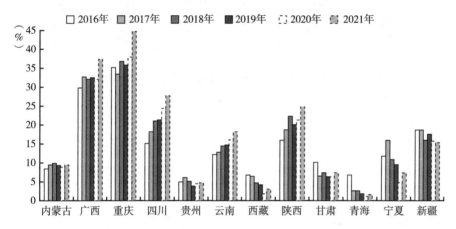

图 34　2016~2021 年西部地区各省（区、市）进出口总额占地区生产总值比例情况

资料来源：国家统计局。

8. 产业绿色化

产业绿色化体现的是产业的环境效益，在产品的生产过程中不仅要考虑产品的经济效益，而且要顾及产品的环境效益，减少产品生产造成的负外部性影响。2016~2021 年东部和中部地区的产业绿色化指数明显高于西部地区。其中东部地区产业绿色化指数呈变化幅度不大、略微上升的趋势；中部地区产业绿色化指数有明显上升趋势，从 2016 年的 0.49 上升至 2021 年的 0.53；西部地区产业绿色化指数呈有波动但整体明显上升趋势，从 2016 年的 0.36 上升至 2021 年的 0.45，与东部地区产业绿色化发展差距明显缩小（见图 35）。

从单位工业增加值电力消费量指标来看，2016~2021 年青海、宁夏、新

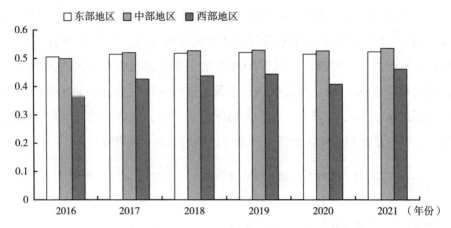

图 35　2016~2021 年东、中、西部地区产业绿色化指数情况

资料来源：笔者根据国家统计局相关数据计算所得。

疆的单位工业增加电力消费量达到 0. 65 度/元以上，但是随着年份的递增而出现下降趋势，西部地区大部分省（区、市）单位工业增加值电力消费量呈减少趋势，截至 2021 年末，除重庆、四川、陕西 3 个省（区、市）外，西部地区其他省（区、市）单位工业增加值电力消费量仍高于全国平均水平，体现了西部地区电力消费量仍很大（见图 36）。

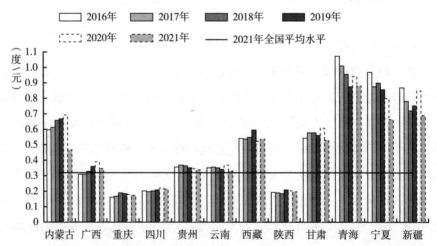

图 36　2016~2021 年西部地区各省（区、市）单位工业增加值电力消费量情况

资料来源：国家统计局。

从单位工业增加值氮氧化物排放量指标来看，2016~2021 年西部地区各省（区、市）单位工业增加值氮氧化物排放量出现明显的下降趋势，2021年西藏单位工业增加值氮氧化物排放量为 0.023 吨/元，西部地区其余省（区、市）的单位工业增加值氮氧化物排放量在 0.02 吨/元以下。截至 2021年末，除重庆、四川、陕西 3 个省（区、市）外，西部地区其他省（区、市）单位工业增加值氮氧化物排放量仍高于全国平均水平，体现了西部地区工业氮氧化物排放量仍旧很大，需要进一步减少工业氮氧化物排放，推进产业绿色化发展（见图 37）。

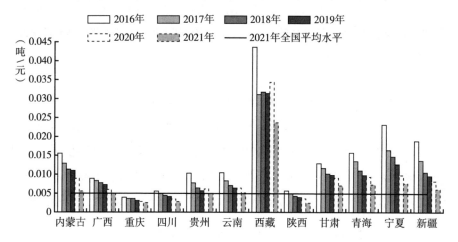

图 37　2016~2021 年西部地区各省（区、市）单位工业增加值氮氧化物排放量情况

资料来源：国家统计局。

从单位工业增加值二氧化硫排放量来看，2016~2021 年西部地区各省（区、市）也呈现明显的下降趋势，其中宁夏单位工业增加值二氧化硫排放量从 2016 年的 0.021 吨/元下降至 2021 年的 0.003 吨/元，新疆单位工业增加值二氧化硫排放量从 2016 年的 0.015 吨/元下降到 2021 年的 0.002 吨/元，体现了西部地区二氧化硫排放量的迅速减少。截至 2021 年末，除重庆、四川、陕西 3 个省（区、市）外，西部地区其他省（区、市）单位工业增加值二氧化硫排放量仍高于全国平均水平（见图 38）。

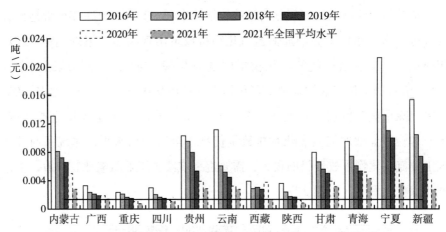

图38　2016~2021年西部地区各省（区、市）单位工业增加值二氧化硫排放量情况

资料来源：国家统计局。

从单位工业增加值化学需氧量指标来看，2020年西部地区各省（区、市）呈现明显上升趋势，在2021年大部分省（区、市）又出现略微下降趋势，但是西藏2021年单位工业增加值化学需氧量达到了0.072吨/元，需要进一步降低。截至2021年末，广西、贵州、西藏、甘肃、宁夏、新疆的单位工业增加值化学需氧量仍高于全国平均水平，需进一步降低（见图39）。

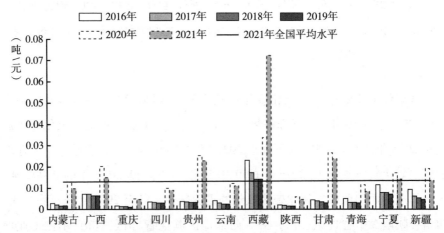

图39　2016~2021年西部地区各省（区、市）单位工业增加值化学需氧量情况

资料来源：国家统计局。

二　数字化驱动产业升级的理论分析

（一）数字产业化是产业升级的新引擎

根据国家统计局公布的《数字经济及其核心产业统计分类（2021）》中对数字产业化部分的定义，数字产业化是数字经济发展的核心与基础产业，即为产业数字化发展提供数字技术、产品、服务、基础设施和解决方案，以及完全依赖于数字技术、数据要素的各类经济活动。广义而言，数字产业化就是通过现代信息技术的市场化应用，推动数字产业的形成和发展的过程。数字产业化表现为新一代信息技术、计算机服务和软件产业的大发展，这些产业具有信息密集、附加值高、技术知识密集等特征，其本身属于高新技术产业范畴，具有技术创新的内涵。当前，我国产业发展多为"橄榄形"结构，整体产业结构处于价值链的中低端。随着数字产业规模不断扩大，数字技术不断应用于实践，数字产业化助推生产方式由网络化向智能化提升，不仅有助于技术与经济效益的提高，还能推动构建数字产业化引领下的现代数字产业体系，提高数字产业在整个产业体系中的比重，更好地发挥数字产业化的经济效益，进而重塑地区产业格局。因此数字产业化为产业升级注入新动力，直接带动产业由低端向高端升级改造，推动整体产业结构升级，为产业体系新格局的构建注入新动力、释放创新活力，驱动整个产业体系的重塑与发展。

（二）产业数字化驱动传统产业升级

2020年6月，国家信息中心信息化和产业发展部与京东数字科技研究院在京联袂发布《携手跨越重塑增长——中国产业数字化报告2020》，该报告首次专业阐释"产业数字化"的概念。产业数字化是指在新一代信息技术的支撑和引领下，以数据为关键要素，以价值释放为核心，以数据赋能为主线，对产业链上下游的全要素数字化升级、转型和再造的过程。

从宏观层面看，首先，产业数字化对传统产业进行改造升级，形成了新的业态模式，如智能制造、智能农业、线上问诊、数字文化创意等，带来了产品生产效率的提升；其次，产业数字化加快了信息等要素在产业中的流通，促进了新的产业发展方式的出现，驱动了传统产业的转型升级。从微观层面看，首先，从生产端来看，数字化技术的应用普及有助于提高企业内部之间的信息收集及整合能力，降低企业扩大而产生的信息整合成本与组织成本，减少信息损耗，提高企业内部消息传递的准确性，促进生产效率的提升。其次，从需求端来看，数字化的普及与技术的应用一方面可以快速捕捉用户反馈与个性化需求，企业因此可以按照客户需求精准定制产品；另一方面，各个企业可以及时准确地掌握市场数据与动态，针对市场需求进行产业规模与产业业务方向的调整，降低信息不对称造成的生产成本的损耗。此外，数字化转型对传统产业在改进产品质量、提升创新能力、激发新业态的出现、增强与用户之间的互动、降低能源消耗与环境污染、进行商业模式创新、服务业转型升级等方面也发挥着重要作用，促进传统产业的不断优化升级。

（三）数字化促进产业创新

数字化推动了不同产业链条的渗透、融合、交互、发展、重组，催生了新业态，为产业创新发展提供了广阔的空间。

一方面，具有强渗透性、强扩散性的数字技术被运用于不同产业的融合、交互、发展、重组过程，涌现了一批新兴产业，如云计算、大数据、工业互联网等，使新兴产业在我国产业结构中的比重提高，进而促进产业结构朝着合理化方向发展，实现产业结构优化。并且，不同产业的边界往往难以通过内部力量打破，数字化赋能使产业间边界变得模糊，不同产业要素出现融合、交互，从而形成新的产业体系与生态模式，衍生新的产业重叠交融。同时，产业数字化也模糊了产业边界，降低了产业壁垒，促进产业质量发展，赋能传统产业升级改造，衍生附加值高、智能化、高端化的新兴产业，为产业创新发展注入新的活力。

另一方面，数字化应用可以驱动实体世界变革，促进其与虚拟世界之间深度融合，从而形成万物互联互通的数字化生态，为数字创新提供更广阔的空间。数字产业化重塑了创新链与产业链，打通了上下游产业链与创新链的壁垒，促进产业与创新的快速发展，为数字化发展提供了良好的生态环境。数字化技术还突破了生产链条中的要素壁垒，构建了信息要素交换的数据链条，推动了产品与服务、硬件与软件、平台与应用之间的相互融合与发展。数字化能够促进不同产业链、创新链、价值链、生产链的交互融合，进一步推动数字化生态体系的建立与完善，打造有益于各个链条发展的数字业态，为数字创新提供更多空间。

三　数字化驱动西部地区产业升级存在问题

（一）西部地区数字产业赋能不足

首先，西部地区数字产业整体发展相对落后，信息传输、计算机服务和软件业规模小、收入低，数字化增长引擎动力不强。其次，近些年西部地区信息传输、计算机服务和软件业就业人数所占比重很小，高层次人才流失严重，人力、智力、财力紧缺，导致数字化所需要的技术性、实用性人才流失严重。再次，西部地区数字产业发展创新动力不足，西部地区的数字产业专利申请数与 R&D 经费远远落后于东部地区，数字产业新产品销售收入甚至在近些年出现下降的趋势，这一方面直接反映了西部地区数字产业本身发展的经济效益内生驱动力不足；另一方面也反映了西部地区依赖其丰富的资源、能源储备，以能源、化石工业为产业的主要发展模式，而较少依赖数字产业这类信息密集、附加值高、技术知识密集的高端产业，数字产业赋能产业升级的动力不足。最后，数字技术未达到先进工艺技术的要求，许多高端硬件装备、核心技术由外国掌握，这也是我国普遍存在的生产设备数字化水平不足的问题，西部地区数字技术与数字化程度均低于全国平均水平。

（二）西部地区数字化基础设施建设有待完善

西部地区整体信息传输、计算机服务和软件业固定资产投资规模落后于

东部地区，甚至某些省（区、市）近年来还有投资规模下降的趋势，这反映了西部地区数字化投入规模的不足；移动电话普及率虽有提高，但是西藏等地的普及率仍很低，有待进一步深入普及；电信业务总量近年来出现大规模下降趋势，电子商务交易额活跃度不高；数字平台的建设一直在持续，但是其增加幅度不大、力度不强，直接体现为西部地区大部分地区网站数、域名数、网民数在持续增加，但与全国平均水平仍有差距。西部地区整体数字化基础设施建设投入不高，数字产业化模式所需的新一代信息技术、计算机服务和软件产业的大发展所需规模不够，数字产业化所依赖的数字化技术、数字化基础设施与各数据要素建设不够健全，数字产业化模式成熟度不高。

（三）西部地区产业数字化发展基础薄弱

在产业规模方面，近些年西部地区的产业规模与东部地区的差距呈不断拉大的趋势，西部有一半以上地区产业增加值未达到全国平均水平；并且，近年来西部地区产业就业人数基本保持不变甚至出现下降的趋势。在产业效率方面，西部地区近些年产业生产效率大幅提升，但与东部地区相比仍然有明显差距，西部地区劳动生产率、资本生产率与全要素生产率仍需进一步提升。西部地区产业规模小、效率低，进行产业数字化转型的产业基础薄弱，产业数字化所需建设成本高，使得产业链上下游的全要素数字化升级、转型和再造的过程与东部地区相比难度更大，即产业数字化过程更困难。

（四）西部地区产业集聚度不强，产业数字化经济效益扩散有限

从生产性服务业集聚程度来看，大部分西部地区生产性服务业区位熵不及全国平均水平，生产性服务业集聚水平较低。从制造业区位熵来看，西部地区各省（区、市）制造业区位熵不及全国平均水平，制造业集聚度低。此外，西部地区由于其特殊的地理环境、丰富的资源，形成了各地特色产业集群，如西安高新技术产业集群、重庆摩托车产业集群等。但是其产业集群

依然存在核心企业少、竞争优势弱、产业集群之间未形成相互竞争又合作的协同关系等问题。西部地区产业的集聚度不高、产业集群的协同性弱，无法实现产业基础设施的共建共享，西部地区各省（区、市）之间交易成本与企业生产成本增加，产业数字化经济效益的扩散辐射范围受到限制，不利于产业数字化的进一步发展。

（五）数字化对西部地区产业的国际竞争力提升幅度有限

西部地区由于其特殊的地理位置，具有丰富的农业资源，其产业结构仍以第一产业为主，近年来西部地区特色农业发展态势迅猛，而农业产业数字化可以畅通农业销售流通渠道，有利于特色农业的进一步发展。但是一方面，农副产品本身所具有的附加值不高；另一方面，数字化虽然加速了数字信息要素的自由流动，增加了各地区对农副产品的选择空间，但受制于空间地理位置阻碍，西部地区农产品出口成本高，因此数字化对于西部地区农副产品竞争力的提高作用有限。此外，西部地区多承接中、东部地区装备制造、能源化工业、农副产品加工业等附加值低的低端产业，而东部地区有更多高附加值的高端产业。数字化转型更能够刺激高端产业释放经济效益，不断增加其附加值，扩大出口规模，提升东部地区产业的国际竞争力，而相对东部地区来说，西部地区低端产业进行数字化转型所带来的附加值与经济效益的提升远远低于全国平均水平，进而出口的规模与水平增长幅度不大，国际竞争力提升幅度有限。

（六）西部地区产业绿色化水平低，数字化驱动西部地区建设资源节约型和环境友好型产业体系任务重

数字化技术的运用可以推动工业生产技术迭代升级，提高能源利用效率，降低污染物排放，并推动环境监管信息化建设，实现环境污染精准监控、高效治理，对于西部地区产业降低负向环境效益具有很大的意义。但是从西部地区工业产业发展来看，其工业以重工业为主，如金属冶炼工业、机械工业等，其工业电力消费量与废气排放量大，发展重工业的负向环境效益

大。从具体指标看，近些年除了重庆、四川、陕西，西部地区其他省（区、市）单位工业增加值电力消费量、单位工业增加值氮氧化物排放量、单位工业增加值二氧化硫排放量均超过全国平均水平，从单位工业增加值化学需氧量指标看，西部地区有　半省（区、市）单位工业增加值化学需氧量高于全国平均水平。并且，西部地区自然生态脆弱、资源环境承载能力差，工业产业发展带来的高排放量、高污染问题亟待解决。因此，以数字化驱动西部地区工业产业转型、减少工业产业污染物排放存在时间紧、工作量大的问题，建设资源节约型和环境友好型产业体系任务重。

四　数字化驱动西部地区产业化升级的政策建议

（一）大力推进西部地区数字产业基础设施建设

西部地区数字经济赋能产业发展水平低的首要原因是数字产业的发展水平不足，不仅相比于东部地区有明显的差距，且本地区的产业体系和产业结构并未因为数字产业的发展而产生根本性变革。因此，针对西部地区的这一特点，要推进数字产业本身的发展，增强数字化引擎作用。要构建以 5G、互联网为代表的数字基础设施，提升数字技术的可用性，充分发挥数字技术的溢出效应，从而弥合区域之间和城乡之间的"数字鸿沟"，进一步促进区域间的数字化协调发展，从而形成各区域之间的联动效应，推进产业协调发展与共同提升。

（二）通过高等教育培育人才为西部地区的数字化发展实现破局

在培育人才方面，要做到以下两方面：一方面，推动高等教育的数量和质量双向提升，如兴办高等教育，扩大相关产业的生源招录规模等；另一方面，发挥现有高校数字经济相关产业的带动作用，加强西部地区重点工科院校的资金等相关扶持。同时，也要积极保留重点人才，提高数字化人才待遇，完善与数字化人才生活相关基础设施的建设，保证人才能留在西部、建设西部、为西部发展谋福利。西部各地也要通过全方位、多元化的引进模式让人才来到西部，为西部地区的数字化建设添砖加瓦。

（三）以数字产业化与产业数字化推动西部地区特色产业高质量集聚

一方面，以数字产业化为引领，打造数字经济核心产业龙头，因地制宜、合理规划数字产业布局，推动各地积极形成具有地区特色的数字产业集群，打造一批具有先进生产力、独特地域优势的数字产业集群，更好地释放数字生产力，为数字产业的发展带来更广阔的天地，也为产业数字化的发展奠定基础；另一方面，要进行产业数字化改造，把数字化技术应用于产业集群的建设，将各地具有地域特色的产业集群与数字技术相结合，整合各种信息资源等要素，更便利快捷地助力西部各地区基础设施、信息资源共享，更好地发挥数字产业集群的集聚效应，助推西部地区形成高质量产业集群。

（四）以数字贸易引领西部地区产业提升国际竞争力

首先，加强数字贸易平台建设，充分发挥电子商务平台优势，利用数字化平台宣传西部地区的产品，加大西部地区的特色产品宣传力度，依靠电子数字平台走出国门，走向世界；其次，加强西部地区的基础设施建设，降低西部地区的运输成本，进而提升其市场竞争力；再次，打造西部地区地域优势产业和具有吸引力的特色产品，实现西部地区低附加值产业链问题的破局；最后，提升西部地区产业的全要素生产率，从而降低产品的生产成本，在价格竞争中占领优势。

（五）积极推动数字化转型

首先，西部各地区需要重视数字化驱动资源节约型和环境友好型产业体系的建设。充分调动各地区以数字化驱动资源节约型和环境友好型产业体系建设的积极性，针对各地具体情况因地制宜地出台具体政策制度，合理制定各地区各产业、行业的排污标准，并进行严格监管，确保制定的标准落到实处。其次，要大力推动数字产业的发展，提高数字产业在西部地区产业体系中的比重，并通过数字产业化引致产业数字化倒逼传统产业升级，进行传统产业绿色技术创新，降低其耗能和坏境污染。最后，要推进企业数字化，将数字化技术引入各地企业的生产与监管活动，运用数字平台积极进行环境信息披露，给公众传递清洁高效的积极信号。数字化监督传递出的积极信号一方面可以加大公众监管的力度、扩大公众监管的范围；另一方面有助于企业增强其品牌名誉，提高产品的知名度与可信度，有利于其产品扩销。

B.4
数字化驱动西部地区金融发展[*]

师荣蓉　徐璋勇[**]

摘　要： 金融是现代经济的核心和资源配置的枢纽，西部地区要释放新动能、实现新发展，必须以数字化驱动金融高质量发展。本文从微观层面利用西部地区金融企业年报数据探讨数字化驱动金融发展的典型模式及未来方向，从宏观层面利用西部地区各省（区、市）数字金融发展指数分析数字化驱动金融发展的时空演变特征。结果表明：从典型模式来看，数字化驱动西部地区金融发展的模式有 P2P 借贷、网络众筹、第三方支付、数字保险、智能投顾、数字征信和数字基金等；从时空演变特征来看，2012~2021 年数字化驱动西部地区金融发展迅速，西北地区的数字金融使用深度和数字化程度略低于西南地区，而数字金融覆盖广度略高于西南地区，西北地区数字化驱动金融发展缺乏动力，西南地区数字化驱动金融发展水平存在多极化现象；从未来发展方向来看，西部地区金融数字化转型向纵深发展。基于此，本文归纳了数字化驱动西部地区金融发展的问题和路径，为提高西部地区数字金融发展质量提供参考。

关键词： 数字化　金融发展　典型模式　时空演变特征

---

[*] 基金项目：国家社科基金重点项目（19AJL010）；国家社科基金后期项目（22FJYB064）；陕西省社会科学基金项目（2022D012）；陕西省软科学项目（2020KRM212）；陕西省教育厅重点科学研究计划新型智库项目（20JT067）。

[**] 师荣蓉，西北大学中国西部经济发展研究院研究员，西北大学经济管理学院副教授，硕士生导师；徐璋勇，西北大学中国西部经济发展研究院研究员，西北大学经济管理学院教授，博士生导师。

一 引言

2023 年 2 月，中共中央、国务院印发了《数字中国建设整体布局规划》强调建设数字中国是数字时代推进中国式现代化的重要引擎，是构筑国家竞争新优势的有力支撑。金融是现代经济的核心、资源配置的枢纽，西部地区要释放新动能、实现新发展，必须以数字技术赋能金融高质量发展。数字化从扩大增量与完善存量两个方面深度契合西部地区的金融需求。一方面，数字化通过集聚"长尾客户"拓展了金融服务的范围与居民传统借贷渠道，实现扩大增量；另一方面，数字化运用互联网、大数据等技术收集海量数据，通过云计算进行快速分析，改善了传统的服务方式，以此实现完善存量。数字化利用低成本、广覆盖、多元化、跨时空等优势，通过互联网、手机等新技术模式与客户进行接触，这种全新的商业模式可以大幅降低传统金融的成本，提高覆盖速度与广度，帮助中小企业拓展融资渠道，走出融资困境，满足其对金融服务的需求。基于此，本文利用西部地区微观金融企业年报数据和宏观省际数字金融发展数据，从微观层面采用文本分析法探讨数字化驱动西部地区金融发展的典型模式及未来发展方向，从宏观层面使用 Dagum 基尼系数和 Kernel 密度估计等方法研究数字化驱动西部地区金融发展的时空演变特征，在此基础上分析数字化驱动西部地区金融发展的现存问题，归纳西部地区数字化驱动金融发展的路径和政策建议，为提高西部地区数字金融发展质量提供理论借鉴与实践参考。

二 数字化驱动西部地区金融发展的现状

（一）数字化驱动西部地区金融发展的模式

数字化驱动金融发展是以技术和数据为驱动力，以信用体系为基石，降低金融服务成本，提高金融服务效率，其相对于传统的金融模式优势体现在客户对金融资源的可接触性强、支付便利度高、成本低、服务对象广泛、风险控制手段先进等方面。本文将数字化驱动金融发展的内涵定义为将互联网、区块链、大数据、人工智能等数字技术应用到金融行业而产生的新产品、新服务和新业态。数字化驱动西部地区金融发展具有如下特点：（1）借助数字平台降低服务成本。通过对数据的收集、分析挖掘，建立自身的大数据综合应用平台，使得金融业务流程和服务流程向数字化、智能化发展，可以有效降低维护客户的服务成本。（2）借助客户画像识别客户需求。数字化驱动金融发展借助客户画像可以准确识别使用者需求，根据客户特征在营销和维护时实现金融产品的精准推介，缩短金融服务供求两端的搜寻和匹配时间。通过开发更多适合客户金融需求的产品，打造更多方便快捷的线上服务渠道，拓宽获客来源，使金融产品设计更符合用户需求，从而使客户参与金融创新成为可能，提升客户服务体验。（3）借助金融科技防范金融风险。利用大数据分析客户的信用、收入等特征，对客户进行风险评级，根据客户的风险评级指数设定一定的金融服务使用上限，同时可以对用户的风险评级"即用即评"，获得客户最近的风险承受情况。

从微观层面来看，数字化驱动金融业务、技术、管理的发展，极大地提高了金融机构的供应链能力，降低了风险管理对抵质押物的高度依赖，满足了西部地区客户服务方式转变的需求。特别是大数据、云计算、区块链等底层技术为西部地区数字化驱动金融发展奠定了坚实的技术基础，表现为信息技术与金融业的结合衍生出 P2P 借贷、第三方支付、网络众筹等各种数字金融新业态。本文对数字化驱动西部地区金融发展典型模式的业务类型、代表企业、发展特征、存在问题和未来方向进行了比较（见表1）。

表1　数字化驱动西部地区金融发展的典型模式分析

典型模式	业务类型	代表企业	发展特征	存在问题	未来方向
P2P借贷	信息中介、债权转让、担保抵押、平台合作、抵押、质押	拍拍贷、宜信、易贷网	面向中小企业与个人；平台自律性加强	监管高压；征信系统建设不足；网络技术安全隐患	"小额"特征显著；传统金融合作发展为主流

续表

典型模式	业务类型	代表企业	发展特征	存在问题	未来方向
网络众筹	债权众筹、股权众筹、公益众筹、奖励众筹	天使汇、淘宝众筹	市场空间大;高度垄断	是否合法;资金链运作和款项管理问题;审核不规范	向大众化方式演进;奖励众筹与公益众筹得到更多认可;监管规则细化
第三方支付	互联网支付、银行卡收单、预付卡发行与受理、电话支付、数字电视支付	支付宝、微信支付、易宝支付	用户规模增速快;业务安全性领先于国外	未实名认证账户比例高;已形成规模效应	分级管理;监管方式改革
数字保险	寿险、财险、车险、创新险	众安保险	拓展普惠金融覆盖广度和使用深度	产品同质化严重;信息披露不充分;信息安全风险	传统电商网站销售势力削弱;发展机会增多
智能投顾	全智能投顾、半智能投顾	同花顺、平安一账通、弥财、京东智投	产品同质化竞争严重;行业发展迅猛	对冲工具管控严格,无法全力发挥;市场的被动投资环境欠佳	未来智能投顾有较大增长空间
数字征信	互联网个人征信、第三方数据服务商	芝麻信用、考拉征信、91征信	信用产品多元化;应用场景日趋丰富;数据来源广泛多维	信息安全问题	数字技术运用深化;共享机制亟待建立
数字基金	互联网金融超市模式、金融机构主导模式、金融搜索模式、余额宝模式、理财通模式、基金主导模式	余额宝、微信理财通、零钱宝、华夏活期通	规模迅速增长;主要投资渠道是第三方支付平台、网上银行、基金官网	销售平台亟须规范;用户风险思维习惯有待加强;某些产品未体现大数据优势	"产品+平台"是核心,积极拓展应用场景;深挖用户数据,个性化定制产品加速发展

从表1可以看出,尽管数字化驱动西部地区金融发展的典型模式都基于人工智能、云计算、大数据等底层技术,但是其发展特征却存在显著区别。

当前存在的问题主要集中在合法性问题、信息安全问题、准入门槛低、产品同质化以及监管力度不足等方面。总体来看，未来西部地区数字金融有较大的发展空间。

（二）数字化驱动西部地区金融发展的特征

1. 数字化驱动西部地区金融发展的时序变化研究

本文选取蚂蚁科技集团和北京大学数字金融研究中心组成的联合课题组于 2021 年 4 月构造的"北京大学数字普惠金融指数"来研究数字化驱动西部地区金融发展的时空演变特征，其中三个一级分指标分别是数字金融覆盖广度指数、金融数字化程度指数和数字金融使用深度指数。本文利用 2012~2021 年数字金融指数及三个分指数均值变化折线图来探究数字化驱动西部地区金融发展的时序变化（见图 1）。

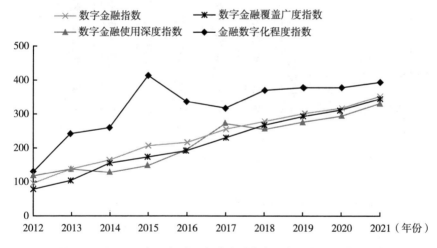

图1　2012~2021 年西部地区数字金融指数及各分指数的变化趋势

由图 1 可知，2012~2021 年西部地区的数字金融指数增长趋势显著，指数值由 95.57 增长至 349.86，年均增速为 13.86%；数字金融覆盖广度指数、金融数字化程度指数和数字金融使用深度指数分别由 77.27、131.78 和 115.62 增长至 344.5、394.32 和 335.15，年均增速分别为 16.13%、

11.58%和11.23%。从具体分项指标来看：第一，数字金融覆盖广度指数逐年增加，2012~2014年增速较快，2014~2016年增速减缓，2016年后随着各项设施的健全，数字金融覆盖广度指数增长速度加快；第二，数字金融使用深度指数在2012~2013年小幅增长，2014~2017年显著增长，在2014年和2018年有所下降；第三，金融数字化程度指数在2015年达到峰值，总体呈现"升—降—升"的趋势。从2012~2021年西部地区及西南、西北地区数字金融发展水平的时序变化趋势来看，西部地区数字金融指数逐年增加，2021年西部地区均值为349.86，是2012年的3.7倍，西北地区的数字金融指数略低于西南地区（见图2）。

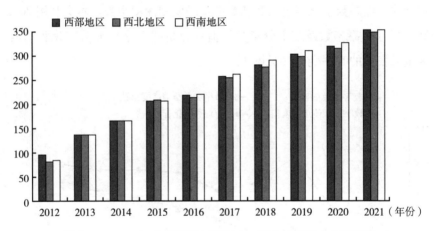

图2　2012~2021年西部地区及西南、西北地区数字金融指数

2. 数字化驱动西部地区金融发展的区域差异研究

为分析数字化驱动西部地区城市金融发展的差异，本文将2012年、2016年和2021年西部地区各城市的数字金融指数划分为五个梯队，排序在20%之前的城市为第一梯队，21%~40%的城市为第二梯队，41%~60%的城市为第三梯队，61%~80%的城市为第二梯队，排序在81%之后的城市为第五梯队。数字化驱动西部地区城市金融发展梯度情况如表2所示。

表 2　数字化驱动西部地区城市金融发展梯度情况

	2012 年	2016 年	2021 年
第一梯队	咸阳、丽江、乐山、酒泉、防城港、阿拉善、桂林、德阳、哈密、金昌、北海、柳州、重庆、鄂尔多斯、拉萨、包头、银川、贵阳、兰州、南宁、呼和浩特、博尔塔拉、乌鲁木齐、昆明、西安、成都	巴音郭楞、酒泉、西宁、金昌、德阳、海西蒙古族藏族自治州、鄂尔多斯、阿勒泰、防城港、桂林、巴彦淖尔、阿拉善、北海、银川、柳州、拉萨、包头、兰州、贵阳、乌鲁木齐、南宁、昆明、成都、西安、重庆、呼和浩特	巴音郭楞、西宁、哈密、林芝、金昌、鄂尔多斯、阿里地区、咸阳、桂林、防城港、北海、包头、拉萨、柳州、阿拉善、酒泉、呼和浩特、银川、兰州、乌鲁木齐、贵阳、南宁、昆明、成都、西安、重庆
第二梯队	呼伦贝尔、广元、榆林、昌吉、梧州、张掖、宜宾、阿里地区、德宏、宝鸡、塔城地区、石嘴山、眉山、雅安、吐鲁番、巴音郭楞、林芝、西宁、锡林郭勒、汉中、自贡、玉溪、巴彦淖尔、西双版纳	安顺、雅安、汉中、自贡、眉山、铜川、大理、林芝、石嘴山、遵义、德宏、昌吉、锡林郭勒、延安、博尔塔拉、宝鸡、榆林、乐山、哈密、攀枝花、西双版纳、咸阳、丽江、玉溪	安康、来宾、南充、遵义、德阳、自贡、丽江、巴彦淖尔、攀枝花、玉溪、汉中、白银、梧州、博尔塔拉、贺州、锡林郭勒、延安、海西蒙古族藏族自治州、西双版纳、榆林、昌吉回族自治州、铜川、张掖、宝鸡
第三梯队	百色、阿坝藏族羌族自治州、攀枝花、白银、吴忠、黔南布依族苗族自治州、铜川、玉林、海西蒙古自治州、甘孜藏族自治州、遂宁、泸州、广安、钦州、资阳、安康、崇左、内江、黔东南苗族自治州、贺州、遵义、大理、通辽、南充	内江、白银、百色、崇左、迪庆藏族自治州、贺州、六盘水、黔西南布依族苗族自治州、阿里地区、张掖、曲靖、宜宾、红河哈尼族彝族自治州、阿坝藏族羌族自治州、山南、广元、南充、黔南布依族苗族自治州、遂宁、泸州、广安、梧州、黔东南苗族侗族自治州、资阳	庆阳、雅安、遂宁、红河哈尼族彝族自治州、德宏傣族景颇族自治州、广安、楚雄彝族自治州、泸州、武威、呼伦贝尔、曲靖、钦州、黔西南布依族苗族自治州、安顺、玉林、贵港、塔城地区、石嘴山、黔南布依族苗族自治州、宜宾
第四梯队	武威、铜仁、六盘水、庆阳、安顺、巴中、来宾、天水、楚雄彝族自治州、河池、保山、中卫、延安、兴安盟、怒江傈僳族自治州、达州、平凉、克孜勒苏柯尔克孜自治州、伊犁哈萨克自治州、黔西南布依族苗族自治州、贵港、红河哈尼族彝族自治州、乌兰察布、赤峰	巴中、凉山彝族自治州、通辽、武威、庆阳、铜仁、河池、乌兰察布、吴忠、赤峰、普洱、塔城、甘孜藏族自治州、保山、达州、贵港、怒江傈僳族自治州、楚雄彝族自治州、安康、阿克苏地区、来宾、钦州、玉林、吐鲁番、呼伦贝尔	定西、通辽、河池、日喀则、兴安盟、巴中、昌都、资阳、吐鲁番、达州、吴忠、伊犁、赤峰、迪庆藏族自治州、保山、商洛、百色、阿克苏、山南、广元、铜仁、阿勒泰、平凉、乌兰察布、黔东南苗族侗族自治州

续表

	2012 年	2016 年	2021 年
第五梯队	海东、日喀则、和田、临夏回族自治州、那曲、山南、海南藏族自治州、阿勒泰地区、甘南藏族自治州、迪庆藏族自治州、阿克苏地区、定西、喀什地区、海北藏族自治州、固原、昌都、毕节、陇南、曲靖、昭通、商洛、文山壮族苗族自治州、普洱、临沧、凉山彝族自治州	海东、和田、临夏回族自治州、那曲、昌都、海南藏族自治州、甘南藏族自治州、固原、喀什地区、定西、商洛、伊犁哈萨克自治州、毕节、昭通、陇南、临沧、中卫、克孜勒苏柯尔克孜自治州、日喀则、文山壮族苗族自治州、天水、平凉、兴安盟、海北藏族自治州	内江、那曲、海南藏族自治州、海北藏族自治州、乐山、海东、和田、临夏回族自治州、固原、克孜勒苏柯尔克孜自治州、甘南藏族自治州、喀什、毕节、临沧、凉山彝族自治州、昭通、陇南、甘孜藏族自治州、怒江傈僳族自治州、文山壮族苗族自治州、普洱、阿坝藏族羌族自治州、中卫、天水

为进一步分析西北和西南地区数字化驱动金融发展的差异，本文绘制2021年西部地区及西南、西北地区数字金融指数及各分指数柱状图，如图3所示。

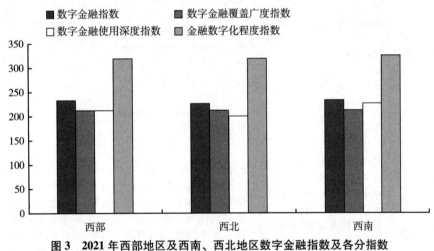

图3 2021年西部地区及西南、西北地区数字金融指数及各分指数

西北地区和西南地区数字金融指数的差异较小，西北地区的数字金融指数和数字金融使用深度指数略低于西南地区，而西南地区的数字金融覆盖广

度指数略低于西北地区。2021 年除陕西外西北地区其他省（区、市）的数字金融使用深度指数均低于西南地区；西南地区除贵州和重庆外其他省（区、市）的数字金融覆盖广度指数均低于平均水平，西北地区覆盖广度指数最低的省（区、市）是西藏；西北地区除陕西和青海外，金融数字化程度指数均低于西南地区，其中西藏的数字化程度最低。本报告通过 Dagum 基尼系数测算数字化驱动西部地区金融发展的区域间差异、区域内差异和超变密度等，2012~2021 年数字化驱动西部地区金融发展的 Dagum 基尼系数如表 3 所示。

表 3   2012~2021 年数字化驱动西部地区金融发展的 Dagum 基尼系数

年份	总体	区域内差异		区域间差异	贡献率		
		西北	西南	西北 & 西南	组内贡献率 Gw(%)	组间贡献率 Gb(%)	超变密度贡献率 Gt(%)
2012	0.079	0.079	0.076	0.081	48.681	13.092	38.227
2013	0.056	0.043	0.065	0.058	48.181	3.819	47.999
2014	0.040	0.034	0.045	0.041	49.178	0.833	49.989
2015	0.029	0.021	0.034	0.030	47.961	12.623	39.416
2016	0.029	0.029	0.025	0.031	47.241	19.438	33.321
2017	0.023	0.020	0.022	0.025	46.178	32.272	21.550
2018	0.024	0.019	0.019	0.030	38.512	49.313	12.175
2019	0.024	0.021	0.021	0.028	42.893	38.514	18.594
2020	0.025	0.021	0.023	0.028	43.596	35.856	20.548
2021	0.020	0.019	0.018	0.022	46.230	26.644	27.126

从表 3 可以看出，西部地区数字化驱动金融发展存在一定的区域差异，但差异在逐年缩小。总体来看，基尼系数在 2012~2013 年较高，处于 0.05 以上，从 2014 年开始总体基尼系数显著下降，2021 年达到最小值 0.02。从区域内差异来看，2013~2015 年西南地区的区域内基尼系数大于西部地区总体的基尼系数，2017~2021 年西北和西南地区的区域内基尼系数均小于西部地区总体的基尼系数；2013~2015 年西南地区的区域内基尼系数大于西北地区，这说明

西南地区数字金融发展的区域内差异在 2013～2015 年大于西部地区整体的差异，2017～2021 年西北和西南地区数字金融发展的区域内差异小于西部地区整体的差异；西南地区数字金融发展的区域内差异总体大于西北地区，西北和西部地区区域内差异均呈"降—升—降"的变化趋势。2012～2021 年数字化驱动西部地区金融发展区域内差异的演变趋势如图 4 所示。

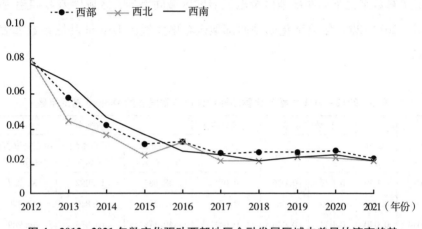

图 4　2012～2021 年数字化驱动西部地区金融发展区域内差异的演变趋势

从图 4 中可以看出，2012～2021 年西部地区数字化驱动金融发展的基尼系数呈下降趋势，2021 年达到最低值 0.02，在 2012～2015 年下降显著，2015～2016 年稍有回升，总体来说西部地区数字化驱动金融发展的不平衡得到了很大的改善。西北地区和西南地区数字化驱动金融发展的基尼系数均呈下降趋势，分别从 2012 年的 0.079 和 0.076 下降至 2021 年的 0.019 和 0.018，其间西南地区大部分年份的基尼系数略高于西北地区。其中，西北地区的基尼系数与西部地区基尼系数均呈"降—升—降"的趋势，均在 2015～2016 年略有回升，而西南地区的基尼系数呈现明显的下降趋势。

2012～2021 年西北地区与西南地区数字化驱动金融发展的区域间差异如图 5 所示。西南和西北地区的区域间差异呈下降趋势，在 2015～2016 年略微上升，总体来看，西北和西南区域间的差异越来越小。

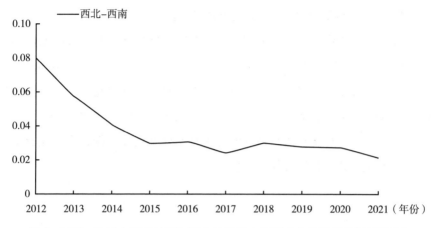

图5 2012~2021年西北地区与西南地区数字化驱动金融发展的区域间差异

2012~2021年数字化驱动西部地区金融发展的差异来源贡献率如图6所示。2012~2017年区域内差异的贡献率高于区域间差异和超变密度的贡献率，说明2012~2017年西部地区数字化驱动金融发展的不均衡主要来自区域内差异；2018~2021年区域间差异的贡献率高于区域内差异和超变密度的贡献率，说明此时西部地区数字化驱动金融发展的不均衡主要来自区域间差异。从变化趋势来看，2012~2021年超变密度的贡献率整体呈下降趋势，区域内差异的贡献率稍有降低，区域间差异的贡献率显著提高。

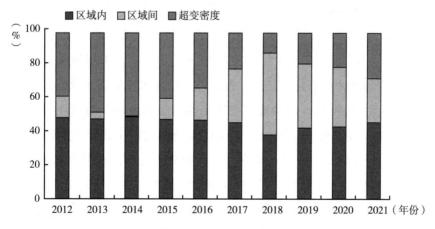

图6 2012~2021年数字化驱动西部地区金融发展的差异来源贡献率

3.数字化驱动西部地区金融发展的分布动态

Dagum 基尼系数分解方法可用于分析西部地区数字化驱动金融发展的区域差异及其来源，但只能反映数字化驱动金融发展的相对差异，Kernel 核密度估计方法可以展示数字化驱动金融发展的绝对差异和演化情况。为了更加直观地显示西部地区数字化驱动金融发展的分布演化、延展性及极化趋势，本文绘制了西部、西北和西南地区的三维动态核密度曲线图，数字化驱动西部地区金融发展的分布状态如图 7 所示。

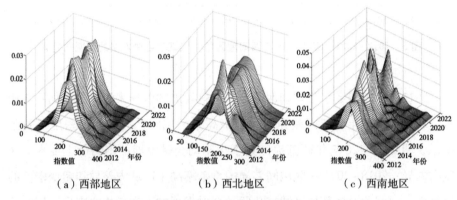

（a）西部地区　　　　　（b）西北地区　　　　　（c）西南地区

图 7　数字化驱动西部地区金融发展的分布动态

根据图 7（a）可知，数字化驱动西部地区金融发展具有以下特点：一是西部数字金融的分布主峰高度逐渐上升，且波峰跨度逐渐缩小，说明西部地区数字化驱动金融发展水平呈上升趋势且区域间的差距逐渐缩小；二是 2012~2017 年存在两个不明显的侧峰，2017~2021 年演变为单峰分布，说明西部地区数字化驱动金融发展的多极分化现象得到改善，逐渐收敛。由图 7（b）可知，西北地区数字化驱动金融发展具有以下特点：一是 2014~2021 年主峰由尖变宽，表明西北地区的数字化驱动金融发展差异较大；二是主峰高度下降，且曲线没有明显的右移，说明西北地区数字化驱动金融发展缺乏动力，发展较为滞后。由图 7（c）可知，西南地区数字化驱动金融发展具有以下特点：一是 2012~2021 年主峰高度波动上升，这说明西南地区数字化驱动金融水平有所发展，存在发展较快的城市；二是 2012~2021 年存在多个明显的侧峰，说明数字化驱动金融发展存在多极化的现象。

（三）数字化驱动西部地区金融发展的方向

本文运用网络爬虫技术将关键词与不同年份金融行业上市公司的年报进行匹配，并将同一企业的所有关键词出现频率进行加总，构建微观企业的数字化驱动金融发展指数。2018~2021 年西部地区数字化驱动金融企业发展指数的统计特征如表 4 所示。

表 4　2018~2021 年西部地区数字化驱动金融企业发展指数的统计特征

变量	均值	标准差	最小值	最大值	中位数
2018 年数字化驱动金融企业发展指数	5.091	3.288	0	12	4
2019 年数字化驱动金融企业发展指数	3.364	2.638	1	9	4
2020 年数字化驱动金融企业发展指数	2.364	1.872	0	6	3
2021 年数字化驱动金融企业发展指数	4.091	2.745	0	8	5

从表 4 可以看出，2021 年较 2020 年数字化驱动金融企业发展指数均值和中位数均有较大提升；2018~2021 年标准差先下降后上升，说明企业层面数字金融的发展差距在 2021 年有所扩大。

本文对 2018~2021 年西部地区金融行业上市企业年报的数字化驱动金融发展关键词进行词云分析，2018 年和 2019 年西部地区金融上市企业的数字化驱动金融发展关键词主要集中于网联、人工智能、互联网金融、物联网、云计算等，2020 年和 2021 年出现频率较高的新增词汇为征信、智能客服、数字货币等，说明西部地区金融企业的数字化转型向纵深发展，数字金融底层技术向数据深度挖掘延伸（见图 8）。

三　数字化驱动西部地区金融发展存在的主要问题

第一，相对较低的准入门槛和较强的市场竞争导致西部地区一些非常规

智能客服　智能投顾
征信　人工智能　语音识别
物联网　互联网金融　云计算
深度学习　第三方支付　数据挖掘
商业智能　机器学习　身份验证
网联　区块链　移动互联
移动支付

（a）2018年

云计算
征信　区块链　数据挖掘
移动互联　开放银行　移动支付
身份验证　第三方支付　智能客服
智能投顾　互联网金融
人工智能

（b）2019年

智能客服
移动互联　智能投顾
身份验证　区块链　云计算
互联网金融　征信
人工智能

（c）2020年

人工智能
智能投顾
数字货币　开放银行　移动支付
互联网金融　云计算
网联　区块链　移动互联
数据可视化
智能客服　征信

（d）2021年

图8　2018~2021年西部地区金融行业上市企业年报词云

数字金融平台进行一些不合法的借贷、资产管理、消费金融以及其他违反规定的业务，这些业务忽视了对借款人和投资者的适当性管理，使得数字信贷行业的违约风险开始累积。例如，某些P2P网络借贷平台既不掌握大数据，也缺乏先进的风控技术，只能通过降低资产端的风控标准来保证理财端的高回报率。在信息披露标准和银行存管不够完善的情况下，平台违约风险不断累积，使投资者的资金安全存在一定的隐患，甚至有一些金融公司，以数字金融和互联网金融的名义开展"旁氏骗局"，进行非法集资或者欺诈性金融服务，通过电商、手机App等进行欺骗，最后造成严重的社会问题。数字金融欺诈的主要方式是以P2P借贷、网络众筹、供应链融资、在线资产管理等平台为媒介，以承诺未来会获得高收益为宣传噱头，吸引用户投资，在此之后快速地吸收用户资金，这给整个金融市场乃至社会都带来了严重危害。

第二，西部地区金融业"创新—稳定"权衡难度加大，需要转变监管模式。目前监管机构没有充分考虑数字金融的独特性质。数字金融本身特有的网络、技术和创新性质对分业监管和地方金融监管提出了不小的挑战。一方面，新的技术改变了金融交易中的信息处理方式、决策流程和风险管理工具等，因此传统金融监管中旧的监控指标可能失灵，某些规定难以适用于新的金融业务；另一方面，数字金融的业务和产品分类存在一定的模糊性，一站式服务比较普遍，而且业务通过互联网和移动终端覆盖全国，使分业监管和地方金融监管的现行体制存在监管困难。以 P2P 借贷为例，P2P 借贷行业监管的主要问题是缺乏监管机构和监管法律法规不够健全，西部地区的 P2P 借贷正处于快速发展阶段，但平台众多，资质也各不相同，由于缺乏稳定的法律体系和互联网的快速发展带来的波及性，监管系统的发展速度与现有市场的发展速度并不同步。

第三，西部地区数字化驱动金融发展存在数据安全和隐私保护方面的隐患。由于数据在金融业中的价值显而易见，以及对商业利益的追求，非法数据收集、数据操纵、数据攻击和滥用数据特权等安全问题屡见不鲜。特别是在西部地区个人信息和隐私保护政策还不够完善的情况下，数字金融平台用户的个人信息隐私得不到有效保护，一些金融平台过度采集用户个人的信息、行为和交易数据，非法或不合规使用用户数据的现象比较严重。如何保障数据安全，促进数据合法、安全、有效流通，充分发挥数据综合价值，是西部地区金融业面临的重要课题。如果在数据存储阶段，数据脱离了所有者的控制和主管部门的监督，数据控制者的权利就会过度增大；在数据传输阶段，用户数据经常被转售；在数据使用阶段，没有适用的理论指导方针来分配数据所产生的经济效益。《数据安全法》虽然从宏观角度确定了数据安全的法规蓝图设计，但现阶段还未对数据权属问题进行明确的法律规定，金融行业也需出台相关实施细则。例如手机银行 App 业务覆盖面越来越广，用途逐渐多样化，提升了用户的便利性，拓宽了新业务，促进了经济发展，但对于数据安全而言无疑增加了数据泄露的风险。还有一些 App 过度收集个人隐私信息。数据各关联方彼此相连，一方面，面临的风险将迅速蔓延到其他相关方，从而产生系统性风险，并且安全风险变得更加复杂，也愈发隐蔽，破坏性强；另一方面，金融行业普遍应用云计算服务，数据和计算资源

分布在不同的虚拟节点中，能够提高存储空间，灵活利用，但是某个虚拟节点发生安全风险将会引起连锁反应，可能引起全局数据安全风险。

第四，西部地区数字化驱动金融发展面临着不平衡不充分的问题。一是西部地区数字金融的发展具有空间集聚性，不可能完全摆脱地域制约。西北地区数字金融发展差异较大，数字金融发展缺乏动力，发展较为滞后；西南地区数字金融的发展存在多极化的现象。二是数字金融在西部地区城乡之间发展不平衡，西部农村仍有部分地区未能实现互联网和移动通信的全地域覆盖，偏远地区的互联网和移动通信可达性更差。三是不同类型和规模的金融机构数字化能力存在不平衡，相比于大型机构，中小型金融机构在资金、人才、技术等方面面临更多约束和现实困难。四是金融机构不同业务环节的数字化程度存在不平衡，数字化驱动西部地区金融发展可以说是基于零售、始于营销、兴于风控，在这些方面的数字化程度往往高于对公业务、内部运营等其他环节。五是不同类型客户群体的数字化金融服务存在不平衡。尽管近年来西部地区金融服务的覆盖面显著扩大、数字化水平显著提升，但同时也出现了部分年轻人过度借贷消费、老年人遭遇数字金融排斥、无障碍服务体系相对滞后等一系列新问题。

四　数字化驱动西部地区金融发展的路径及政策建议

本文从微观企业层面利用网络爬虫和词云图等方法研究数字化驱动西部地区金融发展的典型模式及发展方向，从宏观区域层面利用 Dagum 基尼系数分解方法和 Kernel 核密度估计方法探讨数字化驱动西部地区金融发展的时空演变特征及分布动态，分析数字化驱动西部地区金融发展存在的主要问题。研究发现，从典型模式来看，数字化驱动西部地区金融发展的模式主要有 P2P 借贷、网络众筹、第三方支付、数字保险、智能投顾、数字征信和数字基金等。从时空演变特征来看，2012~2021 年数字化驱动西部地区金融发展迅速，西北地区的数字金融使用深度和金融数字化程度略低于西南地区，西北地区的数字金融覆盖广度略高于西南地区。其间大部分年份西南地区数字化驱动金融发展的区域内差异略高于西北地区。西北地区数字化驱动金融发展缺乏动力，且城市间发展的差异较大；而西南地区数字化驱动金融发展水平存在多极化现象，部分城市数字化驱动金融发展较突出。从未来发展方向来看，西部地区数字金融底层技术向数据深度挖掘延伸，金融企业的数字化转型向纵深发展。在此基础上，本文分析数字化驱动西部地区金融发展存在的主要问题，归纳数字化驱动西部地区金融发展的路径和政策建议，为提高西部地区数字金融发展质量提供理论借鉴与实践参考。

第一，加强西部地区数字金融基础设施建设。加速突破严重限制数字金融基础设施发展的领域，基于安全多方计算、联邦教育、大数据、区块链、云计算等数字技术，构建安全、合规、兼容、统一的数据要素平台，推动支付、清算、账户、风控、信贷、资金等金融基础要素的数字化，推进西部地区数据中心集约化建设，加快大数据传输通道建设，不断提升数据传输能力。

第二，加快西部地区金融机构数字化转型。运用数字技术打造数字金融新业态、新应用、新模式，可以大幅提高金融服务效率，延伸金融服务半径，拓展金融服务类别，扩大西部地区数字金融覆盖面和受益面。一方面，金融监管部门应该关注并支持西部地区金融机构数字化转型的速度提升；另一方面，西部地区金融机构要加快推进数字化转型，不断提升金融服务质量。

第三，积极运用高新技术实施西部地区数字金融监管。建立以数字技术为基础的监管体系，对西部地区数字金融进行实时动态监管、穿透监管和协调监管，实现实时数据采集、信息共享和结果可视化，并根据业务职能和法律特征来协调监管规则，以提高立法的有效性和监管部门的监管效率，避免系统性金融风险的发生。

第四，推进西部地区数字化驱动金融协调发展。针对数字金融发展的非均衡特征分类精准施策，推动区域内的协同发展和区域间的协调合作。西南地区应该鼓励金融机构充分利用先进数字技术强化金融优势，充分发挥数字金融发达省（区、市）的辐射带动引领作用和经济的集聚效应，推动数字

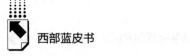

金融技术在区域内的转移和扩散;西北地区应推动金融基础设施建设,积极推动数字化技术的引进与落地,通过"有效市场"与"有为政府"的良好协同,拓宽数字金融覆盖面,加强数字金融资源区域间的互联互通。

第五,提高西部地区金融消费者的数字金融素养。通过积极开展相关公益金融活动,更好地提升西部地区金融消费者的金融风险意识。金融消费者既是金融机构数字化转型过程的参与者,也是数字化转型成果的受益者,提升西部地区金融消费者的数字金融素养有助于为金融机构数字化转型提供更好的客户基础和经营环境。为此,应将国民数字金融素养的提升纳入金融相关的各类主题活动,积极探索开发适合年轻人、老年人、残疾人等不同客户群体的数字金融工具,并针对个人信息泄露、不当营销宣传、投机炒作等问题及时开展风险提示,提升西部地区金融消费者风险防范和自我保护意识,促进西部地区数字金融市场健康发展。

B.5
数字化驱动西部地区居民
收入消费增长

武宵旭*

摘　要： 习近平总书记指出，必须以满足人民日益增长的美好生活需要为出发点和落脚点，把发展成果不断转化为生活品质，不断增强人民群众的获得感、幸福感、安全感。本报告以西部地区数字化驱动居民收入消费增长为研究命题，在对西部地区居民收入消费现状和西部地区数字化面临的问题进行分析的基础上，指出西部地区经济发展水平的滞后制约了西部地区数字化对居民收入消费增长的驱动作用，从而提出了加大数字基础设施投资力度、降低数字化成本、不断优化居民收入消费环境等政策建议。

关键词： 西部地区　数字化　居民收入　居民消费

一　数字化驱动西部地区居民收入消费
增长的现状分析

2023 年 3 月 5 日，习近平总书记在十四届全国人大一次会议上强调，高质量发展是全面建设社会主义现代化国家的首要任务。必须以满足人民日益增长的美好生活需要为出发点和落脚点，把发展成果不断转化为生活品质，不断增强人民群众的获得感、幸福感、安全感。党的十八大以来，以

---

* 武宵旭，博士，西北大学讲师，研究方向为数字金融与经济高质量发展。

习近平同志为核心的党中央立足我国经济社会发展实际，通过一系列惠民举措，切实提高城乡居民收入水平，人民生活质量不断改善，对美好生活的向往加快实现。提高居民收入，是不断提高人民生活水平，满足人民对美好生活的向往，增强人民群众的获得感、幸福感、安全感的根本前提。提高居民收入，有助于提振居民消费，扩大内需，增强内需对经济增长的拉动作用，是形成强大国内市场、构建新发展格局的现实需要。共享是中国特色社会主义的本质要求，提高居民收入符合新发展理念，有助于实现共同富裕，是发展成果由人民共享的直接体现。

西部地区对中国区域经济协调发展具有重要意义，担负着产业转型升级、促进经济高质量发展的重要使命。西部地区包括 12 个省（区、市），土地面积占全国的 70.6%，人口占全国的 27.1%，自然资源丰富，发展潜力巨大。开发西部，既可以为扩大国内需求提供巨大的潜在市场，创造大量的就业机会，又可以发展西部地区的特色经济，促进各种资源的合理配置和流动，形成国民经济可持续发展的重要支持力量。促进西部地区的发展，可以缩小东西部地区间的发展差距，实现区域经济的平衡发展。促进西部地区的发展，可以缩小收入分配差距，改变"两个不足"（即发展不平衡、人民生活水平不充分）的局面，实现全体人民共同富裕。

数字化是指将传统的物理形态转化为数字形态的过程，它已经深刻地改变了我们的生活方式、工作方式以及社会运行方式。数字化的快速发展带来了一系列的变革和机遇，让我们进入了一个全新的数字时代。近年来，数字经济在世界各国得到迅速发展，成为当今经济增长的新动能，数字化已经成为全球经济发展的重要趋势。数字化正在成为重组全球要素资源、重塑全球经济结构、改变全球竞争格局的重要变量，也正在成为建设中国式现代化的关键力量。数字化能够促进经济转型和产业结构升级，通过赋能传统产业突破边界，改善僵化的产业链和组织结构，进一步挖掘产业合作，形成新的生态价值链。数字化可以推动西部地区产业升级、拓宽市场、提升科技创新能力、优化资源配置、提升教育水平、改善公共服务，对于提高居民收入消费能力，促进区域协调发展，实现共同富裕具有重要意义。

（一）西部地区居民收入与消费的现状分析

1. 西部地区居民收入增长分析

西部地区人均可支配收入稳步增长，但与东部、中部及东北地区相比仍存在一定差距，并且低于全国平均水平。2013~2021 年，东部地区居民人均可支配收入由 23658 元增加至 44980 元，远超中、西部和东北地区，年均增长率为 8.36%。中部地区居民人均可支配收入由 15264 增加至 29650 元，年均增长率为 8.65%；西部地区居民人均可支配收入由 13919 增加至 27798 元，年均增长率为 9.03%；东北地区居民人均可支配收入由 17893 元增加至 30518 元，年均增长率为 6.90%。中、西部和东北地区居民人均可支配收入均低于全国平均水平，其中西部地区居民人均可支配收入处于全国最低水平。西部地区与东部地区的差距逐渐缩小，东部地区与西部地区居民人均可支配收入之比由 2013 年的 1.70 降至 2021 年的 1.62（见表 1）。

表 1　2013~2021 年全国和东、中、西部及东北地区居民人均可支配收入

单位：元，%

年份	东部地区	中部地区	西部地区	东北地区	全国
2013	23658	15264	13919	17893	18311
2014	25954	16868	15376	19604	20167
2015	28223	18442	16868	21008	21966
2016	30655	20006	18407	22352	23821
2017	33414	21834	20130	23901	25974
2018	36298	23798	21936	25543	28228
2019	39439	26025	23986	27371	30733
2020	41240	27152	25416	28266	32189
2021	44980	29650	27798	30518	35128
年均增长率	8.36	8.65	9.03	6.90	8.48

资料来源：《中国统计年鉴》。

西部地区居民人均可支配收入结构基本稳定，工资性收入继续为可支配收入的最大组成部分。从西部地区居民人均可支配收入结构来看，

各收入类别同步快速增长，成为居民消费增长的有力支撑。2021 年西部地区居民人均可支配收入从高到低依次为工资性收入（14324 元）、转移性收入（6030 元）、经营净收入（5638 元）、财产性收入（1806 元），年均增长率分别为 9.14%、9.90%、7.94%、9.00%。转移性收入的增速显著快于经营净收入，前者超越后者成为第二大收入来源。西部地区居民前三大收入来源工资性收入、转移性收入和经营净收入的年均增长率均高于全国地区，这说明西部地区与全国的居民人均可支配收入差距在逐渐缩小（见表 2）。

表 2 2013 年和 2021 年西部地区和全国居民人均可支配收入构成

单位：元，%

类别	西部地区			全国		
	2013 年	2021 年	2013~2019 年年均增长率	2013 年	2021 年	2013~2019 年年均增长率
可支配收入	13919	27798	9.03	18311	35128	8.48
工资性收入	7117	14324	9.14	10370	19629	8.30
经营净收入	3059	5638	7.94	3389	5893	7.16
财产性收入	907	1806	9.00	1442	3076	9.93
转移性收入	2835	6030	9.90	3112	6531	9.71

数据来源：《中国统计年鉴》。

2.西部地区居民消费增长分析

西部地区的居民人均消费支出稳步增长，与东部、中部及东北地区相比仍存在一定差距，并且低于全国平均水平。2013~2021 年，东部地区居民人均消费支出由 16883 元增加至 29913 元，远超中部、西部和东北地区，年均增长率为 7.41%。中部地区居民人均消费支出由 10750 元增加至 20776 元，年均增长率为 8.58%；西部地区居民人均消费支出由 10009 元增加至 18925 元，年均增长率为 8.29%；东北地区居民人均消费支出由 13230 元增加至 21773 元，年均增长率为 6.43%。除 2013 年，东北地区居民人均消费支出高于全国平均水平外，中部、西部和东北地区居民人均消费支出均低于全国平均水平，其中西部地区居民人均消费支出处于最低水平。西部地区与东部地区的差距逐渐缩小，东部地区与西部地区居民人均消费支出之比由 2013 年的 1.69 降至 2021 年的 1.58（见表 3）。

表 3　2013~2021 年全国和东、中、西部及东北地区居民人均消费支出

单位：元，%

年份	东部地区	中部地区	西部地区	东北地区	全国
2013	16883	10750	10009	13230	13220
2014	18470	11849	11001	14188	14491
2015	19960	12908	12066	15065	15712
2016	21649	14178	13105	16786	17111
2017	23058	15294	14141	17649	18322
2018	24751	16893	15392	18915	19853
2019	26901	18518	16725	19856	21559
2020	26333	18161	16909	18686	21210
2021	29913	20776	18925	21773	24100
年均增长率	7.41	8.58	8.29	6.43	7.79

资料来源：《中国统计年鉴》。

西部地区居民消费支出结构显著优化，服务型消费成为消费增长新引擎。从西部地区居民人均消费支出结构来看，生存型消费所占比重显著降低，发展和享受型消费所占比重呈上升态势，成为居民消费增长的有力支撑。食品烟酒类人均消费支出在居民消费总支出中的比重大幅下降，衣着类人均消费支出在居民消费总支出中的比重呈持续下降的态势，医疗保健类人均消费支出在居民消费总支出中的比重大幅上升，交通通信类、居住类人均消费支出在居民消费总支出中的比重略有上升。

2021 年西部地区居民人均消费支出从高到低依次为食品烟酒类（5994 元）、居住类（3763 元）、交通通信类（2590 元）、教育文化娱乐类（1995 元）、医疗保健类（1836 元）、生活用品及服务类（1160 元）、衣着类（1159 元）。与 2013 年相比，2021 年西部地区居民人均消费支出结构有所变动。其中食品烟酒类和衣着类占比明显下降，医疗保健类占比明显上升，

与全国趋势保持一致。

从平均增速来看,在8类消费支出中,2013~2021年,西部地区增速较快的前4类消费分别为居住类、交通通信类、医疗保健类、其他用品及服务类,年均增长率分别为8.60%、9.51%、11.50%、9.15%。全国增速最快的前4类消费分别为居住类、交通通信类、教育文化娱乐类、医疗保健类,年均增长率分别为8.58%、8.00%、8.03%、10.47%(见表4)。西部地区增速最快的前4类消费与全国的情况类似,并且消费增速显著高于全国。西部地区的消费支出增速快于全国,这说明西部地区与全国居民消费的支出差距在逐渐缩小,西部地区的消费结构也在加速改善,西部地区具有巨大的消费潜力。

表4 2013年和2021年西部地区和全国居民人均消费支出构成

单位:元,%

类别	西部地区			全国		
	2013年	2021年	2013~2019年年均增长率	2013年	2021年	2013~2019年年均增长率
消费支出	10009	18925	8.29	13220	24100	7.79
食品烟酒	3353	5994	7.53	4100	7178	7.25
衣着	783	1159	5.02	1003	1419	4.44
居住	1945	3763	8.60	2920	5641	8.58
生活用品及服务	649	1160	7.54	812	1423	7.27
交通通信	1252	2590	9.51	1705	3156	8.00
教育文化娱乐	1046	1995	8.40	1401	2599	8.03
医疗保健	769	1836	11.50	953	2115	10.47
其他用品及服务	212	427	9.15	327	569	7.19

数据来源:《中国统计年鉴》。

3.西部地区各省(区、市)居民收入与消费比较分析

西部地区各省(区、市)居民人均可支配收入稳步增长。从总体趋势

来看，2017~2021 年西部地区各省（区、市）居民人均可支配收入呈现增长态势，2020 年增速略有放缓。甘肃、贵州和西藏居民人均可支配收入水平较低，但增幅较高，2021 年居民人均可支配收入分别达 22066 元、23996元和 24950 元，2017~2021 年年均增长率分别为 8.35%、9.48%和 12.72%。内蒙古和重庆居民人均可支配收入水平较高，2021 年人均可支配收入分别达 34108 元和 33803 元，年均增长率分别为 6.80%和 8.77%（见表 5）。

表5　2017~2021 年西部地区各省（区、市）居民人均可支配收入

单位：元，%

地区	2017 年	2018 年	2019 年	2020 年	2021 年	2017~2021 年 年均增长率
内蒙古	26212	28376	30555	31497	34108	6.80
广　西	19905	21485	23328	24562	26727	7.65
重　庆	24153	26386	28920	30824	33803	8.77
四　川	20580	22461	24703	26522	29080	9.03
贵　州	16704	18430	20397	21795	23996	9.48
云　南	18348	20084	22082	23295	25666	8.75
西　藏	15457	17286	19501	21744	24950	12.72
陕　西	20635	22528	24666	26226	28568	8.47
甘　肃	16011	17488	19139	20335	22066	8.35
青　海	19001	20757	22618	24037	25920	8.07
宁　夏	20562	22400	24412	25735	27905	7.93
新　疆	19975	21500	23103	23845	26075	6.89

资料来源：《中国统计年鉴》。

西部地区各省（区、市）居民人均消费水平稳步增长。从总体趋势来看，2017~2021 年西部地区各省（区、市）居民人均消费支出水平呈现上升态势，2020 年增速略有放缓。西藏和云南居民人均消费支出水平较低，但年均增长率较高，2021 年居民人均消费支出分别达 15343 元和 18851 元，年均增长率分别为 10.42%和 10.47%。内蒙古和重庆居民人均消费支出水

平较高，但年均增长率较低，2021年居民人均消费支出分别达22658元和24598元，年均增长率分别为4.57%和8.27%（见表6）。

表6 2017~2021年西部地区各省（区、市）居民人均消费支出

单位：元，%

地区	2017年	2018年	2019年	2020年	2021年	2017~2021年年均增长率
内蒙古	18946	19665	20743	19794	22658	4.57
广西	13424	14935	16418	16357	18088	7.74
重庆	17898	19248	20774	21678	24598	8.27
四川	16180	17664	19338	19783	21518	7.39
贵州	12970	13798	14780	14874	17957	8.47
云南	12658	14250	15780	16792	18851	10.47
西藏	10320	11520	13029	13225	15343	10.42
陕西	14900	16160	17465	17418	19347	6.75
甘肃	13120	14624	15879	16175	17456	7.40
青海	15503	16557	17545	18284	19020	5.24
宁夏	15350	16715	18297	17506	20024	6.87
新疆	15087	16189	17397	16512	18961	5.88

资料来源：《中国统计年鉴》。

西部地区居民收入增长较快，消费潜力较大。从居民人均可支配收入总体趋势来看，西部地区各省（区、市）居民人均可支配收入增速较快，与东部地区的差距逐年缩小。西部地区各省（区、市）居民人均消费支出占居民人均可支配收入的比重逐年下降。与居民人均消费支出增速相比，西部地区居民人均可支配收入增速略高，意味着其存在较强的潜在消费能力。

（二）西部地区数字化发展现状

1. 西部地区数字基础设施规模逐年增长

互联网宽带接入端口为数字经济提供了基础设施，推动了电子商务、在线娱乐、云计算等数字领域的发展。这促使新兴产业和数字经济在创造

就业机会、增加国内生产总值（GDP）等方面发挥重要作用。快速的互联网连接通过传输数据、信息和知识资源，能够有效地提高企业和个人的生产效率。宽带接入端口减少了交流和合作的时间，提升了办公效率，同时也为跨地域的远程工作提供了可能性。通过提供快速的互联网连接，互联网宽带接入端口有助于消除区域之间的数字鸿沟，减少地缘经济差异，加强城乡间和地区间的经济联系。这有助于促进区域发展的均衡和协调，缩小地区间的差距。互联网宽带接入用户的增加，市场规模的扩大，为企业提供了更广阔的销售渠道和客户群体，这促进了产品和服务的需求与供应之间的匹配，激发了市场活力，推动了经济增长。互联网宽带接入用户增加，使得更多的人能够享受互联网、数字产品和在线服务带来的便利与乐趣。这推动了消费需求的升级，从低端的生存性消费向高品质、个性化的消费转变，促进了消费结构的改善。互联网宽带接入用户的增加，带动了相关产业链的发展，为互联网服务提供商、电商平台、物流和内容生产等领域创造了大量的就业机会，这有助于缓解就业压力，提升人民的收入水平，并促进经济的稳定增长。

西部地区互联网宽带接入端口和互联网宽带接入用户逐年增长，数字基础设施不断完善。西部地区互联网宽带接入端口由 2013 年的 7865.1 万个增加至 2021 年的 27234.0 万个，年均增长率为 16.80%；西部地区的互联网宽带接入用户由 2013 年的 3951.6 万户增加至 2021 年的 14120.9 万户，年均增长率为 17.26%。西部地区互联网宽带接入端口和互联网宽带接入用户更低的省（区、市）增速也更快，西藏互联网宽带接入端口由 2013 年的 44.1 万个增加至 2021 年的 254.2 万个，年均增长率为 24.48%；西藏互联网宽带接入用户由 2013 年的 19.1 万户增加至 2021 年的 115.3 万户，年均增长率为 25.20%。宁夏互联网宽带接入端口由 2013 年的 150.3 万个增加至 2021 年的 596.6 万个，年均增长率为 18.81%；宁夏互联网宽带接入用户由 2013 年的 71.1 万户增加至 2021 年的 317.1 万户，年均增长率为 20.55%（见表 7）。

表7　2013、2018和2021年西部地区各省（区、市）互联网宽带
接入端口和互联网宽带接入用户

地区	互联网宽带接入端口（万个）				互联网宽带接入用户（万户）			
	2013年	2018年	2021年	2013~2021年 年均增长率 （%）	2013年	2018年	2021年	2013~2021年 年均增长率 （%）
内蒙古	677.2	1358.4	1750.1	12.60	284.4	628.3	796.2	13.73
广西	978.8	2760.1	3579.2	17.59	559.6	1230.6	1827.4	15.94
重庆	778.8	2245.7	2612.1	16.33	438.8	1070.1	1338.5	14.96
四川	1775.7	5400.5	6708.5	18.07	835.2	2624.5	3220.9	18.38
贵州	576.0	1535.4	2045.1	17.16	292.4	732.0	1187.4	19.15
云南	736.9	1962.6	2431.9	16.10	404.7	1019.4	1451.9	17.31
西藏	44.1	194.3	254.5	24.48	19.1	78.2	115.3	25.20
陕西	940.9	2239.6	2943.8	15.32	506.2	1057.4	1567.4	15.17
甘肃	460.0	1143.0	1622.6	17.07	192.2	742.8	1025.2	23.28
青海	117.8	355.4	438.3	17.85	54.9	152.9	209.4	18.22
宁夏	150.3	498.2	596.6	18.81	71.1	217.0	317.1	20.55
新疆	628.6	1678.6	2251.6	17.29	293.0	647.3	1064.2	17.50
西部地区	7865.1	21371.8	27234.0	16.80	3951.6	10200.5	14120.9	17.26

资料来源：国家统计局。

移动电话用户的增加扩大了通信网络的覆盖范围，使得人们能够更方便地沟通、交流和分享信息，这对商业活动、合作和社会互动起到了积极作用，促进了经济的发展。随着移动电话用户的增加，人们能够更加便捷地进行在线购物、支付和享受各类数字服务，这促进了消费需求的增长，刺激了商品和服务的交易，提升了市场活力，并推动了经济增长。移动电话用户的增加可以为金融包容性提供助力，许多人通过移动电话进行电子银行操作、移动支付和其他金融交易，从而扩大了金融服务的受众群体，并提高了金融包容性，促进了财务包容性和经济发展。

西部地区移动电话用户逐年增长，这为移动互联网的普及提供了物质条件。西部地区移动电话用户由2013年的29756.5万户增加至2021年的43301.8万户，年均增长率为4.80%。其中，广西、重庆、贵州的增幅最大，广西移动电话用户由 2013 年的 3285.6 万户增加至 2021 年的 5511.4 万户，年均增长率为 6.68%；重庆移动电话用户由 2013 年的 2380.8 万户增加至 2021 年的 3751.1 万户，年均增长率为 5.85%；贵州移动电话用户由 2013 年的 2662.6 万户增加至 2021 年的 4269.9 万户，年均增长率为 6.08%（见表 8）。

表 8　2013、2018 和 2021 年西部地区各省（区、市）移动电话用户

单位：万户，%

地区	2013 年	2018 年	2021 年	2013~2021 年 年均增长率
内蒙古	2690.6	3044.4	3016.9	1.44
广西	3285.6	5045.3	5511.4	6.68
重庆	2380.8	3650.7	3751.1	5.85
四川	6283.3	9068.6	9338.9	5.08
贵州	2662.6	3940.4	4269.9	6.08
云南	3395.8	4659.1	5045.7	5.07
西藏	265.6	312.3	333.4	2.88
陕西	3512.5	4688.6	4777.8	3.92
甘肃	1976.2	2736.0	2744.7	4.19
青海	542.4	686.4	680.5	2.88
宁夏	627.2	881.0	866.1	4.12
新疆	2133.9	2703.8	2965.4	4.20
西部地区	29756.5	41416.6	43301.8	4.80

资料来源：国家统计局。

域名数的增加意味着更多的企业和个人可以在互联网上进行业务往来，反映了数字经济的发展和互联网用户的增长。这激励了互联网基础设施的建设、网络技术的创新，并推动了数字经济的蓬勃发展。这扩大了在线市场规模，并为创业者、电商平台和服务提供商等开拓了更多的商业机会。域名数的增加鼓励了创新技术在云服务、物联网、人工智能和区块链等领域的应用，这些新技术的发展与域名的增加相互促进，共同推动了数字化时代的发展和进步。

西部地区各省（区、市）域名数逐渐增加。西部地区的域名数由
2013 年的 97.93 万个增加至 2021 年的 626.19 万个，年均增长率为
26.10%。其中，贵州的域名数增速遥遥领先，贵州的域名数由 2013 年
的 4.29 万个增加至 2021 年的 230.26 万个，年均增长率为 64.52%（见
表 9）。

表 9 2013、2018 和 2021 年西部地区各省（区、市）域名数

单位：万个，%

地区	2013 年	2018 年	2021 年	2013~2021 年年均增长率
内蒙古	4.56	12.24	12.40	13.32
广西	9.23	52.67	66.31	27.95
重庆	14.04	46.65	54.50	18.48
四川	34.03	144.59	126.21	17.80
贵州	4.29	39.80	230.26	64.52
云南	8.36	46.62	42.57	22.56
西藏	0.50	1.20	1.34	13.11
陕西	13.21	52.96	59.26	20.64
甘肃	2.93	25.37	14.64	22.27
青海	1.11	3.04	2.32	9.65
宁夏	1.60	3.04	4.69	14.39
新疆	4.07	8.01	11.69	14.10
西部地区	97.93	436.19	626.19	26.10

资料来源：国家统计局。

2. 西部地区数字产业化不断发展

电信业务总量的增长反映了通信行业的扩大和发展，推动了设备制
造、电信基础设施建设、服务提供商和数字内容创造等领域相关产业链
的发展，为就业增长和经济活动增加提供了新的机会。随着电信业务总
量的增长，电信企业往往需要加大对网络和基础设施的投资力度，以满

足不断增长的需求。这促进了相关行业间的资本流动，并带动了更广泛的经济活动。从基础设施建设到数字化转型，都会带来多元化的投资和就业机会。电信业务总量的增长也推动了数字经济的发展。电信业务总量的增长促进了互联网和移动技术的使用，推动了电子商务、云计算、物联网和数字娱乐等领域的发展。数字经济的壮大将带动创新、提高生产力和推动经济增长。电信业务总量的增长使得企业和个人能更加便捷地进行通信和信息传递，提高了生产效率。随着市场的竞争加剧，电信企业不断改进服务和技术，以吸引用户并与竞争对手保持竞争优势。这促进了市场活力和经济的竞争力。电信业务总量的增长为更多人群提供了接触数字技术和互联网的机会。这有助于缩小数字鸿沟，并提高数字包容性，使更多人能够享受到网络和信息技术带来的益处，从而促进社会公平和经济发展。

西部地区各省（区、市）电信业务总量迅猛增长。西部地区电信业务总量由 2013 年的 3662.2 亿元增加至 2021 年的 40833.4 亿元，年均增长率为 35.18%。贵州和云南电信业务总量的增速领先于其他省（区、市），贵州的电信业务总量由 2013 年的 309.1 亿元增加至 2021 年的 5077.8 亿元，年均增长率为 41.89%；云南的电信业务总量由 2013 年的 429.4 亿元增加至 2021 年的 5647.8 亿元，年均增长率为 38.00%（见表 10）。

表 10   2013、2018 和 2021 年西部地区各省（区、市）电信业务总量

单位：亿元，%

地区	2013 年	2018 年	2021 年	2013~2021 年年均增长率
内蒙古	293.7	1270.8	2584.7	31.24
广西	405.7	2053.7	4826.9	36.28
重庆	318.5	1543.6	3190.2	33.38
四川	759.5	3297.2	7526.7	33.20
贵州	309.1	2193.4	5077.8	41.89

续表

地区	2013 年	2018 年	2021 年	2013~2021 年 年均增长率
云南	429.4	2478.7	5647.8	38.00
西藏	39.7	112.5	429.1	34.65
陕西	440.8	2215.9	4148.7	32.35
甘肃	227.3	1194.2	2557.6	35.33
青海	64.5	422.8	827.5	37.57
宁夏	75.7	462.9	924.3	36.72
新疆	298.3	856.2	3092.1	33.95
西部地区	3662.2	18101.7	40833.4	35.18

资料来源：国家统计局。

　　软件业务收入的增长鼓励企业不断进行研发和创新，推动技术的进步。这有助于提高生产效率、改进产品和服务，以及推动整个经济体系向更加智能化和数字化的方向发展。软件业务收入增长带来了更多的就业机会，涵盖了各种技能和专业领域。从软件开发工程师到销售和支持人员，软件业务的扩大为国内外提供了大量的就业机会，促进了就业增长和经济活动。软件业务是数字经济的核心组成部分，其收入增长将推动数字经济的发展。软件应用的不断创新和广泛应用，包括移动应用、云计算、人工智能和物联网等，将推动数字经济的发展，并带来更多的商机和投资活动。软件业务收入的增长驱动了相关产业链的发展，包括软件开发、测试、运维、咨询和支持等。这些服务为企业提供了附加值，提升了整个产业链的利润和竞争力，同时也带动了其他相关产业的发展。软件的使用可以提高企业的生产效率和运营效率，通过优化流程、自动化任务和增加数据分析等方式，提高企业对市场的反应速度和决策能力。在全球经济竞争中，软件业务收入增长有助于提升企业的竞争力，并推动整个经济的创新与转型。

　　西部地区各省（区、市）软件业务收入迅猛增长。西部地区的软件业务收入由2013年的3147.8亿元增长至2021年的17863.3亿元，年均增长率为24.24%。广西软件业务收入的增速大幅领先于其他省（区、市），广西的软件业务收入由 2013 年的 75.5 亿元增加至 2021 年的 6957.2 亿元，年均增长率为 76.02%（见表 11）。

表 11　2013、2018 和 2021 年西部地区各省（区、市）软件业务收入

单位：亿元，%

地区	2013 年	2018 年	2021 年	2013~2021 年年均增长率
内蒙古	27.8	11.7	277.8	33.34
广西	75.5	152.5	6957.2	76.02
重庆	546.9	1393.0	2481.4	20.81
四川	1600.3	3172.6	4341.1	13.29
贵州	70.7	176.7	408.0	24.50
云南	55.3	91.1	87.9	5.96
陕西	688.3	1994.9	3148.7	20.93
甘肃	24.5	52.3	46.2	8.25
青海	0.9	1.4	2.4	13.04
宁夏	7.9	18.6	39.6	22.32
新疆	49.7	76.4	73.0	4.92
西部地区	3147.8	7141.2	17863.3	24.24

资料来源：国家统计局。由于西藏的数据缺失，未予以统计。

　　数字产业的快速发展带来了更多的就业机会。从软件开发工程师到数据分析师、网络安全专家和数字营销人员，数字产业需要具备各种技能和专业知识的从业人员。数字产业从业人员的增长为大量年轻人和专业人士提供了就业机会，促进了就业增长和经济活动。数字产业从业人员的增长推动了数字化转型和技术创新，这有助于提高企业和组织的生产效率。数字产业从业人员在软件开发、自动化流程、数据分析和信息科技等领域发挥关键作用，通过优化业务流程和采用先进的工具和技术，提高了生产和服务效率。数字产业从业人员通常具备高技能和专业知识，能够提供各类高附加值的服务。他们通过数字技术、数据分析和创造性内容的创作，为企业和消费者提供定

制化的解决方案和创新产品。这提高了服务的质量和价值，并增加了产业链的附加值。数字产业从业人员的增长是数字经济快速发展的关键推动力，他们在互联网、电子商务、信息技术等领域发挥重要作用，推动了数字经济的不断壮大。

西部地区数字产业从业人员数量逐年增长。西部地区的数字产业从业人员由 2013 年的 59.4 万人增加至 2021 年的 75.2 万人，年均增长率为 2.99%。四川、西藏的数字产业从业人员的增速大幅领先于其他省（区、市），四川的数字产业从业人员由 2013 年的 15.6 万人增加至 2021 年的 25.3 万人，年均增长率为 6.23%；西藏的数字产业从业人员由 2013 年的 0.5 万人增加至 2021 年的 1.3 万人，年均增长率为 12.69%。内蒙古、云南和青海的数字产业从业人员呈减少态势，内蒙古的数字产业从业人员由 2013 年的 5.9 万人减少至 2021 年的 4.6 万人，年均增长率为-3.06%；云南的数字产业从业人员由 2013 年的 6.6 万人减少至 2021 年的 5.3 万人，年均增长率为 -2.7%；青海的数字产业从业人员由 2013 年的 1.0 万人减少至 2021 年的 0.9 万人，年均增长率为-1.31%（见表 12）。

表 12　2013、2018 和 2021 年西部地区各省（区、市）数字产业从业人员

单位：万人，%

地区	2013 年	2018 年	2021 年	2013~2021 年 年均增长率
内蒙古	5.9	4.9	4.6	-3.06
广西	5.2	4.9	5.9	1.59
重庆	4.9	4.9	5.7	1.91
四川	15.6	19.3	25.3	6.23
贵州	3.4	3.5	4.6	3.85
云南	6.6	4.9	5.3	-2.70
西藏	0.5	0.4	1.3	12.69
陕西	9.5	12.7	13.0	4.00
甘肃	3.1	3	3.5	1.53

地区	2013 年	2018 年	2021 年	2013~2021 年 年均增长率
青海	1.0	0.9	0.9	-1.31
宁夏	0.8	0.8	1.0	2.83
新疆	2.9	3.1	4.1	4.42
西部地区	59.4	63.3	75.2	2.99

资料来源：国家统计局。

3. 西部地区产业数字化稳步推进

有电子商务交易活动的企业为社会创造了大量的就业岗位。这些企业需要各种专业人员，如电子商务运营管理人员、网站设计与开发人员、物流配送人员等。电子商务的兴起推动了就业市场的扩张，为年轻人和专业人士提供了更多的就业机会。通过在线销售和购物平台，企业能够与全球范围内的消费者进行交易，打破了地域限制，拓宽了市场空间。电子商务的发展推动了商品和服务的流通，刺激了经济的增长。有电子商务交易活动企业的增加提高了市场竞争的强度，促进了资源的有效配置和市场效率的提高。电子商务通过减少中间环节、加速信息传递和提高交易效率，使产品和服务的成本得到降低，并促使企业不断提升自身的竞争力。

西部地区各省（区、市）有电子商务交易活动企业数稳步增长。西部地区有电子商务交易活动企业数由 2013 年的 4108 家增加至 2021 年的 23156 家，有电子商务交易活动企业比重由 2013 年的 3.2% 增加至 2021 年的 11.1%。其中，有电子商务交易活动企业比重较高的 3 个省（区、市）是重庆、四川、青海，重庆的有电子商务交易活动企业数由 2013 年的 640 家增加至 2021 年的 3406 家，有电子商务交易活动企业比重由 2013 年的 3.5% 增加至 2021 年的 13.6%；四川的有电子商务交易活动企业数由 2013 年的 1171 家增加至 2021 年的 6518 家，有电子商务交易活动企业比重由 2013 年的 3.8% 增加至 2021 年的 12.6%；青海的有电子商务交易活动企业数由

2013 年的 41 家增加至 2021 年的 301 家，有电子商务交易活动企业比重由
2013 年的 2.3%增加至 2021 年的 12.7%（见表 13）。

表 13　2013、2018 和 2021 年西部地区各省（区、市）
有电子商务交易活动企业数及比重

单位：家，%

地区	有电子商务交易活动企业数			有电子商务交易活动企业比重		
	2013 年	2018 年	2021 年	2013 年	2018 年	2021 年
内蒙古	205	571	804	2.0	6.13	7.5
广西	489	1530	2365	3.7	8.85	9.8
重庆	640	2545	3406	3.5	11.57	13.6
四川	1171	4501	6518	3.8	11.46	12.6
贵州	295	1576	1883	3.0	9.67	10.7
云南	407	1713	2247	3.1	10.36	11.5
西藏	18	89	140	3.7	11.18	9.9
陕西	354	2483	3252	2.7	10.94	11.9
甘肃	203	614	955	3.0	7.50	9.3
青海	41	186	301	2.3	8.99	12.7
宁夏	109	286	351	3.7	8.55	9.3
新疆	176	521	934	2.4	5.08	6.0
西部地区	4108	16615	23156	3.2	9.89	11.1

资料来源：国家统计局。

　　电子商务销售额的增加意味着人们在网上购物的支出持续增加。这刺激
了消费需求的增长，推动了市场活动和商品交易的增加。同时，电子商务也
为企业的投资提供了更多机会和动力，包括在线销售平台的开发、物流配送
系统的优化等，从而推动了经济的投资和发展。电子商务销售额的增长推动
了传统实体零售企业向线上电商的转型和升级。传统零售企业逐渐意识到在
线销售的重要性，并致力于数字化转型。这加速了产业升级和创新，提高了
传统行业的竞争力和市场份额，推动了整体经济结构的优化和升级。

　　西部地区电子商务销售额快速增长。西部地区的电子商务销售额由
2013 年的 5515.9 亿元增加至 2021 年的 29930.2 亿元，年均增长率为

23.54%。内蒙古、青海、新疆电子商务销售额的增速大幅领先于其他省（区、市），内蒙古的电子商务销售额由 2013 年的 212.7 亿元增加至 2021 年的 3145.5 亿元，年均增长率为 40.04%；青海的电子商务销售额由 2013 年的 35.3 亿元增加至 2021 年的 665.2 亿元，年均增长率为 44.34%；新疆的电子商务销售额由 2013 年的 50.6 亿元增加至 2021 年的 917.7 亿元，年均增长率为 43.65%（见表 14）。

表 14 2013、2018 和 2021 年西部地区各省（区、市）电子商务销售额

单位：亿元，%

地区	2013 年	2018 年	2021 年	2013~2021 年年均增长率
内蒙古	212.7	1948.6	3145.5	40.04
广西	544.5	1168.2	2616.6	21.68
重庆	999.8	4186.8	6723.4	26.90
四川	925.9	4219.2	7364.4	29.59
贵州	667.5	1612.1	1746.6	12.78
云南	1182.3	1443.1	2461.7	9.60
西藏	33.8	119.3	152.2	20.69
陕西	552.1	1820.3	3048.6	23.81
甘肃	225.1	506.4	771.1	16.64
青海	35.3	168.0	665.2	44.34
宁夏	86.3	267.1	317.2	17.67
新疆	50.6	850.9	917.7	43.65
西部地区	5515.9	18310.0	29930.2	23.54

资料来源：国家统计局。

数字普惠金融有助于满足传统金融服务未能触及群体的金融需求。通过数字技术和创新，数字普惠金融可以提供更便捷、更经济、更安全的金融服务，使更多人能够参与到金融市场。这有助于降低金融服务的不平等程度，扩大金融服务的普及范围，并提升对贫困地区和弱势群体的金融包容性。数字普惠金融的发展为企业提供了更加灵活和便利的融资渠道，尤其是小微企业和个体工商户。这有助于激发创新和创业的活力，推动经济的增长，并创

造更多的就业机会。数字普惠金融使需要资金支持的企业和个人能够更轻松地获取融资，加速自己的业务发展，从而推动整体经济的持续增长。

西部地区各省（区、市）数字普惠金融指数快速增长（见表15）。数字普惠金融通过提供便捷的电子支付、移动银行等服务，可以显著提高金融系统的效率和流动性。数字化的金融服务可以降低交易成本，节约时间和资源，并减少与传统金融服务相关的中介环节，从而促进经济活动的快速进行和资金的高效利用。数字普惠金融的发展推动了金融创新和数字经济的发展。通过数字化和技术创新，数字普惠金融不断推出新的产品和服务，满足广大用户的需求。这促进了金融行业的转型和升级，刺激数字经济的发展，并为其他产业的数字化提供了支持。数字普惠金融的发展缓解了偏远地区或农村地区金融服务不足的问题，有助于推动贫困地区脱贫致富，推动经济结构的升级和转型，提高西部地区的整体经济效益和竞争力。

表15　2013、2018和2020年西部地区各省（区、市）数字普惠金融指数

地区	2013 年	2018 年	2020 年
内蒙古	40.4	349.8	385.3
广西	61.3	381.9	401.7
重庆	36.8	384.7	408.9
四川	43.5	384.5	410.0
贵州	52.9	373.0	394.3
云南	39.8	376.1	394.2
西藏	33.3	368.3	374.6
陕西	71.7	379.3	412.7
甘肃	75.6	356.5	389.7
青海	93.4	351.4	398.1
宁夏	43.0	355.1	382.4
新疆	38.9	357.4	380.0

资料来源：国家统计局。

二 数字化驱动西部地区居民收入消费
增长的路径分析

（一）数字化驱动居民收入增长

数字化既能够创造出新行业、新形态和新模式，为传统产业的转型升级提供生产率驱动力，又能够促进生产要素不断重新配置，实现经济效率的提升。数字经济的激励和效率功能，能够提高国民收入在初次分配中的效率，从而提高居民收入。

西部地区数字基础设施规模的扩大，不仅改善了当地的数字环境，也创造了大量直接和间接的就业岗位，驱动了居民收入增长。[①] 一方面，数字产业化不断发展。随着数字产业的快速发展，电信业务和软件业务的增长带动了整个西部地区的经济增长。数字产业化的推进对就业市场产生了积极的影响，随着电信业务总量和软件业务收入的增加，研发、设计、维护和运营工作需要大量的专业技术人才参与，因此创造了大量的知识技术就业岗位。数字产业化带来了高技能就业机会，提供了更高的薪资水平和更广阔的职业发展空间，增加了居民的收入来源，改善了生活水平和质量。另一方面，产业数字化稳步推进。数字化带来了传统产业升级和转型的机会。传统产业可以运用信息技术、数据分析等数字化手段提高生产效率、优化管理和商业模式。[②] 数字化与传统产业的结合创新，为企业带来了更多的发展机会和竞争优势。产业数字化的蓬勃发展鼓励了创新的孕育和成长。通过数字化技术的应用，创新者能够开创新业态、新服务和新产品，推动产业的发展。这不仅创造了新的市场和商机，还激发了投资和创业热情，为西部地区注入了更多

[①] 陈文、吴赢：《数字经济发展、数字鸿沟与城乡居民收入差距》，《南方经济》2021 年第 11 期。

[②] 陈剑、黄朔、刘运辉：《从赋能到使能——数字化环境下的企业运营管理》，《管理世界》2020 年第 2 期。

创新力量，带来了更多财富和就业机会。产业数字化的推进促进了数字普惠金融的兴起，通过降低金融服务门槛、提供多样化金融产品、促进务实创新和合作以及引导资金流向实体经济等手段，提升收入分配的公平性，促进居民收入的增长。

具体来看，一是数字技术的广泛应用可以全面提高社会生产力水平和生产经营效率，提高人力资本投资回报率，降低生产经营成本。二是不断涌现的数字经济新业态、新模式突破了时间和空间的限制，创造出许多新职业和新就业岗位，带来更多增加居民收入的机会。三是借助算法等数字技术的强大资源整合和匹配能力，数字化就业服务平台可以大幅提高劳动力市场的供需匹配效率，有效降低供需双方的交易成本。四是各类职业技能培训平台的发展极大地推动了劳动者技能提升和数字技能积累，增强了劳动者对快速变化的新技术的适应力，由此带来人力资本的提升会促进收入水平的持续提升。

（二）数字化驱动居民消费增长

数字化通过更好地适应和满足新需求推动消费升级。作为经济发展最重要的内生动力，消费反映了人民对美好生活的向往和追求。随着我国发展阶段变化和居民收入水平持续提高，居民消费需求逐渐转向以服务性消费为主，更加注重体验、享受和情感等精神需求的满足。[①] 在物质生活更加宽裕和互联网快速普及的环境中成长起来的新生代群体的消费习惯和消费方式日益呈现数字化、个性化、社交化等新特点。数字经济在顺应这些新趋势、满足新需求方面有着独特优势。一方面，数字技术应用有助于更加精准地捕捉消费端需求及其变化趋势，通过按需定制、以销定产推动生产方式变革，创新供应链，重塑价值链，从而创造出更多的新产品、新服务。另一方面，数字经济能够创造丰富的消费应用场景，技术创新应用能够为人们提供更智能、更高效和更安全的消费环境和消费体验，从而更好地满足生存型、发展

---

① 马香品：《数字经济时代的居民消费变革：趋势、特征、机理与模式》，《财经科学》2020年第1期。

型和享受型等多类型、多层次的消费需求。

电子商务已经成为居民消费的重要形式之一。数字化技术推动了电子商务的兴起和发展，为居民提供了更加便捷、安全和多样化的购物体验。通过在线购物平台，居民可以轻松获取各类商品和服务，从而满足他们的日常消费需求。电子商务的发展也催生了新的消费模式，如直播带货和社交电商，进一步促进了居民的消费增长。数字化技术使得企业能够更好地理解和满足消费者的个性化需求。借助大数据分析和人工智能等技术，企业能够更准确地了解消费者的偏好和需求，并有针对性地提供个性化产品和服务。这种个性化定制的消费方式可以更好地满足消费者的需求，提升消费体验，从而推动居民消费的增长。数字化技术还可以优化传统消费方式，提高效率和便捷度。在餐饮领域，居民可以通过在线订餐、外卖平台等方式，更方便地获取各类美食；在交通出行领域，数字化技术使得居民更加便捷地使用打车、共享单车等出行方式。数字化节省了时间和成本，激发了消费活力，推动了居民消费的增长。

居民收入提升与消费增长相互促进。根据经济学原理，较高的收入水平提供了更大的购买力，激发了人们对更多商品和服务的需求。此外，收入的增长也影响需求曲线和消费者购买决策中的收入效应和替代效应，进一步推动消费的增长。消费是"生产—分配—流通—消费"循环的起点和终点，居关键地位。消费促进经济发展的本质，就是使市场拥有更多的财富，即促进生产的扩大，从而使整个社会财富增加。用增加消费引领供给的增值，用增加供给引导生产的规模扩大，使社会生产—消费—再生产的过程有序进行，有条不紊，在实现供求平衡的同时，推动经济发展。通过创造就业机会、推动互联网经济兴起、驱动科技创新以及个人品牌的建立，数字化为西部地区居民提供了便利，创造了更多的收入来源，进而推动了居民的消费增长。数字化驱动居民收入消费增长，在居民收入提升与消费增长相互促进的过程中提供便利，促进收入和消费相互转化。[①]

---

① 邱子迅、周亚虹：《电子商务对农村家庭增收作用的机制分析——基于需求与供给有效对接的微观检验》，《中国农村经济》2021年第4期。

三　西部地区数字化驱动居民收入消费增长面临的问题和政策建议

（一）西部地区数字化驱动居民收入消费增长面临的问题

第一，西部地区在数字基础设施建设方面取得了快速推进，但与东部地区相比，仍存在较严重的滞后情况。由于经济发展水平和资源分配的不均衡，西部地区可能获得较少的技术投资，而东部地区更容易获得更多的投资和资源来推动数字基础设施建设。西部地区通常具有地域较为广阔和人口稀疏的特点，由于受地形复杂、交通不便等地理条件的限制，建设数字基础设施所需的成本和难度相对较高，这也可能导致滞后情况的出现。贫困和收入差距是西部地区数字化发展的制约因素，收入低和教育水平较低可能会限制居民对数字技术的使用和接受程度，进而影响数字基础设施的发展。

第二，由于经济发展水平的差异，西部地区与东部地区存在数字鸿沟。东部地区通常比西部地区更具经济实力和资源优势，这使得东部地区在数字化发展方面更有可能投入更多资金和资源，建设先进的数字基础设施和推动数字经济发展。西部地区的人均收入普遍较低，这影响了西部地区居民获取和使用数字技术的能力。较低的经济实力限制了西部地区居民购买高质量的数字设备和付费互联网接入服务。同时，贫困也会对教育水平和科学素养造成影响，阻碍数字技术的应用和理解。因此西部地区与其他地区之间存在数字技术接入和使用的差距。

第三，西部地区的数字化存在城乡差异。城市地区通常具备更好的基础设施和资源，包括较高的互联网覆盖率、快速稳定的网络连接以及丰富的数字技术应用和服务，这使得城市居民更容易接触和使用先进的数字技术，享受数字化带来的便利和创新。而农村地区由于基础设施相对滞后，投资和技术支持不足，面临着数字化发展的困难。农村居民可能缺乏良好的互联网接入条件，缺乏适用的数字技术设备以及相关的数字教育培训机会，这导致农村居民的数字能力和参与度相对较低，无法充分享受数字化经济带来的机遇和好处。

（二）西部地区数字化驱动居民收入消费增长的政策建议

第一，加大数字基础设施投资力度。增加数字基础设施的投资，可以吸引更多数字产业和企业进入西部地区，创造就业机会，推动经济的快速增长。加大数字基础设施的投资力度，特别是在农村地区，可以弥补城乡之间的"数字鸿沟"，使农村居民也能享受数字技术带来的便利与机遇。政府应该加大对数字基础设施建设的财政投入，并制定支持政策，通过设立专项基金或向相关项目提供补贴等形式来鼓励和引导企业在西部地区投资兴建数字基础设施。政府可以积极推动与私人企业之间的合作，吸引更多的社会资本进入西部地区数字化领域，通过公私合作模式实现数字基础设施建设的共同投资。探索并建立多元化的融资渠道和模式，如发行债券、引入社会资本、建立基金等，吸引更多资金投入数字基础设施项目中。

第二，降低数字化成本。降低数字化成本，可以吸引更多企业投资和创新，从而促进经济的快速增长。数字化的发展将带来新的产业、就业机会和增加税收收入，为西部地区的经济发展注入新的动力。降低数字化成本可以为西部地区的企业和产业提供更公平和有利的竞争环境。较低的数字化成本将使企业能够更灵活地应对市场需求变化，并提高企业效率。这有助于增强企业和整个地区的竞争力，鼓励企业和机构进行更多的研发和技术创新。降低数字化成本有助于缩小城乡数字差距，实现城乡融合发展。通过普及数字技术、提供便捷的数字服务，农村居民和企业可以享受与城市相当的数字化便利，推动城乡一体化发展。政府可以制定相关政策，例如税收减免、补贴、奖励等，鼓励企业在数字化领域投资。同时，设立专项基金，为数字化项目提供财政支持，减轻企业的投资压力。政府和电信运营商可以合作降低宽带和移动网络的接入费用，使更多人负担得起网络连接服务。消除或减少数字化领域的垄断状况，鼓励更多的竞争者进入市场，从而降低数字化成本。

第三,不断优化居民收入消费环境。提升居民收入水平和改善消费环境,可以提升居民的消费能力和消费欲望,带动内需的增长,推动消费市场的繁荣,为西部地区的经济增长注入新动力。优化居民收入消费环境有助于创造更多的就业机会,并提高劳动者的收入水平。支持企业发展、培育创业创新氛围,可以促进更多经济活动和就业机会产生,增加居民的收入来源。优化居民收入消费环境有助于引导消费结构向高品质、高附加值产品和服务的方向转变。鼓励创新消费、绿色消费等新兴消费形态,可以促进产业结构升级,推动经济从传统资源依赖型向创新驱动型转变。积极引导投资和产业布局,鼓励在西部地区设立企业或扩大企业规模,创造更多的就业机会。建立完善的消费者和商家权益保护机制,促进居民消费健康发展。

数字化驱动社会发展与法治建设

Digitalization Dives Social Development and Legal Construction

B.6

数字化驱动西部地区社会发展质量提升[*]

李 凯 申 颖[**]

摘 要: 数字化驱动对西部地区社会发展质量产生了积极影响,本文以新发展理念为引领,立足数字化时代西部地区经济与社会发展现实,以社会活力、社会公平、社会和谐、社会生态为评价维度,进一步选取36个三级指标构建了西部地区社会发展质量评价指标体系,对数字化驱动背景下西部地区社会发展质量展开综合评价,客观反映并分析了数字化驱动对西部地区社会发展质量的影响,进而提出数字化驱动西部地区社会发展质量进一步提升的政策建议。

[*] 基金项目:陕西省社会科学基金项目"新发展理念引领城乡融合发展的实现路径及评价机制研究"(2021A029)的阶段性研究成果。

[**] 李凯,博士,教育部人文社会科学重点研究基地——西北大学中国西部经济发展研究院研究员,西北大学马克思主义学院教授,研究方向为政治经济学与区域发展评价;申颖,西北大学马克思主义学院硕士研究生。

关键词： 数字化　社会发展质量　西部地区

2015 年，《国务院关于积极推进"互联网+"行动的指导意见》提出"互联网+"行动计划，并将数字化转型作为重点任务之一。近年来数字化日益融入经济社会发展各领域全过程，对生产方式、生活方式以及社会治理方式的影响愈加显著。通过评价西部地区社会发展质量来充分认识数字化给西部地区带来的影响，可以为数字化驱动西部地区社会发展质量的进一步提升提供借鉴和参考。

一　西部地区社会发展质量评价指标体系构建

"社会发展质量"用于观测一个地区经济与社会发展过程中，人的发展状况以及各项社会事业与社会制度等的优劣程度，本质上是对社会发展的一种评价，也是社会发展的一种愿景引导。[①] 社会发展质量评价是基于整体的视角，进行经济社会发展综合研究的一个重要领域。课题组在长期对西部地区社会发展质量进行评价研究的基础上，充分以新发展理念为价值引领，以中华优秀传统文化中美好社会认知为土壤，以中国社会良性运行为实践基础，借鉴国内外相关的指标体系设计，创新性地构建了包含社会活力、社会公平、社会和谐和社会生态 4 个二级指标 36 个三级指标的西部地区社会发展质量评价指标体系，如表 1 所示。

其中，社会活力是指社会整体呈现的经济繁荣、创新活跃、文化多样的生动状态，该指标以经济与产业、创新与科技、开放与交流为主要切入点；社会公平是指社会成员之间一种平等的社会关系，着重体现了共享发展理念，同时也内化了欧洲社会质量理论中的社会凝聚、社会包容和社会赋权等

---

① 王海萍、陈斐：《区域社会发展质量的概念界定与涵义解析——基于对相关概念的辨析和理论解读》，《南昌大学学报》（人文社会科学版）2012 年第 2 期。

内容;社会和谐的内涵较为广泛,既包括社会自身呈现的良性运行、协调发展及安全稳定状态,也包括社会成员相互尊重包容、不歧视或排斥其他个人及群体的包容状态;社会生态以新发展理念中的绿色理念为价值引领,着重强调社会运行中生态环境持续向好的态势。

表 1　西部地区社会发展质量评价指标体系

一级指标	二级指标	三级指标	指标属性
西部地区社会发展质量	社会活力	地区生产总值(亿元)	正向
		社会消费品零售总额(亿元)	正向
		第三产业增加值指数	正向
		国内专利申请授权量(项)	正向
		技术市场成交额(亿元)	正向
		地方财政科学技术支出(亿元)	正向
		规模以上工业企业 R&D 经费(万元)	正向
		接待国际游客(百万人次)	正向
		外贸依存度(%)	正向
	社会公平	城乡恩格尔系数比	反向
		城乡就业人口比	反向
		对社会公平的评价	正向
		每十万人口高等学校平均在校生数(人)	正向
		每万人拥有卫生技术员数(人)	正向
		每十万人拥有博物馆数(个)	正向
		人均公共图书馆藏书数(册)	正向
		财富及收入分配的公平程度	正向
		对社会保障的满意程度	反向
	社会和谐	不同宗教信仰群体之间社会冲突的严重程度	反向
		工伤保险参保率(%)	正向
		对政府维护治安的评价	反向
		城乡人口比	正向
		人均地区生产总值(元)	正向
		社会捐赠款物合计(亿元)	正向
		社会组织数(个)	正向
		穷人和富人间社会冲突的严重程度	反向
		城乡居民人均可支配收入比	反向

续表

一级指标	二级指标	三级指标	指标属性
西部地区社会发展质量	社会生态	道路清扫保洁面积(万平方米)	正向
		污水处理率(%)	正向
		生活垃圾无害化处理率(%)	正向
		人均水资源量(立方米/人)	正向
		人均公园绿地面积(平方米)	正向
		自然保护区数量(个)	正向
		建成区绿化覆盖率(%)	正向
		空气质量达到二级以上天数占全年比重(%)	正向
		生态用水总量(亿立方米)	正向

用于评价分析的指标数据均来源于 2010~2021 年《中国统计年鉴》、《中国民政统计年鉴》、西部地区各省（区、市）的统计年鉴与统计公报，以及中国社会状况综合调查数据库（CSS）和中国综合社会调查数据库（CGSS），部分指标数据经过计算得出。评价方法选择了做综合评价普遍采用的主成分分析法：首先，消除各个指标之间单位的影响，对反向指标进行正向化处理；其次，确定需要提取的主成分个数以及各主成分表达式；最后，对所有数据进行标准化处理，并计算西部地区社会发展质量以及社会发展质量各个维度的综合得分。

二　西部地区社会发展质量评价

在数据选择和评价分析的过程中，本文以 2010 年为参照年份，并以 2015 年《国务院关于积极推进"互联网+"行动的指导意见》的印发为起点，合理选择评价年份的间隔（每两年一评），呈现 2010 年、2015 年、2017 年、2019 年和 2021 年的得分与排序。同时，为进一步增强对西部地区社会发展质量的综合判断，课题组采取比较的方法，选取东部典型地区进行了对比研究，因此数据采集和评价中还包含了广东和江苏。

（一）西部地区社会发展质量综合评价与分析

通过对指标数据进行标准化和正向化处理，并采用综合评价模型展开测算，得出西部地区各省（区、市）及广东、江苏社会发展质量综合评价得分与排序，如表2所示。

表2　西部地区各省（区、市）及广东、江苏社会发展质量综合评价得分与排序

省（区、市）	2010年		2015年		2017年		2019年		2021年	
	得分	排序	得分	排序	得分	排序	得分	排序	得分	排序
广　东	1.0428	1	1.1686	1	1.4903	1	0.9695	1	1.1896	1
江　苏	0.8880	2	1.1175	2	1.0229	2	0.3456	2	0.9617	2
陕　西	-0.1897	9	-0.1595	7	-0.2148	5	0.1108	5	-0.1049	5
甘　肃	-0.6722	13	-0.7192	13	-0.4993	12	-0.5320	13	-0.5114	12
宁　夏	-0.0959	5	-0.2882	8	-0.2587	7	-0.0569	6	-0.2716	8
青　海	-0.5133	11	-0.6469	12	-0.6241	13	-0.4302	12	-0.6234	13
新　疆	-0.1496	7	-0.1422	6	-0.2573	8	-0.1785	9	-0.3681	10
云　南	-0.1735	8	-0.3365	9	-0.3151	10	0.2501	3	-0.3133	9
四　川	-0.0142	4	0.0423	4	-0.0395	4	0.1157	4	0.1340	3
重　庆	0.0891	3	0.0114	5	0.0354	3	-0.1761	7	0.1239	4
广　西	-0.1996	10	-0.3366	10	-0.2894	9	-0.2055	10	-0.2400	7
贵　州	-0.5781	12	-0.5244	11	-0.4959	11	-0.1804	8	-0.4700	11
内蒙古	-0.1366	6	0.2125	3	-0.2668	8	-0.2119	11	-0.1424	6

注：本表含用于地区间比较分析的广东、江苏的得分与排序，同时西藏由于数据缺失，未参与综合评价。

重庆、四川、陕西、内蒙古、宁夏的得分与排序整体在西部地区相对靠前，其中重庆2次居于首位，四川2021年位居第1，连续4次位居第2，陕西连续3次稳居第3位，与社会发展质量水平较高的广东和江苏相比存在一定的差距，新疆、青海、广西、云南、贵州、甘肃等省（区、市）与前述省（区、市）有一定差距，但均保持着相对稳定的发展态势。四个基本评价维度的整体表现呈现不同特点。

1.西部地区社会活力持续激发

从典型指标来看，西部地区外贸依存度从2015年的8.99%提升至

2017年的9.03%，体现出西部地区对外开放程度在不断扩大（见图1）。从西部地区接待国际游客指标来看，2015~2019年西部地区接待国际游客数量呈上升的趋势（见图2），陕西、云南、四川等西部省（区、市）作为我国旅游热点省（区、市），是西部地区入境旅游发展的重要支柱。

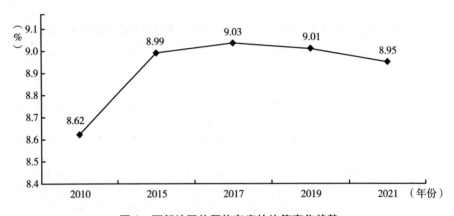

图1　西部地区外贸依存度的均值变化趋势

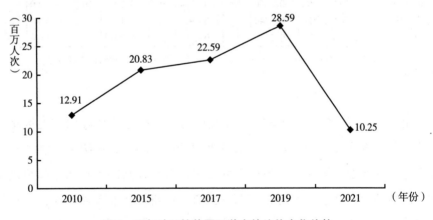

图2　西部地区接待国际游客的均值变化趋势

2. 西部地区社会公平程度有所提升

从典型指标来看，西部各省（区、市）城乡恩格尔系数比在2015~

2017 年大幅上升，与 2010~2015 年的上升趋势相比更为明显，在 2017 年之后趋于平稳（见图 3）。2019 年以来有所回落，但保持在一个较为稳定的波动区间。此外从财富及收入分配的公平程度来看，2017~2021 年财富及收入分配的公平程度直观上有所回落，然而从数据上来看呈现较为平稳的趋势且分差较小（见图 4），这一指标数据在采集的过程中融合了调查问卷的方式，这也反映了在经济快速发展时期居民对社会财富及收入分配的公平程度的感知和态度较为保守。

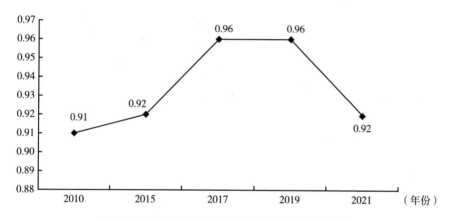

图 3　西部地区城乡格尔系数比的均值变化趋势

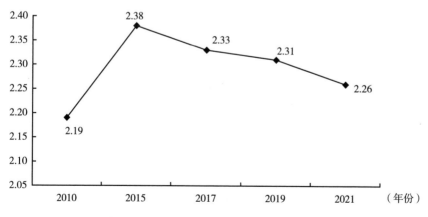

图 4　西部地区财富及收入分配的公平程度的均值变化趋势

3. 西部地区社会和谐水平稳定向好

从典型指标来看，西部城乡人口比从2010年的0.79上升至2021年的1.55，且一直以来呈现逐年上升的趋势。从人均地区生产总值指标来看，西部地区人均地区生产总值从2010年的2.28万元上升至2021年的6.32万元（见图6）。城乡差距的缩小以及人均地区生产总值的逐步攀升为西部地区缩小区域发展差异、维护社会安全稳定、增进社会信任与团结、加快社会融合，从而促进西部地区社会和谐发展打下坚实的基础。

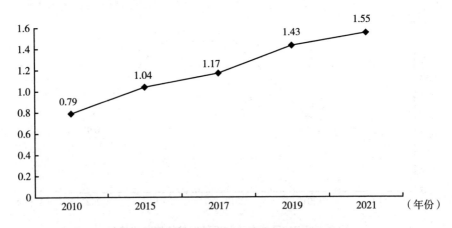

图5 西部地区城乡人口比的均值变化趋势

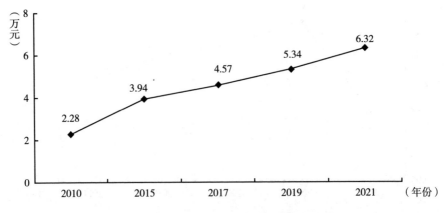

图6 西部地区人均地区生产总值变化趋势

4. 西部地区社会生态持续改善

从典型指标来看，西部地区 2010~2021 年污水处理率由 74.75% 上升至 95.13%（见图 7），西部地区 2010~2021 年生活垃圾无害化处理率由 76.43% 上升至 99.54%（见图 8），这些数据均表明西部社会生态治理能力显著提高。

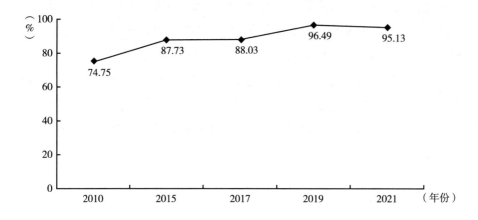

图 7 西部地区污水处理率的均值变化趋势

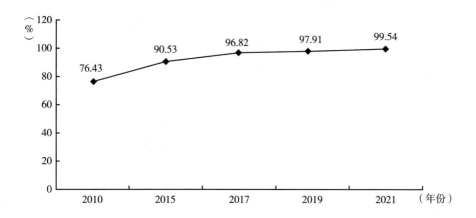

图 8 西部地区生活垃圾无害化处理率的均值变化趋势

5.区域差异较为明显

西南地区整体上领先于西北地区，西部地区经济总量靠前的四川、重庆、陕西等省（区、市）的得分排序领先于其他省（区、市）。一方面，经济发展是影响社会发展质量的基础性因素，在经济总量上，西南地区高于西北地区，2021年川渝陕的经济总量在西部地区的占比达到46.94%，发展经济是稳步提升社会发展质量的前提与基础。另一方面，人口集聚程度既是社会发展质量提升的基础，也是社会发展质量高低的具体体现，西南地区人口数量约为西北地区的2倍，川渝陕的人口总数占西部地区总人口的40%左右，人口集聚带来了市场分工水平的提高，同时也刺激了社会治理水平的提高。较高的社会发展质量又吸引了人口进一步流入，西部地区主要城市如成都、西安、重庆近年来频登国内人口流入地排行榜前列，是很好的说明。

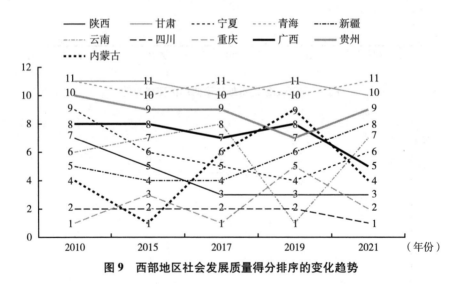

图9　西部地区社会发展质量得分排序的变化趋势

（二）西部地区社会发展质量各维度评价与分析

1.社会活力维度

西部地区各省（区、市）及广东、江苏社会活力维度得分与排序如表3所示。

表3　西部地区各省（区、市）及广东、江苏社会活力维度得分与排序

省（区、市）	2010 年		2015 年		2017 年		2019 年		2021 年	
	得分	排序	得分	排序	得分	排序	得分	排序	得分	排序
广　东	2.1349	1	1.8992	1	2.3491	1	2.1457	1	2.1531	1
江　苏	1.6987	2	1.5869	2	1.2985	2	1.3246	2	1.5514	2
陕　西	-0.2212	4	0.0404	4	-0.0586	4	-0.0257	5	-0.1838	5
甘　肃	-0.5864	11	-0.6208	11	-0.6521	12	-0.6309	10	-0.6491	11
宁　夏	-0.6302	13	-0.7444	12	-0.6110	10	-0.7263	12	-0.7578	12
青　海	-0.6223	12	-0.7756	13	-0.7118	13	-0.8331	13	-0.7863	13
新　疆	-0.5169	9	-0.5459	10	-0.5062	9	-0.5140	9	-0.6181	10
云　南	-0.4535	8	-0.2589	7	-0.3576	7	-0.1430	4	-0.4143	7
四　川	-0.1685	3	0.0760	3	0.0438	3	0.2818	3	0.1878	3
重　庆	-0.2735	5	-0.2518	6	-0.2297	6	-0.2761	7	0.0034	4
广　西	-0.4296	7	-0.2387	5	-0.2861	5	-0.2722	6	-0.2747	6
贵　州	-0.5354	10	-0.5137	8	-0.3921	8	-0.4247	8	-0.5213	8
内蒙古	-0.2949	6	-0.5390	9	-0.6361	11	-0.6636	11	-0.6108	9

注：本表含用于地区间比较分析的广东、江苏的得分与排序，同时西藏由于数据缺失，未参与综合评价。

　　四川、陕西、重庆、广西和云南的得分与排序相对靠前，其中四川一直以来持续位列西部地区第1，陕西稳居西部地区前3位，但与广东和江苏相比尚有提升的空间。贵州、新疆、内蒙古、甘肃、宁夏、青海等省（区、市）与上述省（区、市）存在一定差距，其中内蒙古呈现先降后升的趋势，其余省（区、市）均保持自身相对稳定的发展态势且相互之间差距较小。四川社会活力维度的得分与排序在西部地区各省（区、市）中一直居于首位，据四川省统计局发布的数据，2020年前3季度，四川外贸进出口总额达5916.7亿元，同比增长22.7%，增速位列全国第1，四川是近年来GDP位居全国前6的唯一一个西部地区省（区、市），是西部地区高质量发展的排头兵。陕西2010~2021年人均地区生产总值从27133元增至75390元，第三产业增加值占生产总值的比重也从36.40%增至45.6%，经济结构进一步改善，着力推动关中创新发展、陕北转型发展、陕南绿色发展，加快形成以茶叶、中药材、食用菌、核桃等绿色食品为重点的现代农业，以装备制造、

新型材料、能源化工等为重点的现代工业，以文化旅游为重点的现代服务业，开展五大专项行动优化营商环境，开启出入境"一带一路"的专用通道，为民营企业发展和对外经贸交往提供了便利。广西 2021 年地区生产总值增长至 24740.86 亿元，设立北部湾经济区和东兴国家重点开发开放试验区，防城港、钦州港依托其独特的港口资源和区位交通优势，成为助力广西开放发展的重要窗口，重点发展跨境贸易、国际旅游、加工贸易、电子商务、现代物流等特色产业，提供更多高附加值、高效益的优质产品，加快推进南向通道建设，有力激发了社会活力。

2. 社会公平维度

西部地区各省（区、市）及广东、江苏社会公平维度得分与排序如表 4 所示。

表 4　西部地区各省（区、市）及广东、江苏社会公平维度得分与排序

省(区、市)	2010 年		2015 年		2017 年		2019 年		2021 年	
	得分	排序	得分	排序	得分	排序	得分	排序	得分	排序
广　东	0.4070	2	0.2010	1	0.1846	2	-0.4047	7	-0.2273	11
江　苏	0.4940	1	0.0610	6	0.0752	5	1.2218	1	0.3030	1
陕　西	0.2666	3	-0.2679	11	-0.2231	11	0.6450	2	-0.0147	7
甘　肃	-0.1148	11	-0.1211	10	-0.0197	6	-0.5128	10	0.1125	4
宁　夏	-0.1181	10	0.1769	2	-0.0377	7	-0.6124	13	0.2095	3
青　海	-0.0866	7	0.0407	7	0.1135	4	-0.0658	4	-0.1972	9
新　疆	0.1429	4	-0.1098	9	-0.0870	9	-0.2875	6	-0.0132	6
云　南	-0.2252	12	0.0703	5	0.1842	3	-0.4298	8	0.2640	2
四　川	-0.0729	6	0.1765	3	0.2905	1	-0.4675	9	-0.3324	13
重　庆	-0.5678	13	-0.0156	8	-0.0624	8	-0.1706	5	0.0818	5
广　西	-0.0950	8	-0.2792	12	-0.2727	12	-0.5295	11	-0.0610	8
贵　州	-0.1713	11	-0.3132	13	-0.4964	13	-0.5894	12	-0.2676	12
内蒙古	0.0206	5	0.0981	4	-0.1998	10	0.0852	3	-0.2009	10

注：本表含用于地区间比较分析的广东、江苏的得分与排序，同时西藏由于数据缺失，未参与综合评价。

西部地区各省（区、市）社会公平维度得分和排序与其他维度相比波动较大，东部发达地区不再总是居于前列。整体来看，西部地区在促进社会

公平方面取得了显著成效。从典型地区来看，云南有 27 个深度贫困区，国家各类资金扶持、优惠政策倾斜的力度较大，2010~2019 年其地方财政一般公共服务支出从 246.50 亿元增至 650.86 亿元，2010~2021 年地方财政医疗卫生支出从 183.70 亿元增至 725.99 亿元，充分利用沪滇、粤滇对口援助机制，从基础设施建设、经费资助、教师培训和资金管理等方面促进了教育事业的高质量、公平发展，医保参保人员异地就医也取得了实质性的进展。新疆不同民族、宗教间的互动交流极大地促进了民族平等，增强了社会凝聚力，随着经济社会的快速发展，2010~2021 年新疆地方财政社会保障和就业支出从 166.40 亿元增至 678.48 亿元，地方财政公共安全支出也从 128.56 亿元增至 429.99 亿元，居民生活质量和社会共享水平有了极大改善，加强保障性安居工程的建设和管理，加大县级医院建设、妇幼健康保障、公共卫生服务、中医药发展等方面的投入力度，进一步提高医务人员待遇保障和专业素质，重点发展学前教育、义务教育、职业教育和进城务工子女教育事业，有效促进社会公平。

3. 社会和谐维度的得分与排序

西部地区各省（区、市）及广东、江苏社会和谐维度得分与排序如表 5 所示。

表 5　西部地区各省（区、市）及广东、江苏社会和谐维度得分与排序

省（区、市）	2010 年		2015 年		2017 年		2019 年		2021 年	
	得分	排序	得分	排序	得分	排序	得分	排序	得分	排序
广　东	0.5159	5	0.2010	2	1.2918	2	0.9606	1	1.1868	2
江　苏	0.8282	9	0.0610	1	1.8213	1	0.7971	2	1.6582	1
陕　西	-0.2391	4	-0.2679	8	-0.1380	6	0.1504	4	-0.1793	7
甘　肃	-0.5762	13	-0.1211	12	-0.7806	12	-0.1255	7	-0.9849	13
宁　夏	0.1155	11	0.1769	7	-0.1918	7	0.0622	5	-0.1000	6
青　海	-0.2536	10	0.0407	10	-0.5163	10	-0.6239	12	-0.5298	10
新　疆	0.4043	12	-0.1098	4	-0.0140	5	-0.1717	8	-0.2283	8
云　南	-0.5573	2	0.0703	11	-0.6516	11	-0.3396	11	-0.7541	11
四　川	-0.0170	7	0.1765	5	-0.0065	4	-0.1824	9	0.1565	4

省(区、市)	2010 年		2015 年		2017 年		2019 年		2021 年	
	得分	排序	得分	排序	得分	排序	得分	排序	得分	排序
重　庆	0.7774	6	-0.0156	3	0.3649	3	0.6288	3	0.6245	3
广　西	-0.4311	1	-0.2792	9	-0.4654	9	-0.6773	13	-0.4537	9
贵　州	-1.3695	8	-0.3132	13	-0.9828	13	-0.2181	10	-0.8740	12
内蒙古	-0.1554	3	0.0981	6	-0.4020	8	0.0156	6	0.0425	5

注：本表含用于地区间比较分析的广东、江苏的得分与排序，同时西藏由于数据缺失，未参与综合评价。

重庆、四川、陕西、宁夏和内蒙古的得分与排序整体在西部地区相对靠前，其中重庆4次排序第1，四川、陕西多次位列前3，但与经济社会发展水平较高的广东与江苏相比仍有一定差距，新疆、青海、广西、云南、贵州、甘肃等省（区、市）和前述省（区、市）存在一定程度的差距，但都保持着一个相对稳定的发展态势。

一定时期社会和谐的程度主要受制于社会经济发展水平、社会治理水平等因素，从这几个方面来看，无论是排名靠前的广东与江苏这样的东部地区较发达省（区、市），还是西部地区重庆、四川等省（区、市），其经济规模、经济总量都具有明显的相对优势。经济发展是一个地区社会和谐的基础和前提，同时，经济发展水平越高，所带来的社会治理的理念和水平相应越先进，这也为社会和谐提供了保障。2010~2015 年重庆社会捐赠款物合计金额从 6.4 亿元增长到 11.6 亿元，体现了其社会共享发展水平的不断提高。同时，重庆着力推进少数民族文化事业"八个一"工程建设，依托自然资源、巴渝文化加快建设渝东南民族地区的公共文化服务设施，为民族文化繁荣发展和社会和谐稳定提供有利条件。四川社会团结和融合水平较高，尤其是社会组织的发展有力地促进了社会和谐。2010~2018 年四川社会组织数从 2.91 万个增至 4.55 万个，成为社会治理体系的中坚力量。2010~2021 年宁夏社会组织数由 4533 个增长至 5070 个，妇女、儿童、青年、老龄、残疾人、慈善等事业实现新发展，整体社会关系良好。同时，宁夏加快构建

"六大体系"和实施"八大工程",定期对特殊群体和重点区域进行走访,排除生产生活安全隐患,对城乡接合部的药店、诊所等场所开展药品质量安全专项整治工作,有效净化安全生产和社会治安的大环境。

4. 社会生态维度

西部地区各省(区、市)及广东、江苏社会生态维度得分与排序如表6所示。

表6 西部地区各省(区、市)及广东、江苏社会生态维度得分与排序

省(区、市)	2010 年		2015 年		2017 年		2019 年		2021 年	
	得分	排序	得分	排序	得分	排序	得分	排序	得分	排序
广　东	1.1037	1	1.0707	1	1.0738	1	1.5790	1	1.2698	1
江　苏	0.3254	3	0.4407	3	0.0117	4	0.0657	5	-0.1772	7
陕　西	-0.2320	10	0.0259	6	-0.4053	11	-0.5798	11	-0.2853	10
甘　肃	-1.4208	13	-1.1452	13	-0.5023	12	-0.6433	13	-0.6841	13
宁　夏	0.1020	7	-0.1588	9	-0.0851	8	-0.0379	9	-0.4155	11
青　海	-0.8651	12	-1.0928	12	-0.7719	13	-0.7287	12	-0.5803	12
新　疆	-0.4148	11	-0.5103	11	-0.2698	10	-0.1908	10	-0.1933	8
云　南	0.4585	2	-0.1166	8	-0.1224	8	0.1574	4	0.0931	4
四　川	0.0722	8	0.1406	5	-0.1979	9	0.2673	3	0.3125	3
重　庆	0.1925	5	0.2177	4	0.0190	3	-0.3219	11	-0.2104	9
广　西	0.1300	6	-0.0018	7	-0.0214	5	-0.1081	8	-0.1032	6
贵　州	-0.2091	9	-0.1788	10	-0.1029	7	-0.1077	7	-0.0828	5
内蒙古	0.2191	4	0.6102	2	0.8587	2	0.3916	2	0.4157	2

注:本表含用于地区间比较分析的广东、江苏的得分与排序,同时西藏由于数据缺失,未参与综合评价。

内蒙古、四川、云南、广西和贵州的得分和排序整体在西部地区相对靠前,其中内蒙古4次位于西部地区第1并且在2015年之后的得分与排序超过了江苏,四川、云南则连续2次稳居西部地区前3位,但与广东相比还存在一定的差距,宁夏、新疆、重庆、陕西、青海和甘肃等省(区、市)和前述各地区相比存在一定程度的差距,得分与排序在不同时期也发生了较大变化。四川生态环境专项治理与污染防治工作获得了阶段性进展,2010~2021年其污水处理率从74.80%提升至93.58%,生活垃圾无害化处理率从

86.86%提升至100%，全省地级及以上集中式饮用水水源地水质优良率为100%，依托生活垃圾处理、生活污水治理、"厕所革命"等举措推进以"美丽四川·宜居乡村"为主题的农村人居环境综合整治工程，进而推动建设美丽绿色的"天府之国"。云南森林资源丰富、水资源充沛、生物物种多样性强，林地面积、森林面积、森林蓄积等林业主要指标在全国均排名前列，昆明、普洱等城市已成功创建了国家森林城市，生物多样性相关指标在全国也排名前列。陕西是独特的动植物资源宝库和重要生态屏障，2010～2021年其生态用水总量从1.03亿立方米增至5.9亿立方米，自然保护区数量在2017年增加到60个，"关中大地园林化、陕北高原大绿化、陕南山地森林化"的生态策略推动绿色循环加快发展。

三　数字化驱动西部地区社会发展质量的提升

数字化驱动促进了全社会要素资源的网络化共享、集约化整合、协作化开发、高效化利用，深刻改变了人们的生产方式和生活方式，西部地区社会发展质量得到了显著提升。

（一）数字化驱动极大激发西部地区社会活力

社会活力是指社会整体呈现的富有生机、快速发展的状态。首先，社会活力是经济发展和科技创新发展的重要体现，较高的经济水平所提供的充分经济保障是社会活力提升的基础。其次，社会活力体现的是社会治理能力和公民自治水平，社会作为公民与国家体系的集合，体现着国家和社会及社会个体之间的互动关系。

西部地区各省（区、市）地方财政科学技术支出由2015年的1533.70亿元增至2021年的2487.85亿元，规模以上工业企业R&D经费由2015年的4038.11亿元增至2021年的7616.64亿元。四川数字中国发展水平、"两化"融合发展水平、数字经济发展指数、大数据产业发展指数等指标排名均居全国前列，已建设5G基站超10万个，工业互联网标识解析国家顶级

节点（成都托管与灾备节点）建成即将上线，已有数据中心机架总量达 26
万个。当前四川数字经济增加值规模已突破 1.9 万亿元，近 5 年年均增速超
12%，始终保持在全国前 5，占四川 GDP 的比重已超过 35%。陕西推进数字
经济试点示范，加快实施"互联网+""智能+""上云用数赋智"等专项行
动，大力推动数字经济与实体经济融合发展，促进数字经济、共享经济、平
台经济健康发展，认定省级数字经济示范区 5 个、示范园 15 个、示范项目
15 个，在孵企业近 5 万家、上云企业超过 1 万家，全省规模以上工业企业
数字化研发设计工具普及率达到 66.6%；建设"秦创原"创新驱动平台，
自主创新能力显著增强，辐射带动西部地区乃至全国和"一带一路"沿线
地区通过市场化、共享式、开放型、综合性科技创新实现高质量发展。重庆
数字"底座"不断夯实。全市累计建成开通 5G 基站 4.9 万个，跻身全国第
一梯队。两江国际云计算产业园形成 1.9 万架机柜、24 万台服务器的数据
存储能力，数据中心规模位居西部地区前列。数字产业不断壮大，扎实推进
中国软件名城创建工作，软件和信息服务业营业收入规模突破 2000 亿元。
推广 BIM 技术应用工程项目 800 个，实施智慧工地 2630 个，数量居全国第
1。2021 年，重庆数字经济企业达 1.85 万家，数字经济增加值同比增长
16.0%，占重庆 GDP 的比重达 27.2%，全市规模以上电子制造业产值年均
增长 17.5%，对同期全市工业增长的贡献率达 51.1%。

　　数字化正在深刻改变西部地区社会生活方式，信息基础环境逐渐成为人
们参与社会生产的物质基础。数字技术的深入发展，推动了信息和数据资源
的共享利用，打破了信息壁垒，增进了交流互动，极大地提高了社会治理的
社会化、专业化、智能化水平。个体参与社会的途径在数字化的推动下也更
为丰富和多元。贵州充分发挥 5G 赋能效应，推动智慧园区、智慧工厂、智
慧矿山等 11 个方向的"5G+工业互联网"融合应用发展，截至 2021 年底，
累计推动 3000 多家工业企业实施数字化、网络化、智能化改造，累计形成
大数据+实体经济融合标杆项目 401 个、示范项目 4234 个，推动 23128 家
企业上云，数字经济发展再创新高。云南数字政务服务能力不断加强，基
本建成对接国家平台，联通省、州市、县、乡、村五级的网上政务服务平

台，政务服务事项网上可办率为95%、全程网办和零跑动率为34%，初步实现"一网通办"。社会管理能力持续提升，公共安全治理更加精准。此外，数字化极大丰富了西部地区文化传播的样式，例如四川乘"数"而上打造文化数字发展四川样板，在金沙遗址博物馆遗迹馆内，AI导览小金为观众讲解文物的知识，该博物馆年接待观众约160万人次，为了让每位观众都有好的观展体验，文博数字化、数字文创就是很好的方式。西部地区在数字化驱动下，经济体制实现变革，经济总量与增速不断提升，创新发展能力增强，社会治理主体日趋多元化，对外开放得到长足发展，社会活力不断激发。

（二）数字化驱动稳步促进西部地区社会公平

社会公平体现了社会得以发展的规范性价值和原则，更是社会发展的终极目标。以数据要素为依托的数字化服务将加速推动西部地区普惠民生的进程，是实现共享发展的重要途径。数字化开辟创新创业新路径，掀起创新创业新浪潮，提升创业、就业自由度从而促进收入公平。数据开放共享释放要素价值，以信息化、智能化为杠杆推动基本公共服务均等化，有效增强社会服务新供给，不断满足社会新需求，促进西部地区社会成员权利公平、健康公平、机会公平、规则公平。

从典型地区来看，重庆数字城管覆盖面积达到1500平方公里，实现县级以上数字化城管平台全覆盖；电子健康档案建档率达到90.6%，建成智慧医院44家；"渝教云"综合服务平台累计注册用户超550万人，开放基础教育同步课程资源60万余个；打造智慧小区191个、智能物业小区545个，为不同群体自由自主参与社会活动，实现教育、医疗等基本生活保障公平打下坚实基础。云南全省累计发放65万张居民电子健康卡（码），实现就诊"一码通"；在全省各州、市、县、区部署教育资源公共服务平台，提供各类教学资源超过120万个；建成社会保险系统、公共就业服务系统；在全国率先实现社会救助资金全程电子化发放，发行加载金融功能的社会保障卡，全省社会保障卡持卡人数突破4500万人，社会保障覆盖面持续扩大；

西部蓝皮书

省级智慧养老平台录入全省主要养老机构近 4000 家，实现了养老服务机构统一管理，社会公平程度得到进一步夯实。

（三）数字化驱动有效巩固西部地区社会和谐

数字化驱动推进数字社会、数字政府建设，为促进社会和谐稳定发挥重要作用。数字化内化为个体依赖的生存方式，对人与社会、人与人之间的和谐发展奠定了基础。重庆运用"互联网+政务服务"平台开展基层"减证便民"行动，着力推进少数民族文化事业"八个一"工程建设，依托自然资源、巴渝文化加快建设渝东南民族地区的公共文化服务设施，抓好民族特色村寨和历史古镇的保护工作，为民族文化繁荣发展和社会和谐稳定提供有利条件。陕西居民生活质量和社会共享水平得到进一步提升，充分挖掘和运用红色革命资源、传统文化资源，打造文化创意园区和国际文化交流平台，同时为深化"放管服"改革，加快转变政府职能，促进互联网、大数据、云平台等高端科技与政务服务融合发展，加快推出线上"一网通办"、线下"最多跑一次"的利企便民服务，推动电视问政、网络问政的常态化发展，并加强交通运输、出入境、食品卫生、社区治安等领域的安全管理工作，在促进社会和谐的同时也增强了民众的安全感、幸福感。

（四）数字化驱动显著促进西部地区社会生态改善

从社会生态维度来看，生态环境治理信息化与大数据建设是数字政府践行生态文明理念的重要手段，西部地区社会生态环境保护领域大数据、"互联网+"、人工智能等数字化和信息化技术开发与应用不断发展，形成互联互通、业务协同、数据共享的新局面，对打好打赢污染防治攻坚战发挥了重要支撑作用。广西建成突发环境事件应急指挥系统，该系统主要由环境监管与预警信息系统、应急指挥中心和应急通信配套设备等组成，生态环境部门可通过该系统指挥广西突发环境事件应急处置，通过建立环境监管与预警信息系统、应急指挥中心和运用应急通信配套设备增强生态环境应急能力。云南 2021 年启动建设的《水生态环境现代化监管能力提升项目——云南省水

生态环境大数据监管平台建设》项目，以流域为核心，围绕云南六大水系，构建了流域水生态环境管理大数据应用系统；以应用整合为抓手，构建了九大高原湖泊环境管理大数据应用系统；以问题为导向，构建了水生态环境管理指挥调度系统。云南省水生态环境大数据监管平台的建成实现了多项业务要素信息化从"0"到"1"的跨越，通过环境管理信息化、信息管理数据化实现数据互联互通、科学分析、精准治污。以数字赋能、科技创新助力生态文明建设，深入探索，全面发力构建云南"智慧"生态。

四 数字化驱动西部地区社会发展质量进一步提升的政策建议

数字化转型驱动下，西部地区数字产业化与产业数字化的发展迎来更好的机遇，为加快促进数字化驱动西部地区社会发展质量的进一步提升，本文从政策视角提出以下建议。

（一）深入推进全面的创新与开放

创新与开放是社会活力之源。创新，是包括科技与产业创新以及社会治理创新的全面创新。开放，是包括头脑开放、市场开放、社会开放的全面开放，是既面向国内东部相对发达地区，也面向世界的全面开放。数字化驱动深刻塑造着西部地区全面创新开放的新局面，将持续激发西部地区的社会活力。

西部地区一是应健全创新机制，营造有利于数字产业拓展发展空间的环境，加强对各类企业数字化转型的支持，培育一批企业数字化转型专业服务商，协助其设计实用性强且成本低的数字化解决方案；二是应优化数字经济创新生态，有效运用数字技术系统布局科技研发和集成创新任务，着力攻克一批关键核心技术，培育壮大一批科技型企业，建设发展一批创新型产业集群；三是要优化监管方式与监管理念，坚持包容审慎的监管理念，加快完善相关的法律法规，支持民营经济提升科技创新能力，加快推动数字化转型、技术改造与成果转化；四是要加快数字高端人才引育，建立数字多元化人才培育体系来强化人才培养与项目、平台的耦合机制，围绕项目实施、平台建设、关键核心技术攻关、成果转化应用需求，培育引进急需紧缺人才，打造适应需求、结构合理的人才梯队。

数字化驱动社会生产方式迭代而引起社会生活方式的生动变化，社会治理创新尤为迫切。显而易见，数字化驱动促进社会生活中效率意识、自由平等意识、开放包容意识不断增强。西部地区一是要更新治理理念，提升领导和驾驭互联网的能力，梳理社会治理的机构层级、畅通治理通道，完善治理体制；二是要拓展社会治理的主体，扩大社会组织类型及规模，丰富治理方式，引导社会多元主体规范有序参与社会治理，携手构建平等协商、共建共享共治的治理机制；三是应提升数字化治理能力，以技术赋能社会治理，基于西部地区中心城市与小城市距离较远的实际，提升数字化联通治理效能，实现决策科学化、治理精准化和服务高效化；四是应敏锐辨识数字化驱动的风险因素，积极化解社会矛盾，引导社会舆论，确保社会稳态运行。

深处内陆、发展理念惯于保守的西部地区在数字化驱动所带来的时空结构压缩、地区交流密度几何式增强的发展潮流之中，必须以全面开放的姿态融入新发展格局。一是充分利用国家区域发展战略的各项利好政策，扎实推进市场开放，在继续发挥传统能源优势的同时，发挥自身的科技优势，密切跟进数字化时代的战略性新兴产业在新能源、云计算等领域形成的新的竞争优势，不断扩大市场优势，丰富国际贸易品类，充分融入国内外市场；二是充分展现西部地区无可比拟的自然景观与丰厚恢宏的人文积淀，以数字化驱动文旅行业提质升级，积极学习发达地区的管理理念、引入发达地区的管理团队，高质量推介和运营文旅资源，进一步扩大人员往来规模和文化层面交流；三是有效加强西部地区在对外开放中的合作机制，避免在开放领域形成恶性竞争与资源内耗，尤其应加快建立文旅资源跨区域整合的协调机制。

（二）切实体现协调与共享

协调与共享是社会公平与社会和谐的基石。数字化在带来经济社会高速发展的同时，也在短期内扩大了发展权利不均等、社会秩序失范等问题。因

155

此，实施加快数字基础设施建设、提升传统就业群体职业技能、优化网络空间治理等举措是当务之急。

西部地区大数据与人工智能进一步发展的同时也诱发了数字化发展权利不公平的新现象。这种"不公平"既存在于地区之间、市场主体之间，也存在于社会不同群体之间。与东部发达地区相比，西部地区广大偏远农村和待发展地区的信息通信基础设施建设较为落后，处于不同发展阶段和不同规模的数字经济企业发展呈现不平衡性，随着实体经济与数字经济进一步融合，西部地区数字经济发展的不协同性使得农业、工业和服务业存在数字化转型差距进一步扩大的风险，呈现服务业先于工业、工业先于农业的发展特征。另外，同一产业部门之间，尽管头部企业数字化程度较高，但中小型企业受到资金、技术限制，数字化转型意愿和能力不足，无法形成大规模企业集群数字生态化运作，使得大企业和中小企业之间存在的数字壁垒无法打通。因此，西部地区应进一步增加信息通信基础设施建设投入，信息通信基础设施应及时更新换代，积极完善在数据确权、交易流通等方面的标准规范，加强地区间数据联通，在政策沟通和预期引导中持续破除不同市场主体之间的数字壁垒，促进不同地区不同市场主体实现优势互补，协同发展。

数字化驱动下就业新形态、新模式逐步发展壮大，对传统就业产生了较大的冲击。由于西部地区市场化水平落后于国内发达地区，传统就业仍占可观的比重，各类企业加快数字化转型的过程将导致部分人群面临"技术性失业"。西部地区帮助劳动者克服"数字化转型的瓶颈"，要加强与新就业形态相适应的政策支持以及社会保险制度支持，引导企业与劳动者积极参与，依托"互联网+职业技能培训"的新模式，培育和促进劳动者技能实现数字化转型。应以《"十四五"职业技能培训规划》为指导，多渠道开展对传统低技术含量工作岗位就业人员的技能提升与培训工作。推动数字人才培养，鼓励企业加强与高校合作，探索设立数字贸易学院，深化产教融合，加快构建面向数字贸易产业前沿需求的人才培养模式，迅速普及数字贸易理论知识、关注热点和政策实践。应营造尊重技能、尊重劳动的社会氛围，鼓励劳动者群体加大对自身数字技能的投资力度。

数字化驱动对人与社会的包容性也提出了新的挑战。教育信息、医疗信息等领域的城乡差异问题、老年人群体的数字技术适应性问题等正在形成新的代际鸿沟、数字鸿沟，造成了新的数字不平等。西部地区政府部门与社会组织应加快推进信息无障碍建设，着力保障和提升人民群众特别是老年人等特殊群体的数字生活能力，政府各部门通过明确帮助特殊群体融入数字生活具体的任务分工、完成时限和成果形式等方式，维护"数字化发展权利公平化"，开创数字化共享发展新局面。

同时，西部地区少数民族众多、文化多样性明显，巩固西部地区社会和谐与民族大团结有着极为重要的意义和价值。数字化带来了社会交往手段的变革，为不同社会群体之间的交往活动提供了前所未有的便利，然而在这一过程中不可避免地面临社会秩序的不确定性风险。西部地区一是要提高全民网络文明素养，进一步完善家庭、社会、政府相结合的信息化网络文明素养教育机制，推动全社会达成文明上网用网的共识，形成风清气正的网络环境；二是应扭转在个人隐私和数据保护方面的法律法规建设相对滞后的状态，建立多元化数字治理模式，加强西部地区行业协会之间、平台企业之间、研究机构与智库之间、不同社会主体之间的对话与合作，形成多元化数字治理体系，增强数字监督协同，促进各主体自觉形成在数字获取、使用、分享等方面的行为规范；三是应积极落实国家网络安全治理的法律法规和相关政策，从国家安全的高度认识网络治理的重要性，提升政府部门的数字化政务水平，有效地巩固和促进数字化时代西部地区社会和谐局面。

（三）积极赋能绿色发展

绿色发展是社会生态持续向好的内在要求。生态环境治理信息化是西部地区数字政府践行生态文明理念的重要手段，是精准、科学、依法实现绿色发展的依据。西部地区一是要引领生态文明建设的智能化转型，统筹生态环境数据采集，整合集成生态环境数据。建立健全生态数据资源关联数据库体系，接入各领域污染防治与生态保护，建设统一的生态政务管理数据库，确保生态环境数字化治理的实效性、精准性与规范性。二是要加快搭建生态环

境大数据管理平台。强化生态环境数据资源的开发和应用，深化社会数据与业务数据的关联和融合，加强生态环境信息产品的研发和应用，深化大数据在生态检测和管理领域数据采集、数据存储、数据分析、数据挖掘等方面的应用，提高检测效率与决策精度，进一步优化生态资源配置。三是要提高生态文明领域的行政执法水平。利用大数据、信息化技术，通过多系统的数据融合联动分析，大幅提升环保部门发现企业污染问题的能力；通过对企业排放数据中超标生产、治污系统工况的数据分析，帮助企业迅速调整，防范环境风险；同时引导企业严格落实自身环保责任，督促企业改进运行方式，实现科学指导企业治污工作。

总而言之，数字化驱动是西部地区稳步提升社会发展质量的重要历史机遇。以新发展理念为引领，充分挖掘和利用数字化驱动的红利，积极防范和控制数字化驱动的风险因素，是西部地区在新的发展阶段主动融入新发展格局、实现高质量发展的必由之路。

B.7
数字化驱动西部地区乡村治理完善研究

李东方 翟绍果 王 淳*

摘 要： 数字技术在乡村治理中发挥着重要作用，已经成为推进和支撑西部地区乡村治理提质增效的重要工具。本报告立足于数字中国和数字乡村建设的大背景，分析了数字化驱动乡村治理的机遇与挑战，从数字基础设施建设、数字治理制度体系、数字治理组织建设、数字治理服务质量、数字高质量队伍建设五个方面分析了数字化驱动西部地区乡村治理的现状，剖析了目前数字化驱动西部地区乡村治理存在的问题，即数字基础设施配置失调、数字治理顶层设计有待完善、数字治理数据壁垒有待突破、数字治理服务均等化水平有待提高和治理主体的数字素养有待提升。最后提出相应的对策建议，即加大数字基础设施投入，优化数字资源高效配置；制定数字治理发展规划，完善乡村数字顶层设计；加强西部乡村数据管理，构建乡村数据共享机制；促进西部乡村服务下沉，推进数字服务平等均匀；吸引数字专业人才留驻，培养数字技术全面人才。

关键词： 西部地区 数字技术 乡村治理完善

党的二十大报告指出，到 2035 年，我国要基本实现国家治理体系和治理能力现代化。乡村是最基本的治理单元，是国家治理体系的"神经末

* 李东方，西北大学公共管理学院讲师、硕士生导师，研究方向为社会保障和应急管理；翟绍果，西北大学公共管理学院教授、博士生导师，研究方向为社会保障和基层治理；王淳，西北大学公共管理学院硕士研究生，研究方向为基层治理。

梢"。乡村治理是国家治理的基石，是乡村振兴的重要内容。完善乡村治理是实现国家治理现代化和推进实施乡村振兴战略的必然要求。相比于东中部地区，西部地区整体的经济发展水平相对滞后，人口分布较为分散，各项基础设施配备相对落后，各项服务资源较为缺乏，乡村地区居民受教育程度相对较低。以上这些，都增大了乡村治理的难度。而数字技术先天具有高效、快速、精确以及可重复的特性，借助其来驱动西部地区乡村治理完善是时代发展的必然趋势和遵循乡村治理客观规律的应然选择。

一 数字化驱动乡村治理的机遇与挑战

2015 年 12 月，习近平总书记在第二届世界互联网大会开幕式上首次提出推进"数字中国"建设的倡议，奠定了数字技术在国家发展中的重要地位。2018 年 1 月，中央一号文件《中共中央、国务院关于实施乡村振兴战略的意见》出台，首次提出"实施数字乡村战略"，数字乡村建设开始提上日程。在往后的五年里，我国每年的中央一号文件均在强调数字乡村建设，并且提出以数字技术来逐步实现乡村治理现代化。同时，我国还出台了《数字乡村发展战略纲要》《数字农业农村发展规划（2019—2025 年）》《数字乡村标准体系建设指南》《数字乡村发展行动计划（2022—2025年）》等一系列关于"数字乡村"建设的规划及指南，来指导数字乡村建设和乡村数字治理。清华大学公共管理学院副院长王亚华认为，"数字技术正在推动中国乡村深刻变革，为乡村发展、乡村建设、乡村治理全面赋能，以移动互联网、大数据、云计算、物联网和人工智能为代表的数字技术蓬勃兴起，为传统农业转型升级和乡村治理现代化创造了前所未有的机遇"[①]。农业农村部乡村振兴研究专家刘年艳认为，"推进数字乡村建设，可以从推进乡村工作手段数字化、信息经济或产业数字化、乡村治理或农民生活数据化、可持续发展四个方面着手"[②]。综合我国出台的相关政策措施和专家学

---

① 王亚华：《加快数字乡村建设步伐》，《人民日报》2023 年 2 月 20 日，第 17 版。
② 《专家热议：加强数字化建设　助力乡村振兴》，人民网，2022 年 3 月 11 日。

者的观点建议，数字乡村建设至关重要。同时，数字技术的普遍使用，为当前乡村治理带来了新机遇。首先，数字技术改变了传统的乡村治理模式，实现了治理场景由低阶到高阶的升级，提高了治理效率，实现了村民足不出户就可在数字平台上办理相关事务的美好愿景；其次，数字技术推进了乡村自治组织建设，激发了村民的参与积极性，加强了乡村的政治联结，增强了治理主体之间的联系与互动；最后，数字技术提升了乡村治理服务质量，增强了各种服务的可获得性，让精准识别、实时追踪、及时研判和系统解决问题成为常态。然而，数字技术在为乡村治理带来红利的同时，也带来了挑战，即数字鸿沟。数字鸿沟的存在会对村民获得"数字红利"的公平性产生影响，甚至会引发村民的相对剥夺感。要想缩小和弥合乡村数字治理中的数字鸿沟，将数字鸿沟转变为数字红利，可以从数字治理的五个核心要素——数字基础设施、制度体系、公众参与、公共服务质量和数字素养着手。这五个要素分别是数字乡村治理推动高质量乡村振兴的关键前提、重要保障、路径支撑、目标导向和内源动力。乡村只有充分发挥这五个要素的作用，才能实现数字治理的新飞跃。

近年来，西部地区在数字乡村建设水平、民众生活富足程度、乡风文明、生态环境改善等方面都取得了前所未有的成就，乡村治理成效实现逐年稳步提升。然而，与东中部地区对比，西部地区的数字乡村发展水平仍然有待提升。根据《中国数字乡村发展报告（2022年）》，2021年，全国数字乡村发展水平达到39.1%，其中东部地区为42.9%，中部地区为42.5%，而西部地区仅为33.6%，处于垫底位置。同时，西部地区土地辽阔，乡村的空间形态和社会关系错综复杂，乡村之间的数字基础设施投入、数字治理制度体系、数字治理组织建设、数字治理服务供给和数字人才队伍建设等存在差异，势必导致不同乡村的数字治理水平高低不一。因此，要想实现国家治理现代化、完善西部地区乡村治理，就要善于利用数字技术来提高乡村治理的精度、拓宽乡村治理的广度和提升乡村治理的效率。

二　数字化驱动西部地区乡村治理的现状

自 2012 年以来，中央一号文件持续聚焦"三农"工作，不断强调完善乡村建设和乡村治理。数字技术凭借能够提高效率、提供更好的数据管理、促进创新和创造力等独特优势，成了各地推进乡村治理完善的重要工具。本文通过整理和分析相关数据和资料，发现西部地区正在持续完善乡村数字基础设施建设、健全乡村数字治理制度体系、推进乡村数字治理组织建设、提升乡村数字治理服务质量和加快乡村数字高质量队伍建设。

（一）"硬"数可及：乡村数字基础设施建设日趋完善

近年来，随着我国乡村数字化基础设施建设的快速推进，乡村网络实现全面覆盖，农村地区通信难问题实现历史性突破。截至 2022 年 6 月，全国农村互联网普及率达到 58.8%，与"十三五"初期相比，城乡互联网普及率差距缩小近 15 个百分点。[①] 2022 年底，全国农村互联网普及率达 61.9%，5G 基站数量达 231.2 万个，较 2021 年新增 88.7 万个，5G 网络覆盖所有地级市城区、县城城区和 96% 的乡镇镇区，实现"市市通千兆、县县通 5G、村村通宽带"[②]。细观西部地区，可发现西部地区正在积极完善乡村数字基础设施建设。2019~2021 年西部地区各省（区、市）互联网宽带接入端口如图 1 所示，西部地区除贵州 2020 年略有下降外，其他有省（区、市）的互联网宽带接入端口数量均实现逐年递增。2020~2022 年西部地区各省（区、市）移动电话普及率如图 2 所示，西部地区整体移动电话普及率呈上升趋势。其中，重庆、陕西、宁夏和内蒙古的移动电话普及率连续 3 年超全国移动电话普及率均值，西部地区移动电话普及率 3 年增速（4.74%）大于全国移动电话普及率 3 年增速（4.65%）[③]。2019~2021 年

---

① 数据来源于《中国数字乡村发展报告（2022 年）》。
② 数据来源于《数字中国发展报告（2022 年）》。
③ 通过测算工业与信息化局的公开数据所得。

西部地区各省（区、市）农村互联网宽带接入用户数量如图 3 所示，除内蒙古、新疆外，西部地区其他省（区、市）的农村互联网宽带接入用户数量均呈逐年增加趋势。以上数据，皆说明了近几年来西部地区在不断地完善数字基础设施建设，这为数字乡村建设和推进乡村治理数字化打下了良好的基础。

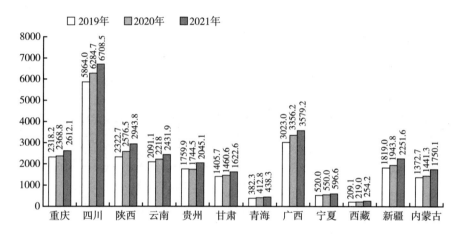

图 1　2019~2021 年西部各省（区、市）互联网宽带接入端口

资料来源：2020~2022 年《中国统计年鉴》。

以宁夏为例，早在 2015 年，宁夏就向工业和信息化部、财政部申请了电信普遍服务试点项目，经过两期的项目建设，解决了自治区内农村与偏远地区的无线上网难和信息通信难的问题。到 2021 年底，全区实现村级光纤、4G 网络全面覆盖，宽带平均速率和 4G 平均速率分别达到 50M 和 12M。在乡村治理数字化方面，宁夏于 2016 年开始推进政务民生信息化向基层延伸，目前已成功借助统一的云平台构建了自治区、市、县、乡、村五级全覆盖的电子政务外网。同时，全区统一的人口库、法人库、空间地理库、宏观经济数据库等基础框架已基本形成。①

---

① 王林伶、许洁、陈蕾：《宁夏数字乡村建设的现状、问题及策略研究》，《宁夏党校学报》2023 年第 1 期。

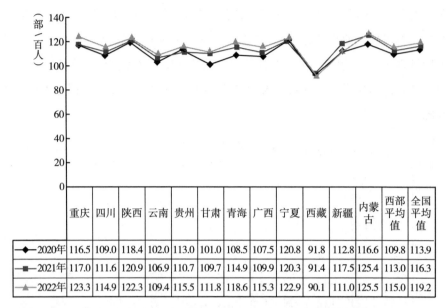

图2 2020~2022年西部各省（区、市）移动电话普及率

资料来源：工业和信息化部，2020~2022年《第四季度通信水平分省情况》。

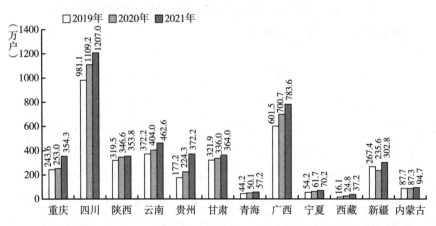

图3 2019~2021年西部各省（区、市）农村互联网宽带接入用户数量

资料来源：2020~2022年《中国统计年鉴》。

以新疆为例，2021年，新疆97.56%的县市实现了4G网络全面覆盖所有行政村，97.66%的县市拥有5G试点，86.59%的县市实现了有线电视网络全面覆盖所有行政村。36.59%的县市实现了"多站合一、一站多用"，25.61%的县市开发了适应"三农"特点的信息终端。45.12%的县市对农村水利工程进行了智慧化升级，58.54%的县市对农村电网进行了数字化改造，37.8%的县市对农村水网进行了智能化升级。8.65%的县市建设了农业农村数据中心，12.2%的县市构建了重要农产品市场监测预警体系，8.54%的县市建有粮食信息化服务平台。71.95%的县市使用农村基层党建信息平台，81.71%的县市使用全国一体化政务服务平台[①]，乡村数字化建设成效较为明显。

（二）制度逐立：乡村数字治理制度体系逐步健全

近年来，我国制定了《关于加快推进全国一体化在线政务服务平台建设的指导意见》《中共中央、国务院关于实施乡村振兴战略的意见》《关于加强和改进乡村治理的指导意见》等一系列政策措施来推进数字乡村建设和乡村数字治理。综观西部地区，西部地区在乡村数字治理制度建设方面进展迅速。西部地区各省（区、市）都制定了与乡村数字治理有关的制度体系，这些制度体系主要涉及加强数字基础设施建设、推广数字技术应用、加强数据资源整合与开放共享、加大数字乡村人才培养与政策支持力度等方面。乡村数字治理制度体系的健全，既为乡村数字治理的发展提供了制度保障和政策支持，也为西部地区的乡村发展和治理现代化提供了重要的推动力。

以重庆为例，重庆市农业农村委员会颁布《重庆市数字农业农村发展"十四五"规划（2021—2025年）》，指出各级农业农村主管部门要根据当地实际情况制定数字农业农村规划实施方案，构建数字农业农村发展的管理体系，积极探索政府与市场相结合的机制和模式，加强数字农业农村业务培训，提高"三农"干部、新型经营主体、高素质农民的数字技术应用和管理水平，建立科学的人才评价激励制度，完善数字农业农村网络和信息安全

---

① 新疆大学经济管理学院：《新疆数字乡村发展调研报告（2022）》，2022年10月28日。

表1　西部地区各省（区、市）出台的部分数字治理相关政策文件

省(区、市)	文件名称
重庆	《重庆市数字农业农村发展"十四五"规划(2021—2025 年)》
四川	《四川省"十四五"推进农业农村现代化规划》
陕西	《陕西省"十四五"数字农业农村发展规划》
云南	《云南省"十四五"数字农业农村发展规划》
贵州	《贵州省乡村建设行动实施方案(2023—2025 年)》
甘肃	《甘肃省"十四五"推进农业农村现代化规划》
青海	《青海省数字经济发展三年行动方案(2023—2025 年)》
广西	《广西数字经济发展规划(2018—2025 年)》
宁夏	《宁夏回族自治区信息化建设"十四五"规划》
西藏	《西藏自治区加强数字政府建设方案(2023—2025 年)》
新疆	《自治区数字政府改革建设方案》
内蒙古	《内蒙古自治区"十四五"数字经济发展规划》

资料来源：各省（区、市）政府官方网站。

管理制度规范，形成多层次、全方位的信息安全体系。①

以贵州为例，近年来贵州出台了《关于加快大数据产业发展应用若干政策的意见》《贵州省数字经济发展规划（2017—2020 年）》《中共贵州省委 贵州省人民政府关于推动数字经济加快发展的意见》《贵州省数字政府建设规划（2018—2020 年）》 《贵州省数字政府建设三年行动计划（2018—2020 年）》《贵州省实施"万企融合"大行动打好"数字经济"攻坚战方案》《关于促进大数据云计算人工智能创新发展加快建设数字贵州的意见》《贵州省大数据战略行动 2019 年工作要点》《贵州省乡村建设行动实施方案（2023—2025 年）》 等一系列规划与意见。这些规划与意见是针对数字治理的技术基础数字政务体系，以及数字农业、农村电商和精准扶贫等

---

① 重庆市农业农村委员会：《关于印发重庆市数字农业农村发展"十四五"规划（2021-2025 年）的通知》，2021 年 12 月 17 日。

数字治理的乡村应用的持续性政策制度设计，为开展乡村数字治理提供了政策基础。[①]

（三）平台提效：乡村数字治理组织建设日益推进

近年来，我国越来越关注乡村数字治理组织建设。《中共中央 国务院关于做好 2023 年全面推进乡村振兴重点工作的意见》中指出，要"健全党组织领导的村民自治机制，全面落实'四议两公开'制度，完善网格化管理、精细化服务、信息化支撑的基层治理平台，完善推广积分制、清单制、数字化、接诉即办等务实管用的治理方式"[②]。2021 年，我国行政村覆盖率达到 78.3%，较 2020 年增长了 6.2 个百分点，其中，东、中、西部地区的覆盖率分别为 78.4%、83.8%、72.3%。[③] 为响应中央政府号召，为充分发挥基层自治组织的治理效能，全方位整合社会资源，西部地区积极组织动员村民参与乡村治理，并不断发展和扩大社会工作者和网格员等基层群众自治组织队伍。同时，西部地区不断推进电子政务的应用和发展，各类网上政务平台成为村民办理事务的主要阵地，村民足不出户就能在家办理事务和进行监督。此外，西部地区积极借助微信群、QQ 群等信息化平台，建立村民自治交流中心，帮助村民实现虚拟在场，使得无论是外出务工人员、乡村在地精英、无固定职业者还是乡村留守妇女，都能借助移动媒介形成合作化网络。

以西藏仁布县德吉林镇为例，该镇充分发挥党建在基层治理中的功能，并于 2022 年 9 月推行积分管理奖励制度，建立"党支部+驻村工作队+村贤理事会"的积分管理委员会，制定每户积分季度登记台账、积分兑换台账及物资出入库台账、兑换商品目录清单。各驻村工作队负责积分的日常管理

---

① 刘俊祥、曾森：《中国乡村数字治理的智理属性、顶层设计与探索实践》，《兰州大学学报》（社会科学版）2020 年第 1 期。

② 《中共中央 国务院关于做好 2023 年全面推进乡村振兴重点工作的意见》，新华社，2023 年 1 月 2 日。

③ 数据来源于《中国数字乡村发展报告（2022 年）》。

和积分超市管理，每季度由驻村工作队汇总积分，村（居）党支部牵头召开积分管理委员会会议审议，认定积分。推行至今，德吉林镇群众主动通过"一村一微信群"等方式上报家庭成员转移就业情况、调处化解矛盾纠纷成果等，基层治理工作由"村里事"变成"家家事"、由"任务安排"转为"激励引导"、由"要我参与"变成"我要参与"，基层治理的堵点、难点、痛点、焦点问题均得到妥善解决。①

以青海德令哈市为例，该市发挥"为民村级微信群"平台作用，确保"为民村级微信群"实现全覆盖，及时制定印发《德令哈市推进"为民村级微信群"工作实施方案》，对现有村（社区）微信群进行全面清理，按照"一村一群、一户一人"的要求，在各村（社区）建立"为民村级微信群"，实现全市 42 个行政村 18 个社区全覆盖，所有村干部、村一级党员、乡镇包村领导、乡镇驻村干部、驻村扶贫干部等全部实名入群。同时，该市建立市、乡镇（街道）、村（社区）三级"为民村级微信群"管理机构，全面保障"为民村级微信群"工作有序开展、扎实推进，让小小微信群成为化解矛盾纠纷"调解员"、国家政策"宣传员"、为民办事"服务员"。同时，探索建立"村民群内约办、管理人员群内接单、办理结果群内告知"的事项申办流程，实现了"数据多跑路、群众少跑腿、办事不出村"。②

（四）服务渐全：乡村数字治理服务质量稳步提升

近年来，我国数字乡村建设逐步推进，"互联网+政务"、"互联网+教育"、"互联网+医疗健康"、"互联网+人社"、线上公共法律与社会救助等服务不断向农村地区下沉覆盖。截至 2022 年底，全国电子社保卡领用人数达 7.15 亿③，特别是在农村地区实现快速推广应用，为农村居民提供了参保登记、社保缴费及查询、待遇认证及领取等多项便民服务，目前全国 31

① 《用"小积分"推动"大治理"——日喀则市仁布县德吉林镇激发乡村治理新活力》，中国西藏网，2023 年 5 月 25 日。
② 微信公众号：《建村级民生微信群为民服务解难题》，2020 年 1 月 3 日。
③ 数据来源于《数字中国发展报告（2022 年）》。

个省（区、市）均可通过电子社保卡发放惠民惠农财政补贴资金。截至2022 年 8 月，全国义务教育学校联网率已达 100%。同年 9 月，全国所有省（区、市）、85% 的地市、69% 的区县已搭建区域全民健康信息平台，远程医疗服务平台已覆盖所有的地市和 90% 以上的区县。细观西部地区，可以发现西部地区的村级综合服务站点行政村覆盖率早在 2021 年就已达到81.2%①，并且仍在不断借助数字技术推动乡村治理服务提质增效。西部地区各省（区、市）均建立了属于自己的政务微信小程序，拓宽了政务服务渠道，提升了西部地区的治理能力和服务水平（见表 2）。

表 2　西部地区各省（区、市）政务微信小程序名称

省（区、市）	政务微信小程序名称
重庆	渝快办
四川	天府通办
陕西	陕西 12345
云南	一部手机办事通
贵州	贵人服务
甘肃	甘快办
青海	青松办
广西	壮掌桂
宁夏	我的宁夏
西藏	西藏政务
新疆	兵政通
内蒙古	蒙速办

资料来源：各省（区、市）政府官方网站。

以广西百色市西林县普合苗族乡新丰村为例，该村以智慧党建为突破口，深入推进"市域治理·西合党建"5G+大数据平台建设。该平台具有智慧党建、智慧村庄管理和便民服务三大数字乡村应用板块，实现了服务与信息精准下发到每家每户，教育、医疗、农技等优质资源下沉到村，村民足不出户就可扫码"点单"反映诉求，网格员在指挥中心便可"接单"

---

① 数据来源于《中国数字乡村发展报告（2022 年）》。

按照相关程序及时处置，最后村民还可以对服务质量进行星级评定。新丰村运用该平台，进一步优化了党务政务服务，畅通了便民办事渠道，实现了线上线下双网融合，切实提升了乡村"智治"水平和治理效能。①

以陕西西安市焦岱镇为例，该镇积极推动"为村"平台在全镇上线，通过构建网上"党群服务中心"，开通线上"书记信箱""村民说事""议事厅"等栏目，开启了让党员和群众在网络中"晓党务"、掌心里"知村务"、指尖上"办事务"的网络互联新局面；通过开通"焦岱生活圈"视频号、抖音号，打造了焦岱数字媒体矩阵，促进了集市贸易发展，进而推动了乡村振兴；通过启用"村级事务管理平台"、入驻企业微信，进一步提升数字治理效能。各村"两委"通过在平台上撰写村委日记，定期在线发布党务、村务和财务，及时公示低保申请、户籍办理、医保社保办理等事项，进一步提升群众幸福感和安全感。②

（五）人才聚智：乡村数字高质量队伍建设持续加快

乡村振兴战略的推进，对于乡村数字人才的培养和队伍建设提出了新的要求。近年来，国家越来越关注西部地区的乡村数字人才培养和乡村数字人才队伍建设，为加快西部地区乡村数字高质量队伍建设，吸引数字人才留驻，国家和西部地区采取了一系列措施，如建立高水平的数字人才培训基地和实训基地，出台创业担保贷款、科技创新基金、税收减免等扶持政策，鼓励企业、高校和科研机构在西部地区设立科技研发中心和实验室，组织乡村数字人才的交流研讨会、人才培训班和项目合作等。2019~2021 年西部地区各省（区、市）信息传输、软件和信息技术服务业城镇非私营单位就业人员数量如图 4 所示，2019~2021 年，四川、云南、贵州、青海、广西、宁夏、西藏和新疆的信息传输、软件和信息技术服务业城镇非私营单位就业人员数量呈平稳或上升趋势，重庆、陕西、甘肃和内蒙古虽并未一直呈现上升

---

① 《广西西林：数字赋能乡村治理　让便民服务更贴心》，人民网，2022 年 12 月 5 日。
② 微信公众号：《蓝田县焦岱镇："为村"平台构建数字乡村治理新模式》，2023 年 1 月 10 日。

趋势，但是波动并不明显。以上数据说明，近几年西部地区整体信息技术就业人数在不断地增加，乡村数字高质量队伍建设持续加快。

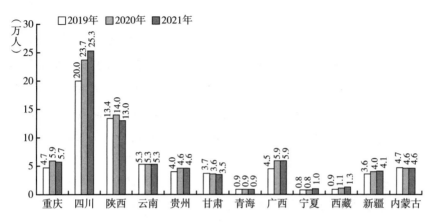

图 4　2019～2021 年西部地区各省（区、市）信息传输、软件和信息技术服务业城镇非私营单位就业人员数量

资料来源：《中国统计年鉴》。

以贵州余庆县为例，该县在县委党校挂牌成立"网络学校"，开展网格员、联户长、调解员培训，依托县中职学校，建立"双培养"工程暨数字人才培训基地，建设纠纷调解、乡村治理实训基地，利用多种渠道开展专题培训。截至 2022 年 12 月底，已培育各类人才 410 人，培训网格员联户长6037 人次、调解员 880 人次。[①]

以甘肃兰州市为例，该市修订完善《兰州市急需紧缺人才引进实施办法》，实施"科技人员技术服务计划"，选派 256 名科技特派员深入基层一线推广先进技术、指导产业发展、开展技术培训，组织医疗卫生专家开展"组团式"服务项目，建立 20 个帮扶团队，深入乡村开展下乡服务 37 次，累计开展各类专题培训班、专题讲座 23 期。[②]

[①] 《贵州省余庆县创新乡村治理模式　加快完善多元化农村矛盾调处化解机制》，农村合作经济指导司，2022 年 12 月 30 日。

[②] 《兰州市农村人才队伍建设为乡村振兴赋能增效》，兰州市农业农村信息网，2023 年 2 月 9 日。

三 数字化驱动西部地区乡村治理存在的问题

迄今为止，西部地区致力于完善乡村数字基础设施建设、健全乡村数字治理制度体系机制、探索乡村数字治理组织建设、提升乡村治理服务质量效能、加快乡村数字高质量人才队伍建设，已取得了不错的成效。然而，相较于东中部地区较发达省（区、市），西部地区在乡村数字资源配置、数字治理顶层设计、数字治理平台管理、数字治理服务均等化、数字治理主体培养层面还存在可提升的空间。

（一）乡村数字基础设施配置失调

根据《中国数字乡村发展报告（2022 年）》，2021 年全国用于县域农业农村信息化建设的社会资本投入为 954.6 亿元，县均社会资本投入3588.8 万元，乡村人均投入 135.2 元。但是分区域来看，西部地区仅获得198.4 亿元的社会资本投入，占全国社会资本投入的 20.8%，县均社会资本投入 1893.1 万元，乡村人均投入 89.4 元。而东部地区获得了 562.4 亿元的社会资本投入，占全国社会资本投入的 58.9%，县均社会资本投入 7410 万元，乡村人均投入 231.8 元。由此可见，东西部地区乡村数字资本投入规模相差较大，资本分配存在一定的失调。同时，县均社会资本投入位居全国前10 的省（区、市）中，西部地区只有重庆入围，其县均社会资本投入为8740.1 万元，远超西部地区整体农业农村信息化建设县均社会资本投入（见表3）。乡村人均社会资本投入位居全国前10 的省（区、市）中，西部地区宁夏、重庆和贵州入围，其乡村人均社会资本投入分别为 278 元、220.6 元、124.4 元（见表4）。① 按照第七次全国人口普查数据，2020 年宁夏、重庆和贵州的人口占比分别居西部地区的第 10 位、第 6 位和第 5 位，但是其农业农村信息化建设人均社会资本投入却高于西部地区人口排名较前

---

① 数据来源：《中国数字乡村发展报告（2022 年）》。

的其他省（区、市）。这在一定程度上说明，西部地区乡村的数字资源配置存在一定的失调情况。

表3　县均社会资本投入位居全国前10的省（区、市）

单位：万元

省（区、市）	县均社会资本投入	省（区、市）	县均社会资本投入
浙江	28851.6	广东	7189.4
江苏	14834.0	湖北	4639.2
重庆	8740.1	北京	4634.5
上海	8439.5	安徽	4262.6
天津	7244.8	山东	3980.5

资料来源：《中国数字乡村发展报告（2022年）》。

表4　乡村人均社会资本投入位居全国前10的省（区、市）

单位：元

省（区、市）	乡村人均社会资本投入	省（区、市）	乡村人均社会资本投入
浙江	1108.4	上海	188.1
江苏	350.1	广东	180.9
天津	291.5	福建	139.7
宁夏	278.0	湖北	126.1
重庆	220.6	贵州	124.4

资料来源：《中国数字乡村发展报告（2022年）》。

（二）乡村数字治理顶层设计有待完善

近年来，我国连续出台了一系列关于乡村数字化建设的方针政策，却未足够重视"乡村数字治理"这一模块，基本只是将其合并在乡村振兴或者乡村治理中，并未单独将其作为一个课题进行专门研究。因此，关于"乡村数字治理"的运作方法、运作规则、职责分配、管理要求、评估规则和激励规则等，中央并未给出清晰具体的指导。同时，部分地方在进行乡村数

字治理顶层设计时存在以下问题：一是运营机制不配套，着重考虑数字基础设施的投入，而忽略了数字基础设施的升级和当地民众的适应程度；二是数据管理制度体系不健全，大数据管理机构在隶属关系、组建形式、职责界定方面存在差异，职责不清和多头管理等现象并存；三是数据共享机制不健全，数据开放难以适应新形势，各地之间、各部门之间、企业和民众之间获取数据难度较大；四是政企合作制衡机制不健全，企业参与治理的自由程度较大，政府外包内容有待商榷；五是数据安全保障制度不健全，缺乏相应的法律法规和规章制度，数据安全成为新隐患。综观全国，东中部地区部分省（区、市）在乡村数字化治理顶层设计层面已经交出了满意的答卷，但西部地区整体上在乡村数字化治理顶层设计层面仍然存在较大的空白，差距较为明显。

（三）乡村数字治理平台存在数据壁垒

截至 2022 年 12 月，我国各省级及以下行政单位共有政府网站 13406 个，虽然较 2021 年削减了 269 个，但是整体上基数仍然较大。2021 年 12 月和 2022 年 12 月西部地区各省（区、市）政府网站数量如图 5 所示，截至 2022 年 12 月，西部地区各省（区、市）（包括新疆建设兵团）共有 4398 个政府网站。各省（区、市）的政府网站数量庞大意味着数据的统合、管理和调取较为复杂，各职能部门间的数据壁垒短时间内难以消除。同时，随着数字乡村的不断推进，西部地区各省（区、市）纷纷引进数字管理软件，搭建线上治理平台，推动乡村治理实现线上线下协同共治。尽管数字技术能够提升公共服务效率、推动乡村各治理主体的交流与互动，但是各省（区、市）的经济发展水平和数字基础设施配置不一、各数字管理平台的功能存在差异，加上各省（区、市）间与各省（区、市）内职能部门间协同程度不足，数字化"一盘棋"意识薄弱，容易出现数字平台孤立、"数字孤岛"、"数据烟囱"等问题。尤其是在乡镇层级，数字治理的模式多样、水平参差，数字化平台建设自成体系，导致平台数据不融通、共享归集难度大、相关数据质量不佳、平台重复建设明显。此外，数据的传输往往只向政府集中，未能在各个治理主体和部门间实现多向传输与共享，跨领域、跨层级、跨部门的多跨数据通道尚未完全打通，数据壁垒客观存在。[①]

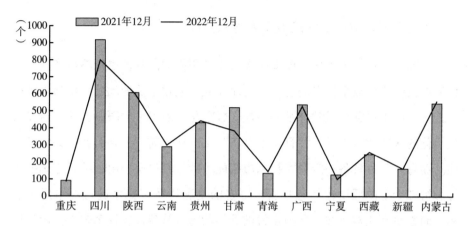

图5　2021年12月和2022年12月西部地区各省（区、市）政府网站数量

注：表中数据不含各部委政府网站数量。
资料来源：《第51次中国互联网络发展状况统计报告》。

（四）乡村数字治理服务均等化水平有待提高

尽管西部地区乡村的数字治理服务在整体上改善明显，但由于各省（区、市）存在经济实力和数字基础设施配置差异，西部地区乡村数字治理服务的均衡性和平等性仍存在不足。随着数字技术的快速发展，各类数字化平台相继推出。然而，由于很多数字化平台的功能不健全，服务数量和种类有限，数字化的服务资源分布零散，村民在获取公共服务时，经常要登录不同的平台进行操作，这在一定程度上增大了村民获取公共服务的难度。同时，由于不同省（区、市）、市域、县域之间存在一定的"数字鸿沟"和信息壁垒，在引进和推广数字化平台时并没有做到协同一致和有商有量，村民所使用的数字化平台功能存在差异，所享受的公共服务质量参差不一。加之治理主体的数字素养高低不一，部分提供服务的工作人员未充分发挥数字技术或数字平台的治

[①]　吴彬、徐旭初：《乡村治理的数字化转型已成趋势》，《社会科学报》2022年第6期。

理作用，部分民众习惯于传统的公共服务模式，使得提供数字化服务的质量和寻求数字化服务的需求存在差异，乡村数字治理服务均等化水平有待提高。

（五）乡村治理主体的数字素养有待提升

西部地区在数字乡村建设整体成效提升明显的同时，也依然存在部分乡村治理主体应用数字技术的能力不足而导致治理效率低的问题。从参与者视角来看，由于受到乡村教育水平和地区数字化发展水平的限制，很多村民对数字化的认知程度较低，并且也不具备数字时代所需要的相关数字知识及技能。而有一部分具备一定数字技术应用能力的年轻村民，由于缺乏正确的指导和被社会上的低质化信息吸引，更多的是利用数字技术进行网络娱乐活动，而很少利用数字技术参与乡村的数字治理。从建设者视角来看，由于城乡、东西部地区的生活品质、薪资待遇、职业发展前景存在差异，大部分乡村人才选择背井离乡前往东部地区寻求发展机会，[①] 本土数字人才流失，岗位人员流动较为频繁，加之部分依然习惯于传统治理模式的乡村基层干部难以在短期内转换工作思维和不能熟练地使用数字软件进行互联网办公，数字治理效果大打折扣。综合来看，部分乡村数字治理主体的数字素养还有待提升。

四　数字化驱动西部地区乡村治理的对策建议

在西部地区乡村治理中融入数字技术有利于乡村治理主体治理效率的提升、乡村治理模式的创新、乡村治理场景的升级。然而，西部地区整体上发展较为落后，在数字治理资源、制度、管理、服务和人才方面仍然存在需要解决的问题。为更好地完善西部地区乡村治理，本报告提出以下对策建议。

---

① 逄红梅、侯春环：《共同富裕视角下乡村数字化治理的现实困境和实现路径》，《农业经济》2022 年第 12 期。

（一）加大数字基础设施投入，优化数字资源高效配置

在数字基础设施投入方面，中央政府应加强对西部落后省（区、市）的扶持，加大数字基础设施专项投入，升级网络、云计算、数据中心等设施来提升数字基础设施的质量和扩大数字基础设施覆盖范围。地方政府应积极鼓励数字服务业发展，扶持企业在本地区的发展，发挥数字服务企业的正外部效应，提高地区整体的数字化水平，进而带动乡村数字治理的发展与完善。在数字资源配置方面，中央政府应根据各个省（区、市）的数字技术发展水平、经济实力来配置数字资源，对相对落后的地区给予一定的倾斜扶持，促进资源的均衡配置。地方政府应进一步优化数字资源的分配和利用，提高资源利用效率和运行效果。

（二）制定数字治理发展规划，完善乡村数字顶层设计

在制定数字治理发展规划方面，中央政府应组织专家学者针对"乡村数字治理"这一课题进行研讨分析，形成权威的指导性文件，为转变乡村数字化治理理念提供参考。[1] 西部地区各级政府要认真学习贯彻中央下发的指导文件，发挥主观能动性，结合自身乡镇的经济实力、数字基础设施配备现状、发展前景、发展难点、人才队伍建设现状、乡情、民情和民族特色，制定适合自身特点的乡村数字治理规划。其中，规划里要明确乡村数字治理的长期目标、发展愿景、制度机制、设施部署、空间布局等。[2] 在完善乡村数字顶层设计方面，地方政府应建成统一的标准体系，出台标准化建设指导方案，构建起多部门之间的合作推进机制，调动各个部门的积极性，按质按量地完成本年度各个阶段的目标任务，在健全考核评价机制时，考虑将村民满意度和获得感纳入评价指标体系。

---

[1] 逄红梅、侯春环：《共同富裕视角下乡村数字化治理的现实困境和实现路径》，《农业经济》2022 年第 12 期。

[2] 吴立凡：《西部欠发达地区数字乡村建设的三个着力点》，《人民论坛》2020 年第 8 期。

（三）加强西部乡村数据管理，构建乡村数据共享机制

在数据管理方面，政府应建立健全法律规范，尽快完善数据所有权的管理体系，加强对数据收集、储存、使用等流程的管理，并联合企业、社会组织等主体建立数据使用规范，保障数据所有者的合法权益，将违规使用数据的行为录入诚信档案，提升数据的安全性。在数据共享机制建立健全方面，政府应统一规定数据的收集、加工、应用、存储和维护标准，统筹建立乡村治理大数据中心，采取数据可视化、问题导向式的数据展示模式①，方便各级政府调取和分析数据。秉持机器可读性和生态型原则，提高数据的可获得性，在符合法律规定的前提下，构建个人数据可携权理念，激活村民数据需求以刺激政府数据开放。② 在数据联通机制构建和完善方面，建设乡村数字治理信息资源整合平台，综合本地区各层级的服务资源，建立纵向覆盖省（区、市）、市、县、乡（镇）、村的五级"互联网+服务"平台，融合各层级的服务平台形成"信息枢纽"，构建基于该平台的城市级智慧治理母系统、县（区）级子系统、乡村一级微系统的跨层级治理体系，进一步精细划分整体智治单元。③

（四）促进西部乡村服务下沉，推进数字服务平等均匀

在促进乡村服务下沉层面，地方政府应推广普及数字技术，加强对乡村居民的数字技术培训，提高他们使用数字服务的能力，建立智慧教育中心、数字医疗中心等乡村数字服务平台，为乡村居民提供便捷的数字服务，促进数字服务下沉到村。在推进数字服务平等均匀方面，鼓励和支持农民和乡村企业应用数字农业技术和发展电子商务，提高农业生产效率，帮助乡村地区

---

① 张利国、黄禄臣：《大数据赋能乡村治理：作用机理、现实困境与实现路径》，《农业经济与管理》2023 年第 3 期。

② 尹博文：《数字政府优化乡村治理能力的双重困境、深层原因及法律应对》，《现代经济探讨》2022 年第 11 期。

③ 何立军、方堃：《整体智治视角下西部地区乡村数字治理的逻辑进路》，《社会治理》2023 年第 2 期。

的产品和服务进入更广阔的市场，增加村民和乡村企业的收入，进而在一定程度上缩小由经济能力导致的数字服务差异。地方政府应为数字服务企业提供优惠政策和资金支持，扶持其在乡村地区发展，以便带动乡村的数字技术发展，激发当地的数字活力，扩大数字服务的覆盖范围。针对低收入群体和弱势群体，提供经济上可承受的数字服务方案，提供多样化的数字服务，尽可能确保数字服务的多样性和包容性，包括多语种支持、易于使用的界面设计和辅助技术支持等，满足各类人群的需求和确保每个人都能够方便接触和使用数字服务。

（五）吸引数字专业人才留驻，培养数字技术全面人才

在人才引进方面，各级政府应充分认识到人才的重要性，把人才工作当作"一把手"工程来抓，强化招才引智的顶层设计和宏观统筹，聚焦地区乡村数字治理的现实需求，深化数字专业人才的发展战略系统研究，系统化盘清人才家底，实现人才引进政策制度供给精准化。在人才培养方面，设立省级乡村数字人才发展专项资金，搭建人才交流平台，为数字专业人才提供丰富的学习机会，吸引中东部地区一流大学、科研院所在本地区设立分支机构，提升地区的智力供给内生能力。注重发挥本土人才的治理作用，通过定期宣讲来提高乡村干部和村民对数字治理的认识，广泛开展数字化知识的技能培训，并挖掘村里年轻人的数字治理潜能，通过提升年轻人的数字治理热情进而带动其他群体的治理热情。在人才流动方面，推进数字治理人才基地建设，组建数字治理专家库，积极探索与中东部地区数字技术发达省（区、市）的人才短期交换合作，促进各地区数字技术人才的全面发展。在人才评价方面，设计人才分类需求清单和评价标准体系，健全全过程、全方位的人才工作评价体系，构建多元主体评价机制，促进评价的公正、公开和全面性。在人才激励方面，通过加大资金扶持力度来提高数字专业人才的薪资福利，健全数字人才家庭的扶助政策，根据工作贡献程度给予适当的物质奖励或精神奖励，加强人文关怀，提升数字专业人才的归属感。

B.8
数字化驱动西部地区就业质量提升

祝 毅*

摘　要： 数字技术发展对于促进西部地区劳动者就业质量提升具有重要作用。本报告基于西部地区部分省（区、市）面板数据分析发现，近年来西部地区数字化技术发展水平持续提升，且对劳动者就业质量具有显著正向影响。数字化驱动西部地区就业质量提升面临较好机遇，如产业数字化与数字产业化助推西部地区产业结构升级、数字化就业促进西部地区劳动者就业能力提升、数字化为社会保障制度体系建立健全创造新的条件、数字化促进西部地区基本公共服务水平提升；同时面临一定挑战，包括数字化发展基础有待强化、劳动者数字素养有待提升、社会保障体系难以满足劳动者新发展需求、基本公共服务质量与均等化水平有待提升。本报告从促进产业结构优化升级、增强劳动者就业能力、健全社会保障制度体系、夯实基本公共服务基础四个方面提出了西部地区数字化驱动就业质量提升的推进路径。

关键词： 数字化　西部地区　就业质量

　　数字技术飞速发展已经成为促进实现中国式现代化的重要驱动力量。当前我国深入实施数字经济发展战略，不断完善数字基础设施建设，激发数据要素潜能，大力推进数字产业化和产业数字化，为促进我国劳动者就业质量

---

* 祝毅，西北大学公共管理学院讲师、师资博士后，研究方向为社会保障。

提升提供了强大动力。西部地区作为我国经济欠发达地区，面临的就业形势相较于中、东部地区更为严峻。然而，对西部地区数字化发展水平如何、数字技术发展对西部地区就业质量将会产生何种影响、如何通过数字化驱动西部地区就业质量提升等问题的有效研究对于促进西部地区经济高质量发展具有重要的理论与现实意义。本报告将重点分析以下内容：一是西部地区数字化驱动就业质量的现状分析，二是西部地区数字化驱动就业质量提升面临的机遇与挑战，三是西部地区数字化驱动就业质量提升的推进路径。

一　西部地区数字化驱动就业质量提升的现状分析

（一）西部地区数字化发展的现状分析

我国数字经济发展成绩斐然，为促进实现高质量就业奠定了扎实的基础。2022 年 10 月 28 日，国家发改委主任何立峰在《国务院关于数字经济发展情况的报告》中提出，党的十八大以来我国数字经济发展成效显著，主要表现为数字基础设施实现跨越式发展，产业数字化转型提档加速，公共服务数字化深入推进等，对于我国扩大就业、提升就业质量具有重要意义；然而当前我国数字经济尚存在大而不强、快而不优等问题，其中传统产业数字化发展相对较慢，不同行业、不同区域与不同群体之间的"数字鸿沟"亟待弥合，数字经济治理体系还需完善等问题，对于数字化进一步促进我国实现高质量就业具有重要影响。

我国数字化整体发展现状。一是我国数字产业化水平不断提升。中国互联网络信息中心《中国互联网络发展状况统计报告》显示，截至 2022 年 12 月，我国网民规模达 10.67 亿，互联网普及率达 75.6%。[①]《中国数字经济发展研究报告（2023 年）》显示，2022 年，我国数字产业化增加值规模达9.2 万亿元，较上年增长 10.3%，且连续两年保持 10%以上增速；数字产业

---

① 中国互联网络信息中心：《中国互联网络发展状况统计报告》，2023。

化占 GDP 的比重为 7.6%，较上年提升 3 个百分点，达到 2018 年以来最高增速。从整体结构来看，我国数字产业结构趋于稳定，第三产业在数字产业增加值中占主要地位。① 二是我国产业数字化持续深入推进。截至 2022 年，我国已培育 100 个以上具有行业特色和区域影响力的互联网平台，平台汇聚的工业 App 突破 59 万个。各行业对数字化转型重要性的认识进一步加深，迈入转型发展深水区。服务业数字经济渗透率为 44.7%，同比提升 1.6 个百分点。工业数字化加快推进，工业数字化渗透率为 24%，同比提升 1.2 个百分点。农业数字化效果显现，农村电商、数字农业、数字乡村等成为发展亮点，农业数字化渗透率为 10.5%，同比提升 0.4 个百分点。三是我国数字经济吸纳就业的能力显著提升。国家统计局在 2023 年 5 月国民经济运行记者会上表示，随着信息技术、大数据、人工智能等的广泛使用，数字经济的带动作用稳步增强。整体来看，我国数字经济领域创造的就业岗位增速显著高于全国总就业规模增速，尤其是第三产业劳动力数字化转型成为吸纳就业的主力军，第二产业劳动力数字化转型吸纳就业的潜力巨大。

我国西部地区数字化发展水平持续提升。近年来，西部地区各省（区、市）紧抓新一轮科技革命浪潮，重新布局新兴产业和调整产业结构布局，加快数字产业化、产业数字化，促进数字经济与实体经济的深度融合。例如，贵州从 2013 年起以大数据重塑地区核心竞争力，完成大数据产业发展"三级跳"，凭借国家首个大数据综合试验区核心区先发优势和中国国际大数据产业博览会平台，成为新时代大数据创新的策源地和示范区。相关数据显示，2020 年贵州软件和信息技术服务业软件业务收入同比增长 26.3%，电信业务总量和收入同比分别增长 31% 和 5.6%。重庆构建人工智能新型基础设施保障体系和政策体系，人工智能应用示范取得显著成效，跻身全国人工智能技术创新和产业发展第一方阵。四川在数字经济、数字社会和数字政府三大方向上均处于领先地位，实现了"弯道超车"。陕西紧抓国家新基建发展机遇，大力推进 5G 网络、工业互联网等基础设

---

① 中国信息通信研究院：《中国数字经济发展研究报告》，2023。

施建设，启动建设国家新一代人工智能创新发展试验区、首个国家级硬科技创新示范区，加快数字政府和智慧城市建设，加快形成以集成电路、软件信息服务业为代表的数字经济核心产业链，逐步健全产业体系。尽管如此，我国西部地区数字化在区域间、城乡间、群体间、行业间仍面临发展不平衡不充分的问题。

为更好地展现西部地区数字化发展水平，本报告使用由各省（区、市）统计年鉴数据组成的省级面板数据构建西部地区数字化发展指标，对西部地区各省（区、市）的数字经济发展状况进行描述。有关数字经济指标测度，较为成熟的方法主要包括以下两种：一是中国信通院提出的数字经济测算框架，涉及数字产业化与产业数字化两大部分，以多项指标方法进行估计，该方法更侧重于对数字经济发展的纵向比较与市场经济发展的指导作用[1]；二是基于现有统计年鉴数据，对多种不同指标进行合成进而得到能够反映数字经济发展程度的指数，该方法能够兼顾数据可获得性、指数代表性与科学性，在现有数字经济研究中得到广泛应用。具体而言，本报告参照现有研究，同时基于统计数据的可获得性，选取西部地区八省（区、市）[2] 统计年鉴中的邮电业务总量、移动电话用户数和快递数量3个指标进行分析，借鉴戚聿东等[3]研究中采用的组合赋权法进行指标构建，即通过等权重法、熵权法和CRITIC法分别构建数字化发展指标，进而将这3种方法测算的均值作为各指标的权重。

2010～2021年西部地区部分省（区、市）数字化发展指数及其变迁趋势如图1所示。[4] 首先，整体而言，2010～2021年我国西部地区部分省（区、市）数字化发展指数呈现上升趋势，尤其自党的十九大以后，西部地区部分省（区、市）数字化发展指数上升幅度明显增大。其次，分地

---

① 中国信息通信研究院：《中国数字经济发展研究报告（2023年）》，2023。

② 八省（区、市）包括内蒙古、广西、重庆、四川、贵州、云南、陕西和青海，甘肃、西藏、宁夏和新疆囿于统计年鉴数据可获得性问题而未被纳入分析。

③ 戚聿东、刘翠花、丁述磊：《数字经济发展、就业结构优化与就业质量提升》，《经济学动态》2020年第11期。

④ 具体分析结果可参见附表。

区来看，2021年四川、陕西与重庆的数字化发展指数相对较高，广西、云南与贵州数字化发展指数居中，而内蒙古、青海两地的数字化发展指数有待提升。再次，受客观经济社会环境因素等的影响，广西、云南、贵州、内蒙古、青海等省（区、市）的数字化发展指数均在2021年出现不同程度的下降；四川的数字化指数略有下降，但仍远高于西部地区其他省（区、市）。

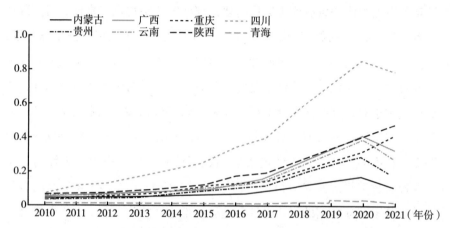

图1 2010~2021年西部地区部分省（区、市）数字化发展指数及其变迁趋势

资料来源：各省（区、市）2011~2022年统计年鉴。

（二）西部地区数字化发展影响就业质量的现状分析

就业是民生之本，党的十九大、二十大报告均明确指出要实施就业优先战略和更加积极的就业支持政策，推动实现更高质量和更充分就业。当前，我国经济已由高速增长阶段转向高质量发展阶段，在民生就业领域着重体现为从重视就业规模到实现更充分更高质量就业的重要转变，新时期就业问题的核心已经从重视"量"转变为"量质"并重。[①] 随着数字经济的不断发展，制造业劳动力占比持续下降、服务业劳动力占比快速上升，使得第三产

---

① 张顺、郭娟娟：《就业质量对城镇居民失业率的影响》，《中国人口科学》2022年第1期。

业的劳动生产率进一步下降，第二、第三产业两极化程度加深，劳动者潜在就业风险上升，数字经济对劳动力市场的影响集中体现为对传统制造业的替代效应和对新业态的创造效应。[①] 张菡冰等[②]利用全国 31 个省（区、市）数据分析发现，21 世纪以来我国整体就业质量提升较快，并呈现东部与西部高、中部低的"U"形空间非均衡性特征，进一步分析发现就业质量的总体差距主要源于地区间发展的不平衡。另外，《2023 中国数字经济前沿：平台与高质量充分就业》研究报告结果显示，2021 年美团、饿了么等线上平台为我国净创造就业岗位约 2.4 亿个，预测到 2030 年数字经济将带动就业人数达 4.49 亿人，2022 年人社部颁布的新版职业分类大典中新增职业 158个，其中 97 个与数字经济有关。

就业质量作为一个综合性范畴，有宏微观之分。宏观就业质量主要指特定国家或区域的整体就业环境和条件，核心指标主要包括就业环境、职业收入、社会保障、劳动关系、就业满意度与职业发展等维度。[③] 微观就业质量则主要指劳动者个体微观层面的工作质量，注重考察劳动者的收入水平、工作时间、工作环境、社会保障、晋升机会、工作满意度等因素。[④] 考虑到本报告研究的重点在于分析数字化驱动西部地区就业质量提升，更侧重于宏观维度，因此本报告将重点分析西部地区宏观就业质量现状及其影响机制。

本报告选取就业环境、就业能力、工资待遇和劳动关系 4 个一级指标构建西部各省（区、市）就业质量评价体系。就业环境的二级指标包括地区人均 GDP 水平、城镇就业人员比重、第三产业就业比重和城镇登记

---

① 张顺：《数字经济时代如何实现更充分更高质量就业》，《北京工商大学学报》（社会科学版）2022 年第 6 期。

② 张菡冰、张新洁、张务伟：《新世纪以来中国就业质量空间非均衡演进的实证研究》，《东岳论丛》2022 年第 6 期。

③ 赖德胜、苏丽锋、孟大虎、李长安：《中国各地区就业质量测算与评价》，《经济理论与经济管理》2011 年第 11 期。

④ 卿石松、郑加梅：《工作让生活更美好：就业质量视角下的幸福感研究》，《财贸经济》2016 年第 4 期。

失业率（负向）；就业能力的二级指标包括劳动力中大专及以上就业人员占比、中级及以上职业资格考评人数占比；工资待遇的二级指标包括城镇非私营单位就业人员平均工资和城镇私营单位就业人员平均工资，并基于2010年居民消费价格指数进行了标准化处理；劳动关系的二级指标包括工会参与率、劳动争议严重程度（负向）和工伤事故发生率（负向）。指标合成方面，本报告分别通过熵权法、CRITIC法和等权重法构建就业质量指标，最后将这三种方法计算得出的均值作为各二级指标的权重。分析结果如下。

首先，对我国不同省（区、市）就业质量整体状况及其变化趋势进行分析。2021年我国不同省（区、市）就业质量指数如图2所示，从现实状况来看，2021年北京、上海、广东、浙江、江苏等东部地区省（区、市）的就业质量普遍较高，青海、甘肃、广西、西藏、新疆、云南等西部地区省（区、市）的就业质量相对较低，中部地区如湖北、湖南、安徽以及东北地区如辽宁、黑龙江等地的就业质量居中，且差异较小。从就业质量指数的横向比较来看，我国就业质量呈现东强西弱的格局，西部地区就业质量亟待提升。

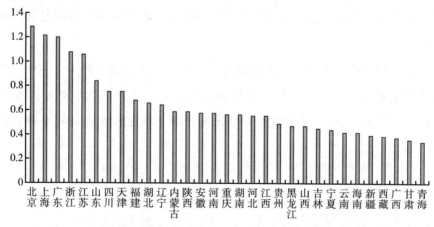

图2　2021年我国不同省（区、市）就业质量指数

资料来源：《中国统计年鉴》《中国劳动统计年鉴》《中国人口和就业统计年鉴》。

2010~2021 年我国不同省（区、市）就业质量变化趋势如图 3 所示，2010~2021 年我国不同省（区、市）就业质量普遍呈上升趋势，其中北京、上海、广东、浙江、江苏等省（区、市）就业质量起点较高且上升幅度较大，尤其是北京与上海的就业质量始终处于全国前列。相对而言，西部地区各省（区、市）的就业质量虽同样呈上升趋势，但幅度较小，就业质量状况改善并不明显，甚至有地区就业质量在近年出现下滑趋势。总之，从全国整体情况来看，我国不同省（区、市）就业质量普遍在 2010~2021 年有了较为明显的提升，但全国就业质量的区域差异仍然较为明显，西部地区各省（区、市）就业质量有待提升。

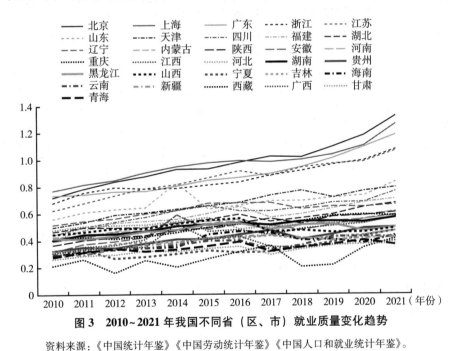

图 3 2010~2021 年我国不同省（区、市）就业质量变化趋势

资料来源：《中国统计年鉴》《中国劳动统计年鉴》《中国人口和就业统计年鉴》。

其次，对西部地区就业质量现状及变化趋势进行分析。2010~2021 年西部地区各省（区、市）就业质量得分如表 1 所示①，从横向就业质量比较来看，

---

① 为保持与前文数字化发展指数的分析一致性，西部地区就业质量分析同样只选择四川、内蒙古、陕西、重庆、贵州、云南与广西 7 个省（区、市）。

2021 年四川、内蒙古与陕西的就业质量得分相对较高，广西、云南、贵州的就业质量得分相对较低；从纵向就业质量变化趋势来看，四川、内蒙古、陕西、重庆与贵州的就业质量得分增长幅度相对较大，其中四川的增长幅度最大，由 2010 年的 0.44 增长到 2021 年的 0.77；云南、广西的就业质量得分相对较小且在过去十年中上升幅度缓慢。可见，西部地区各省（区、市）就业质量仍然存在相当大的差异，要在数字经济背景下促进西部地区就业质量提升，还应当充分考虑不同省（区、市）自身的经济基础与发展条件。

表 1　2010~2021 年西部地区各省（区、市）就业质量得分（组合赋权法）

地区	2010 年	2011 年	2012 年	2013 年	2014 年	2015 年	2016 年	2017 年	2018 年	2019 年	2020 年	2021 年
四　川	0.44	0.50	0.54	0.57	0.62	0.66	0.62	0.62	0.64	0.68	0.68	0.77
内蒙古	0.43	0.43	0.47	0.50	0.54	0.54	0.56	0.51	0.53	0.58	0.58	0.61
陕　西	0.37	0.40	0.42	0.44	0.47	0.49	0.53	0.56	0.52	0.58	0.58	0.61
重　庆	0.40	0.43	0.41	0.43	0.46	0.50	0.52	0.52	0.54	0.58	0.59	0.58
贵　州	0.32	0.35	0.34	0.38	0.41	0.41	0.44	0.47	0.41	0.44	0.49	0.50
云　南	0.30	0.30	0.34	0.34	0.37	0.40	0.40	0.33	0.36	0.43	0.43	0.43
广　西	0.31	0.34	0.35	0.35	0.52	0.41	0.43	0.35	0.35	0.37	0.37	0.39

资料来源：《中国统计年鉴》《中国劳动统计年鉴》《中国人口和就业统计年鉴》。

（三）数字化对西部地区各省（区、市）就业质量的影响效应分析

数字化对就业质量的影响主要体现在如下几个方面。从宏观层面来看，数字技术有利于就业质量提升。例如，张顺[1]发现数字经济发展指数与失业率之间存在显著的负相关关系，且对区域就业质量具有显著正向影响，认为数字技术主要通过创造更多就业机会、提升劳动力市场求职匹配效率促进就业质量提升。赵宸宇[2]认为数字技术对劳动就业的促进作用主要通过市场规模效应、经营范围效应和生产率效应促进劳动力就业，并且数字化转型对于

---

[1]　张顺：《数字经济时代如何实现更充分更高质量就业》，《北京工商大学学报》（社会科学版）2022 年第 6 期。

[2]　赵宸宇：《数字化转型对企业劳动力就业的影响研究》，《科学学研究》2023 年第 2 期。

中西部地区企业特别是高科技企业与技术密集型企业的就业促进效应更为明显。白争辉与原珂①则采用近 20 年的面板数据分析发现，长期来看数字经济发展对就业规模、就业质量具有正向影响，短期来看数字经济、产业结构升级对就业规模具有负向影响，但对就业质量具有正向作用。从微观层面来看，陈卫民和韩培培②认为数字技术对个体主客观就业质量均具有显著影响，但对客观就业质量的影响要大于对主观就业质量的影响，对不同性别、受教育程度与城乡劳动者群体的影响也存在一定异质性。陈瑛等③基于 CFPS 数据实证研究发现，互联网接入对劳动者多重就业具有积极影响，且对低技能与农民工群体的多重就业选择影响更大。张广胜和王若男④认为数字经济发展对农民工就业质量具有积极的促进作用，且对工资收入、社会福利、职业稳定性与工作强度等客观就业质量的影响更为突出。数字技术对就业质量的影响存在区域异质性，数字化对东部地区就业质量的促进效应明显高于中西部地区。例如，戚聿东等⑤基于全国统计数据分析发现，2008~2018 年我国各省（区、市）就业质量呈稳步上升趋势，但中西部地区与东部地区差距明显，数字化技术对就业质量的影响在地域分布上由东向西逐渐减弱，但相对东部地区，数字技术对中西部地区就业质量的影响更显著。赵新宇和朱锐⑥发现，数字经济主要提升了城镇居民与东部地区劳动者非正规就业概率，核心在于数字经济有助于提升劳动者工作自主性和工作收入并降低其工作强度。也有研究基于 2013~2019 年中国省（区、市）数据分析发现，数字经济对我国东部

① 白争辉、原珂：《数字经济发展与产业结构升级的就业效应实证研究》，《兰州学刊》2022 年第 3 期。
② 陈卫民、韩培培：《互联网使用对个人就业质量的影响——基于 CFPS 数据的实证分析》，《西北人口》2023 年第 1 期。
③ 陈瑛、梁雅爽、向晶：《互联网接入与劳动者多重就业——基于 CFPS 数据的实证研究》，《劳动经济研究》2021 年第 6 期。
④ 张广胜、王若男：《数字经济发展何以赋能农民工高质量就业》，《中国农村经济》2023 年第 1 期。
⑤ 戚聿东、刘翠花、丁述磊：《数字经济发展、就业结构优化与就业质量提升》，《经济学动态》2020 年第 11 期。
⑥ 赵新宇、朱锐：《数字经济与非正规就业——基于中国劳动力动态调查的实证研究》，《吉林大学社会科学学报》2022 年第 5 期。

地区就业质量的促进作用更显著，而对中西部地区的影响不显著。①

　　囿于数据的可获得性，本报告主要从宏观视角出发，分析考察地区数字化发展指数对中西部地区各省（区、市）就业质量的影响效应，以对上述理论分析进行回应，并为下文对策分析提供实证依据。具体而言，本报告将在西部地区数字化发展指数与西部地区就业质量指数的基础上，在考虑其他控制变量的条件下，利用省（区、市）固定效应模型考察数字化发展指数对西部地区各省（区、市）就业质量的影响效应（见表2）。模型1为仅加入控制变量的基准模型，分析结果显示，地区人力资本、贸易开放程度等变量对于地区就业质量具有重要作用。模型2~模型4分别在基准模型的基础上加入邮电业务总量、移动电话用户数和快递数量三个衡量数字经济发展水平的关键指标，结果显示除邮电业务总量外，移动电话用户数和快递数量均对地区就业质量指数具有显著影响，这二者均为衡量数字经济发展水平的关键指标，说明在考察数字经济对就业质量的影响时，移动电话用户数和快递数量与区域就业质量之间存在密切关联。模型5则是在基准模型基础上加入数字经济指数复合变量，分析结果同样表明数字经济指数对于西部地区就业质量具有显著影响。以上结果表明，在数字化驱动作用持续提升的背景下，进一步发挥数字经济的重要作用，将是促进提升西部地区就业质量的关键。

表2　西部地区数字经济发展水平对就业质量的影响（固定效应模型）

	模型1	模型2	模型3	模型4	模型5
邮电业务总量		0.008			
移动电话用户数			0.235***		
快递数量				0.162**	
数字经济指数复合变量					0.136*
地区人力资本	0.517***	0.512***	0.401***	0.498***	0.474***
产业结构	0.066	0.062	0.003	0.015	0.019
外商直接投资	-0.077	-0.081	-0.336	-0.362	-0.254

① 司小飞、李麦收：《数字经济、就业结构与就业质量——基于中国省（区、市）数据的实证分析》，《西北人口》2022年第4期。

续表

	模型1	模型2	模型3	模型4	模型5
贸易开放度	0.559 **	0.544 **	0.353 !	0.114	0.252
组间方差	−2.599 ***	−2.603 ***	−3.100 ***	−2.693 ***	−2.708 ***
组内方差	−3.286 ***	−3.286 ***	−3.320 ***	−3.322 ***	−3.307 ***
截距项	0.288 ***	0.290 ***	0.262 ***	0.301 ***	0.299 ***
样本量	96	96	96	96	96
省(区、市)数量	8	8	8	8	8
Log-likelihood	163.7	163.7	170.6	167.7	166.4
BIC	−290.95	−304.74	−298.82	−298.82	−296.29

注：显著性水平 *** $p < 0.001$，** $p < 0.01$，* $p < 0.05$，! $p < 0.10$。

二　西部地区数字化驱动就业质量提升面临的机遇与挑战

(一)数字化技术发展为促进西部地区就业质量提升提供了战略机遇

1. 产业数字化与数字产业化助推西部地区产业结构升级

第一，数字化驱动为西部地区数字产业发展奠定数据设施基础。长久以来，我国数字技术中心布局呈现"东部多、核心城市集中、中西部较少"的格局，而以"东数西算"工程为代表的新的数据中心产业布局有利于打破既往格局，解决这一结构性供需矛盾，优化数据中心建设布局，促进东西部地区协同联动。中国信通院李洁提出，"'东数西算'能在基础设施建设、数字产业化、产业数字化等方面助力西部地区数字经济发展，缩小东西部地区的数字鸿沟和经济差距"[①]。第二，数字化驱动有利于西部地区更好地承接来自东部地区的产业结构转移。促进西部地区产业结构升级，提升承接来自东部地区的产业转移能力，通过创造更多就业岗位扩大就业总量，间接提

[①]　专访中国信通院李洁："东数西算"助推，西部数字产业化发展未来可期。

升西部地区劳动者就业质量。东部地区会将部分过剩产能向中西部地区转移，更加高效地利用中西部地区的资源促进企业发展。更好承接来自东部发达地区的产业转移，更好更快实现西部地区产业结构升级，西部地区甚至可能通过合理布局高精尖产业而实现"弯道超车"。不仅如此，承接来自东部地区产业转移，还能够为中西部地区劳动力就近就业创业提供更多机会，促进其就业质量提升。青年人才回流对于提升县域人力资本水平、催生数字经济新业态具有重要意义，有利于加速县域新兴产业与青年人才的"双向奔赴"。尤其是在具有中国特色的对口支援政策实施条件下，持续推进西部大开发战略、加强"苏陕合作"、援疆等对口支援政策为中西部地区数字经济发展促进就业质量提升提供了有力支持。第三，数字化驱动有助于西部地区企业实现产业结构升级。一方面，数字化驱动能够在整体上促进西部地区产业实现数字化升级；另一方面，在东部地区企业的带动与引领下，西部地区高新技术产业会进入加速发展阶段，带动数字化产业项目更好更快落地。在此过程中，西部地区不仅对数字经济人才的吸引力和吸纳力有所上升，也会创造出更多的配套产业岗位拉动西部地区就业，从而推动实现西部地区就业质量提升。

2. 数字化就业促进西部地区劳动者就业能力提升

数字化技术平台的应用可以通过多种途径促进西部地区劳动者就业能力提升，包括拓宽求职范围、增强就业能力、加强就业培训等。第一，数字化技术平台应用有助于拓宽西部地区劳动者的求职范围、提高求职成功率。传统劳动者求职主要依靠亲友介绍、招工启事等，使得劳动力市场中存在大量就业信息不对称的问题。数字化技术平台的应用有助于破解此类难题，例如，陕西"秦云就业"等线上平台的开通能够促进西部地区劳动力就业能力提升，用人单位、职业介绍所等机构部门通过抖音直播平台也能够大量精准投放岗位需求信息，从而提高劳动者求职成功率。第二，数字经济有助于劳动者积累人力资本，是劳动者提升个人劳动技能的"加油站"。例如，网络配送员的工作能够使劳动者掌握更多柔性技能，包括较好的沟通与情绪管理能力、服务意识、对工作环境的适应能力以及对城市工作的熟悉程度等。第三，劳动者就业信息数字化有利于政府公共部门职业技术培训精准化。通过对劳动者个人信息的数字化，基层促进就业相关公共服务部门、用人单位等可以对劳动者进行就业评估，进而进行劳动技能培训。一方面，可以采用线下集中培训的形式，节省培训成本、提升培训效率；另一方面，还可以通过线上培训方式，更加灵活、高效地增加劳动者相关职业技能。总之，中西部地区劳动力群体应当积极顺应时代发展需求，扎实提升自身数字素养与数字技能，增强自身在当前与未来劳动力市场中的竞争力。

3. 数字化为社会保障制度体系建立健全创造新的条件

数字化背景下，我国社会保障事业发展获得新的机遇，数字化不仅提高了全社会的生产力，为社会保障制度的安全稳定高效运行奠定了坚实的物质基础，而且诸多现代化数字技术的使用也增强了人民把握和预防社会风险的能力与政府提供社会保障制度和服务的能力，使得社会保障制度能够降低运行成本、提高运行效率。第一，数字技术发展为劳动者参与社会保障提出了新需求、创造了新条件。一方面，劳动者的就业风险形态发生了变化，数字经济背景下劳动者尤其是新业态劳动者面临更加频繁的职业流动风险和更加迫切的职业保障需求，需要政府和社会提供能够保证劳动者基本生活的社会保险类型；另一方面，我国政府为劳动者提供社会保障的资源和能力发生了变化，数字技术的广泛应用无疑促进了我国经济社会发展水平的提升，国家与政府也更加有能力为人民群众提供更高质量和更高水平的社会保障项目。第二，数字化平台建设有助于人社、民政等部门及时掌握劳动者新需求，更加高效地配合相关社会保障政策精准执行。数字技术为社会保障部门了解劳动者需求以及进行政策调整、政策落实与政策评估提供了便利化条件，在提升工作效率的同时极大地节省了行政成本，为新时期社会保障促进西部地区劳动者就业质量提升创造了良好条件。

4. 数字化促进西部地区基本公共服务水平提升

党的十九届五中全会提出，"加强数字社会、数字政府建设，提升公共服务、社会治理等数字化智能化水平"。数字化驱动虽然给劳动力市场发展带来了一定挑战，但对于促进提升基本公共服务均等化水平、加强数字化治理服务提供了绝佳机会。第一，数字化技术赋能公共服务，有利于提升西部地区数据资源利用效率。西部地区公共服务数字化水平相对于东部地区较为落后，但东部地区较为先进的数字技术与实践经验为西部地区公共服务数字化发展提供了良好参照与技术支持，能够为西部地区公共服务数字化平台建设与升级改造提供有力支持。第二，数字化平台赋能公共服务，有利于打破时空限制，促进基本公共服务的跨区域、跨城乡合作与共享，提升劳动者对公共服务的利用效率和满意度。数字化公共服务平台应用不仅能够帮助劳动者减轻线下不必要的交通负担，而且能够实现业务跨区域、跨城乡的一网通办，在提升公共服务部门工作效率的同时还能够方便群众、提升劳动者满意度。第三，数字化驱动有利于促进西部地区公共服务提供形式的标准化、规范化与智能化。数字化公共服务平台的建设与应用有利于不同地方政府、部门之间有效实现工作内容的标准化与规范化，尤其是在涉及多部门协同合作的程序时，能够通过线上的申请、办理、沟通等程序，节约行政成本，同时省去在不同部门之间业务办理的烦冗复杂。不仅如此，更加充分的数据与技术服务还能够促进区域公共服务的智能化，为促进西部地区劳动者就业质量提升保驾护航。

（二）数字化驱动背景下西部地区就业质量提升面临一定的挑战

1. 西部地区数字化发展基础有待强化

西部地区由于历史、区位等因素发展滞后，经济发展呈现规模小、城市竞争力不强、产业结构单一、劳动力人才流失严重、贫困人口多等特征，与中东部地区发展差距呈不断扩大趋势。现阶段，我国已由高速增长阶段转向高质量发展阶段，处于转变经济发展方式、优化经济产业结构、转换经济增长动能的关键时期，构建现代化产业结构体系已成为西部地区发展的重要战略目标。从整体来看，2021年我国产业数字化规模已达37.2万亿元，占GDP的比重为32.5%，产业数字化稳增长效应持续凸显。[①] 然而，相较于西方发达国家，我国产业数字化发展不仅在规模上存在较大差距，而且在结构

---

① 李江涛：《产业数字化的非均衡发展态势及其改善》，《学术前沿》2022年第9期。

上也略显不足，全国产业数字化发展呈现非均衡性特征，主要表现为我国东部地区上海、福建、广东等省（区、市）产业数字化程度稳居前列，而西部地区广西、甘肃、宁夏等省（区、市）产业数字化程度相对较低，东西部地区差距非常明显，产业数字化水平的差距使得西部地区与中东部地区之间的差距持续扩大。从西部地区产业数字化发展内部差异来看，由于西部地区拥有大量传统产业，数字技术通用性和数字基础设施覆盖率差异较大。相关数据显示，东部地区的产业数字化增长率为84.64%，中部地区为79.89%，而西部地区仅为68.88%。不同地区间的电商水平同样呈现非均衡性特征，西部地区在发展规模、发展速度上均大幅落后于东部地区。

2. 西部地区劳动者数字素养有待提升

西部地区劳动者数字素养整体上低于中东部地区，难以适应新兴产业需求；老龄化加剧，大量年轻劳动力流向东部发达地区。基于本报告表2的分析结果，地区人力资本对区域劳动者就业质量具有显著影响。数字经济转型时期劳动力市场竞争加剧，对劳动者就业稳定性、就业能力提出了新的挑战。其一，西部地区数字基础设施覆盖率相对较低，劳动者在数字技术接入方面存在信息化能力差距。云计算平台、区块链等数字基础设施作为国家信息基础设施的重要组成部分，其建立健全对于促进劳动者数字素养提升至关重要，然而从当前西部地区发展实践来看，西部地区与中东部地区仍然存在较大差距。其二，劳动者数字技能培训与数字经济发展需求不匹配，使得数字化劳动力资源存在结构性供需矛盾。数字经济背景下，西部地区对于具备良好数字素养的人才及普通劳动者的需求量上升，而现有劳动力所掌握的数字技能显然难以满足未来数字经济发展的需求。线上线下相结合的数字技能培训将是促进西部地区劳动者数字技能提升的重要方式，当前西部地区数字技能培训体系仍不健全，与数字经济发展需求不相符，数字技能人才缺口较大。总之，从西部地区劳动者数字经济发展实践来看，劳动者多集中于"轮子经济"，即"两轮"送外卖，"三轮"送快递，"四轮"开"滴滴"，普遍为数字经济背景下的劳动密集型产业，并未向工业互联网平台下的数字经济发展模式转型。平台经济的"内卷"效应已经凸显，劳动者被迫通过

延长工作时间来保证基本收入，就业质量难以提升。

3.西部地区社会保障体系难以满足劳动者新发展需求

数字经济背景下，现行社会保障体系与劳动者生活需求之间显现诸多不匹配之处，难以满足人民群众对美好生活的需求，主要体现为很多劳动者虽然在城市工作，但难以进入职工社会保险体系。例如，大量新业态从业人员首先受社会保障制度条件的限制，只能以灵活就业者身份参与水平较低的社会保险类型，或者参与城乡居民保险，而难以进入职工社会保险体系，影响相关从业人员与相关产业的持续健康发展。新时期，劳动者对于社会保险的认知与需求发生了根本变化，因此亟须从制度改革层面回应人民群众的现实需求。其一，劳动者对于社会保险的理解发生了根本变化，认为保障水平较高的职工社会保险不应仅属于具有清晰稳定劳动关系的劳动者，如国有企事业单位人员，而是应当属于全体劳动形态的劳动者，即从社会保险参与机会视角来看，所有劳动者应当享有公平、均等的参与机会；其二，劳动力市场对于劳动者权益保障的要求不断提升，农民工作为传统意义上的灵活就业人员，所能够享受的社会保险待遇水平相对有限，数字经济背景下，更多高素质劳动者转变为灵活就业者，使得该群体对于更高水平的社会保障需求与日俱增，但现行职工社会保险制度尚难以为其提供基本保障。因此，数字化对我国社会保障体系带来不小挑战，尤其是新业态灵活就业群体数量激增对西部地区社会保障高质量发展形成巨大压力。要解决数字化驱动下劳动者权益保障问题，需要建立和完善与新业态相适应的劳动法律法规，建立符合新业态特点的社会保险制度体系。

4.西部地区数字化基本公共服务质量与均等化水平有待提升

西部地区数字基础设施和公共服务体系的建立健全与有效供给，能够为西部地区产业可持续发展和运行提供物质支持和政策保障，进一步促进西部地区劳动者就业质量提升。当前，我国西部地区产业结构升级的制度基础与政策保障还不够完善，缺乏必要的数字化公共服务体系，在一定程度上限制了数字化资源作用的发挥。公共服务观念亟待提升，公共服务部门在服务提供过程中比较被动。区域基本公共服务均等化水平的提升既是实现共同富裕的内在要求，同时也是提升劳动者就业质量的重要保障。① 第一，西部地区基本公共服务提供与数字经济持续发展扩张之间存在不平衡。数字经济发展必然引发基层要素和秩序变迁导致的治理问题，主要表现为市场对于基层公共服务需求内容、需求模式的变化。例如，传统农业经济发展过程中，政府主要面向农村居民提供有关土地、农业生产、人口流动等方面的公共服务，而随着农村电商的发展，如何为区域内数字经济发展提供充分保障与便利则成为新时期政府提供基本公共服务时所需考虑的重点问题，可将其概括为传统的治理思维与数字经济持续扩张的发展需求之间的不平衡。第二，西部地区数字技术人才短缺，特别是熟悉公共服务的数字技术人才相对较少。传统基层治理更侧重于提供线下场域的基本公共服务，与数字经济背景下基本公共服务的提供模式存在差异，因此，为西部地区培养更多熟悉线上公共服务的数字技术人才显得尤为关键。第三，西部地区物流成本高企在一定程度上制约数字经济发展，影响劳动者就业质量提升。西部地区地域广袤，在为数字经济发展提供广阔空间的同时，通过健全的基本公共服务体系降低企业物流成本，将是吸引更多企业扎根西部地区发展数字经济的关键。

三 西部地区数字化驱动就业质量提升的推进路径

（一）积极利用数字技术促进西部地区产业结构优化升级

数字经济发展可以为西部地区产业结构升级转型提供重要的技术支持，更好地改造传统产业内部结构。第一，加强西部地区产业数字化、数字产业化基础设施建设。产业数字化转型需要良好的数字基础设施投资作支撑，市场准入门槛相对较高，需要以政府兜底的方式提前做好规划，为产业数字化

---

① 祝毅：《区域基本公共服务均等化与共同富裕：中国现状与实现路径》，《西北大学学报》（哲学社会科学版）2023 年第 2 期。

发展奠定良好基础。数字产业化则主要以高精尖科技产业创新、先进科技成果转化为前提条件，因此西部地区应当更加重视在互联网、金融和电信等行业的高新技术产业布局。第二，积极承接来自东部地区的产业转移，升级、优化本地产业结构。积极利用当前国家针对西部地区的优惠政策，承接东部地区产业转移、吸纳东部地区先进经验，促进西部地区产业结构升级。西部地区应当在新一轮西部大开发战略、"东数西算"工程、"一带一路"倡议等的有利支持下，积极推进西部地区产业数字化、数字产业化改造，一方面积极承接来自东部地区的产业转移，优化升级本地产业结构；另一方面积极统筹本地数字经济发展资源，因地制宜发展相关高新技术产业，为加快促进西部地区经济发展创造条件，提升西部地区劳动者就业质量。第三，积极汲取东部地区数字经济发展经验，结合西部地区实际，推动西部地区数字化产业发展。用好国家对口援助政策，例如援疆、援藏、苏陕合作等将东部地区先进发展经验与西部地区发展实际相结合，通过人才、技术、资源等要素的交流、沟通与支援，切实提高西部地区产业数字化水平，在发展过程中扩大西部地区就业规模、提升西部地区劳动者就业质量。任保平提出，西部地区发展的重心应当向创新型经济发展转变，大力发展数字经济、智能制造、网络经济等新业态经济，培育西部地区经济发展新动能。

（二）促进西部地区劳动者数字素养提升，增强西部地区劳动者就业能力

数字经济的发展建立在数字技术进步的基础上，而数字技术进步的根本支撑在于数字化人才数量的增加与质量的提升。加强西部地区劳动者数字素养与技能教育是提升西部地区劳动者就业质量的必由之路，为此，应当在遵循客观数字化发展规律的前提下，针对不同地域群体、不同年龄阶段群体开展顶层设计，有针对性地提升西部地区劳动者数字工作能力。其一，通过在线下职业技能培训中增加数字技能培训模块提升西部地区劳动力数字素养与技能。线下劳动者职业技能培训体系对于促进不同地区劳动者就业能力提升具有基础性作用，在既有职业技能培训体系中增加更多数字技能培训模块，

有利于从整体上促进劳动者数字技能提升。不仅如此，在既有职业技能培训体系中，加大对于劳动者数字素养与技能培训的政策支持与资金保障，引导更多职业技术培训学校面向企业实际生产需求开展订单化培训，确保劳动者在满足企业生产需求的前提下，能够以较低的时间与金钱成本获得较高质量的数字技能与服务培训。其二，通过在线上开发更多公益性、共享性、共建性数字化技能提升课程、项目等，在西部地区推动实施"互联网+数字技能培训"模式，围绕西部地区数字化企业生产需求，加大数字技能培训内容生产与开发力度，规范数字技能培训标准与方案设计，将能够对促进西部地区劳动者数字技能提升起到良好推动作用。其三，加强顶层设计，完善数字化人才、劳动者技能培训、认定体系，为西部地区数字经济发展提供更多更高质量的劳动力支持。针对社会需求较强的数字技能，需有序引导教育部门、企业和公共服务部门联合制定相关培养方案，规范培训过程，为培训合格的劳动者颁发职业技能认定证书。加强高校、职业技能培训学校等的师资力量、课程设计等方面的培训。支持社会组织发展打造一批社会化培训基地。为在职企业员工能力建设提升构建相关培训体系，以行业与职业技能需求为导向开展数字技能培训服务。

（三）以数字技术健全西部地区社会保障制度体系

数字技术的发展不仅为西部地区市场的发展提供了难得机遇，同时也为西部地区社会保障制度体系改革提供了良好契机。西部地区可以在充分汲取东部发达地区改革经验的基础上，未雨绸缪，在社会民生制度体系改革层面先行一步，改进现有社会保障制度体系设计，使之能够更加适应数字时代的需求，为西部地区劳动者就业质量提升提供保障。其一，从机会平等视角出发改革现行社会保障制度，在现行社会保障制度条件约束下，尽可能为所有人群提供更高水平社会保障待遇。其二，立足全国人社、民政系统数字化信息平台，完善西部地区劳动者参保信息，为新业态从业者参与社会保险提供信息技术支撑。其三，优化社会保险筹资机制，通过现代信息技术了解不同参保者的收入情况和用人单位经营状况，及时调整社

会保险缴费基数，减轻企业缴费负担，均衡用人单位、政府财政和个人缴费三者的筹资责任。

（四）基于数字技术赋能夯实西部地区基本公共服务基础

数字化驱动背景下，加快西部地区产业结构升级需要更加完善的制度基础与政策保障，数字化基本公共服务体系的缺乏在一定程度上限制了西部地区数字化价值的发挥与数字化资源的整合，不利于促进西部地区劳动者就业质量提升。本报告结合现有西部地区数字化发展实践提出以下建议，其一，西部地区公共服务部门应当转变理念，主动适应数字经济发展需求，面对西部地区数字经济发展过程中可能出现的新问题、新需求，参照东部发达地区发展经验与自身实际，重新规划与界定治理主体，理顺权责关系，尽可能持续调动与整合西部地区数字经济发展所需资源，构建数字化、平台化、规范化的数字化基本公共服务体系。其二，加强西部地区数字化公共服务人才培训与供给。加强相关数字技术人才培养、引进工作，为西部地区数字化驱动公共服务水平提升储备人才力量。通过集中培训、数字化宣传等方式提升西部地区劳动者数字技术应用能力，实现数字化公共服务供需双方有效衔接，促进西部地区劳动者就业质量提升。其三，通过大数据平台建设和物流园区建设降低西部地区物流成本，提升西部地区基本公共服务质量，以此吸引更多企业扎根西部、创造更多就业岗位，间接促进西部地区劳动者就业质量提升。

附表

2010~2021年西部地区部分省（区、市）数字化发展指数

省（区、市）	2010年	2011年	2012年	2013年	2014年	2015年	2016年	2017年	2018年	2019年	2020年	2021年
内蒙古	0.03	0.04	0.04	0.05	0.06	0.06	0.06	0.08	0.12	0.14	0.17	0.11
广　西	0.06	0.05	0.06	0.07	0.09	0.10	0.12	0.16	0.25	0.32	0.41	0.33
重　庆	0.03	0.04	0.05	0.06	0.08	0.10	0.13	0.14	0.20	0.26	0.32	0.41

续表

省 (区、市)	2010 年	2011 年	2012 年	2013 年	2014 年	2015 年	2016 年	2017 年	2018 年	2019 年	2020 年	2021 年
四 川	0.07	0.11	0.13	0.17	0.22	0.25	0.35	0.41	0.57	0.71	0.86	0.79
贵 州	0.05	0.04	0.05	0.05	0.07	0.08	0.10	0.12	0.18	0.24	0.29	0.17
云 南	0.06	0.05	0.06	0.08	0.09	0.10	0.11	0.15	0.22	0.30	0.39	0.28
陕 西	0.07	0.06	0.07	0.08	0.10	0.12	0.17	0.19	0.27	0.34	0.40	0.47
青 海	0.00	0.00	0.00	0.00	0.00	0.00	0.00	0.01	0.02	0.02	0.03	0.01

注：甘肃、西藏、宁夏和新疆囿于省（区、市）级统计年鉴数据中邮电业务总量、移动电话用户数和快递数量3个基础变量的可获得性问题，未计算其数字化发展指数。

B.9
数字化驱动西部地区法治建设

王思锋*

摘　要： 西部地区高质量发展必须以法治建设为保障，推动数字化和法治化深度融合，在西部地区打造法治建设新高地。但西部地区在立法、执法、司法、守法环节依然存在数字领域立法相对欠缺、基础设施建设相对滞后、数字化人才短缺、数据安全面临挑战等问题。当下，应加强西部地区法治数字化顶层设计，优化西部地区司法数字化技术支撑，集中重点回应数字安全与监管挑战，以数字化驱动西部地区法治建设，实现西部地区高质量发展。

关键词： 法治建设　数字化　法治政府　数字政府

　　我国西部地区地域广阔，包括陕西、重庆、四川、贵州、云南、广西、甘肃、青海、宁夏、西藏、新疆、内蒙古12个省（区、市），但地处偏远，经济落后于东部地区，而不断完善西部地区法治建设，是新时代实现西部地区高质量发展的应有之义。法治是人类文明进步的重要标志，是治国理政的基本方式，由科学立法、严格执法、公正司法、全民守法组成。而法治只有不断适应新的形势，才能具有持久的生命力。如今，"数字技术正以新理念、新业态、新模式全面融入人类经济、政治、文化、社会、生态文明建设各领域和全过程"，[①] 随着数字技术的发展与应用，法治建设也要不断与数字时代相适应，而要实现数字化赋能法治建设即需要在立法、执法、司法、

---

* 王思锋，西北大学中国西部经济发展研究院研究员，西北大学法学院院长、教授。
① 习近平在2021年世界互联网大会乌镇峰会上的致贺信。

守法各个法治环节实现数字化，[①] 推进法治国家、法治政府、法治社会全面建成中的数据化、网络化、智能化，促进法治与大数据、人工智能、物联网、云计算、区块链等现代信息技术的深度融合。

一　数字化在法治建设中的价值功能

我国法治建设已进入数字化建设的新阶段，数字化能够为法治建设提供有力的数据保障与技术支撑，实现立法、执法、司法、守法各个环节的数字化，并把法治的价值追求贯穿于各个环节，增强法治国家、法治政府、法治社会建设的整体性、系统性与协同性。

（一）数字化有助于改进立法工作，提高立法质量与效率

首先，数字技术的更新不断催生出数字经济、互联网金融、人工智能、大数据等重点领域、新兴领域的立法，从而完善中国特色社会主义法律体系。其次，数字化有助于拓展社会各方有序参与立法的途径和方式，扩大公众参与的覆盖面和提高其代表性，实现民主立法。最后，充分利用大数据分析，为立法中的重大事项提供统计分析和决策依据，形成更为科学的规律性认识，改进立法工作，实现科学立法。

（二）数字化有助于变革执法方式，提升执法效能

首先，数据上网、数据整合、数字服务推动公共服务信息化，加强政府与群众之间的双向信息交流与互动，打破既有的信息壁垒、信息孤岛。其次，数字化手段推进"互联网+政务服务"网上平台建设，推动行政复议的信息化，推进行政执法与刑事司法等其他环节衔接的信息平台建设与应用。最后，大数据提取、人工智能辅助、全链条监管等创新机制，确保执法行为更加精准，执法水平智能化，执法效果更具实效。

---

① 陈永强：《深刻理解数字法治的概念意涵》，《中国社会科学报》2022年10月18日。

（三）数字化有助于优化司法服务，提升司法公信力

首先，数字化手段为推进跨域立案诉讼服务改革、涉外法治工作开展、法律援助工作等提供技术支撑，促进诉讼和庭审更加便捷高效；数字技术推动智慧法院、智慧检察、智慧执法、数字政府、智慧监狱等场景的应用，为司法提供服务和保障，提升司法效率并加强司法治理能力；大数据技术运用于海量法律数据计算，推动互联网法院的建设，推动建设智慧精准、开放互动、交融共享的现代化诉讼服务体系。其次，数字监督能够突破时间、空间、人力等因素的制约，对司法活动进行有效监督，推动法治工作队伍的建设。最后，大数据技术的应用能够实现类案推送，保障同案同判的公平性；数字平台可以充分发挥司法裁判的教育、评价、指引、示范等功能，有效增进社会公义。

（四）数字化有助于增强法治观念，提高守法意识

守法意识是源于内心的具有普遍性的法治信仰，是外化于行的法治自觉。触手可及的数字法治产品能够将法律以多样化的数字方式送到民众身边，运用新兴社交媒体对热点问题及时解疑释惑，潜移默化地引导人民群众自觉把是否合法作为评判行为的最低标准，打造尊法、学法、守法、用法、护法的强大文化磁场，形成坚实的法治向心力、引领力和推动力，使法治成为每个人的潜在意识和行为习惯，创新普法工作，增强全民法治观念，实现数字赋能法治建设的最终目标。

二 数字化驱动西部地区法治建设的现状

（一）宏观层面

2021 年 1 月 10 日，中共中央印发《法治中国建设规划（2020—2025年）》，首次以五年规划的形式对新时代如何推进全面依法治国做出系统性、阶段性部署，并提出"充分运用大数据、云计算、人工智能等现代科技手段，全面建设'智慧法治'，推进法治中国建设的数据化、网络化、智

能化"。2021 年 3 月,《中华人民共和国国民经济和社会发展第十四个五年规划和 2035 年远景目标纲要》明确指出要加快建设数字经济、数字社会、数字政府,以数字化转型整体驱动生产方式、生活方式和治理方式变革。2021 年 12 月,中央网络安全和信息化委员会印发《"十四五"国家信息化规划》,提出要建立健全规范有序的数字化发展治理体系,意在推动营造开放、健康、安全的数字生态,加快数字中国建设进程。2022 年 6 月,国务院在《关于加强数字政府建设的指导意见》中提出要在新发展阶段加快实施数字中国建设战略,深入推进数字政府建设,不断坚持统筹推进数字政府和法治政府建设。可见,近年来现代信息科学技术与法治建设之间的融合推动国家治理进入数字化时代,推进国家治理能力和治理体系现代化,开拓出了一条数字赋能的法治路径。①

在此背景下,除西藏、新疆、青海外,西部地区其他省(区、市)依据自身实际发展情况陆续出台了有关法治建设的实施规划(见表 1)。各省(区、市)在实施规划中均提出数字化驱动法治中国建设是新时代推进全面依法治国的新思路和新方法,在推动国家治理体系和治理能力现代化、提升法治中国整体质效、加快推进法治政府建设、改革司法体制、全面建设法治社会等方面具有重要作用。

表 1 西部地区部分省(区、市)法治建设实施规划中数字化内容对比

省(区、市)	互联网+诉讼模式	法治信息平台	法律法规数据库/信息平台	智慧公共法律服务平台	数字化治理等领域立法	数字政府	新型行政监管方式	智慧执法	智慧普法	信用信息平台	智慧法治	智慧立法	其他
四 川	有	有	有	有	有	有	有	有	有	有	无	有	政法大数据平台

---

① 马金星:《以"智慧法治"开启法治中国建设的数字化时代》,《中国发展观察》2021 年第 8 期。

续表

省（区、市）	互联网+诉讼模式	法治信息平台	法律法规数据库/信息平台	智慧公共法律服务平台	数字化治理等领域立法	数字政府	新型行政监管方式	智慧执法	智慧普法	信用信息平台	智慧法治	智慧立法	其他
云南	有	有	无	有	有	无	有	无	有	有	无	有	互联网+民族团结行动
贵州	有	有	无	有	有	有	有	有	无	有	有	无	无
重庆	有	有	无	有	有	有	有	有	无	有	有	无	无
陕西	无	有	有	有	有	无	有	有	有	有	无	无	无
甘肃	有	无	无	有	无	无	有	有	无	有	无	无	全媒体法治传播体系
宁夏	有	有	有	有	有	无	有	无	无	有	无	无	智慧监狱
内蒙古	有	有	有	有	有	无	有	无	无	有	无	无	互联网+监管系统
广西	有	有	无	有	有	无	有	有	无	有	有	无	无

　　与此同时，以数字政府建设助力提升法治建设现代化水平，成了地方政府的共同选择，也是数字化驱动法治建设的重中之重。目前，西部地区大部分省（区、市）出台了与法治政府建设及数字政府建设相关的"十四五"规划。

　　重庆、贵州、云南、甘肃、青海、广西、西藏、宁夏和新疆的专项规划中均提出持续深化"放管服"改革，全方位提升"放管服"水平。严格执行行政许可事项清单管理制度，完善信用信息共享平台，推动投资项目和工程建设项目全链条优化审批、全流程监管营造诚实守信、公平竞争的市场环境。完善服务事项办事指南和办理流程，推动公安、税务、社保等部门互联网端信息系统与信息平台深度融合，持续升级一体化政务服务平台、移动端功能和"一部手机办事通"，深化拓展"一网通办""跨省通办"，建好用好政府网站，更好利企便民，让市场主体和广大群众享受实实在在的数字红利，努力实现审批事项最少、审批时间最短、审批效率最高、审批服务最好，提升移动便民服务能力，推动更多实现掌上办。

云南、西藏和广西在此基础上依据本省（区、市）发展现状进一步提出全面实施"证照分离"改革，扩大"证照分离"改革和个体工商户"智能审批"改革覆盖面，推进招标投标全流程电子化、企业注销便利化，持续开展隐性壁垒排查。除此之外，四川、贵州、陕西、内蒙古和新疆实施规划中均着重强调了利用新一代信息技术，完善数字基础支撑体系，健全政务数据共享协调机制，创新政务数据应用场景，加速数据的融合、共享和利用，体系化构建"上联国家、纵向到底、横向到边、整体智治"的数字政府运行体系，实现政府治理全领域、全业务、全流程决策科学化、社会治理精准化、公共服务高效化取得重要进展，基本实现政令一键到达、执行一贯到底、服务一网通办、监督一屏掌控，从而推动政府治理体系和治理能力现代化。

（二）微观层面

1.立法现状

为促进数字化在经济发展、民生改善、社会治理的运用以及加快数字地方化建设，采取加强数据资源管理、规范数据处理活动的措施是必不可少的，且法律是治国之重器，良法是善治之前提，要坚持立法先行，以良法促进实践发展，对数字化进行相应的立法活动也是我国建设数据信息社会所要重点关注的对象。因此西部地区各省（区、市）及时跟进数字领域的立法，出台了一系列地方性法规、规章和行政规范性文件（见表2）。

表2　西部地区各省（区、市）数字领域立法情况

省（区、市）	已出台的法规、规章和行政规范性文件	制定中的法规、规章和行政规范性文件
四　川	《四川省数据条例》 《四川省省级政务信息化项目管理办法》 《四川省科学数据管理实施细则》 《成都市公共数据管理应用规定》	

续表

省(区、市)	已出台的法规、规章和行政规范性文件	制定中的法规、规章和行政规范性文件
云南	《云南省科学数据管理实施细则》 《昆明市政务信息资源共享管理办法》	
贵州	《贵州省大数据发展应用促进条例》 《贵州省政府数据共享开放条例》 《贵州省大数据安全保障条例》 《贵州省政务数据资源管理办法》 《贵阳市政府数据共享开放条例》 《贵阳市政府数据资源管理办法》 《贵阳市大数据安全管理条例》 《贵阳市健康医疗大数据应用发展条例》 《贵州省数据流通交易管理办法(试行)》 《关于实施大数据战略行动建设国家大数据综合试验区的意见》	《贵州省数据流通交易促进条例》 《关于贵州省科学数据管理实施细则(试行)》
西藏	《拉萨市政务数据资源共享管理暂行办法》	
新疆	《新疆维吾尔自治区公共数据管理办法(试行)》 《新疆维吾尔自治区信息化促进条例》	《新疆维吾尔自治区数字经济促进条例》
重庆	《重庆市数据条例》 《重庆市公共数据开放管理暂行办法》 《重庆市数据领域行政执法暂行规定》 《重庆市政务数据资源管理暂行办法》 《重庆市公共数据分类分级指南(试行)》 《关于加快线上业态线上服务线上管理发展的意见》 《关于促进平台经济规范健康发展的意见》	《〈重庆市数据条例〉释义》
陕西	《陕西省大数据条例》 《陕西省科学数据管理实施细则》 《陕西省教育数据管理办法》	《陕西省实施〈中华人民共和国数据安全法〉办法》
甘肃	《甘肃省科学数据管理实施细则》	
青海	《大数据中心评估考核办法》	《大数据中心评估考核办法》
宁夏	《宁夏回族自治区科学数据管理实施细则》 《关于促进大数据产业发展应用的实施意见》 《关于支持中卫大数据产业中心市高质量发展的实施方案》	《宁夏回族自治区大数据产业发展条例》
内蒙古	《内蒙古自治区科学数据管理办法》 《内蒙古自治区数字经济促进条例(草案)》	
广西	《广西壮族自治区大数据发展条例》 《广西科学数据管理实施办法》 《广西壮族自治区大数据发展应用促进条例(草案)》	

总体来看，我国西部地区各省（区、市）在数字领域的立法呈现以下特征。

第一，立法程度与数字经济发展水平基本呈正相关。一个地区的立法活动与该地区的经济发展互相影响、彼此促进，就西部地区不同省（区、市）之间的数字化立法进程而言，不同省（区、市）因其经济发展速度不同而存在差异。在西部地区的 12 个省级行政区中，四川、贵州、重庆、陕西在数字领域的立法进度较快，均已出台与数字、数据相关的法律法规。例如，2016 年贵州出台了中国首部大数据地方法规《贵州省大数据发展应用促进条例》，开创了全国大数据地方立法先河。2023 年 1 月 1 日，四川数据领域的第一部基础性法规《四川省数据条例》正式实施，赋能四川数字经济和社会的发展，有助于加快建设数字四川。陕西也于 2023 年 1 月 1 日正式实施《陕西省大数据条例》，旨在促进大数据在陕西省经济发展、民生改善、社会治理中的应用，加快数字陕西建设。而以青海、西藏等为代表的经济相对落后的省级行政区，在数字立法领域存在较多空白，目前正在逐步推进"数字法治"的实施。

第二，在国家政策的基础上探索制度创新。随着数字经济的不断发展，数字化已经成为推动我国经济社会发展的重要引擎，从信息化、政务数据到大数据、数字经济，地方数字领域的立法始终以贯彻落实国家政策为导向。党的十八大以来，党中央高度重视数字经济发展。2021 年，习近平总书记在中央政治局第三十四次集体学习时再次强调"要充分发挥海量数据和丰富应用场景优势，促进数字技术与实体经济深度融合，不断做强做优我国数字经济"，为我国新发展阶段数字经济高质量发展提供了根本遵循。2022 年，国家发改委正式印发《"十四五"数字经济发展规划》，从顶层设计上明确了我国数字经济发展的总体思路、发展目标、重点任务和重大举措，是"十四五"时期推动我国数字经济高质量发展的行动纲领。为响应国家政策的号召，西部地区各省（区、市）根据国家出台的各项政策文件，也相继着手制定各省（区、市）数字经济发展规划与政策制度，综合体现国家上述政策内容的要求。同时，部分地方立法结合实际，积极探索制度创新。例如，贵州在全国率先成立大数据发展领导小组，并率先确立实施省级大数据战略行动，制定《关于实施大数据战略行动建设国家大数据综合试验区的意见》等一系列重要政策，从体制机制层面为发展谋篇布局。重庆则为深入落实中央和市委市政府"健全数字规则""健全数字经济地方法规"等要求，在西部地区率先出台《关于加快线上业态线上服务线上管理发展的意见》《关于促进平台经济规范健康发展的意见》，促进平台经济、线上经济规范健康发展。

第三，立法内容呈现综合性和重点领域并行的趋势。我国地方数字领域立法的第一个热潮出现在信息化建设方面，涉及的具体内容包括信息化建设规划、信息产业、工程、资源、技术以及信息安全等综合性内容。随后，地方数字领域的立法着重点放在了政务数据和大数据两个领域，这两个领域立法高潮分别始于 2015 年和 2018 年，现在西部地区大多数省（区、市）发布了政务信息、政务数据、政府数据、公共信息、公共数据相关领域的立法。随着国家层面数字领域法律制度的不断完善，综合性地方数据立法不断涌现。目前，西部地区关于数字领域立法有三种典型的立法模式：一是以内蒙古为代表的"数字经济促进条例"，其以促进数字经济发展为核心，以基础设施、数据资源、产业化和数字化发展为主要内容；二是以陕西、四川和重庆为代表的"数据条例"，其以保护数据权益、规范数据处理活动为目的，以个人数据、公共数据、数据要素市场、数据安全为主要内容；三是以新疆为代表的信息化条例，主要是为促进信息化发展、提高数字化水平进行的制度建立。综合性与重点领域立法并行是我国地方数字领域立法的最新趋势。

第四，数字领域的立法更体现科学立法与民主立法。数字领域相较于其他领域更具专业性且与公众的生活息息相关，其立法活动从开始的规划到最后的颁布实施基本上要经过前期实地调研、中期立法论证、后期意见征求等步骤，因此数字领域在立法阶段就要更加注重科学性与民主性。例如，陕西在制定《陕西省大数据条例》时就召开立法座谈会，与各界共同探讨，并且陕西省司法厅为了进一步增强立法公开性与透明性，广泛听取社会各方面的意见，提高立法质量，将《陕西省大数据发展应用条例（征求意见稿）》

全文公布，向社会各界征求意见。内蒙古互联网信息办公室组织召开《内蒙古自治区数字经济促进条例》立法起草论证会，自治区各机关单位、各个企业以及 5 位区内专家学者参加论证会，共同研究论证，提出意见建议。重庆举行《重庆市数据条例》深入实施新闻发布会，及时对群众所关心的问题进行解答，并起草《〈重庆市数据条例〉释义》。这些措施均提高了立法的科学性与民主性，为推动构建完善的数字化法律体系提供了有力的制度保障。

2. 执法现状

数字化时代逐渐影响了社会的方方面面，执法活动也正经历着相应的变革。数字技术的应用日益广泛，导致我国的执法方式正在经历前所未有的数字化变革，执法的过程、方式以及效果都深受影响。[1] 西部地区作为相对欠发达地区，近年来，执法数字化程度正在稳步提高，西部地区数字化发展进程目前主要呈现以下特性。

（1）寻求区域信息合作，争建资源共享机制。

共享机制有利于西部地区各省（区、市）发挥互补优势，加强信息共享，深化交流协作，推进更大范围、更深层次联动执法，是数字化驱动西部地区法治建设在执法层面的重要体现，而西部地区在执法角度的信息合作与资源共享主要集中在刑事司法与行政执法两方面。在刑事司法方面，以四川和重庆为例，两省（区、市）均积极寻求合作，利用大数据联动办案，尤其在环境公益诉讼中，各协作检察院强化"上游意识"，建立信息资源共享机制，统一临界地区环保司法标准，加强公益诉讼线索移送和取证协作，并每年确定一个监督专题开展联合专项监督行动，解决嘉陵江流域水污染治理监督各管一段、力量分散、标准不一等问题。在行政执法方面，2023 年 7 月，丝路沿线西北省区市场监管执法协作签约仪式在陕西西安举行，这标志着丝路沿线西北省区跨区域协同联动执法工作迈上新台阶、开启新征程。

---

① 禹明：《基层行政执法的数字化路径分析》，《法治论坛》2022 年第 2 期。

（2）改进行政执法方式，探索智慧执法监管。

智能科技力量大大减少人工负累，进而提升执法效能。贵阳作为国家首个大数据综合试验区核心区，智慧执法监管成果显著，例如，近年来加快推进市场监管信息化系统融合使用，依托"数智市监"平台，整合"贵阳贵安加油站公正计量监管""气瓶追溯"等16个自建业务系统，通过固化行政权力事项运行流程，推动行政审批、监管事项、行政执法等全流程数字化运行、管理和监督，进一步推动监管数据和行政执法信息归集共享和有效利用，促进行政权力规范透明运行。云南则通过打造综合交通运输"数据大脑"以提升执法效能，建设省级综合交通运输信息平台，有效支撑道路运输、综合执法、水上交通、安全应急等领域业务开展，提升行业决策、运行监管和调度指挥的数字化和智能化水平。

（3）持续优化一体化平台，全面提升综合服务能力。

西部地区12个省（区、市）几乎都已建立起面向市民的综合服务一体化平台，其中成绩较为显著的有重庆"渝快办"网上办事大厅与陕西"秦务员"政务服务网。"渝快办"对标国家标准制定服务功能，优化提升服务功能，打造一站式个人服务中心，受到国务院通报表扬，连续多年入选重庆"我最喜欢的十项改革"。"秦务员"政务服务网近年来表现突出，其将多个行业应用自动衔接，同时融入人脸识别、大数据、智能客服、语音导航等金融科技，做到"一次认证、一个界面、一次办成"，并提供政务大数据、可视化看板，聚焦社情民意，助力政府精准治理。

（4）加强执法信息管理，优化执法资源配置。

社会法治发展要求行政执法机关加强执法信息管理，实现行政执法全程留痕，法制审核流程规范有序。例如，广西壮族自治区市场监督管理局利用信息系统前期建设成果，在市场监管执法领域深入应用人工智能、大数据等前沿技术，形成互联互通、统一高效的云平台，并在移动执法装备上搭载使用，实现市场监管执法事项大融合，有效优化执法资源配置。内蒙古巴彦淖尔市司法局则以"数字法治"建设为引擎，打造具有巴彦淖尔特色的"法治巴彦淖尔"智能化一体平台，平台集成两法衔接、社区矫正、科学立法、考评管理、行政执法监督等 34 个业务应用平台，用信息化手段助力法治政府建设能力全面提升。

3. 司法现状

数字化时代的到来，为大数据、人工智能等科技创新成果同司法工作深度融合提供了巨大的动力和难得的契机。人民法院在线服务、云上法庭、智慧执行等数字化运用成果，为西部地区各省（区、市）法院将司法服务从线下搬到线上提供了坚强保障，实现了"审判执行不停摆，公平正义不止步"。加快建设智慧法院，是人民法院适应数字化时代新趋势、满足人民群众新期待的重要举措，也是互联网时代构建司法新模式的必然要求。

（1）诉讼活动在线化。

与传统的诉讼活动不同，互联网司法的程序运行基础方式发生了根本性变革，起诉、立案、送达、举证、庭审、宣判等诉讼环节实现了全面网络化、信息化、数字化。现阶段，我国各地法院在线诉讼主要有两种模式。一是"阶段性模式"，即在诉讼过程中的立案、庭审、举证、送达、执行等某个或某些阶段引入信息技术，作为线下诉讼的辅助手段，关注的是单一阶段或众多单一阶段的集合，具有板块式特征。广西南宁市法院采取该模式，全面推广"智慧执行"App，积极引导当事人通过线上立案系统、"智慧执行"App 等渠道线上提交材料，形成以执行材料"线上提交为主，邮寄提交为辅"的材料交接模式，实现了材料接转零接触。二是"全程性模式"，即将信息技术全面引入诉讼过程，形成具有综合性和系统性的在线诉讼制度，具有全景式特征。该模式以成渝金融法院和贵州法院为典型，依托互联网技术，通过"人民法院在线服务"系统，纵向贯通人民法院调解、送达、保全、鉴定等服务平台，横向联通网上缴费、网上开庭、网上阅卷等系统，让当地群众享受到了"指尖诉讼"的便捷。①

（2）仲裁活动数字化。

随着互联网技术的不断发展，西部地区各省（区、市）在优化原有仲裁

---

① 重庆市人民政府网。

庭软件、硬件功能的基础上，建设具备开庭同步、庭审实况采集、语音激励、庭审实况存储和点播等功能的线上数字化仲裁庭。同时，对接"互联网+庭审"系统，实现庭审录屏、庭审笔录、庭审直播点播等庭审案件信息全省（区、市）系统共享，仲裁庭审不再受空间、地域限制，当事人身处异地也可参加庭审，极大地减少了当事人维权诉累，提升了仲裁办案效率。例如，宁夏银川仲裁委在西北地区首创互联网仲裁立案服务平台，借助"仲裁微服务"微信小程序，为当事人提供专业、高效、安全的仲裁服务，同时与银川仲裁委后端的业务平台无缝对接，为案件的快速流动、规范管理提供了有力保障，减少了人为干预，真正体现了仲裁独立、公正、专业、高效的制度优势。①

（3）公共法律服务智慧化。

为进一步深化司法领域"放管服""零跑腿"改革，最大限度利企便民，近年来，西部地区各省（区、市）充分运用政务服务大数据平台和远程视频技术，持续推动公共法律服务数字化转型，不仅为当事人解决了诸多"急难愁盼"问题，也极大地提高了办事效率。例如，陕西省司法厅深化"互联网+公证服务"，不断丰富信息化运用场景，为群众提供"全业务、全时空"的公证服务，"网上办、掌上办、自助办、预约办"成为公证服务的新常态。② 四川、云南、新疆等地近年来则不断加速公共法律服务与数字化建设融合，提供法律援助、公证代办、远程视频会见等"一站通"法律服务，让群众"少跑路、办成事"，获得普惠、均等、高效、便捷的法律服务。

4. 守法现状

开展数字普法是全民守法的应有之义。所谓数字普法包含三层含义：一是充分运用数字技术开展的普法；二是为了维护网络空间秩序、加强网络治理开展的普法；三是在包含前两者的基础上，为适应数字社会、数字经济、数字政府等发展需要，提升数字时代公民法治素养和社会治理法治化水平而

① 《独立、公正、专业、高效！银川仲裁委建成西北首个互联网仲裁方案服务平台》，宁夏回族自治区司法厅网，https://sft.nx.gov.cn/xxgk/gzdt/202005/t20200519_ 2932862.html。

② 《陕西省司法厅多措并举精准发力全面推动公证服务资源均衡分配》，陕西省司法厅网，http://sft.shaanxi.gov.cn/cfxz/ggflbwgl/73607.htm。

开展的全民普法。数字普法是数字法治的一个重要组成部分，是数字时代全民普法的新形态，是运用数字技术、遵循现代传播规律开展的普法新实践，也是增强法治宣传教育针对性、实效性的新路径。例如，甘肃、云南、四川在法治社会建设实施方案中均指出要培育良好的网络法治意识，要坚持依法治网与以德润网相结合，弘扬社会主义核心价值观，传播社会正能量；深入开展网络安全宣传周活动，提升全民网络安全意识和网络安全防范技能；提升网络媒介素养，推动建立互联网信息服务领域严重失信"黑名单"制度和惩戒机制，推动网络诚信制度化建设；持续深入开展"互联网+法治宣传"行动；牢固树立正确的网络安全观，全面加强网络安全保障体系和能力建设，依法防范网络安全风险，在全社会营造良好的守法氛围。

三　数字化在驱动西部地区法治建设中存在的问题

党的十八大以来，以习近平同志为核心的党中央高度重视数字化建设，提出建设"数字中国"的宏伟蓝图，将"数字中国"建设写入党的十九大报告，使其上升为一项国家战略。《法治政府建设实施纲要（2021—2025年）》提出要全面建设数字法治政府，标志着我国法治建设进入数字化转型新阶段。[①] 在数字化的驱动下，西部地区法治建设取得了一系列新成就，在推动法治国家、法治政府和法治社会建设方面取得了一系列新突破，在数字化与法治化双管齐下、相互促进的过程中取得了一系列新成效。不容忽视的是，数字化在驱动西部地区法治建设中存在诸多亟待解决的问题，诸如数字领域立法相对缺乏、基础设施建设相对滞后、数字化人才短缺和数据安全面临挑战等。

（一）数字领域立法相对欠缺

就东西部不同地区的数字领域立法进程而言，东部经济发达地区的数字

[①] 金成波、王敬文：《数字法治政府的时代图景：治理任务、理念与模式创新》，《电子政务》2022年第8期。

领域立法早已走在全国前列，无论是立法的数量、种类、规模还是涵盖范围都较西部地区更为领先。地方数字领域立法肇始于深圳颁布施行的《深圳经济特区信息化建设条例》，此后其他省（区、市）纷纷效仿，积极开展信息化建设相关立法，内容涵盖信息化建设规划、信息产业、信息资源等综合性内容。随着国家层面数据治理法律制度不断完善，综合性地方数据立法不断涌现，中东部地区引领了此轮地方数字立法浪潮，以其立法样态展现了三种典型的地方数字化立法模式：一是以浙江、广东、河南为代表的"数字经济条例"，以促进数字经济、基础设施、数据资源和产业化发展等为主要内容；二是以上海、深圳为代表的"数据条例"，以保护数据权益、规范数据处理活动、保障数据安全为主要内容；三是以湖南为代表的"网络安全和信息化条例"，以保障网络安全、促进信息化发展、提高数字化水平为主要内容。而西部地区在地方数字立法方面相对滞后，在中东部地区引领的数字立法浪潮后不断追赶。

（二）基础设施建设相对滞后

数字化驱动法治建设能否取得成效的关键在于配套基础设施是否完善、数字化技术是否发达，而西部地区在数字化配套基础设施的建设方面相较于东部经济发达地区明显落后。其一，在通信方面，西部地区的网络覆盖率和网速普遍低于东部地区，信号不稳定、信息传输和接收速度慢等问题时有发生，数字化技术在西部地区的推广和应用受到限制。同时，在一些偏远地区，法院、检察院等政府机关无法与外界实现良好沟通与常态互动，司法工作的开展和数字化技术在法治建设中的应用受到阻碍。其二，在交通方面，西部地区地域辽阔，地理环境复杂，交通较为不便，许多偏远地区的网络接入难度大、成本高，这极大地限制了数字化技术在法治建设中的运用。

（三）数字化人才短缺

数字化法治建设需要具备一定数字化技能的法律人才，需要多重专业背景的复合型人才为法治建设保驾护航。但就全国数字化人才体量而言，2021

年我国数字化人才缺口已近 1100 万，其中机器学习、智能算法和软件开发岗位的人才缺口最为严重。① 此外，数字化人才结构性短缺、数字化专业人才和应用人才缺失都是数字化发展过程中面临的紧迫问题。从地区上看，数字化专业人才和应用人才主要分布在东部地区，西部地区较为稀缺，全面性、专业性、复合型人才更为短缺，严重抑制了西部地区数字化在法治建设中能够发挥的实际效能。西部地区数字化法治人才的稀缺，既与西部地区教育资源短缺和教育水平薄弱有关，又与人才向一线城市流动和向东部地区倾斜有关，西部地区欠缺吸引和留住数字化法治人才的核心竞争力。

（四）数据安全面临挑战

随着数字化的发展，数据安全面临理念变革与技术应用的冲击。首先，尽管《数据安全法》《网络安全法》等法律法规的出台标志着我国数据安全进入法治时代，数据安全建设与保护自此有章可循、有法可依，但此部分法律对于数据的保护还处于特定保障状态，尚未建立起宏观系统的数据安全法律保障体系，缺少与数字法治政府建设的有效衔接。其次，虽然政府已经赋予数据安全保障相当重要的战略地位，但信息时代数据安全的理念和安全保障尚未能与时代需求同步、未能与时代呼应相衔接，政府对数据的监管难度较大。最后，西部地区数据安全保护的能力和水平与中东部地区存在一定差距，数字化法治建设需要处理好数据使用和个人隐私保护的平衡，而西部地区数据安全管控水平较低，未对数据安全予以重点关注。

四　推进数字化驱动西部地区法治建设的对策建议

第四次信息革命以来，我国西部地区贯彻落实中央大政方针部署，紧跟信息时代潮流，以数字革命促进法治改革，以法治改革推动数字治理，使数字化与法治两种力量深度双向融合，取得了令人瞩目、便民利民的重大战略

---

① 该数据来源于 2021 年 9 月 29 日中国信通院发布的《数字经济就业影响研究报告》。

成果。但在具体法治实践过程中，西部地区各省（区、市）仍然存在数字领域立法相对欠缺、基础设施建设相对滞后、数据安全面临挑战、数字化人才短缺等诸多问题，亟待在法治框架下以习近平法治思想为指导，运用法治思维、法治方式集中推进西部地区法治数字化建设。

（一）加强西部地区法治数字化顶层设计，推进高水平区域立法

高水平区域立法的本质是厘清权利边界、保障权利实现，因此必然要以高质量立法水平保障立法工作开展。

1. 在顶层设计运行下，突出西部地区法治数字化的立法协同性

在西部地区 12 个省（区、市）中，四川、贵州、重庆、陕西等省（区、市）已立法先行，而云南、内蒙古、青海、西藏等欠发达省（区、市）仍在立法筹备、调研等过程中。2020 年 5 月 17 日，中共中央、国务院在《关于新时代推进西部大开发形成新格局的指导意见》中明确要求"到2035 年，西部地区基本实现社会主义现代化，基本公共服务、基础设施通达程度、人民生活水平与东部地区大体相当"[①]，因此必须以顶层设计融贯战略意图并进行通盘考量，切实加强西部地区不同省（区、市）数字地方立法协同规划，并争取以权威形式释明数字经济、数据权属、政务数据等核心概念，对纷杂的地方立法适度统一。西部地区未立法省（区、市）要尽快补齐补强立法空白，发挥后发优势地位，积累、交流、参考先行地区立法经验。在符合地方发展实际的前提下较为整体地追赶东部、中部地区立法，为西部地区全国统一大市场建设提供高质量法治保障。

2. 在法治数字化顶层设计运行进程中，突出西部地区法治数字化的特色

据学者统计，2020~2022 年，相继有 20 余个省（区、市）出台了 30 多部以"数字"为核心的地方立法，其中多数立法内容存在攀比、抄袭等现象。[②] 这些内容的产出不仅大大浪费了立法资源，且掩盖了地方数字发展

---

① 《中共中央 国务院关于新时代推进西部大开发形成新格局的指导意见》，中国政府网，https：//www.gov.cn/zhengce/2020-05/17/content_ 5512456.htm。

② 刘小妹：《数字经济立法的内在逻辑和基本模式》，《华东政法大学学报》2023 年第 4 期。

的真实问题。因此，国家层面应当考虑将地方数字立法中共性内容适时升格为法律、法规的可能性，对西部地区省级地方数字立法的疑难性、代表性问题加以指导，在指导过程中融贯地方数字实践中遇到的具体问题，并融贯对合宪性审查的基本要求。而省级数字地方立法应当在明确数据流通各环节多元主体权利义务关系、数据分级分类保护和利用制度、统一数据治理体系、确保数据流通性等方面重点发力。此外，省级立法机关应当进行统一立法，避免多头立法、重复立法现象，且应当在价值平衡、以人为本、程序法定等立法基本原则中，调适权利保护、风险治理、发展保障等立法基本目的，依据数据特性，敢于打破传统立法框架并建立数据基本制度，通过规则先行使得未来数字化改革进程于法有据，为数字法治未来发展预留足够空间，使其具备兼容未来发展的充分耦合性。

与此同时，西部地区各省（区、市）应当深度推进法治数字化在立法方面的重要作用，这些功能可主要集中于立法计划编制辅助、草案制定与修改、意见征集汇总、意见检索、公众参与、法规备案管理、立法评估等方面。应当将当前已开发的智慧立法系统应用于立法项目研究、起草、论证、审议、公布、实施各环节，将本行政区域内所涉及的全部地方性法规、政府规章、规范性文件全部整合、公示，以切实便利发文公开、文件更新与公众查询。

（二）优化西部地区司法数字化技术支撑，再造未来法治图景

党的十八大以来，我国西部地区各省（区、市）勇立潮头，推动司法数字化基础设施、技术规范等新法治要素充分涌流，公检法等司法机构"数字化革命"蔚然成风，司法机构"数字化革命"在保障高质量发展、优化营商环境、促进纠纷实质性化解等方面发挥了无可替代的重大作用。但截至目前，西部地区各省级行政区仍然面临基础设施建设乏力、司法数字化技术支撑不足等挑战。因此，要在充分保障司法数字化基础设施创新迭代的前提下，推动第四次信息技术革命成果积极应用，并重点加强三大司法场景的应用示范。

1. 在数字服务方面，积极贯彻司法为民理念

目前，法治基础设施已从传统的法院、监所等物理端向互联网"移动终端+业务场景"的"云端"转变，依托人工智能、大数据、物联网、区块链、虚拟现实等技术实现未来司法场景的转变。西部地区各省级行政区必须抓住未来司法场景再造的重要契机，为未来司法基础设施建设编列充足的财政预算，并加深和拓宽与信息技术公司、网络工程专家的合作。司法机关必须重视移动微法院、电子诉讼服务平台等系列服务平台建设，为当事人、律师等主体在法律咨询、法律援助、律师服务、起诉、立案、证据与材料提交审核、庭审、送达、执行等诉讼环节提供最大化便利。

2. 在数字审判方面，深度发挥数字辅助作用

面对案情、法律关系较为简单的案件，应当加强信息系统建设，实现速裁案件批量化、自动化审理，调解书、司法确认书等文书一键生成、归档，高效便捷处理简单纠纷。面对案情、法律关系较为复杂的案件，在庭审过程中，可利用信息系统为法官实时报送案件情况、证据情况，实时记录庭审内容，智能研判质证情况，快速生成争议焦点，使法官进一步凝练庭审导向。在庭审后案件研究阶段，应当及时研发或购买使用法律智能辅助系统，在类案检索报告、法律法规智能推送、智能送达等方面提供服务，使法官快速生成裁判文书、提高工作效率。在审判评价方面，进一步深化案件溯源治理，运用数字技术将过去紧盯结案率、发回率、改判率等结果导向转变为科学评价案件争议焦点、纠纷化解等程序导向，实现审判全过程评价监督。

3. 在数字执行方面，保障案件实现公平正义

数字执行推进必须强化司法机关与其他机关之间的协同联动，促进信息流转。从纵向上看，要推动全国四级法院系统信息互联互通。从横向上看，要推动执行机关与公安部门、检察部门、自然资源部门、中国人民银行、税务部门、仲裁机构、公证机构、鉴定机构等紧密对接，实现全方位数据共享和业务合作。西部地区各省（区、市）应当积极升级信息网络查控系统、执行事务集约化系统，以数字化构建现代化司法执行体系，重点突出数字执行体系中执行办案、财产查控、网络拍卖、司法救助、案款发放的主要功能，有效"治愈""执行难"的顽瘴痼疾，切实维护司法权威，保证案件胜诉者利益实现，让当事人在每一个司法判决和案件执行中感受到公平正义。

（三）集中重点回应数字安全与监管挑战，革新数字法治政府

从"全面建设数字法治政府"被写入党中央重要建设规划，到西部地区各省（区、市）创新发展的数字法治政府建设举措，西部地区数字法治政府建设已持续细化、深化，步入"快车道"。数字法治政府的革新历程，深蕴于政府职能转变、政府效能提高和政府治理体系和治理能力现代化的重大战略部署之中。目前，面对建设过程中暴露的数据安全管控水平较低、政府数据治理缺乏统一监管标准、部门数据共享程度低等具体问题，需要进一步统筹数字法治政府中的法治力量、技术力量、人才力量。

1. 坚决发挥法治对数据安全的引领作用，保障数据安全的底线原则

权责统一是法治政府建设的根本要求，责任明确是数字政府的典型特征。明晰数据流通全过程、全链条中各方的法律责任，行政机关是数据的收集者、提供者、公开者，更是数据安全政策的制定者，必须坚持政府在数据安全领域的主导地位，全面履行数据公开、告知、解释、保障的法律义务。西部地区各行政机关应当在数据收集、公开、流通等全流程、全链条设置精准安全管理措施，进一步完善数据安全保护制度，细化数据分级分类保护规则，制定数据查询的具体权限标准。尤其对涉及公共利益、企业利益、公民个人利益的数据要做到"查询留痕"、严防数据从内部泄露，有效解决算法歧视、"数字孤岛"等问题，以数据安全、数据为民的精神引导技术向善，为数据安全治理提供全面坚实的制度依托。

2. 深度融合数字技术与法律制度，健全技术安全评估的监管措施

一方面，西部地区行政机关应当全面强化数字安全技术保障能力，完善数据平台安全防护体系，强化数据平台的运营管理和技术支撑能力，集中建立数据安全评估制度、个人信息保护制度、安全事故紧急处理制度等具体管理制度，侧重于构建全面的信息预警机制，包括以信息公开机制、数据征集机制、监测预警机制、数据共享机制等为主干的审核机制体系。另一方面，

全国、西部地区各省级行政主体均应考虑合作共建大数据信息服务库,不管是省级先行先试、跨省合作还是全国统一建设,通过逐渐提级建设方式,可以进一步提高数字治理的权威性、技术性、公开性和精确性,理顺平台建设的层级关系、部门关系,加强数据安全分级分类管理。

3. 建立健全首席数据官制度,培育数字化人才工作队伍

数字法治政府建设兼具高度的专业性与复杂性,数据安全、数据管理、法治建设等具备一定的学科壁垒,亟须加强专业性、复合型数字化人才队伍建设。首先,西部地区各省(区、市)应当以首席数据官制度为引领,以首席数据官负责的区域内数字法治建设为权责,赋予首席数据官相应的行政权利、组织权利、协调权利,发挥数字化法治人才的"头雁效应"。其次,应当扩充数字化人才工作队伍,优化调整数字化管理人才结构。西部地区各省(区、市)应当选优配齐包括数据科学家、企业家、数据工程师、网络安全技术人员、管理专家、法律专家在内的数字化人才队伍,最大限度地将人员专业能力转化为制度效益,深度影响科学决策,避免发生重大损失。最后,应尽快推动法治数字化多方主体协同共治,构建多元治理格局。在数字法治政府建设的过程中,利用数字法治政府共商共建共治的制度属性,促使政府从自上而下的科层制决策转向扁平化的共治式决策,助力推进全过程人民民主。西部地区应通过数据治理集中反映社会、媒体、公民、专家等的决策参与过程与实质意见建议,再通过政府对海量数据的收集整理精准反馈民意,打造方式泛在可及、程序公平普惠、充溢人文精神的政府数据治理体系,进一步深度驱动西部地区法治化建设。

数字化驱动教育科技发展

Digitalization Dives the Development of Educational
Science and Technology

B . 10

数字化驱动西部地区高等教育发展[*]

姚聪莉　胥晚舟　李笑笑[**]

摘　要:　数字化不仅推动了高等教育形态的变革，同时对提升高等教育质量具有重要意义。数字化助力高等教育进行教学管理、学科建设、师资队伍建设等方面的规划和决策，大大提升了高等教育的质量，为西部地区高等教育的发展提供了新的思路和方法。本文阐述了数字化驱动西部地区高等教育发展的内容和机理，并通过政策分析和比较分析，发现数字化驱动西部地区高等教育发展面临数字化政策供给不够均衡、数字化基础设施建设水平偏低、数

---

[*] 本文为2021年度陕西高等教育教学改革研究项目（重大攻关项目）"新发展格局下省（区、市）高质量高等教育体系建设研究"（21ZG008）、2023年度陕西省哲学社会科学研究项目"中国式现代化背景下陕西高等教育现代化发展的路径优化研究"（2023ZD1104）和西安市2023年度社会科学规划基金项目"教育数字化转型助推西安农村教育高质量发展"（23JY132）成果。

[**] 姚聪莉，博士，教育部人文社会科学重点研究基地西北大学中国西部经济发展研究院研究员，西北大学高等教育研究中心主任、教授、博士生导师，研究方向为西部经济发展中的高等教育理论及政策分析；胥晚舟，西北大学公共管理学院博士研究生；李笑笑，西北大学公共管理学院硕士研究生。

字化资源的广度和深度不足以及数字化人才培养规模偏小等问题。基于此，本文提出了数字化驱动西部地区高等教育发展的对策建议，认为西部地区需要加强政策顶层设计补齐政策供给短板、推进国家与西部地区联动助力基础设施建设、优化供给机制强化监管与评估提升数字化教学资源的广度与深度、优化数字化学科结构补齐数字化人才培养短板。

关键词： 西部地区　高等教育　数字化驱动机理　多主体协作

一　问题的提出

在信息技术高速发展的今天，数字化正在全球范围内影响并改变着我们的生活、工作和学习方式。尤其在高等教育领域，数字化带来了前所未有的机遇和挑战。数字化使高等教育资源得以充分利用、教学方式变得更加灵活、教育质量和效率得到显著提升。2022 年发布的《教育部高教司 2022 年工作重点》明确了我国高等教育数字化转型行动的必要性及未来发展需求，提出加快建设以数字化为特征的高等教育新形态。

理论界普遍认为，数字化涵盖了信息化的高级阶段[①]、技术进步（如大数据、云计算、物联网、5G、移动互联网以及人工智能技术等）[②]、过程优化（如教育、医疗、商业等关键领域的工作流程优化）[③] 以及对于以往组织方式的改进或重塑（运用数字技术手段对组织方式进行改进或重塑）[④] 等诸多方

[①] 刘增辉：《教育部教育信息化专家组成员郭绍青：教育数字化是教育信息化的高级发展阶段》，《在线学习》2022 年第 5 期。

[②] 张晨霞、俞萍萍：《数字化转型与双循环新发展格局》，《云南财经大学学报》2023 年第 3 期。

[③] 肖土盛、孙瑞琦、袁淳、孙健：《企业数字化转型、人力资本结构调整与劳动收入份额》，《管理世界》2022 年第 12 期。

[④] 钟成林、黄幼鹏、胡雪萍：《教育产业数字化的区域经济增长效应：促进机制、冲击路径与提升策略》，《四川师范大学学报》（社会科学版）2023 年第 3 期；陈廷柱、管辉：《教育数字化：转型还是赋能》，《中国远程教育》2023 年第 6 期。

面。高等教育的发展内涵涉及知识的传播、人才的培养、科学研究以及社会服务等核心职能的持续提升。学者对数字化推动高等教育教学资源的建设、人才培养模式的转变以及教育公平的实现等方面进行了丰富的研究。有学者认为，数字化改变了高等教育的教学模式，[①] 使高校在自主建设、共享共建的同时，可以兼顾终身教育、关注人的发展。[②] 数字化的教学模式具有高效、便捷和实时互动的特点，在突破时空限制的同时也推动了高等教育人才培养模式的改革和创新；[③] 数字化时代的高等教育人才培养需要与产业发展深度融合，同时也需要与数字经济社会的需求相契合。[④] 此外，数字化基础设施的有效建设是提高数字化资源利用效率的有力保障，[⑤] 数字化资源由于其跨时空、零成本复制、支持个性差异等优势，有效推动了优质教育资源的共享，是促进教育公平的重要手段。[⑥]

西部地区因地理位置偏远，交通不便，较难吸引经济资源及投资来源，整体经济发展水平滞后。此外，西部地区边疆多且多民族聚居于此，拥有蒙古族、维吾尔族、藏族、彝族、壮族等多个少数民族，云南更是我国民族成分最多的省（区、市）。正是受以上地理、政治、经济、历史和文化等因素的影响，西部地区与东中部地区的发展差距较大。西部地区经济发展的欠发达导致其高等教育先天不足，直接影响了其高等教育的水平、规模和结构。西部地区在全国高等教育系统中处于发展不充分的状态，具体表现为西部地区高校分布不均（如陕西和四川的普通本科数量是西藏、青海的十多倍[⑦]），

① 韩筠：《以信息技术构建高等教育新型教学支持体系——基于抗疫期间在线教学实践的分析》，《高等教育研究》2020 年第 5 期。
② 刘怀金、聂劲松、吴易雄：《高校数字化教学资源建设：思路、战略与路径——基于教育信息化的视角》，《现代教育管理》2015 年第 9 期。
③ 谢易、杨杏芳：《高等教育人才培养模式的数字化转型》，《广西社会科学》2020 年第 2 期。
④ 杨保成：《数字化转型背景下地方应用型本科高校的教育创新与实践》，《高等教育研究》2020 年第 4 期。
⑤ 任友群、徐光涛、王美：《信息化促进优质教育资源共享——系统科学的视角》，《开放教育研究》2013 年第 5 期。
⑥ 刘云卓、郭赛：《政策导向下数字化教育资源配置研究》，《现代教育技术》2020 年第 8 期。
⑦ 数据来源：http：//www.moe.gov.cn/jyb_ sjzl/moe_ 560/2021/gedi/202301/t20230117_ 1039557.html。

教育资源难以共享，并且教师资源、经费投入、教学科研设备等方面的数据不仅低于全国平均数，更与东部地区相距甚远。[①] 同时，多元的民族文化、宗教信仰和价值观念也进一步提升了西部地区高等教育的复杂性和不确定性。

自西部大开发战略和《中西部高等教育振兴计划》实施以来的几十年间，西部地区高等教育的面貌有了极大改善并取得了显著成效，但仍存在优质高等教育资源有限、人才流失愈发严重[②]、对外开放程度偏低[③]和服务区域经济发展能力不足[④]等问题，且与东部地区的差距不断拉大。东西部地区高等教育的失衡问题若得不到有效解决，有可能影响我国高等教育的整体健康生态，甚至可以说，中国高等教育的发展就在于西部地区。[⑤]

与此同时，《中国教育现代化 2035》中明确提出要推进教育现代化，高等教育作为整个教育体系的最高阶段，其现代化是教育现代化发展的重要组成部分。然而，西部地区因受到传统理念、硬件建设、资源整合和师生信息素养等方面的掣肘，高等教育信息化水平较为落后[⑥]，这在很大程度上阻碍了西部地区高等教育现代化的进程。

可以说，面对东西部地区高等教育发展的差距，仅靠传统的高等教育资源配置方式予以缩小几乎难以实现。随着数字战略的推进，数字化对于填平西部地区高等教育洼地、促进其跨越式发展具有重要且特殊的价值和意义。第一，数据作为继土地、劳动力、资本、技术之后的第五大生产要素和资源，凭借数字化技术能够延伸到整个高等教育系统。这有助于高等教育机构进行教育资源、教学管理、学科建设、师资队伍建设等方面的规划和决

① 李硕豪：《西部高等教育均衡发展的路径创新》，《光明日报》2020 年 6 月 9 日。
② 韦显盛：《人才服务视角下西部高校高层次人才流失问题研究》，《现代经济信息》2019 年第 13 期。
③ 任保平等：《中国西部发展报告（2022）》，社会科学文献出版社，2022。
④ 任保平等：《中国西部发展报告（2019）》，社会科学文献出版社，2019。
⑤ 邬大光、王怡倩：《我国东西部高等教育发展水平的若干分析》，《兰州大学学报》（社会科学版）2021 年第 5 期。
⑥ 任保平等：《中国西部发展报告（2021）》，社会科学文献出版社，2021。

策，从而优化高等教育资源配置，提升西部地区高等教育效果和质量。第二，数字化技术能够扩大高等教育资源的覆盖范围，使之不再受限于地域。在线课程、远程学习和数字图书馆等都能够使地理位置偏远的地区接触甚至享受优质教育资源，从而减少地域、经济等因素对西部地区高等教育的不利影响，提升高等教育公平性。第三，数字化技术的应用和推广不仅有助于突破地理和文化的隔阂，促进不同文化的传播、交流与相互理解，还有利于降低信息不对称和信息滞后等制约因素的影响，增进西部地区高校师生现代化知识和思想的更新，从而以高等教育现代化带动西部地区人的现代化。

二　数字化驱动西部地区高等教育发展的内容和机理

在当前数字化发展趋势下，数字化已逐渐成为推动高等教育改革与发展的重要驱动力，数字化技术的引入和使用也在逐渐改变传统的教育模式。西部地区作为我国的重要区域，其高等教育发展对于整个国家的教育发展大局具有深远的影响。因此，通过对数字化驱动高等教育发展的内容和机理分析，可以明晰数字化在哪些方面得以影响高等教育及影响的作用机制，从而为促进西部地区高等教育的发展提供论依据。

（一）数字化驱动西部地区高等教育发展的内容

马丁·特罗（Martin Trow）的高等教育发展理论将高等教育发展分为三个阶段：精英阶段、大众化阶段和普及化阶段。根据教育部发布的数据，我国已经建成世界上规模最大的高等教育体系，高等教育的毛入学率从2012年的30%提高到2019年的51.6%,[1] 高等教育完成了历史性的突破，进入了普及化阶段。2022年高等教育毛入学率达到59.6%,[2] 普及化水平持续提

---

① 数据来源于教育部网站。
② 数据来源于教育部网站。

高。新的发展阶段，对西部地区高等教育发展有了新的要求，按照马丁·特罗的观点，在普及化阶段高等教育将经历显著的变化，如教育理念的转变、教育规模的变化、课程和教学形式的改变、管理与决策的优化等。[1] 从数字化的功能和特点看，在普及化阶段，数字化将成为驱动西部地区高等教育发生转变的重要手段，本文将从以下五个方面来具体阐述数字化驱动西部地区高等教育发展的内容。

第一，数字化驱动高等教育理念更新。在数字化时代背景下，基于教育公平的普惠共享和开放包容将成为高等教育理念的发展方向。教育公平是社会公平的根基，高等教育公平是高等教育发展的价值诉求与目标愿景。步入"十四五"发展中期，教育公平仍然是高等教育不变的"主旋律"。在此基础上，随着数字技术的深入应用，高等教育能够突破时间与空间的限制，以极低的成本实现优质教育资源的共享，促进高等教育的均衡发展。这一过程不仅充分推进了教育公平，还体现了普惠共享的理念。与此同时，随着各种开放资源和交流平台的普及，教师和学生不仅可以根据个性化需求和节奏进行教学，跨越学科界限自主获取和创造知识，还能够增进对不同文化的理解与信任，从而在包容与开放的理念和环境中促进高等教育的内生发展。[2]

第二，数字化驱动高等教育资源要素供给水平提高。数字化基础设施是驱动高等教育发展的重要支撑与关键的资源要素，[3] 其为高等教育在教学环境、教育资源、教学过程、教学管理以及教学能力等维度的数字化筑牢了基础。一方面，完备的数字化基础设施，如智能化教学平台、虚拟实验室等，可以极大地丰富教学手段、增强教学互动，从而提高教学效果和教学质量。另一方面，互联网和移动设备等数字化基础设施的有效利用，使得优质的教

---

① 马丁·特罗、徐丹、连进军：《从精英到大众再到普及高等教育的反思：二战后现代社会高等教育的形态与阶段》，《大学教育科学》2009 年第 3 期。

② 罗生全、张雪：《教育数字化战略的中国方案：定位、理念及行动》，《中国电化教育》2023 年第 1 期。

③ 祝智庭、胡姣：《教育数字化转型的实践逻辑与发展机遇》，《电化教育研究》2022 年第 1 期。

育资源覆盖范围得以扩大，也为提升高等教育资源共享水平、推动高等教育发展"洼地"的迅速崛起提供了可能。

第三，数字化驱动高等教育教学形态变革。一方面，以教室为中心的传统教学发生了转变。数字化推动了高等教育教学模式的多样化，在传统的面对面教学模式的基础上，在线教学、混合式学习、翻转课堂等新型教学模式的兴起和应用，不仅能够提升教学效果，也能够满足不同学生的个性化学习需求。① 另一方面，数字化为"以学为中心"的教学评估提供了可能。数字化技术改变了高等教育教学资源的获取和使用方式，并使得教学评估和反馈更加精准、及时，教师根据学生的在线学习行为数据，对学生的学习情况进行适时监测和评估，在此基础上及时地进行教学调整。这种数据驱动下的教学评估和反馈，使得教学手段方式、内容更加精细化、个性化，能够更好地达成"以学为中心"的目标。

第四，数字化驱动高等教育管理模式优化。高等教育的有序运行和健康发展与其管理方式息息相关，数字化的智能管理手段及其先进的管理水平能够推动高等教育迈向更高质量的发展。② 从纵向上看，依托于数字化的智能管理可以确保权利在"校—院（部）—系"中依次下放，进一步扩大基层学术组织的管理权限，使其自主掌握日常教学和科研权力，并通过数字化方式积极参与重大事项的商议和决策，激发院系参与高校治理的积极性和创造性；从横向上看，数字化管理可以促使教育数据在不同职能部门之间便捷、高效的流动，从而有助于突破高等教育治理结构中科层管理和经验决策的局限性，通过各部门协同合作达到最优治理效果。

第五，数字化驱动高等教育人才培养模式创新。人才既是推动社会经济发展的第一资源，也是创新的主要载体。人才所拥有的技术、能力、创新思

---

① 于歆杰：《高等教育数字化教学的发展历程与未来展望》，《中国高等教育》2023 年第 Z1 期。
② 兰国帅、张怡、郭倩：《推动高等教育数字化转型：优化、持续和创新——〈2020 年十大 IT 议题〉报告解读与启示》，《开放教育研究》2020 年第 5 期。

维等都可以极大地推进高等教育的快速发展。因此，人才是高等教育发展过程中必不可少的生产要素，培养符合时代需求的人才也是高等教育发展的根本出发点。而数字化战略发展和数字技术的广泛应用，对我国高等教育的人才培养模式提出了新的要求和挑战。[①] 在数字经济的战略背景下，高等教育需要培养一批具备数字技术和理论素养的人才作为支撑。这些数字人才能够促进数据要素资源的有效利用，进而支撑引领数字经济创新发展。为了培养出适合数字经济时代的人才，高等教育院校需要不断创新人才培养模式、教学模式和课程设置，加强线上线下教学的深度融合，提供更多互动式学习平台，提高学生学习和创新能力。

（二）数字化驱动西部地区高等教育发展的机理分析

就高等教育而言，数字化为高等教育的发展创造了新的驱动。基于高等教育的内在特性，数字化通过资本深化效应、规模经济效应、范围经济效应以及技术创新效应，拉动了高等教育新型基础设施建设，扩大了高等教育数字资源的供给，满足了高等教育主体的多样化需求，最终促进高等教育理念、形态和方式的转型和变革（见图1）。

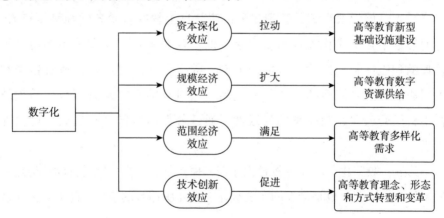

图1 数字化驱动西部地区高等教育发展的机理

① 葛道凯：《推动数字化转型融入高等教育全过程》，《中国高等教育》2023年第2期。

第一，借助资本深化效应，数字化能够拉动高等教育新型基础设施建设，为优化高等教育资源配置奠定基础。具体来说，数字化通过资本深化效应，能够加大数字化高等教育新型基础设施建设的资本投入。每次技术革新通常都会带来资源或产品相对价格的重大变化，这一变化引导着经济行为人密集地采用功能更强大、价格更低廉的关键要素与核心技术。[1] 也就是说，新产业或新业态的出现会影响国民经济的产业结构与投资方向。在数字化战略的驱动下，随着信息技术进步带来的教育资源在获取和使用上的便捷，高校师生会倾向于用数字教学产品和服务代替传统教学产品和服务，这将引致资本替代，进而带来包括信息网络、平台体系、数字资源等在内的新型基础设施建设的扩大以及资本投入质量的提升。

第二，通过规模经济效应，数字化扩大了高等教育数字教育资源的供给，有助于实现高等教育公平。规模经济理论认为，在特定时期内，企业产品绝对量增加时，其单位成本下降，即扩大经营规模可以降低平均成本，这一过程形成了规模经济，规模经济又明显地促进了产量的增加。在数字化驱动下，网络的外部性使得高等教育数字资源的生产成本呈现高固定成本和低边际成本的特征，即数字资源（如在线课程，电子图书等）一旦产出，几乎可以零成本无限复制和传播。这种低边际成本促使资源供给者不断扩大数字资源的产生规模，从而带来高等教育资源供给上的规模经济效应，并提高高等教育的教学效率。

第三，凭借范围经济效应，数字化有助于满足高等教育主体的多样化需求，从而提升高等教育的质量和包容性。范围经济是指由一个组织生产多种产品而对生产要素的共同使用所产生的成本节约。在信息化和数字化尚未出现以前，受到规模经济的影响，高等教育组织通常会选择生产和分发那些具有广泛需求和大规模受众的教育资源以降低成本。然而，这种策略会导致教

---

① 〔美〕卡佩塔·佩蕾兹：《技术革命与金融资本：泡沫与黄金时代的动力学》，田方萌译，中国人民大学出版社，2007。

育资源的单一化，而忽视了少数或特定群体的需求。而数字化带来的低边际成本能够突破这种限制，教育资源形态从单一走向多元化和个性化成为可能，进而满足师生的各类需求，实现高等教育的高质量和包容性。

第四，依靠技术创新效应，数字化能够促进高等教育理念、形态和方式的转型和变革。根据内生增长理论，内生的研发与创新是驱动经济增长和技术进步的核心要素。因此，知识和技术对经济增长的贡献越来越重要，高等教育的目标也开始由传统的知识传授转向培养能够促进产生创新思维和技术进步的能力。数字化本身作为一种技术创新，能够通过智能化中枢，在更大范围、更多环节实现不同高校以及高校内部资源主体的联通协同，从而不断催生知识溢出和连环技术创新，引发教学模式、人才培养模式、管理方式的转型，并最终引领高等教育理念的深刻变革。

三　数字化驱动西部地区高等教育发展的现状

以上对数字化驱动西部地区高等教育发展内在机理的阐述，为分析数字化驱动西部地区高等教育发展面临的问题奠定了基础。本文以省级高等教育信息化和数字化政策文本为研究对象，以"政策工具—政策时间"为分析框架，对西部地区高等教育数字化政策进行了分析。同时，对西部地区近十年的数据进行详细分析，可以获得直观的对比结果，从而更全面地评估其取得的成效。

（一）不同阶段和层次的政策体系为数字化驱动西部地区高等教育发展提供了坚实基础

为了推动教育数字化的进程，国家层面制定了一系列战略设计和政策措施，党的二十大也对教育数字化的重要性和优先发展做出了明确的指导。因此，对政策文本加以梳理和分析，有助于为深入研究数字化驱动西部地区高等教育发展的经验、模式和路径奠定基础。教育信息化与教育数字化是不同时期和阶段对于技术和教育统合的认识和政策安排，教育信息化是教育数字化推进的基础，教育数字化是教育信息化新时代的发展。[①]因此，在政策梳理过程中，本文对教育信息化和教育数字化的概念不进行严格区分。

1. 政策文本分析框架：政策工具—政策时间

从政策工具的视角看，政策是指通过组合而构建起来的一系列工具[②]。在西部地区高等教育领域，政府所发布的如数字化基础设施建设、网络安全提升、教师数字化培训等政策，都是政府为推进高等教育而生成的由策略和手段组合而成的关键工具。这些政策工具反映了政策执行的方向，即通过数字化推动西部地区高等教育的发展进程，同时也体现了政策制定者关于促进高等教育均衡发展、提升高等教育质量的价值观和理念。从政策工具的视角对政策文本进行研究，有助于准确把握政策设计的内容导向和演变过程。基于此，本文以西部地区高等教育领域中有关数字化的政策文本为研究对象，以"政策工具—政策时间"为分析框架，将数字化驱动高等教育发展的政策划分为不同阶段进行阐释，以期从政策视角为数字化驱动高等教育发展提供参考。

一方面，从政策工具维度来看，Rothwell 和 Zegveld 的政策工具分类理论将政策工具分为供给型、环境型和需求型。[③] 该分类的特点在于淡化了政策工具的强制性，而强化了政府作为推进政策实施过程中环境建设者的角色，这与当前教育数字化所倡导的建立全社会参与的推进机制相契合。供给型政策工具主要通过数字化基础设施建设、经费投入和资源建设等手段推动高等教育发展，体现了政策对于数字化驱动高等教育发展的推动力；环境型政策工具侧重于通过指导思想和规划目标等手段，为数字化驱动高等教育发展创造良好的政策环境，体现的是政策对于数字化驱动高等教育发展的影响

① 薛二勇、李健、黎兴成：《推进中国教育数字化的战略与政策》，《中国电化教育》2023 年第 1 期。

② 黄萃、苏竣、施丽萍、程啸天：《政策工具视角的中国风能政策文本量化研究》，《科学学研究》2011 年第 6 期。

③ Rothwell R., Zegveld W., "An Assessment of Government Innovation Policies," *Policy Research Review* (1984).

力；需求型政策工具则强调通过人才培养、管理和服务等手段，推动数字化
在高等教育领域的应用和全面渗透，体现的是政策对于数字化驱动高等教育
发展的拉动力（见表1）。

表 1　数字化驱动高等教育发展政策工具类型与维度

政策工具类型	涵盖维度
供给型	基础设施建设、经费投入、教育资源建设与应用、队伍建设
环境型	指导思想、规划目标、组织机制、制度保障
需求型	试点示范、数字校园、人才培养和教学模式创新、科研支撑、管理和服务

这三种政策工具分别对应不同的政策目标，供给型政策工具主要作用于
生产要素端，对数字化驱动高等教育有直接作用；环境型政策工具作用于数
字化驱动高等教育的发展和引导方面；需求型政策工具则主要作用于数字化
驱动高等教育的创新应用。不同的政策工具逐步形成了多层次的政策体系，
为数字化驱动高等教育发展提供了坚实的政策基础。

另一方面，从政策时间维度来看，时间维度有助于呈现数字化驱动高等
教育发展的政策变迁过程，因此本文选取"十二五"、"十三五"和"十四
五"教育信息化发展规划发布的时间节点，将数字化驱动高等教育发展的
政策分为三个阶段。这三个阶段的政策措施和目标呈递进关系，旨在通过高
等教育数字化的发展，提升教学质量、促进教育公平、发力创新型人才
培育。

2. 政策文本分析结果

为便于进行西部地区区域内政策比较，本文从西部地区 12 个省（区、
市）公开发布的"十二五"、"十三五"和"十四五"教育信息化发展规
划，以及文件中明确提出信息化和数字化发展的 34 份教育事业规划文本作
为研究样本，剔除样本文献中基础教育、职业教育、继续教育等内容，运用
Nvivo12 软件，以"政策文本中具体条款中的句子"为编码对象进行编码，
得到 454 条编码结果。根据西部地区高等教育信息化和数字化政策工具分布
频次和占比，提取政策工具—政策时间二维交叉频率（见表2）。

表2　西部地区高等教育政策工具—政策时间二维交叉频率

单位：次，%

政策工具类型		"十二五"期间		"十三五"期间		"十四五"期间	
		频次	比例	频次	比例	频次	比例
供给型	经费投入	8	14.8	10	16.1	8	12.9
	教育资源建设与应用	10	18.5	18	29.0	20	32.3
	基础设施建设	10	18.5	12	19.4	16	25.8
	队伍建设	26	48.1	22	35.5	18	29.0
环境型	组织机制	22	34.4	14	28.0	4	25.0
	制度保障	12	18.8	6	12.0	6	37.5
	指导思想	12	18.8	12	24.0	2	12.5
	规划目标	18	28.1	18	36.0	4	25.0
需求型	数字校园	14	35.0	4	9.5	12	18.8
	科研支撑	4	10.0	6	14.3	6	9.4
	试点示范	8	20.0	10	23.8	8	12.5
	人才培养和教学模式更新	6	15.0	8	19.0	16	25.0
	管理和服务	8	20.0	14	33.3	22	34.4

　　总体来说，西部地区省（区、市）在制定政策时大多综合运用了供给型、环境型及需求型三种政策工具，但总体以供给型政策工具为主（占据39.6%）。进一步研究发现，不同阶段对政策工具的选用差异较大。

　　（1）政策起步阶段（2012～2015年）：环境型政策工具占据主导。

　　在政策起步阶段，西部地区各省（区、市）在选取政策工具时以环境型政策为主、以供给型政策为辅，两者在数字化驱动高等教育发展中发挥着基础作用。这一阶段，政策发布主要集中在陕西、四川、宁夏、新疆和广西，且四川和新疆更重视使用环境型政策工具，陕西和广西更倾向于采用供给型政策工具。从环境型政策内部维度来看，组织机制和规划目标占比较高，分别为34.4%和28.1%；从供给型政策内部维度来看，队伍建设占比最高，达到48.1%，教育资源建设与应用和基础设施建设均占比18.5%。由于这一阶段尚处于政策和信息化发展的起步阶段，各省（区、市）对发展目标和任务的表述较为宏观。这一阶段的政策意在不断扩大优质教育资源

覆盖面，通过提升教育信息化促进教育公平，从而提高教育质量；通过引导高校建立必要的信息化工具和环境，鼓励各高校在教学和管理方面深入应用和挖掘信息技术。以规划为主要形式的环境型工具是对一段时间内数字化驱动高等教育发展阶段性目标的规划或方案，具有低成本、高自主性的特点，[①] 因而使用频率较高。而供给型政策工具的易操作和强制性特点，使其在发布和实施过程中处于重要地位。

（2）政策发展阶段（2016~2020年）：供给型政策工具发挥优先作用。

在政策发展阶段，供给型政策工具在数字化驱动高等教育发展中扮演着重要角色。这一阶段西部地区各省（区、市）均发布了相关政策，四川、陕西、重庆、云南发布较多，而新疆、贵州、西藏发布偏少，其中，重庆、广西和内蒙古相较其他省（区、市）更倾向于采用供给型政策。受到前期政策中发展理念和发展目标的驱使，这一阶段供给型政策工具占比明显提高。从政策文本分析来看，主要通过队伍建设（师资队伍、专业队伍和管理队伍）、基础设施建设、教育资源建设等基本建设，来为高等教育数字化的深度和广泛应用奠定基础。其中，从供给型政策内部维度来看，队伍建设和教育资源建设与应用的占比较大，分别达到35.5%和29.0%。此外，统计数据也显示，经费投入在供给型政策工具中作用不显著，占比仅为16.1%（见表2）。虽然各省（区、市）政策文本中均提到了"加大财政投入""鼓励多方投入""加强资金管理"等内容，但在涉及具体的拨款金额、如何分配和保障等方面缺乏与之相对应的内容。

（3）政策深化阶段（2021年至今）：需求型政策工具发挥引领作用。

在政策深化阶段，需求型政策工具发挥引领作用，为数字化驱动高等教育发展提供引导和创新支撑。由于数字化建设在西部地区高等教育的全面渗透，这一阶段，除西藏和新疆外，西部地区其他各省（区、市）在政策制定上全面发力，其中，云南、广西和青海更重视使用需求型政策工具。具有

---

① 杨晓宏、李肖锋、马娟、伊州林：《政策工具视角下的省级基础教育信息化政策文本分析》，《现代教育技术》2023年第6期。

引领作用的需求型政策工具的使用率开始大幅提升，与供给型政策工具的使用率接近。从需求型政策内部维度来看，与管理和服务相关的表述占比达到34.4%，紧随其后的是有关人才培养和教学模式更新的表述（占比25.0%），两项占比较"十二五"和"十三五"时期皆有明显提升。这应该源于社会对数字人才需求的增加、高校对优化教学过程的重视，以及政府对高校数字化治理水平的重视程度逐步提升。此外，需求型政策对政策制定者有较高专业方面的要求，包括数据分析能力和丰富的高校管理实践经验等，加之此类政策制定需建立在对一定时期高等教育数字化状况考察的基础上，所以需求型政策往往在政策深化阶段才会被更多采用。

3. 西部地区高等教育数字化政策工具选择运用的效果

总体而言，从上述分析可以看出，在"十二五"至"十四五"阶段，西部地区各省（区、市）在数字化驱动高等教育发展的政策方面普遍较为重视，且基于不同政策工具的特点进行了有机组合，形成了强大的政策合力，产生了显著效果。一是数字化政策有效推动了西部地区高等教育从外延式发展向内涵式发展转变。在"十二五"至"十四五"的十余年间，可以明显看出政策工具的采用经历了"十二五"和"十三五"期间以供给型、环境型政策工具为主，过渡到"十四五"期间以需求型政策工具为主的过程。在政策的推动下，西部地区高等教育数字化也呈现从早期的以资源建设和组织保障为主转向重视质量提升与需求牵引的趋势，正契合并体现了当下西部地区高等教育发展从外延式发展逐渐转向内涵式发展的理念和方向。二是各类政策加快了西部地区高等教育数字化的进程。在供给型政策工具的驱动下，西部地区高等教育的数字化基础设施和教育资源日臻完善，极大地弥补了西部地区教育资源匮乏的问题，有效促进了优质高等教育资源的整合。而在高等教育数字化制度保障方面，环境型政策工具不仅起到了关键的促进作用，还有助于规范西部地区高等教育数字化的健康发展。此外，在需求型政策工具的牵引下，高校不断进行人才培养和教学模式更新，同时着力提升其数字化管理和服务水平。这不仅满足了学生差异化和多样化的需求，提升了高等教育的质量和竞争性，也为高校管理层和教育行政部门的科学决策提供了更加精准的数据支持。

（二）西部地区高等教育数字化建设取得的成效

数字技术在西部地区高等教育中的有效应用，提高了教育质量和教育公平，推动西部地区高等教育更快、更好、更智能的发展，实现西部地区经济、文化和社会的全面进步。数字化作为信息化发展的一个高级阶段，同时也具备信息化的时代特征。① 从 2012 年发布《教育信息化十年发展规划（2011—2020 年）》以来，数字化驱动下的西部地区高等教育得到了快速发展，也取得了显著成效。

1. 西部地区高等教育数字化基础设施建设日臻完善

2011 年以来，西部地区持续加大对高等教育数字化基础设施建设的投入，特别是对信息化设备的投入。信息化设备资产值从 2011 年的 147 亿元增长到 2020 年的 464 亿元，增长了 2.16 倍（见图 2）。

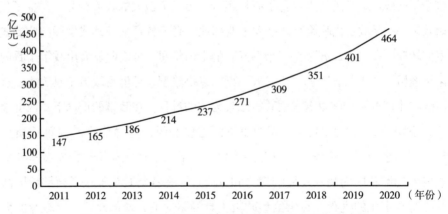

图 2　2011~2020 年西部地区高等教育信息化设备资产值

资料来源：历年《中国教育统计年鉴》。

在基础设施建设方面，2020 年，西部地区高校计算机台数约为 314 万台，较 2011 年（167 万台）增长了 88%（见图 3）；网络多媒体教室从

---

① 刘增辉：《教育部教育信息化专家组成员郭绍青：教育数字化是教育信息化的高级发展阶段》，《在线学习》2022 年第 5 期。

2013 年的 68066 间增加至 2021 年的 121050 间（见图 4）；根据 2017～
2020 年《中国教育信息化发展报告》公布的数据，西部地区高校无线网
络全覆盖的比例从 2017 年的 28.90% 增长到 2020 年的 39.80%（见图 5）。
各类数字化基础设施规模的快速增长为西部地区高等教育数字化发展提供
了坚实保障。

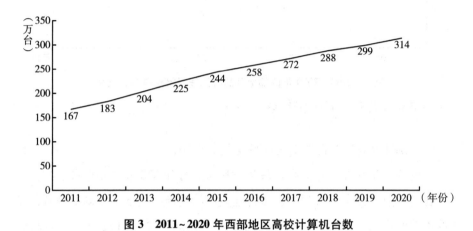

图 3　2011～2020 年西部地区高校计算机台数

资料来源：历年《中国教育统计年鉴》。

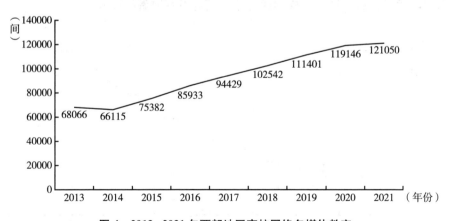

图 4　2013～2021 年西部地区高校网络多媒体教室

资料来源：历年《中国教育统计年鉴》。

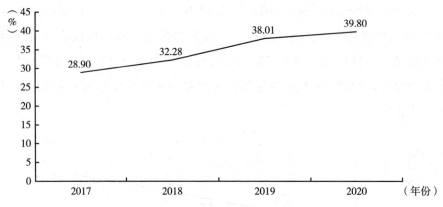

图 5　2017~2020 年西部地区高校无线网络全覆盖的比例

资料来源：历年《中国教育信息化发展报告》。

2. 西部地区高等教育数字化资源投入逐年增加

高校数字化软件已涵盖高校教学、科研、管理等高校主要业务。在西部地区各高校数字化建设过程中，软件建设不断更新。西部地区高等教育信息化设备软件投入从 2011 年的 21 亿元增长到 2020 年的 111 亿元，年均增长率为 20.32%（见图 6）。软件投入的逐年增加使得西部地区高等教育服务能力逐渐增强，从而进一步推动西部地区高等教育质量的提升。

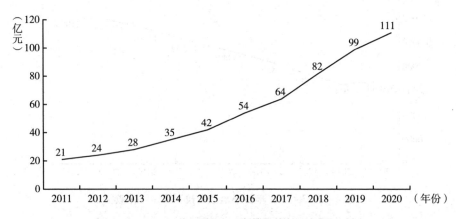

图 6　2011~2020 年西部地区高等教育信息化软件投入

资料来源：历年《中国教育统计年鉴》。

3.西部地区数字化管理水平处于领先位置

数字化管理提升了高等教育的管理效率，促进了数据驱动决策和资源优化配置，推动了高校的创新发展。可以从科研实现数字化管理、教务实现数字化管理以及建有校级数据中心三个方面综合评估高等教育在数字化管理方面的水平和成熟度。西部地区科研实现数字化管理和教务实现数字化管理的高校占比分别为 70.53% 和 66.75%，表现均优于中东部地区，具有一定的优势（见表3）。

表 3 2021 年各地区实现数字化管理的高校比较

单位：%

地区	科研实现数字化管理的高校占比	教务实现数字化管理的高校占比	建有校级数据中心的高校占比
东部地区	68.89	65.17	82.97
中部地区	65.48	57.21	77.34
西部地区	70.53	66.75	79.91
全国	68.65	63.73	80.33

资料来源：2021 年《中国教育信息化发展报告》。

四　数字化驱动西部地区高等教育发展面临的问题

数字化驱动下的高等教育经历了一场从学习革命到质量革命的蜕变，这也是高等教育高质量发展的突破口。然而，现阶段数字化驱动西部地区高等教育发展面临着数字化政策供给不够均衡、数字化基础设施建设水平偏低、数字化资源广度和深度不足、数字化人才培养规模偏小等问题，这些问题成了影响西部地区高等教育高质量发展的瓶颈性问题。

（一）数字化政策供给不够均衡

分析 2012 年至今西部地区高等教育数字化政策，可以发现政策供给不够均衡，导致西部地区各省（区、市）高等教育发展水平差距持续拉大。

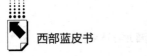

不均衡主要表现在两个方面。一是西部地区各省（区、市）之间政策供给不均衡。从政策分析结果来看，四川、陕西和重庆对数字化驱动高等教育发展的政策供给较为充分，而新疆和西藏的政策供给则明显不足，这主要是西部地区各省（区、市）在资源配置、发展及优先级策略方面的考量的差异带来的。政策供给的不均衡引致区际高等教育发展鸿沟持续加大，西部地区高等教育发展的不均衡和不充分的问题持续加剧。二是现行的政策供给结构也存在不均衡的问题。目前，供给型政策中对师资队伍建设和教育资源建设倾注了大量关注，但对于经费投入的来源、金额和分配方式等方面未有明确部署。这也反映了政策制定过程中各省（区、市）地方财政的压力较大以及各方权责的不明确，导致政策在后续落实上存在障碍。此外，加大需求型政策工具的使用力度，不仅有助于消解政策模糊带来的不确定性，还能够提升政策的执行力[1]，对数字化支撑教育高质量发展具有强大的拉动力。然而从西部地区各省（区、市）的政策文本看，大多省（区、市）倾向于使用环境型和供给型政策工具，对需求型政策工具的使用不够重视，不利于满足高等教育发展中多方利益主体的诉求，更不利于激发高校创新活力。总之，西部地区高等教育在数字化政策供给上的不均衡，拉大了各省（区、市）间高等教育发展的差距，制约了高等教育的多样性发展，因此，亟须政策制定者高度关注这个问题。

（二）数字化基础设施建设水平偏低

数字化基础设施为高等教育创新教学模式、增加学习机会以及推动教育公平奠定了关键基础。近年来，在国家和地方政府的大力支持下，西部地区持续投入建设资金，为高等教育的数字化基础设施建设提供了有力保障。然而，西部地区与东部地区仍存在较大差距。具体来看，西部地区高等教育数字化基础设施与东部的差距主要体现在生均数字终端数和网络多媒体教室占教室总数的比例等方面。2021 年西部地区高校数字终端数的生均拥有量为

---

① 刘名卓、郭赛：《政策导向下数字化教育资源配置研究》，《现代教育技术》2020 年第 8 期。

0.59 台，略高于中部地区的 0.57 台，与东部地区的 0.71 台相比差距较大；从网络多媒体教室占教室总数的比例来看，东部、中部、西部地区分别为 65.25%、59.22%、61.82%（见表4），西部地区虽然稍高于中部地区，但是与东部地区相比仍有较大差距。

表4　2021年各地区高等教育数字终端与网络多媒体教室比较

地区	学生数（人）	数字终端数（台）	生均数字终端数（台）	网络多媒体教室（间）	教室总数（间）	网络多媒体教室占教室总数的比例（%）
东部地区	9803448	6993420	0.71	193153	295999	65.25
中部地区	6901976	3958598	0.57	117983	199215	59.22
西部地区	5557993	3281960	0.59	121050	195795	61.82
总计	22263417	14233978	0.64	432186	691009	62.54

资料来源：2021年《中国教育统计年鉴》。

西部地区高等教育数字化基础设施建设水平偏低，主要表现在数字终端和网络多媒体教室建设等方面相对落后。作为改善信息化环境、促进数字化与高等教育融合的重要载体，数字化基础设施规模的不足，严重制约了高等教育在信息化教学环境、教学过程以及教学能力等维度的进一步发展。究其原因，这可能与西部地区技术市场发育程度和校企联系强度不及东部地区有关。有研究表明，技术市场发育程度和校企联系强度对高等教育数字化有显著的正向影响。[1] 经济发达区域如东部地区数字技术市场发展领先且较为活跃，同时在创新驱动的背景下，东部地区校企联系强度更大[2]，因而带动高等教育数字化基础设施建设更加完备。而西部地区创新驱动和技术发展水平不足，技术市场发育程度和校企联系强度较弱，阻碍了高等教育数字化基础设施建设的步伐。

---

[1] 何声升：《我国数字化与高等教育耦合协调度评价及影响因素研究》，《东北大学学报》（社会科学版）2023年第2期。

[2] 盛彦文、马延吉：《区域产学研创新系统耦合协调度评价及影响因素》，《经济地理》2017年第11期。

（三）数字化资源的广度和深度不足

数字化资源的开发在高等教育发展中亦至关重要，为拓展学习机会、提升教学质量和促进个性化学习提供了关键支持。提升数字化资源开发的数量和质量有助于促进教师教学内容和方法的创新以及学生学习内容和方式的个性化转变，充分发挥教师的主导作用和学生的主体地位。从数字化资源开发数量来看，西部地区高校的生均电子图书、生均电子期刊和生均电子学位论文资源量均不及全国平均水平。西部地区高校的生均电子图书数量约为 111 册，远低于中部地区的 153 册；生均电子期刊数量方面，西部地区为 60 册，高于中部地区，但仅为东部地区的 60%；在生均电子学位论文方面更是差距明显，西部地区仅为 141 册，而东部地区和中部地区分别高达西部地区 2.9 倍和 2.4 倍。（见表 5）。数字化资源开发数量的严重不足，极大地阻碍了西部地区高等教育的发展。

表 5　2021 年各地区生均数字化资源开发数量比较

单位：册，篇

地区	生均电子图书	生均电子期刊	生均电子学位论文
东部地区	117	100	414
中部地区	153	35	338
西部地区	111	60	141
全国均值	127	70	367

资料来源：2021 年《中国教育统计年鉴》。

根据 2020 年（第一批）和 2023 年（第二批）教育部认定并公布的国家级本科线上一流课程和虚拟仿真实验教学一流课程数据，西部地区高校第一批国家级本科线上一流课程数量为 289 个，仅占全国总课程数量的 15%，仅约为东部地区的 1/4；西部地区高校第一批虚拟仿真实验教学一流课程数量为 118 个，占全国总数的 16%，由此可见，在优质数字化资源的开发方面，西部地区远远落后于中、东部地区。在第二批公布的名单中，西部地区国家级本科线上一流课程的数量为 201 个，占比与第一批相比有所提高，上升到 18%；虚拟仿真实验教学一流课程数量也从第一批的 16% 上升到第二批的 18%。2020 年到 2023 年，西部地区无论是线上一流课程还是虚拟仿真实验教学一流课程的占比均得到了一定提高，但与其他地区相比仍有较大的差距（见表6）。

表6　2020 年、2023 年各地区国家级本科线上一流课程和虚拟仿真
实验教学一流课程比较

地区	线上一流课程					虚拟仿真实验教学一流课程				
	数量（个）		占比（%）		占比增长（个百分点）	数量（个）		占比（%）		占比增长（个百分点）
	2020 年	2023 年	2020 年	2023 年		2020 年	2023 年	2020 年	2023 年	
东部地区	1137	656	61	60	−1	431	271	59	57	−2
中部地区	447	238	24	22	−2	179	117	25	25	0
西部地区	289	201	15	18	3	118	84	16	18	2
总计	1873	1095	100	100	—	728	472	100	100	—

资料来源：国家级一流本科课程名单。

西部地区数字化教育资源在广度和深度上的不足，具体表现为教育资源供给缺乏且教育资源质量参差不齐，这一方面可能源于对资源审查与评估的忽视[1]，另一方面可能由于政府未能提供有针对性的指引和支持[2]，从而加大了数字化教育资源开发及其质量提升的难度。此外，市场机制的不完善和市场参与度的不足也在一定程度上制约了数字化资源的广度扩展和质量提升。[3]

（四）数字化人才培养规模偏小

数字化不仅改变了经济和社会的运作模式，同时也重塑了高等教育对人

---

[1]　刘名卓、郭赛：《政策导向下数字化教育资源配置研究》，《现代教育技术》2020 年第 8 期。

[2]　陈明选、冯雪晴：《我国数字教育资源供给现状与优化策略》，《电化教育研究》2020 年第 6 期。

[3]　高铁刚、张冬蕊、耿克飞：《数字教育资源公共服务供给机制研究——基于 1996—2018 年教育信息化政策变迁的研究》，《电化教育研究》2019 年第 8 期。

才培养的标准。数字化时代下的人才不仅需要具备传统的专业知识,还需要掌握大数据、5G 通信、区块链等前沿数字技术,以解决更为复杂的现实问题。培养数字人才的关键在于高校不断完善相应的学科体系。① 《中国数字经济发展指数报告》将数字化人才培养的专业分为新兴数字化人才培养专业(人工智能、区块链、云计算、大数据、物联网、数字经济、金融科技等)和传统数字化人才培养专业(计算机、电子、通信、信息工程、集成电路、电信、软件等)。因此,比较新兴数字化人才培养专业和传统数字化人才培养专业的设立情况,可以有效衡量西部地区高校人才培养专业设置的水平,进而反映数字化人才培养的规模。

现阶段,西部地区高校开设传统数字化人才培养专业的高校占比为 31.68%,低于东部地区(39.62%)和中部地区(39.38%);开设新兴数字化人才培养专业的高校占比也仅为 25.33%,远低于东部地区的 35.06% 和中部地区的 32.46%,西部地区高校开设新兴数字化人才培养专业的规模不仅低于东、中部地区,与同时期西部地区高校开设传统数字化人才培养专业的规模相比也存在较大差异(见图 7)。数字化人才培养规模不足,不仅不利于高等教育基本职能的发挥,也制约了数字化时代下经济和社会发展的人才支撑水平。究其原因,除了在教育资源、经费投入以及师资力量等方面受限②,专业体系建设周期性不足也是一大重要原因。数字化人才是长期投入和持续培养的综合结果,然而随着经济社会和技术的发展,原有工业化时代下细化的学科划分尚未及时得到调整,导致人才培养质量与产业需求的匹配度不高。③ 因此,西部地区应结合产业需求,尽快增设与数字经济相关的专业或调整现有专业结构以支持新技术发展和提供市场所需的数字化人才。

---

① 朝乐门、邢春晓、王雨晴:《数据科学与大数据技术专业特色课程研究》,《计算机科学》2018 年第 3 期。

② 曾燕:《数字经济发展趋势与社会效应研究》,中国社会科学出版社,2021。

③ 李佩洁、王娟:《高校数字人才培养体系建设现状与展望》,《社会科学家》2021 年第 8 期。

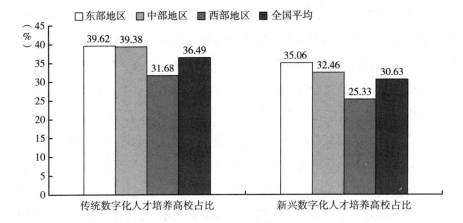

图7　东、中、西部地区高校传统数字化人才专业和新兴数字化人才专业设置对比

资料来源：中国教育在线网。

五　数字化驱动西部地区高等教育发展的对策建议

本文在分析了数字化驱动西部地区高等教育的成效、面临的问题和成因等的基础上，进而探索数字化驱动西部地区高等教育发展的对策和建议，以期推动西部地区高等教育的高质量发展。

（一）强化政策顶层设计，补齐西部地区高等教育数字化政策供给短板

首先，构建全方位、多层次、宽领域的政策合作机制。在中央与西部地区之间建立一种互补互通的政策体系，旨在以全面协同的方式推进西部地区的高等教育数字化进程。在此基础上，应就教育资源供给、资金投入保障、人才培养模式创新等方面设计高效的合作机制，以解决资源供给不充分和人才支撑不足等关键问题。其次，合理配置政策工具的内部结构，促进政策工具间的互补。从政策分析来看，西部地区各省（区、市）在数字化驱动高等教育发展的政策文本中倾向于使用供给型和环境型政策工具，对于需求型

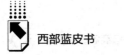

政策工具的使用有所忽视。因此，为促进教育数字化创新应用，尤其是要探索需求型政策工具与其他类型政策工具的叠加使用，以激发多种政策工具间的合力。具体来说，不仅要在供给方面加大数字化资源支持力度，也要在环境方面保障相关标准和制度的落实，还应从需求角度推进优质资源的共享交流，以解决资源供需匹配问题。同时，针对西部地区的特殊地理和经济环境，应出台更多的倾斜性政策，鼓励优质资源向西部地区流动，以推动西部地区高等教育资源的合理配置和均衡发展，从而确保西部地区高等教育数字化建设的全面性。最后，在加强政策供给的同时，还应注重监测其执行力度和评估实施效果。建立和完善政策执行的监督机制，通过对实施成效的量化和实地考察等手段，定期对政策执行情况进行评估和反馈，以便及时调整政策内容，更好地服务西部地区高等教育的发展。

（二）全力推进国家与西部地区联动，助力西部地区高等教育数字化基础设施建设

应联合中央和西部各省（区、市）的力量，集中优势资源，通过多方合作助力西部地区高等教育数字化基础设施建设。首先，促进各地区数字技术市场的资源整合与协作，培育西部地区高等教育数字技术市场。促进中央与西部各省（区、市）在人才、资金和科技创新等方面的资源整合，通过深度合作共同推进数字化基础设施的技术研发和应用。鼓励西部地区数字化企业研究并开发针对本地区高等教育场景的应用设备和技术，降低高校建设和使用技术的壁垒和门槛。其次，积极推动校企深度合作，促进高等教育数字化基础设施的更新。具体来说，高校通过与拥有先进数字化设备和尖端数字化技术的企业合作，引进最新的数字化网络设备和技术，与企业开展联合研发、共享资源和技术转让等，保障西部地区高等教育数字化基础设施的领先性。最后，提升数字化基础设施的使用和管理能力。在基础设施的日常使用和维护过程中应设法保证其有效运行，并通过培训相关技术人员、引入先进的管理理念和方法、建立有效的监测评估体系等方式，提高数字技术吸收能力，实现西部地区高等教育数字化高效运行。

（三）优化供给机制和强化监管与评估，提升西部地区高等教育数字化教育资源的广度与深度

优化供给机制和强化监管与评估是保障西部地区高等教育数字化教育资源广度（数量）和深度（质量）的两大重要策略。在优化供给机制方面，首先，强化资源供给的资金保障。加大财政投入，激发资源供给主体的积极性，破解经济落后省（区、市）数字化教育资源供给体系不完善和服务能力不足的问题。同时提供良好的政策环境以鼓励和推动数字化高等教育资源的开发和创新。其次，大力建设数字教育资源共享平台，避免数字化资源的重复建设，降低成本和资源浪费，以提高资源开发和利用的效率和精准度。在强化监管与评估方面，应形成一套科学且实用的教育资源评估工具，通过制定系统的资源审核与评估机制，从源头防止低质量的教育资源流通，为提升数字化教育资源质量筑牢堤坝。同时，应建立能够及时反馈并促使资源提供者改进的反馈机制，以督促教育资源的持续优化。

（四）优化西部地区高等教育数字化学科结构，补齐数字化人才培养短板

数字化背景下，西部地区高等教育应加强数字化学科建设，强化数字化人才队伍建设，积极应对经济社会发展对人才创新能力的新要求，[①] 逐步改变当前数字化人才培养短缺的局面。首先，高校应进一步加强数字化学科建设。高校在构建学科体系时，需将数字化人才培养与实际的数字化需求紧密结合，设置真正符合市场需求的一级学科，以确保所培养的人才能够满足数字经济社会发展的需要。同时，考虑到数字化的跨学科特性，相关二级学科或者交叉学科能够极大地丰富学科的内涵，并且满足社会对于复合型数字化人才的需求，因此引入二级学科或交叉学科也变得尤为重要。此外，为了确

---

① 姚聪莉、任保平：《创新人才培养的逻辑及其大学教育转型》，《中国高等教育》2012 年第7 期。

保学科发展的可持续性，还应建设完善的产学研体系，推动高校与企业、科研机构之间的紧密合作，进一步打通学科建设与社会实际需求之间的联系，以促进教育与经济的协同发展。其次，高校应着力强化数字化人才队伍的建设。高质量的师资力量是提升教育质量的关键，因此，高校需采用多渠道增加师资力量的补给：一是扩充招聘渠道，吸引全国乃至全球范围内不同领域的优秀师资；二是实施专业培养，通过定期的技术培训提升现有教师队伍的数字素养；三是与其他高校或科研机构建立战略伙伴关系，通过教师借调实现优质师资互通共享。

B.11
数字化驱动西部地区职业教育发展

梁　炜*

摘　要： 数字化驱动职业教育发展是指在新发展格局下，职业教育深度对接数字经济、"中国智造"和技能强国发展需求，通过数据智能驱动职业教育的目标价值、培养规格、培养模式、课程体系、教学方式等全方位转型发展。"十三五"以来，西部地区职业教育数字化体制机制逐步健全、职业教育衔接性逐步改善、数字经济相关专业培养规模不断扩大、数字教学资源拥有量显著提升、数字化教学环境建设成效显著、智慧教育资源共享体系初步建成，但也存在职业教育对区域数字经济发展的适切性较为薄弱、职业教育数字化转型落后于东部地区、政府财政投资力度相对不足、教育层次间资源不均等化仍然存在、区域内职业教育发展不均衡现象十分突出、数字化校园治理水平有待提高等问题。面对数字经济发展的新契机、新需求和新挑战，本报告从顶层设计的强化、职业教育新基建的推进、"三教"改革和数字化管理队伍的培养、人才培养方案和课程体系的修订等几个方面提出对策建议。

关键词： 西部地区　数字化　职业教育

随着新一轮科技革命和产业变革的加速推进，数字技术正以新理念、新业态、新模式全面融入人类经济、政治、文化、社会、生态文明建设各领域

---

* 梁炜，博士，西北大学公共管理学院讲师，研究方向为教育经济与管理、科技创新。

和全过程，给人类生产生活带来广泛而深刻的影响。数字化高素质人才是创新驱动的核心要素和数字化转型的第一资源，然而根据《中国ICT人才生态白皮书》，我国数字化人才整体供需缺口呈持续扩大的趋势，云计算、大数据、物联网、人工智能、5G/6G等新兴技术的人才供给不足情况突出，特别是技能人才缺口形势更加严峻，对以培养目标职业来定向性满足区域经济社会需求的职业教育提出了新的更高要求。[①]

数字化驱动职业教育发展是指在新发展格局下，职业教育深度对接数字经济、"中国智造"和技能强国发展需求，通过数据智能驱动职业教育的目标价值、培养规格、培养模式、课程体系、教学方式等全方位转型发展，切实增强职业教育的服务能力和社会适应性。西部地区推进数字化驱动职业教育发展，不仅有利于在较少依赖经济主体要素积累的知识经济"新赛道"抢抓新机遇、实现"弯道超车"，还有利于消除劳动力结构性矛盾、释放经济发展潜力。基于此，本报告对西部地区"十三五"以来数字化驱动职业教育的进展、成效与问题进行系统梳理，并深入分析发展面临的机遇和挑战，在此基础之上提出具有针对性的政策建议，为西部地区推进现代职业教育高质量发展、助力新时代推进西部大开发形成新格局提供参考。

一 数字化驱动西部地区职业教育发展的进展与成效

职业教育是国民教育体系和人力资源开发的重要组成部分，包括中等教育、高等教育专科和高等教育本科[②]，作为对接产业最密切、服务经济最直接的教育类型，肩负着培养多样化人才、传承技术技能、促进就业创业的

---

① 梁炜、贾腊江：《陕西职业教育与区域经济发展的相互促进作用研究》，《技术与创新管理》2015年第2期。

② 我国大学专科教育包括高等职业院校和高等专科院校，毕业生均获得大学专科学历。为保持数据一致性，本报告对高等教育层级的职业教育统计口径为高等职业院校，对中等教育层级的职业教育统计口径为中等职业学校（机构）。

重要职责①。尽管西部地区经济发展不均衡和相对低水平，对职业教育数字化转型的支撑有限，但近年来数字化驱动职业教育发展仍取得了显著进展。

（一）职业教育数字化体制机制逐步健全

我国把职业教育作为与普通教育同等重要的教育类型，近年来不断加强政策供给、完善体制机制改革，特别是将数字化作为制度创新的重点内容，明确了数字化建设的相关内容、相关标准与规范以及管理与激励政策，为数字化驱动职业教育发展提供了丰富的政策引领和制度基础。西部地区各省（区、市）同样加大职业教育信息化、数字化建设力度，逐步建立健全体制机制，目前已出台了一系列职业教育数字化建设相关政策（见表1）。然而不应忽视的是，陕西、四川等高教大省尚未出台明确的职业教育数字化相关文件。

表 1　西部地区各省职业教育数字化建设相关政策

区域	文件名称	成文日期
广西	《广西壮族自治区人民政府办公厅、教育部办公厅关于贯彻全国职业教育工作会议精神深化共建国家民族地区职业教育综合改革试验区实施方案的通知》	2015 年 8 月 10 日
	《教育部、广西壮族自治区人民政府关于印发推动产教集聚融合打造面向东盟的职业教育开放合作创新高地实施方案的通知》	2023 年 4 月 19 日
重庆	《教育部、重庆市人民政府关于推动重庆职业教育高质量发展促进技能型社会建设的意见》	2021 年 11 月 4 日
贵州	《教育部、贵州省人民政府关于建设技能贵州推动职业教育高质量发展的实施意见》	2021 年 12 月 4 日
甘肃	《甘肃省人民政府办公厅、教育部办公厅关于印发〈甘肃省人民政府教育部共建国家职业教育助推城镇化建设改革试验区实施方案〉的通知》	2016 年 5 月 30 日
	《教育部、甘肃省人民政府关于整省推进职业教育发展打造"技能甘肃"的意见》	2020 年 7 月 27 日
新疆	《教育部关于推进新疆中等职业教育发展的意见》	2012 年 4 月 16 日

①　《中共中央办公厅　国务院办公厅印发〈关于推动现代职业教育高质量发展的意见〉》，教育部网站，http://www.moe.gov.ch/jyb_ xxgk/moe_ 1777/moe_ 1778/2021.10/t2021\012_ 571737.html。

（二）职业教育衔接性逐步改善

现代职业教育体系是职业教育与普通教育横向融通、中高职纵向贯通，具有适应需求、有机衔接、多元立交特点的教育体系，特别是在中职毕业生以升学为主的背景下，应大力发展中高职贯通、中本贯通培养模式。[①] 近年来，西部地区高等职业教育招生规模稳步扩大，有利于因地制宜培养大量生产经营管理一线所需要的高素质岗位型、技能型、操作型人才。2015年西部地区中职、高职专科、高职本科招生人数比为2.42∶1∶0，2020年为1.33∶1∶0，2021年为0.94∶1∶0.009（见表2）。纵向来看，西部地区中职与高职贯通路径逐渐顺畅，中职、高职趋于协调，值得注意的是，高职专科与高职本科之间的衔接仍有待增强。

表2 2015～2021年西部地区及全国职业教育招生人数

单位：人

教育层次	区域	2015年	2016年	2017年	2018年	2019年	2020年	2021年
中等职业教育	西部地区	1597721	1519423	1467828	901016	1456739	1567005	1510659
	全国	4798174	4661428	4515235	4285024	4574121	4846056	4889890
高等职业教育专科	西部地区	660043	690523	752078	805435	1100621	1174277	1609472
	全国	2627010	2624755	2719629	2930186	3886856	4272019	5525801
高等职业教育本科	西部地区	0	0	0	0	0	0	14337
	全国	0	0	0	0	0	0	41381

（三）数字经济相关专业培养规模不断扩大

在职业教育培养规模总体扩大的基础上，数字经济相关专业培养规模同样不断扩大。具备数字化相关知识结构和动手能力的人才是数字经济发展的关键核心驱动力，西部地区各省（区、市）适应数字经济发展的总体趋势，不断加大对相关专业技能型人才的培养力度，一定程度上加强了对

---

① 艾萍娇：《推动中高职贯通衔接培养势在必行》，《光明日报》2023年1月10日。

区域经济社会数字化转型的人才支撑和贡献。根据各省（区、市）历年高校毕业生就业质量报告相关数据，各省（区、市）电子信息大类高职专科毕业生的规模和就业率均有不同程度的提高。例如，陕西 2021 届电子信息大类高职专科毕业生共 1.4 万余人，就业率为 91.31%，位居 19 个专业大类之首，相较于 2020 届进步显著，2020 届电子信息大类高职专科毕业生 1.2 万余人，就业率仅为 83.79%；广西 2022 届电子信息大类高职专科毕业生共 2.38 万人，远高于 2020 届的 14.23 万人；重庆 2021 届电子信息大类高职专科毕业生共 1.84 万人，就业率为 95.38%，分别高于 2020 届的 1.51 万人和 94.09%；贵州 2022 届电子信息大类高职专科毕业生共 1.65 万余人，就业率为 84.99%，同样分别高于 2021 届的 1.2 万余人和 84.3%。这些数据表明西部地区职业教育培养和输送了越来越多的数字经济技能型人力资源。

（四）数字教学资源拥有量显著提升

"十三五"以来，职业院校数字教学资源拥有量显著提升，包括较大规模的数字资源和职业教育仿真实训资源[1]（见表3、表4），数字化学习逐步呈现常态化。例如，2021 年西部地区中等职业教育的电子图书拥有量为 82862431 册，经过十余年的建设发展，相比 2010 年拥有量提升了 39 倍。职业教育仿真实训软件的开发和应用对于职业教育至关重要，根据统计数据，西部地区的职业教育仿真实训软件资源较具规模，能够对学生职业技能学习过程中高损耗、高风险、难实施、难观摩、难再现等问题的解决发挥出积极效用。[2] 从拥有规模来看，高等职业教育专科的数字资源拥有量整体高于中等职业教育和高等职业教育本科，而高等职业教育本科的数字资源拥有量最少。

---

[1] 根据中国教育统计年鉴相关数据统计得出。

[2] 韩锡斌、杨成明、周潜：《职业教育数字化转型：现状、问题与对策》，《中国教育信息化》2022 年第 11 期。

表3 2021年西部地区数字资源拥有量情况

教育层次	电子图书(册)	电子期刊(册)	学位论文(册)	音视频(小时)
中等职业教育	82862431	18298030	13797896	791477.65
高等职业教育专科	177743051	30400000	439309153	9866750.47
高等职业教育本科	6577662	387580	9183536	82779.00

表4 2021年西部地区职业教育仿真实训资源量拥有量情况

教育层次	仿真实验软件(套)	仿真实训软件(套)	仿真实习软件(套)
中等职业教育	9862	17550	2876
高等职业教育专科	5877	25744	6869
高等职业教育本科	617	1392	514

(五)数字化教学环境建设成效显著

信息技术手段应用的不断深化,对职业教育数字化教学环境的支撑作用提出了更高要求。数字化教学环境包括计算机等终端、网络多媒体教室、智能教室、虚拟仿真实训环境等。"十三五"以来,西部地区职业教育数字化教学环境建设成效显著,为数字化教学发展奠定了良好基础。以中等职业教育为例,"十三五"期间,计算机和网络多媒体教室规模整体稳步上升,2021年计算机台数与2010年相比约增加0.5倍,网络多媒体教室与2015年相比约增加0.6倍。网络多媒体教室占总教室的比例从2015年的29.84%快速上升至2021年的61.55%,这表明近年来西部地区职业院校对数字化教学环境建设的重视程度及使用意愿大幅度提升。在数字化驱动职业教育发展过程中,教学环境和基础设施的数字化转型将发挥重要的基础支撑作用。

(六)智慧教育资源共享体系初步建成

2022年3月,国家智慧教育公共服务平台正式上线,国家职业教育智慧教育平台是其中4个模块之一。截至2023年7月底,西部地区12个省(区、市)共建设专业资源库12105条,在线精品课1783门,视频公开课

85 门，虚拟仿真软件（模型）242 套，教师能力提升中心课程 4 门，教材资源 313 个，覆盖 600 个职业教育专业，初步建成了国家、省（区、市）、校三级互补的优质专业与课程资源共建共享体系，形成了职业教育数字化"1+5"体系，即职业教育决策大脑系统和决策支持中心、专业教学资源中心、精品在线开放课程中心、虚拟仿真实习实训中心、职业学校治理能力提升中心。①

二 数字化驱动西部地区职业教育发展的现实问题

（一）职业教育对区域数字经济发展的适切性较为薄弱

近年来西部地区高等职业教育发展迅速，但与东部、中部地区仍有较大差距。2016~2021 年各区域中等职业教育毕业人数如图 1 所示，近年来各区域中等职业教育毕业人数均有所下降，西部地区下降幅度最大，同时规模一直小于东部地区，中等职业教育规模的萎缩表明为地方培养的中初级技术技能人才减少。2016~2021 年各区域高等职业教育专科毕业人数如图 2 所示，各区域高等职业教育专科毕业人数在波动中缓慢下降，西部地区规模始终小于东部、中部地区。当前国家大力统筹促进产业有序向西转移，特别是在西部地区省（区、市）增加汽车及零部件制造、智能化绿色化纺织服装加工、家电及消费电子产品制造等产业条目，初级技术技能人才的减少不利于西部地区提升承接产业转移的竞争力。

（二）职业教育数字化转型落后于东部地区

尽管"十三五"以来，西部地区的职业教育数字化建设有了长足进步，但与东部地区相比，数字教学资源的各项指标仍相对落后，使得职业教育数字化人才培养的可持续性难以保障。

---

① 根据国家职业教育智慧教育平台（https：//vocational. smartedu. cn/）网站相关数据统计得出。

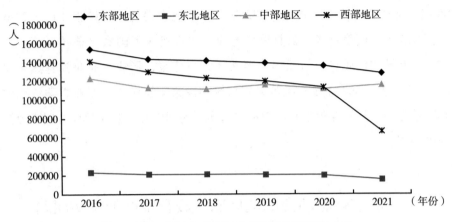

图1　2016~2021年各区域中等职业教育毕业人数

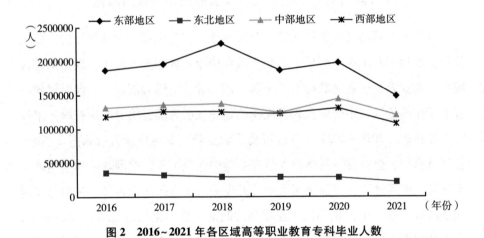

图2　2016~2021年各区域高等职业教育专科毕业人数

1.智慧教育资源共享体系建设与东、中部地区差距较大

从智慧教育资源共享体系建设情况来看（见图3），东部地区除了在虚拟仿真软件/模型方面弱于中部地区，其专业资源库、在线精品课、视频公开课、教师能力提升中心课程和教材资源的建设规模相对于其他几个区域均具有绝对优势，而西部地区以上智慧教育资源共享建设规模均与东部地区有较大差距。西部地区智慧共享资源建设刚刚起步，仍需加大建设力度。

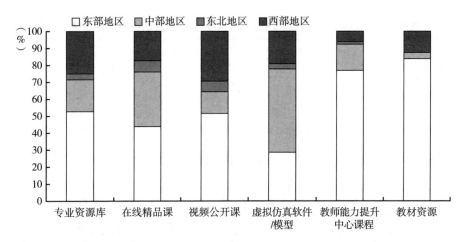

图3　各区域智慧教育资源共享体系建设情况（截至 2023 年 7 月底）

2. 数字教学资源拥有量远低于东部地区，部分指标低于中部地区

2021 年各区域高等职业教育本科、专科及中等职业教育的数字教学资源拥有量情况如表 5~10 所示。西部地区与东部地区的差距同样体现在数字资源建设方面。从规模上来看，东部地区各个层次职业教育的数字教学资源拥有量均远高于其他三个区域，西部地区中等职业教育的数字教学资源拥有量大部分指标高于中部地区、东北地区，但高等职业教育专科的数字教学资源拥有量低于中部地区。从生均指标来看，西部地区的优势减弱，甚至部分指标远低于中部地区、低于东北地区。

表5　2021 年各区域高等职业教育本科在校生数字资源拥有量情况

地区	电子图书（册）		电子期刊（册）		学位论文（册）		音视频（小时）	
	规模	生均	规模	生均	规模	生均	规模	生均
东部地区	10153260	167.61	3358974	55.45	21851615	360.72	142953.95	2.36
东北地区	130000	47.69	491927	180.46	88000	32.28	343545	126.03
中部地区	5456356	214.34	291904	11.47	11278279	443.05	186636.5	7.33
西部地区	6577662	162.26	387580	9.56	9183536	226.55	82779.00	2.04

表6　2021年各区域高等职业教育本科在校生仿真实训资源量拥有量情况

地区	仿真实验软件（套）		仿真实训软件（套）		仿真实习软件（套）	
	规模	生均	规模	生均	规模	生均
东部地区	800	0.013	2237	0.037	80	0.001
东北地区	2	0.001	43	0.016	0	0.000
中部地区	227	0.009	1289	0.051	57	0.002
西部地区	617	0.015	1392	0.034	514	0.013

表7　2021年各区域高等职业教育专科在校生数字资源拥有量情况

地区	电子图书（册）		电子期刊（册）		学位论文（册）		音视频（小时）	
	规模	生均	规模	生均	规模	生均	规模	生均
东部地区	231304341	40.67	576964498	101.44	1047329331	184.15	13377034.08	2.35
东北地区	27168523	27.22	6266470	6.28	100747545	100.95	1423375.64	1.43
中部地区	476805149	102.02	43446201	9.30	461732500	98.80	6217779.42	1.33
西部地区	177743051	39.13	30400000	6.69	439309153	96.72	9866750.47	2.17

表8　2021年各区域高等职业教育专科在校生仿真实训资源量拥有量情况

地区	仿真实验软件（套）		仿真实训软件（套）		仿真实习软件（套）	
	规模	生均	规模	生均	规模	生均
东部地区	11441	0.002	39991	0.007	4471	0.001
东北地区	1297	0.001	5937	0.006	668	0.001
中部地区	1041097	0.223	26275	0.006	346831	0.074
西部地区	5877	0.001	25744	0.006	6869	0.002

表9　2021年各区域中等职业教育在校生数字资源拥有量情况

地区	电子图书（册）		电子期刊（册）		学位论文（册）		音视频（小时）	
	规模	生均	规模	生均	规模	生均	规模	生均
东部地区	101118237	22.06	3690359	0.81	80182549	17.49	2265818.21	0.49
东北地区	10702483	18.60	156256	0.27	40254	0.07	70573.5	0.12
中部地区	62375391	15.75	2002947	0.51	5407578	1.37	1046384.66	0.26
西部地区	82862431	20.73	18298030	4.58	13797896	3.45	791477.65	0.20

表10 2021年各区域中等职业教育在校生仿真实训资源量拥有量情况

地区	仿真实验软件（套）		仿真实训软件（套）		仿真实习软件（套）	
	规模	生均	规模	生均	规模	生均
东部地区	33802	0.007	62900	0.014	4588	0.001
东北地区	554	0.001	2022	0.004	353	0.001
中部地区	4111	0.001	12365	0.003	2674	0.001
西部地区	9862	0.002	17550	0.004	2876	0.001

（三）政府财政投资力度相对不足，教育层次间资源不均等化仍然存在

根据2019~2021年《全国教育经费执行情况统计表》相关数据（见图4），全国中等职业教育生均一般公共预算教育经费并无明显提升，甚至多数省（区、市）生均经费有所下降。而西部地区除西藏外，生均经费整体较低。有限的财政投入制约了西部地区职业教育的转型发展。

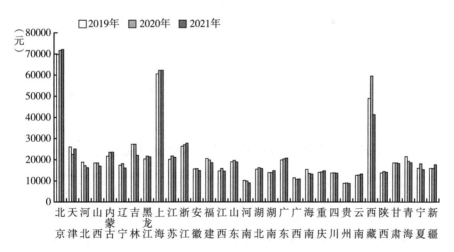

图4 2019~2021年各区域中等职业教育生均一般公共预算教育经费

同时，西部地区数字教学资源拥有量在不同教育层次间存在严重的失衡问题。无论是数字资源还是仿真实训资源，中等职业教育的生均拥

有量都远低于高等职业教育本科（见图5），西部地区对中等职业教育数字化建设不足、投入过低。随着我国中等职业院校布局的重整与优化，部分中职院校被撤销、停办或合并，但这不代表中等职业教育的投入及数字化转型由此停滞，中等职业教育和高等职业教育专科理应迈入提质培优新阶段。

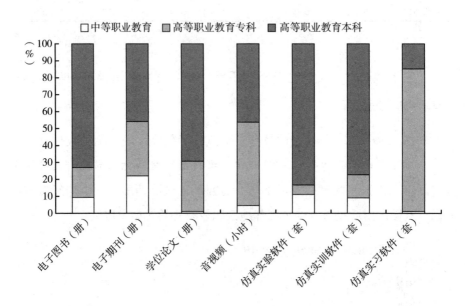

图5 2021年西部地区不同职业教育在校生生均数字资源拥有量对比情况

（四）区域内职业教育发展不均衡现象仍十分突出

受地理交通、经济社会、科技文化、产业环境等多因素的影响，西部地区职业教育发展不均衡现象仍十分突出。西部地区各省（区、市）智慧教育资源共享体系建设情况如表11所示，截至2023年7月，重庆、四川、陕西、广西依托丰富的教育资源，其智慧教育资源共享体系建设步伐较大，不仅共享资源门类齐全，建设规模也远超其他省（区、市）；内蒙古、西藏、甘肃、宁夏、新疆等省（区、市）不仅类型不全，建设速度也落后于其他省（区、市）。总体来看，西部地区智慧教育资源共享体系建设刚刚起步，要取得快速长足进步，一方面需要持续加大稳定的经费投入，另一方面也需要积极旺盛的行业企业需求作为牵引。

表11　西部地区各省（区、市）智慧教育资源共享体系建设情况

省(区、市)	专业资源库（条）	在线精品课（门）	视频公开课（门）	虚拟仿真软件/模型（套）	教师能力提升中心课程(门)	教材资源（个）
内蒙古	528	96	1	—	—	—
广　西	1512	147	15	20	—	—
重　庆	2485	447	21	49	1	313
四　川	2018	352	11	37	—	—
贵　州	578	46	4	13	1	—
云　南	893	143	3	15	—	—
西　藏	275	7	—	—	—	—
陕　西	1823	365	21	68	2	—
甘　肃	430	140	—	—	—	—
青　海	241	8	5	30	—	—
宁　夏	461	5	—	2	—	—
新　疆	861	27	4	8	—	—
合　计	12105	1783	85	242	4	313

（五）数字化校园治理水平有待提高

数字化驱动校园治理模式和流程再造能够为职业院校治理体系与治理能力的现代化提供有力支撑。尽管西部地区大部分职业院校使用管理信息系统进行管理与服务，但建成符合教育部《职业院校数字校园规范》标准的教学模式和管理服务技术系统的职业院校仍居于少数。调查数据显示，在当前职业院校建设的信息化管理系统中，支持作用最为显著的方面集中于优化管理流程、规范管理制度、提高管理效率，但对于优化资源配置以及提高管理决策科学性与决策水平方面的支撑作用尚显薄弱。①

---

① 韩锡斌、杨成明、周潜：《职业教育数字化转型：现状、问题与对策》，《中国教育信息化》2022年第11期。

三 数字化驱动西部地区职业教育发展的外部环境分析

与其他类型的教育不同，职业教育对外部因素的依赖性更大。[1] 产业结构的转型、数字技术的创新、数字基础设施的建设均对技能型人力资本的形成与配置提出了新要求，成为数字化驱动西部地区职业教育发展的关键外部因素。

（一）数字经济的推进和产业结构的升级对技能型人才的需求不断加大

产教融合是衡量职业教育改革成效的重要标志，应从战略高度认识职业教育人力资本培养和形成的社会适应性。从 2020 年全球岗位需求变化排名中可以看到，增速最快的新兴岗位排名前 20 的均为数字经济技能相关岗位[2]，数字经济的推进和产业结构的升级需要大量与云计算、大数据、物联网、人工智能、5G/6G 等新兴技术相关的高水平创新型人才和技能型人才，职业教育层次结构和专业结构亟须与之紧密对应。同时，随着数字经济企业在一、二线城市的快速扩张和行业竞争的加剧，大量数字经济企业开始将业务拓展至三、四线城市，而西部地区绝大多数城市属于三、四线城市，数字经济商业市场的下沉必将带来人才需求的下沉和转移。

（二）以"东数西算"工程为代表的国家战略布局为数字化驱动职业教育跨越发展提供了良好契机

作为国家级算力资源跨域调配战略工程，"东数西算"工程实现了网络、算力调度、产业链、数据要素治理等各方面资源的东西部地区统筹协同，能够促进西部地区数字基础设施实现跨越式发展。目前，国家已在内蒙古、贵州、甘肃、宁夏等地设置国家算力枢纽节点，部分数字经济企业已通

---

[1] 丁雅诵：《推进职业教育高质量发展》，《人民日报》2021 年 2 月 26 日。
[2] 世界经济论坛：《2020 年未来经济就业报告》。

过在西部地区部署数据中心或购买西部地区数据中心云服务实现运营。据测算，算力规模对于 GDP 增长具有显著的拉动作用，全球算力规模平均每年增长 34%，能够拉动数字经济规模增长 8%，GDP 增长 4%。[①] "东数西算"工程的国家布局加快了算力基建化，对于带动西部地区的产业转型、就业增长和经济高质量发展具有窗口机遇的重要意义。

（三）西部地区有限的教育财政投入制约了职业教育的可持续发展

在看到机遇的同时，也不应忽视西部地区经济发展活力不足，产业布局匹配不佳，地方财政对教育发展特别是职业教育的支撑不足，无法为职业教育数字化提供充足的资金支持，甚至某些中等职业教育院校的数字化基础设施都难以得到有效保障。如果仍按照传统投入—产出模式，职业教育数字化的"弯道超车"式发展将难以实现。

四 数字化驱动西部地区职业教育发展的对策建议

美国学者伯纳德·L. 温斯坦博士在研究西方国家发展的普遍规律时得出结论："西方的经验有力地证明，一个健全的中等教育和职业教育体系，是一个比高等教育还要关键的因素。"数字化背景下大力推进职业教育的转型发展，不仅是深化教育领域综合改革、建立完善高质量教育体系的必由之路，更是推进中国式现代化的必要举措。西部地区职业教育发展面临"提质培优"、"适度扩张"和"结构调整"三重叠加任务，数字化驱动职业教育发展的核心在于重构职业教育教育生态。[②] 面对数字经济发展的新契机、新需求和新挑战，本报告提出数字化驱动西部地区职业教育发展的几点建议。

[①] 中国信息通信研究院：《中国算力发展指数白皮书（2022 年）》。

[②] 本刊编辑部：《把握数字化契机推动现代职业教育高质量发展——专访教育部职业教育与成人教育司司长陈子季》，《中国职业技术教育》2022 年第 13 期。

（一）以增强职业教育的社会适应性为目标，强化西部地区数字化驱动职业教育发展的顶层设计

智能化生产系统对技术技能人才工作模式产生了诸如工作过程去分工化、人才结构去分层化、技能操作高端化、工作方式研究化及服务与生产一体化等一系列根本性影响。① 因此，数字化驱动职业教育发展的出发点和基本归宿在于培养适应"数字变革""工业4.0"时代职业需求的高素质技能型人才。以此为目标，第一，国家和西部地区各省（区、市）教育主管部门应针对西部地区的发展需求、外部环境和要素禀赋制定数字化驱动职业教育发展"一张图"，制定具有前瞻性的职业教育数字化转型指导意见和实施方案，明确指导思想、主要目标、基本原则、重点任务及保障措施等；第二，给予西部地区职业教育数字化项目一定的政策倾斜，西部偏远地区的职业院校，尤其是中职学校在数字化基础设施建设、人员信息化能力发展等方面欠账较多，仅凭自身能力难以追赶东部地区的发展步伐，需要给予特别的政策支撑和经费保障，对西部地区职业教育特别是中等职业教育进行分类管理；第三，打造政、产、学、研、教、投协同体系，联动政府、学校、企业、行业协会、金融机构等多主体参与，并划定职能范围和责任边界，优化职业教育与产业的对接机制和供给体系；第四，制定适应新时代西部大开发形势的职业教育数字化转型标准，规范、引导职业院校在数字化时代开展各项工作。

（二）以推进职业教育新基建为手段，构建高质量职业教育支撑体系

职业教育新基建是教育新基建的重要组成部分，是集职业教育信息网络、平台体系、数字资源、智慧校园、创新应用、可信安全等于一体的新型基础设施体系，是加快推动现代化教育高质量发展的必要支撑。第一，对于财政收入本就相对有限的西部地区，仅靠加大政府投入推动职业教育新基建

---

① 徐国庆：《智能化时代职业教育人才培养模式的根本转型》，《教育研究》2016年第3期。

的可行性十分有限，可采取"校企联合项目制"或"定向培养+定向培养"的方式，吸引行业企业来校投资建设，走上"以教养教"的自我发展轨道；第二，统筹建设国家职业教育智慧教育平台及省（区、市）级、校级数字平台，避免"各自为战"和重复建设，推动平台功能的科学化和便捷化；第三，强化对职业教育实训基地的数字化改造与升级，大力开发虚拟仿真实训教学项目，构建数字化生产环境，形成理论与实践、生产与教学一体化的教学闭环；第四，进一步强化数字校园建设和平安绿色校园建设，促进校园治理与服务的数字化转型。

（三）以增强教育系统韧性为目标，加速推进"三教"改革和数字化管理队伍的培养

数字化变革在一定程度上改变了要素参与价值创造的方式，加速催生新的业态形式、新的贸易形态、新的商业模式，亟须推进职业教育系统的"三教"改革和数字化管理人才队伍的培养，从而适应新产业、新形态的转变。第一，应加速推进数字化驱动的"三教"改革，教师、教材、教法是数字化人才培养的重要保障，教师的数字素养是重中之重，应提升教师应用虚拟仿真平台、AR 技术等现代信息技术相关设备的能力，教师开发和应用数字化教学资源的能力，教师从事数字化教学研究与改革的能力；第二，将院校数字化管理人才队伍的培养提上日程，数字化转型人才队伍中包含数字化硬件基础设施建设和运维人才、数字化资源生产和管理人才、数字化教育平台设计和运营人才、数字化教学评价分析与运用人才、数字化新技术创新与研发人才等，只有培养一支具有数字素养和数字技术的管理队伍，数字校园治理才能真正落地。

（四）以数字技术赋能为动力，尽快落实职业教育人才培养方案和课程体系的修订

教育部等九部门印发的《职业教育提质培优行动计划（2020—2023年）》明确提出要"提升职业教育专业和课程教学质量"，课程是人才培养

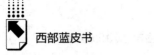
的载体，课程体系的数字化是职业教育数字化转型的最终呈现方式。第一，教育主管部门应指导职业院校立足课程教学主阵地，聚焦技能型人才培养的总体目标，实现课程目标、课程内容、课堂设计、教材体系的数字化改革，打造以学生易用有用为中心的集教法、数字、技术、文化于一体的职业教育课程体系[①]；第二，引导学生树立正确的数字化价值观，"立德树人、德技双修"是新修订的职业教育法提出的育人目标，应培养学生遵循健康、安全的数字伦理，遵循信息时代伦理风险的道德原则，坚守数字时代的诚信意识和社会信用；第三，应重视增加新形态和新技术创新应用情境，提高学生对新技术的接纳能力和学习能力。

---

① 巫程成、周国忠：《数字化赋能职业教育的理论溯源、困境与出路》，《教育与职业》2023
年第6期。

B.12
数字化驱动西部地区科技创新

付 媛 岳 由*

摘 要： 科技创新是实现西部地区经济高质量发展的关键驱动力，数字化技术将成为科技创新的重要抓手。本文系统收集和整理了西部地区 12 个省（区、市）相关资料和数据，分析了西部地区 2010～2021 年科技创新发展现状，剖析了西部地区科技创新发展中存在的问题，分析了数字化技术为西部地区创新发展带来的机遇，提出了西部地区科技创新发展的政策建议。

关键词： 科技创新 数字化 政策建议

一 引言

西部地区在中国经济社会发展全局中承担着重要角色，"一带一路"对外开放，黄河流域生态屏障，国土空间安全，关系民族复兴大业。但西部地区整体发展与国家赋予西部地区的使命目标仍然有较大差距。学者普遍认为科技创新能够解决西部地区经济社会发展问题，认为科技创新是实现西部地区质量变革、动力变革和效率变革的关键驱动力。[①] 为此，中央政府出台了一系列关于西部地区科技创新的政策，成立成渝科技创新中心、西安综合性国家科学中心和科技创新中心，拟成立西安兰州国家区域科技创新中心。数

---

* 付媛，博士，西北大学经济管理学院副教授，主要研究方向为数字化转型与创新管理；岳由，西北大学经济管理学院硕士研究生，主要研究方向为数字经济与城市高质量发展。
[①] 《关于加强科技创新促进新时代西部大开发形成新格局的实施意见的通知》。

字化技术快速发展已成为科技创新的强劲驱动力，数字化技术能够提供先进的科技创新平台和工具，提升科技创新资源协同效应。数字化技术如何驱动西部地区科技创新将成为重要的研究问题。

二 西部地区科技创新现状

（一）西部地区创新投入现状

1. 西部地区 R&D 人员全时当量逐年增加，地区内部分布不均衡，与全国及东部地区差距进一步拉大

R&D 人员全时当量是指全职 R&D 人员与非全职 R&D 人员按实际工作时间折算的 R&D 人员总数。

2021 年西部地区的 R&D 人员全时当量为 70.53 万人年，较上年增长了 8.7%。从 2010 年全时当量的 33.90 万人年上升至 2021 年全时当量的 70.53 万人年，年均增长 6.89%。2010~2021 年西部地区 R&D 人员全时当量呈逐步增长趋势。

西部地区省（区、市）R&D 人员全时当量空间分布差异较大，R&D 人员主要集中在川、陕、渝三地。2010 年四川、陕西和重庆的 R&D 人员全时当量之和约占西部地区 12 个省（区、市）R&D 人员总量的 57.3%，2021 年四川、陕西和重庆的 R&D 人员全时当量之和约占西部地区 12 个省（区、市）R&D 人员全时当量的 63.2%，西部地区内部区域间差距进一步拉大。2021 年四川 R&D 人员全时当量位居西部地区之首，占西部地区 R&D 人员全时当量的 28%，而西部地区其他多个省（区、市）R&D 人员较少，尤其是西藏、青海等地，2021 年西藏的 R&D 人员全时当量为 1568 人年，仅为四川（197143 人年）的 0.795%。

西部地区 R&D 人员全时当量占全国比重在波动中下滑。2010 年西部地区 R&D 人员全时当量占全国比重为 13.3%，比中部地区低 7.2 个百分点；2021 年西部地区 R&D 人员全时当量占全国比重为 12.3%，比中部地区低 6.6 个百分点。此外，西部地区 R&D 人员全时当量占全国比重与东部地区差距进一步拉大，由 2010 年的 52.9% 增加至 2020 年 5.5 个百分点。

2. 西部地区 R&D 经费支出增长稳定，年均增速比全国水平高，川渝陕占比大

2021 年西部地区 R&D 经费支出为 3682 亿元，比上年增长 14.6%。2010~2021 年，西部地区 R&D 经费支出呈稳步增长趋势，从 2010 年的 874 亿元增长至 2021 年的 3682 亿元，年均增速为 13.97%，比全国年均增速高 0.65 个百分点。

从西部地区内各省（区、市）来看，其 R&D 经费支出主要集中在四川、陕西及重庆三地，2021 年四川、陕西和重庆三地 R&D 经费支出之和占西部地区比重高达 68.4%，四川一直处于西部领先地位，增长较为平稳。然而西藏因地理条件和经济发展水平相对较低，其 R&D 经费支出较少，仅占西部地区的 0.2%。

西部地区 R&D 经费投入占全国比重波动上升。西部地区 R&D 经费投入占全国比重从 2010 年的 12.4% 增长至 2021 年的 13.2%，增长了 0.8 个百分点。西部地区在 R&D 经费投入方面取得增长，西部地区对科技创新发展的重视程度略有提升。

表 1　2010 年、2021 年 R&D 人员全时当量与 R&D 经费数据

地区	R&D 人员全时当量（人年）		R&D 经费（万元）	
	2010 年	2021 年	2010 年	2021 年
全国	2553829	5716330	70625775	279563073
东部地区	1690367	3931314	49868652	193063701
中部地区	524466	1079734	12014459	49681526
西部地区	339025	705283	8742706	36817845
内蒙古	24765	26427	637205	1900595
广西	33987	55821	628696	1994572
重庆	37078	123446	1002663	6038410
四川	83800	197143	2642695	12145209
贵州	15087	43084	299665	1803506
云南	22552	58880	441672	2819392
西藏	1259	1568	14599	59989

续表

地区	R&D 人员全时当量(人年)		R&D 经费(万元)	
	2010 年	2021 年	2010 年	2021 年
陕西	73218	125281	2175042	7006207
甘肃	21661	33255	419385	1294694
青海	4858	5204	99438	267745
宁夏	6378	15930	115101	704410
新疆	14382	19244	266545	783118

资料来源：2011 年、2022 年《中国科技统计年鉴》。

从西部地区内各省（区、市）来看，陕西的 R&D 经费投入强度从 2010 年以来一直居西部地区首位，且增长比较平稳，由 2010 年的 2.15%增长至 2021 年的 2.35%，是西部地区唯一一个连续 11 年高于全国平均水平的地区，可以看出陕西在研发领域一直保持较高的投入和关注度。R&D 经费投入强度增长最明显的是重庆、宁夏和四川，从 2010 年至 2021 年分别增长了 0.89 个百分点、0.88 个百分点和 0.72 个百分点。三地具备一定的创新能力，但是依然低于全国平均水平。此外，除了陕西、重庆、四川外的 9 个地区 R&D 经费投入强度在 2010 年和 2021 年均低于 2%，这些地区需要进一步加大研发投入力度以提升创新水平（见表 2）。

表 2　2010~2021 年西部地区各省（区、市）R&D 经费投入强度

单位：%

地区	2010 年	2011 年	2012 年	2013 年	2014 年	2015 年	2016 年	2017 年	2018 年	2019 年	2020 年	2021 年
全　国	1.71	1.78	1.91	2.00	2.02	2.06	2.10	2.12	2.14	2.24	2.41	2.43
内蒙古	0.55	0.59	0.97	1.03	1.00	1.05	1.07	0.89	0.80	0.86	0.93	0.93
广　西	0.66	0.69	0.86	0.87	0.82	0.72	0.73	0.80	0.74	0.79	0.78	0.81
重　庆	1.27	1.28	1.38	1.35	1.38	1.54	1.68	1.82	1.90	1.99	2.11	2.16
四　川	1.54	1.40	1.47	1.51	1.56	1.66	1.69	1.68	1.72	1.88	2.17	2.26
贵　州	0.65	0.64	0.62	0.59	0.60	0.59	0.62	0.70	0.79	0.86	0.91	0.92

地区	2010年	2011年	2012年	2013年	2014年	2015年	2016年	2017年	2018年	2019年	2020年	2021年
云　南	0.61	0.63	0.62	0.62	0.61	0.73	0.81	0.85	0.90	0.95	1.00	1.04
西　藏	0.29	0.19	0.25	0.28	0.25	0.30	0.19	0.21	0.24	0.26	0.23	0.29
陕　西	2.15	1.99	2.03	2.15	2.11	2.20	2.20	2.15	2.22	2.27	2.42	2.35
甘　肃	1.02	0.97	1.12	1.11	1.18	1.26	1.26	1.20	1.20	1.26	1.22	1.26
青　海	0.74	0.75	0.86	0.80	0.78	0.58	0.62	0.73	0.63	0.70	0.71	0.80
宁　夏	0.68	0.73	0.86	0.90	0.96	0.99	1.08	1.22	1.30	1.45	1.52	1.56
新　疆	0.49	0.50	0.54	0.54	0.53	0.56	0.59	0.51	0.50	0.47	0.45	0.49

资料来源：2011年、2022年《中国科技统计年鉴》。

3. 西部地区政府科学技术支出显著增加，但科技支出占比仍滞后于全国整体水平

2010~2021年，西部地区一般公共预算支出科学技术支出整体上呈增长趋势。2010年的203亿元增长至2021年的843亿元，增长了约3.2倍，年均增长13.8%。这表明政府对西部地区科技创新的重视程度逐渐增加，将对西部地区创新产生重要的助推作用。

2010~2021年，西部地区科学技术支出占一般公共预算支出的比重呈波动上升趋势，但均低于全国整体水平。2010年西部地区科学技术支出占一般公共预算支出的比重为0.92%，2021年西部地区科学技术支出占一般公共预算支出的比重为1.25%。2010~2021年，西部地区科学技术支出占一般公共预算支出的比重低于全国水平，且差距逐渐拉大。2010年西部地区科学技术支出占一般公共预算支出的比重比全国整体水平低1.28个百分点，到2021年该差距增大到1.85个百分点（见图2）。这表明西部地区政府在科学技术支出方面相对滞后于全国水平，并且在这段时间内与全国之间的差距逐渐加大。

（二）西部地区创新产出现状

西部地区创新能力不断提升，地区内不同区域创新质与量均存在差异。

图1 2010~2021年西部地区一般公共预算支出科学技术支出及增速

注：2010~2021年西部地区科学技术支出仅2019年至2020年的增速为负，考虑为突发事件新型冠状病毒对经济的冲击以及对财政资金分配的影响。

资料来源：2011~2022年《中国统计年鉴》。

图2 2010~2021年科学技术支出占一般公共预算支出的比重

资料来源：2011~2022年《中国统计年鉴》。

西部地区的专利授权数量在过去的11年中呈现稳步增长的趋势。2021年西部地区专利授权件数为529653件，较上年增长36.3%。2010~2021年，西部地区专利授权件数呈快速增长趋势，从2010年的72877件增长至2021年的529653件，增长6.3倍，年均增速为19.8%（见图3）。

图 3　2010~2021 年西部地区有效发明专利数及增长率

资料来源：2011~2022 年《中国统计年鉴》。

2010 年至 2021 年，西部地区专利授权数占全国比重略有提高，并且与东部地区的差距逐渐缩小。2021 年西部地区专利授权数占全国比重为 11.9%，比 2010 年增加了 1.8 个百分点。2010 年西部地区专利授权数占全国比重比东部地区低 69.6 个百分点；2021 年西部地区专利授权数占全国比重比东部地区低 60.5 个百分点（见图 4）。这表明西部地区在科技创新方面取得了一定的成果。

图 4　东中西部地区专利授权数占全国比重

资料来源：2011~2022 年《中国统计年鉴》。

西部地区各省（区、市）专利授权量存在较大差异。一些重点城市和经济发达地区的专利授权数量较高，如，2021 年四川、重庆、陕西三个地区专利授权量之和占西部地区的 58.4%。但西藏的专利授权件数仅是四川地区的 1.3%，西部地区整体发展存在不平衡性。此外，虽然四川 2010 年与 2021 年专利授权件数均位居西部地区第一，但其在西部地区的占比下降了 16.5 个百分点，其余各地的增幅均在 4% 以内，可以看出西部地区创新薄弱省（区、市）创新产出能力也在不断增强（见表 3）。

表 3 2010 年、2021 年西部地区省（区、市）专利授权分析

地区	2010 年			2021 年		
	专利授权件数	排名	西部地区占比(%)	专利授权件数	排名	西部地区占比(%)
内蒙古	2096	8	2.9	24362	8	4.6
广 西	3647	5	5.0	46804	4	8.8
重 庆	12080	2	16.6	76206	3	14.4
四 川	32212	1	44.2	146936	1	27.7
贵 州	3086	6	4.2	39267	6	7.4
云 南	3823	4	5.2	41167	5	7.8
西 藏	124	12	0.2	1929	12	0.4
陕 西	10034	3	13.8	86272	2	16.3
甘 肃	1868	9	2.6	26056	7	4.9
青 海	264	11	0.4	6591	11	1.2
宁 夏	1081	10	1.5	12885	10	2.4
新 疆	2562	7	3.5	21178	9	4.0

资料来源：2011 年、2022 年《中国统计年鉴》。

（三）西部地区科技成果转化现状

西部地区技术市场成交额显著提升，与东部地区差距逐渐缩小。

2021 年西部地区技术市场成交额为 5634 亿元，较上年增长 47.3%。2010~2021 年，西部地区技术市场成交额增长率有所波动，但交易额稳步增长，从 2010 年的 346 亿元增长至 2021 年的 5634 亿元，年均增长 28.9%（见图 5）。

图5　2010~2021年西部地区技术市场成交额及增长率

资料来源：2011~2022年《中国科技统计年鉴》。

2010~2021年，西部地区技术市场成交额占全国比重波动式上升，整体上高于中部地区，且与东部地区差距不断缩小。2010年西部地区技术市场成交额占全国比重为9.5%，比东部地区低74.2个百分点；2021年西部地区技术市场成交额占全国比重为15.7%，与东部地区的差距缩小了23.1个百分点（见图6）。可以看出西部地区的技术市场成交额占全国比重所增加，虽然与东部地区相比仍有差距，但差距逐渐缩小，技术市场潜力正在逐步释放。

图6　2010~2021年东、中、西部地区技术市场成交额占全国比重

资料来源：2011~2022年《中国科技统计年鉴》。

西部地区各省（区、市）技术市场成交额差异仍较大。陕西、四川持续位列西部地区技术市场成交额前两名（见表4）。

表4 2010~2021年西部地区省（区、市）技术市场成交额排名

地 区	2010年	2015年	2016年	2017年	2018年	2019年	2020年	2021年
内蒙古	5	8	9	9	9	8	8	8
广 西	10	9	7	8	8	6	6	3
重 庆	2	4	4	7	3	7	5	6
四 川	3	2	2	2	2	2	2	2
贵 州	8	7	8	5	5	3	3	4
云 南	7	5	5	4	5	5	7	7
西 藏	12	12	12	12	12	12	12	12
陕 西	1	1	1	1	1	1	1	1
甘 肃	4	3	3	3	4	4	4	5
青 海	6	6	6	6	7	10	11	11
宁 夏	11	10	11	10	10	9	9	9
新 疆	9	11	10	11	11	11	10	10

资料来源：2011~2022年《中国科技统计年鉴》。

（四）创新主体特征

2021年，西部地区高等学校有效发明专利96302件，占高校和高技术产业有效发明专利件数的68%；高技术产业有效发明专利44865件，占高校和高技术产业有效发明专利件数的32%。

2010~2021年，西部地区高技术产业有效发明专利占比整体上呈上升趋势。2010~2021年，高技术产业有效发明专利占比从11%上升至32%（见图7），年均增长率为9.3%。可以看出企业创新能力在持续提升，科技主体正在逐渐向企业演化。

同时，西部地区2010年高技术产业有效发明专利件数为2075件，2021

年高技术产业有效发明专利件数为 44856，年平均增速为 32.2%，比东部地区的年均增速高 5.85 个百分点。

图 7　西部地区高校有效发明专利件数与高技术产业有效发明专利件数占比

资料来源：2011~2022 年《中国科技统计年鉴》。

从西部地区内部各省（区、市）来看，四川高技术产业有效发明专利件数居西部地区首位；陕西高校有效发明专利件数居西部地区首位，但高技术产业有效发明专利持续增加（见表 5）。

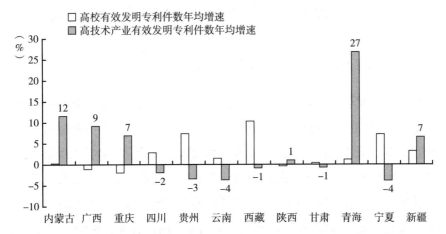

图 8　2015~2021 年西部地区高校、高技术产业有效发明专利件数年均增速

资料来源：2016~2022 年《中国科技统计年鉴》。

表5　2015年、2021年西部地区高校及高技术产业有效发明专利对比

单位：件，%

地区	高技术产业有效发明专利件数及占比				高校有效发明专利件数及占比			
	2015年		2021年		2015年		2021年	
内蒙古	121	24	718	30	387	76	1652	70
广　西	528	18	2482	24	2478	82	7794	76
重　庆	1305	24	6314	33	4206	76	12573	67
四　川	7010	52	19868	44	6488	48	24914	56
贵　州	1645	70	3094	55	698	30	2552	45
云　南	1027	27	1684	21	2712	73	6366	79
西　藏	63	84	86	77	12	16	25	23
陕　西	2978	19	8935	20	12656	81	35588	80
甘　肃	384	26	887	24	1114	74	2819	76
青　海	13	21	262	49	48	79	273	51
宁　夏	155	58	350	41	114	42	502	59
新　疆	114	23	185	13	378	77	1244	87

注：由于部分省（区、市）数据缺失，分析数据选择2015~2021年数据。

资料来源：2016~2022年《中国科技统计年鉴》。

三　西部地区数字化驱动科技创新存在的问题

（一）数字化创新基础设施建设仍相对落后

数字化驱动科技创新需要稳定、高速的网络连接，先进的数据中心和云计算平台等基础设施支持，但西部地区地理条件复杂，人口分布分散，信息基础设施建设成本较高，且缺乏技术积累及人才支持，资金投入受限，虽然2010~2021年间，西部地区基础设施建设取得了显著进展，网络覆盖范围扩大，传输速度提高，宽带网络和移动通信网络不断完善，但与东部地区相比仍存在差距。截至2021年，西部地区平均互联网普及率达到63.58%，仍低于东部地区71.92%的水平。

（二）科技创新人才储备不足流出严重

西部地区教育资源相对匮乏，经济相对落后且各省（区、市）发展不均衡，收入差异大，交通不便，人才开发和引进配套机制不健全，导致长期以来西部地区人才储备不足且流失严重等问题无法得到解决，尤其是人才流失问题有愈演愈烈之势。同时，西部地区内部人才高度集聚在川渝陕地区，其他省（区、市）创新资源更加不足。科技创新需要具备相关技术和领域知识的高素质人才。人才储备不足将成为西部地区创新发展的重要阻碍。

（三）政府创新投入不足，支持政策相似

科技创新需要充足的资金和政策支持。西部地区相对经济欠发达，财政收入有限，导致科技创新资金投入长期不足。2010~2021年，西部地区各省（区、市）科技支出占一般公共预算支出比例虽有所提高，但一直远低于全国水平，且差距呈逐渐拉大趋势。同时，从西部地区各地政府出台的相关政策也可以看出，支持政策雷同度高，特色发挥不足。例如从省级政府工作报告及相关政策的词频统计中发现，西部地区内部省（区、市）间政府数字化关注度差异较小，且整体低于东部地区水平。西部地区内部省（区、市）间政府数字化关注度年均变化差异也较东部地区更小，可以看出相比于东部地区，西部地区内部各省（区、市）之间在数字化政策方向上的关注度形式单一，没有充分发挥特色优势。

（四）企业创新活力仍不足，整体创新水平需进一步提高

西部地区整体创新实力有所提升，但内部不同省（区、市）创新发展极不均衡，且企业研发投入及研发活力明显不足。2021年西部地区12个省（区、市）规上工业企业R&D人员仅占全国总数的10.7%。西部地区有R&D活动的工业企业占规上工业企业比重仅为26.1%，其中内蒙古、青海、西藏和新疆等西部地区经济欠发达省（区、市）占比仅分别为14.6%、14.5%、8.1%和7.5%。西部川、渝、陕三个创新产出大省（区、市）高校

创新产出均超过高技术产业创新产出，陕西2021年高校有效专利数达到35588件，其占高校及高技术产业有效专利总数比例高达80%。2021年西部地区高技术产业有效发明专利数量为44865件，占全国比重仅为6.6%。提高西部地区企业创新活力将成为西部地区创新质量及效率提升的关键。

（五）科技创新成果转化及市场应用能力不足

高新技术成果转化是实现科技与经济的有机结合，有助于提高科技创新效率和质量，推动产业升级和新兴产业发展，提高企业竞争力，推动科技与产业、社会的深度融合。西部地区整体技术成果转化能力不足，即使创新资源高度集中，创新能力相对较强的川、渝、陕也存在科技与产业结合不足、成果转化率偏低、产学研用一体化程度有待进一步提高的问题。

四　西部地区数字化驱动科技创新的机遇

（一）打破信息壁垒，促进创新资源流动

数字化技术可以缩小西部地区与东部发达地区之间的地理差距及西部地区内部省（区、市）的地理差距。数字化工具与互联网技术使信息交流和合作变得更加便捷，西部地区可以迅速获取前沿科技知识和技术资源，促进科技创新。

数字技术推动信息和知识传递不受时间和空间的限制。西部地区可以利用互联网和数字技术与全球各地的合作伙伴进行交流与合作，获取先进的技术、经验和资源，从而加快科技创新进程。数字技术可以降低交易成本和沟通成本。通过互联网平台，西部地区的企业和创新者可以更方便地与投资者、合作伙伴和市场进行对接，寻求资金支持、技术合作和市场机会，打破信息壁垒，促进资源的流动与配置。数字技术催生了大量的新兴行业和就业机会，对人才的需求也发生了变化。西部地区可以通过加强数字化领域的人才培养，培养适应数字经济发展的专业人才，提升科技创新能力，并吸引更多优秀人才回流或留在当地，推动地区的科技创新和经济发展。数字技术具

有改造、升级传统产业的潜力。西部地区以资源型产业为主，如煤炭产业、石油天然气产业、有色金属产业和稀土矿产产业等。数字技术驱动的科技创新可以通过智能制造、物联网、大数据分析等手段，为传统产业注入新的活力，提高产业附加值和竞争力，实现资源型产业技术的升级和创新。数字技术可以通过在线教育、远程医疗、电子政务等方式提供普惠性的公共服务，缩小地理差距，西部地区可以利用数字技术提高教育、医疗、交通等方面的服务水平，提高居民的生活质量和社会福利。

（二）优化信息基础设施建设，夯实创新基础

数字化驱动科技创新需要先进的信息基础设施支持，而西部地区正积极进行信息基础设施建设，包括通信网络、电力供应、交通运输等方面。这为数字技术的应用提供了良好的信息基础环境，推动科技创新的发展。

数字技术提供虚拟信息基础设施，如云计算、大数据中心和物联网等。通过这些虚拟信息基础设施，西部地区可以快速搭建和扩展信息技术的应用平台，实现智能化管理和运营，降低传统基础设施建设的需求和成本；数字技术可以为西部地区的交通运输提供创新解决方案。例如，通过应用智能交通管理系统、自动驾驶技术和智能交通信号控制，可以提高交通效率，改善交通运输的安全性和便利性；数字技术支持远程办公和远程教育，减少对传统办公场所和教育设施的需求，这使得可以利用数字技术建立远程工作和远程教育系统，吸引人才和教育资源；数字技术还可以优化供应链管理，提高物流效率，降低成本；数字化可以支持城市规划和管理的智能化。通过建设智慧城市系统，西部地区可以实现对城市交通、环境、公共设施等方面的智能监控和管理，提高城市的可持续发展水平。

（三）有利于建立创新生态系统，激发创新活力

数字技术为西部地区提供了实施创新驱动发展战略的新机遇。通过数字化手段，西部地区可以提高科技创新的能力和水平，培育创新创业文化，激发创新活力，推动科技创新对经济增长的贡献。

数字化科技创新为西部地区提供了构建创新生态系统的机会。通过建立创新孵化器、科技园区和众创空间等创新载体，吸引创新者、创业者、投资者和企业家会聚在一起，形成创新的合作与共创环境，这种创新生态系统将激发创新潜能，推动创新资源的流动与整合，促进创新的快速发展。西部地区的企业和研究机构可以通过数字化平台和科技合作网络，获取全球范围内的前沿科技成果和技术资源，这将加速技术的转移与落地，为西部地区带来新的技术、产品和服务，推动产业升级和经济增长。数字化驱动科技创新为西部地区提供了提升创新能力和竞争力的机会。通过数字技术的应用，西部地区企业可以优化生产流程、改进产品和服务、开拓新的市场渠道等。这将提高企业的创新能力和市场竞争力，加快整个地区创新驱动发展的步伐。数字化驱动科技创新为西部地区的年轻人才提供了更多的机会。通过数字化平台和在线教育资源，年轻人才可以接触各种创新思维和技术知识，并有机会参与到创新项目中。此外，数字化驱动的创新也为人才流动提供了更多选择，吸引人才留在地方并促进人才的交流与合作。数字化驱动科技创新可以推动西部地区实现可持续发展。通过数字技术的应用，可以提高资源利用效率、降低环境污染、改善生态环境等。这将为西部地区实现经济发展和环境保护的双赢局面提供契机。

（四）促进西部地区协同创新，提高创新效率

西部地区具有多样化的产业结构和资源优势，数字技术可以带来不同领域的融合创新。数字技术将传统产业与科技创新相结合，可以培育新兴产业、提升传统产业竞争力，并推动区域经济发展。

在数字化时代，各行各业都可以利用数字技术进行创新，通过数据分析、人工智能、物联网等技术手段进行跨界合作和创新。西部地区的企业可以借助数字化驱动的创新平台，与其他行业的企业进行合作，共享资源和知识，实现跨界合作和创新。西部地区相对于东部地区在经济发展和技术水平上存在一定差距，传统产业相对集中。数字技术为西部地区提供了改进传统产业、推动产业升级的机会，跨界融合创新可以通过将数字技术与传统行业

相结合，提高生产效率、优化资源配置、改善产品质量等，从而实现西部地区产业转型和升级。

数字化驱动科技创新促进了创新生态系统的形成。通过建立数字化创新平台和创新孵化器，吸引各行业的创新者和企业家会聚在一起，形成多元化、跨界融合的创新联盟。这种创新生态系统可以促进不同领域之间的知识交流与技术转移，加速创新的产生和传播。数字化驱动科技创新为西部地区的人才提供了更多的机会和平台。数字技术的发展使得创新创业门槛降低，个人和小型企业可以通过数字化平台和工具进行创新创业活动。这不仅促进了人才创新精神的培养和释放，还增强了人才的流入和留在当地的意愿，为跨界融合创新提供了更多人力资源。

五　数字化驱动西部地区科技创新的提升策略

（一）加快数字基础设施建设，为科技创新构建基础平台（围绕创新需要的平台和基础设施）

数字基础设施是西部地区经济社会发展的重要支撑。西部地区要在补齐传统基础设施短板的基础上，发展新基建，实现从"硬"建设向"软硬结合"的建设方式转变，为数字化驱动西部地区科技创新夯实基础。

首先，以"东数西算"工程①为契机，西部地区应充分发挥地域与资源禀赋优势，充分利用支持政策，通过建立大规模数据中心和超算中心，推动整个西部地区建设高速泛在、安全高效集成互联的数字基础设施。其次，西部地区在补齐传统基础设施短板的过程中，要着眼长远，充分考虑传统基建与新基建的智慧融合②，力争实现"同步走、快步走"，既要着眼改善民生扩大内需，又要为技术创新和产业发展打下基础。再次，在成渝西安科研文

---

① 《"东数西算"让数字化"脚步"更快更稳》，中国政府网，https://www.gov.cn/zhengce/2022-02/28/content_ 5675995. htm。

② 《"新基建"与传统基建需协同发力》，人民网。

教中心和科技创新中心①建设过程中，应考虑如何从"点集聚"发展到"面集聚"，实现西部地区创新成中心带动，从多点支撑的格局辐射到面的格局。复次，在做好"硬"建设的同时，不断提高"软"质量。在现代化基础设施建设中，"硬"建设除了水利、交通等传统基建领域外，还包括新基建中的网络建设、计算平台建设、工业互联网建设等。这些"硬"建设往往有相对明晰的技术标准，建设质量相对容易把控，但这些"硬"建设若有高质量的"软"建设的支撑，将会如虎添翼，其效能将发挥得更加充分。"软"的质量则重点体现在数据是否能在更大范围互联互通中得以应用，是否能够高效地采集、清洗和分析数据，充分发挥数据价值，是否有合理的创新协作促进机制与"硬"的创新基础设施相配套等。这就要求在"硬"建设的同时，不断提高软件水平，提高各种现代信息技术的高度融合互联。最后，在新基建的同时，要注重数据产业的培育和壮大，一方面为现代化基础设施的"硬"和"软"建设提供必要的支持；另一方面也为西部地区产业升级奠定基础，为人才回流提供沃土。

（二）优化人才成长环境，吸引并留住人才

人才短缺是西部发展面临的普遍难题②，尤其是在创新领域，需要的是"高精尖"人才，如何吸引人才、留住人才是未来发展面临的最难也是最重要的一个环节。

首先，吸引教育资源，壮大科技人才培养体系。西部地区目前能留住的人才大部分是西部本土人才，因此，投入更多资源培养本地区的科技人才，通过加大一流高校和科研院所的培育和支持力度，吸引其他地区名校开设分校等方式，提供更多优质的教育和培训资源，培养高水平的科技人才。其次，制定政策吸引优秀的科技创新人才流入西部地区工作和创业。政府可通过拔尖人才定向培养、设立人才基金、建立基础教育及医疗等资源的优先选

---

① 《成渝两地科技创新中心核心功能 2025 年基本形成》，成都市政务服务网。
② 《引进高层次人才难、留住人难 如何为西部人才流失"止血"》，人民网，http：//finance. people. com. cn/nl/2021/10322/Cl004-32056941. html。

择机制等方式留住人才，并为人才提供良好的生活环境和保障。再次，深化创新人才评价机制改革。建立科学公正的人才评价体系，注重对创新能力和实绩的评估与认可。最后，建立中长周期的科研人员激励机制和成果转化激励机制，支持重大技术的研发与创新活动。

（三）加大政策引领力度，走特色鲜明的数字化驱动创新发展道路

政府投入是引导、激励和规范数字化驱动创新发展的重要抓手和保障。西部地区一方面应进一步加大政府投入支持创新发展；另一方面也要结合不同省（区、市）各自的区位特征、资源特征、发展特征等制定有地方特色的支持鼓励政策，走具有特色的差异化数字化驱动创新道路。

首先，依托国家大布局，地方政策应该聚焦当地特色，推动创新赋能现有优势，培育特色优势，发展具有地方特色的数字经济。例如，新疆可以发挥区位优势搭建中国和中亚创新合作平台，打造开放创新高地；青海、西藏等地可以结合畜牧、生物医药等特色产业，结合数字技术，利用物联网大数据加快发展创新型产业集群；陕西、四川等地则可以发挥地区科教及人才优势，重点培育高端技术创新。其次，围绕西部地区数据中心、超算中心及科教创新中心建设，培育周边有条件的市（县），加快创新发展，提升各类中心的辐射能力，加快由点到面的创新集聚。

（四）激发企业创新活力，强化企业创新的主体地位

激发企业创新活力，强化企业创新的主体地位不仅会提高科技创新的效率，加快科技成果的市场化应用，还将推动更多的传统企业向科技型企业转型。随着数字经济的快速发展，数字化正在通过数字技术、数据要素、数据思维为企业提供创新平台、创新资源，激发企业创新潜能。

首先，应大力支持企业数字化转型，积极加大数字技术对传统企业的渗透力度，针对数字化转型及数字化创新的标杆企业，对经验进行由点及面的推广，充分利用企业数字资源产生高价值的产品创新、服务创新、市场创新。其次，应进一步推动市场在数据资源配置中的决定性作用，在数据安全

的前提下，推动数据资源在更大范围内流动，充分发挥数据价值，为企业创新提供燃料。再次，提高高校、科研机构产学研合作意愿，构建企业主导的产学研深度融合创新体系。这需要解决好职务发明专利的使用权、处置权和收益权的赋权问题，让科研人员具有更大的自主权。实施科研人员评价制度改革，科技成果应用效果的评价权重应进一步提高。最后，依托科研机构打造中试基地，畅通科技成果转化渠道，促进先进成果的落地转化。为解决科研人员大多在创业初期面临的企业融资，经营管理、市场运作难题，鼓励创新性龙头企业建立专业化众创中心，设计保姆式科研人员科技创业服务机制。

（五）打造数字化协同创新平台，全面提升创新能力

构建良好的数字化创新生态系统[①]，打造数字化合作平台，实现创新主体要素内的创新互惠、数据知识共享和资源优化配置，推动西部地区开放合作、协同创新。

首先，数字化驱动下的协同创新将打破从科学研究到技术应用再到产业化发展的线性创新路径。数字化协同创新平台支持和鼓励用户和终端市场高度参与协同创新，将有效改善技术和产业脱节的现象。其次，数字化创新平台的建立为多元创新主体提供协作、互动的空间。打破时间和空间限制的数字化平台鼓励多元主体积极参与，这不仅会促进产业内部的创新协作，更可以实现产业间的创新协作。例如，一个协同创新成果的诞生可能触发上下游及周边产业的创新需求。数字化创新平台将创新边界模糊化，使创新生态系统更加丰富多样。构建数字化创新生态系统，需要在搭建数字化创新系统平台的基础上，引入包含政府、金融机构、创新企业、中介机构、高校及科研院所、最终用户等在内的多元主体，设计合理、高效、安全的资金、数据、知识、人才等资源的配置机制，实现多元主体间的互利共生机制。

---

① 阳镇、许睿谦、陈劲：《构建面向数字创新的知识生态系统》，《清华管理评论》2022 年第 12 期。

B.13
数字化驱动西部地区文化产业发展
与文化品牌建设

赵 勋 祝培茜*

摘 要： 西部地区拥有丰富的文化积淀、独特的区域文化特色，文化产业
发展具有得天独厚的优势。2016~2022 年，西部地区文化产业稳
定发展，增速高于全国平均水平；文化新业态蓬勃发展，产业结
构不断优化。同时，西部地区文化产业在发展中也存在发展不够
稳定、文化产业固定资产投资波动较大、文化产业发展不均衡、
特色文化旅游品牌有待丰富等问题。在数字化时代，西部地区应
抓住数字化转型机遇，推动西部文化产业跨越式发展；加大文化
产业投入，把文化新业态作为发展的重要方向；加大文化产业金
融支持力度，扶持鼓励文化产业发展；加快实施品牌战略，把文
化品牌建设作为着力点。

关键词： 数字化 西部地区 文化产业 文化品牌

习近平总书记指出："文化是一个国家、一个民族的灵魂。文化兴国运
兴，文化强民族强。没有高度的文化自信，没有文化的繁荣兴盛，就没有中
华民族伟大复兴。"党的二十大报告提出，健全现代文化产业体系和市场体
系，实施重大文化产业项目带动战略。加快建设网络强国、数字中国；实施

---

* 赵勋，博士，西北大学新闻传播学院新闻学系主任、教授、博士生导师，主要研究方向为文
艺与文化传播、传媒与社会发展；祝培茜，西北大学新闻传播学院博士研究生，研究方向为
文艺与文化传播。

国家文化数字化战略。中共中央、国务院印发的《数字中国建设整体布局规划》指出，建设数字中国是数字时代推进中国式现代化的重要引擎，是构筑国家竞争新优势的有力支撑。文化是区域发展的灵魂，也是活力和创新能力的重要体现。西部地区拥有丰富的文化积淀、具有独特的区域特色，为西部发展文化产业提供了有力支撑。

一 2016~2022年西部地区文化产业发展状况

近年来，西部地区文化产业发展速度加快，占全国比重不断提高，并且涌现了一批在全国具有影响力的文化品牌。西部地区具有发展文化产业的得天独厚的优势和条件，从内在条件来看，西部地区历史悠久、文化积淀深厚，是多民族聚居、多元文化交融的区域，拥有广阔的地理空间、多样的自然环境和丰富的文化遗产，为文化产业发展提供了得天独厚的条件，一直是我国文化产业发展的热点区域。敦煌的石窟文化、青藏高原的旅游资源、西安的汉唐文化、彩云之南的自然风光、川渝之地的天府文化……这些积淀的文化资源和元素，传递出鲜明的地域特色，也有力地提升了区域影响力。此外，从西部地区文化产业发展的外部机遇来看，"一带一路"倡议、西部大开发战略、中国—中亚峰会等均带来了难得的机遇。近年来，西部地区出台了一系列文化产业促进措施、发展规划，为文化产业发展营造了良好的环境。

（一）文化产业稳定发展，增速高于全国平均水平

近年来，西部地区文化产业保持稳定发展，西部地区 12 个省（区、市）规模以上文化及相关产业企业营业收入仍基本保持了增长势头。2016~2019 年，西部地区规模以上文化及相关产业企业营业收入总体上保持了稳定增长的态势，实现了10%以上的同比增速，且连续4年高于全国增速，在全国文化及相关产业企业营业收入中所占比重不断提升。2016~2022 年，西

部地区文化产业发展保持着稳步发展态势。2016~2019 年，西部地区规模以上文化产业营业收入增长速度稳定保持在 10%以上，增速高于全国增速；2021~2022 年西部地区增速略低于全国增速。从西部地区文化产业在全国的地位来看，随着西部地区文化产业的发展，在全国所占的比重也逐渐提升，从 2016 年的 7.4%上升到 2019 年的 9.7%，2021 年、2022 年略有回落，均占全国的 8.9%（见表 1）。

表 1 2016~2022 年全国及西部地区规模以上文化及相关产业企业营业收入情况

单位：亿元，%

年份	全国	同比增速	西部地区	同比增速	西部地区占全国的比重
2016	80314	7.5	5963	12.5	7.4
2017	91950	10.8	7400	12.3	8.1
2018	89257	8.2	7618	12.2	8.5
2019	86624	7.0	8393	11.8	9.7
2020	98514	2.2	9044	4.1	9.2
2021	119064	16.0	10557	13.7	8.9
2022	121805	0.9	10793	0.5	8.9

注：由于规模以上文化及相关产业企业范围每年发生变化，为保证本年数据与上年可比，计算规模以上文化及相关产业企业营业收入同比增长速度所采用的同期数需与本期的企业统计范围相一致，和上年公布的数据存在口径差异。

资料来源：2016~2022 年国家统计局相关数据整理。

从全国各地区对比来看，西部地区文化产业发展呈现总量偏小而增长速度较快的态势。在全国四大区域（东部、中部、西部与东北地区）中，东部地区规模以上文化及相关产业企业营业收入占绝对优势，中部地区次之，东北地区最少。从发展速度来看，西部地区多数年份高于其他区域，2016~2019 年，西部地区增速始终领先于东部、中部及东北地区，显示了西部地区文化产业发展的优势和活力。2022 年，我国东、中、西及东北地区规模以上文化及相关产业企业营业收入分别为 91714 亿元、18629 亿元、10793 亿元和 1029 亿元，增长速度分别为 0.1%、5.8%、0.5%和-1.0%，西部地区增速有所放缓，但仍高于东部地区与东北地区（见表 2）。

表2　2016～2022年四大区域规模以上文化及相关产业企业营业收入及其增速

单位：亿元；%

年份	东部地区		中部地区		西部地区		东北地区	
	营业收入	增速	营业收入	增速	营业收入	增速	营业收入	增速
2016	59766	7.0	13641	9.4	5963	12.5	943	-13.0
2017	68710	10.7	14853	11.1	7400	12.3	988	-0.9
2018	68688	7.7	12008	9.7	7618	9.7	943	-1.3
2019	63702	6.1	13620	8.4	8393	11.8	909	1.5
2020	73943	2.3	14656	1.4	9044	4.1	872	-7.6
2021	90429	16.5	17036	14.9	10557	13.7	1043	11.0
2022	91714	0.1	18269	5.8	10793	0.5	1029	-1.0

注：增长速度按可比口径计算。

资料来源：2016～2022年国家统计局数据。

（二）文化新业态蓬勃发展，产业结构不断优化

随着我国深入实施文化数字化战略，以数字化、网络化、智能化为特征的文化新业态行业蓬勃发展，成为推动文化产业高质量发展的重要支撑。西部地区各省（区、市）顺应数字产业化与产业数字化发展趋势，提升、改造传统文化业态，着力发展文化新业态。2021年以来，西部地区文化新业态发展势头迅猛，部分省（区、市）文化新业态行业增速已高于全国平均增速，营业收入占西部地区文化产业的比重超过30%，尤其是西部地区文化产业发展较好的陕西、四川、重庆等省（区、市）。2021年，陕西规模以上文化新业态企业达到154家，营业收入192.8亿元，分别是2017年的1.7倍、3.3倍；营业利润29.5亿元，占全部规模以上文化企业的39.7%。[①] 2022年，陕西规模以上文化新业态企业营业收入达到236.87亿元，比2021年增长34.7%，增速高于全国29.4个百分点；占全部文化企业营业收入的20.3%，高于上年同期5.1个百分点。[②]

---

① 柏桦：《传承创新，陕西文化产业的活力之源》，《陕西日报》2022年10月31日。

② 陕西统计局：《2022年全省规模以上文化企业运行情况》。

2022 年，重庆规模以上文化企业中，文化新业态企业营业收入达到 679.3 亿元，占总营业收入的 31.9%。[①] 2022 年，四川文化新业态企业实现营业收入 1200.9 亿元，同比增长 5.4%，高于整体增速 4 个百分点，也高于全国文化新业态增速 0.1 个百分点。占文化企业营业收入比重为 25%，比 2021 年提高了 3.2 个百分点。[②]

（三）制定文化产业发展规划，明确发展思路目标

到 2023 年 5 月，西部地区 12 个省（区、市）已全部发布了各地的"十四五"文化和旅游发展规划（见表3）。作为国民经济和社会发展规划的主要组成部分，文化和旅游发展规划明确了"十四五"期间各省（区、市）的文化产业发展目标、任务以及发展思路、保障措施等，是未来几年西部地区各省（区、市）文化和旅游发展的总体设计和系统规划，一些地方还出台了相关的文化和旅游发展实施意见或扶持措施。

表3　西部地区各省（区、市）文化产业发展措施与发展规划

省（区、市）	发展规划及相关措施	发展目标
陕　西	《陕西省"十四五"文化和旅游发展规划》《陕西省打造万亿级文化旅游产业实施意见（2021—2025 年）》	到 2025 年，全省文化产业增加值占全省 GDP 的比重达到 3.5% 以上；形成文化旅游万亿级产业板块，年接待国内外游客突破 9 亿人次
甘　肃	《甘肃省"十四五"文化和旅游发展规划》《关于推动文化和旅游深度融合实现高质量发展的实施意见》	到 2025 年，文化和旅游强省建设取得重大进展，文化产业规模持续壮大；打造"交响丝路·如意甘肃"品牌；到 2028 年，文化和旅游产业增加值占全省地区生产总值的 6%、人均文化旅游消费达到 1000 元以上
宁　夏	《宁夏回族自治区文化和旅游发展"十四五"规划》	到 2025 年，文化及相关产业增加值占全区 GDP 的 4%，基本形成现代文化产业体系和市场体系，产业结构进一步优化，文化业态进一步丰富
青　海	《青海省"十四五"文化和旅游发展规划》	到 2025 年，全省文化产业营业收入达到 85 亿元；文化及相关产业增加值占 GDP 的比重达到 2%

---

① 《2022 年重庆规上文化及相关产业企业营业收入增长 1.5%》，重庆市统计局网站。

② 《2022 年四川省规模以上文化及相关产业企业营业收入增长 1.4%》，四川省统计局网站。

续表

省(区、市)	发展规划及相关措施	发展目标
新疆	《新疆维吾尔自治区文化和旅游发展"十四五"规划纲要》	创建国家级生态保护区 1 家;新增国家级非遗项目 15 项;创作具有代表性的文艺作品 300 部以上;年接待游客 4 亿人次,旅游总收入 5000 亿元以上
四川	《四川省"十四五"文化和旅游发展规划》《四川省"十大"文化旅游品牌建设方案》	到 2025 年,全省文化及相关产业增加值再跨上两个千亿元台阶,占地区生产总值比重超过 5.0%;文化产业综合实力跻身全国前列;旅游总收入年均增速高于全国平均水平 4 个百分点
重庆	《重庆市文化和旅游发展"十四五"规划(2021—2025 年)》	到 2025 年,文化产业增加值占地区生产总值比重达到 4.5%;规模以上文化企业发展到 1200 家
云南	《云南省"十四五"文化和旅游发展规划》	到 2025 年,全省接待旅游总人数 10 亿人次以上,年均增长 13.6%左右;文化和旅游总收入 2.2 万亿元以上,年均增长 23.7%左右;文化和旅游产业增加值突破 3500 亿元,年均增长 11.8%左右,占全省地区生产总值的 10%以上,为全省经济社会高质量跨越式发展提供重要支撑
广西	《广西"十四五"文化和旅游发展规划》	到 2025 年,初步成现代文化产业和旅游业体系初步,产业规模显著扩大,核心竞争力明显增强。国家级文化产业示范基地超过 10 家,培育一批年产值超过 10 亿元的骨干文化企业。文化产业增加值占地区生产总值比重提高,充分发挥文化产业对国民经济增长的支撑和带动作用
贵州	《贵州省"十四五"文化和旅游发展规划》	到 2025 年,文化事业繁荣发展,文化强省建设取得重大进展。文化事业、文化产业和旅游业成为全省经济社会发展强大动力和重要支撑。培育"黔系"文化产业体系,塑造文化产业品牌。大力培育特色文化产业集群。到 2025 年,力争培育 3 家以上产值超过百亿的文化企业,上市企业达到 2 家以上
西藏	《西藏自治区关于推进实施国家文化数字化战略的实施方案》《西藏自治区"十四五"时期特色文化产业发展规划》	到 2025 年,文化及相关产业增加值实现 122 亿元,文化企业数量增至 8000 家,从业人员数量增至 8 万人,文化产业示范园区(基地)数量增至 300 家
内蒙古	《内蒙古自治区"十四五"文化和旅游融合发展规划》	到 2025 年,文化和旅游强区建设取得重大进展;文化产业体系更加健全。文化产业结构布局不断优化,文化及相关产业增加值占 GDP 比重进一步提高,文化产业对国民经济增长的支撑和带动作用得到充分发挥

资料来源:西部地区各省(区、市)政府网站。

（四）加快数字化转型，助力文化品牌建设

西部地区文化企业依托文化资源优势，加快数字化转型，数字艺术、线上演播、沉浸式体验等新业态不断发展壮大，促进人工智能、5G、大数据、AR/VR 超高清等数字技术广泛应用于文化产业领域，一些数字文化企业走向行业前沿，涌现出具有鲜明中华文化特色的数字文化精品。数字文化产业已逐渐成为投资热点，为西部地区文化产业发展注入了强劲的动力。2021年 12 月，陕西博骏文化控股有限公司与骏途网合作推出的"Hi 元宇宙数字文创平台"，迅速成长为目前国内领先的数字文创头部平台，并在元宇宙落地场景开拓、推动区块链生活化普及、赋能传统产业转型升级等方面居于国内同行业领先地位。西安博物院推出的"文物活化计划"以及 AR 导览服务等数字技术的应用，引领观众沉浸式游览博物馆，能够让文物自己"说话"，增强了游客的兴趣，起到了更好的文化传播效果。此外，陕西文化旅游部门还依托数字技术，开发沉浸式旅游体验新场景，使游客在家中就能"云游"陕西。4K/8K 高清技术、线上演播、数字出版等数字技术被广泛应用于影视制作、广播电视、新闻出版等方面，云演出、云展览、数字书等形式和产品被不断开发出来。在数字技术赋能下，陕西省内图书馆、文化馆、美术馆等文化服务部门开发更加方便、快捷的公共文化数字资源服务。①

作为西部地区文化大省，四川抓住机遇，通过与数字科技、文化创意等结合，着力打造超级 IP。目前，仅三星堆博物馆推出的衍生文创产品，已经连续两年销售额突破 3000 万元，显示出强劲的发展势头。甘肃利用互联网、大数据等高新技术，推进文化旅游向品质化升级转型，文化产业发展不断"提档加速"。甘肃相关部门打造了线上"数字敦煌""一部手机游甘肃""数字藏经洞"等数字文化产品，取得了良好的传播效果。

与此同时，西部地区"网红"城市崛起，极大地推动了西部地区文化旅游发展。近年来，随着社交媒体的兴起和发展，"网红经济"迅速崛起，不仅

---

① 柏桦：《传承创新，陕西文化产业的活力之源》，《陕西日报》2022 年 10 月 31 日。

成为衡量城市吸引力的主要方面，也是分析和研究城市区域活力的重要指标。

在2023年上半年"中国网红城市指数"排行榜中，西部地区的西安、成都和重庆进入前十（见图1），这三座城市近年来凭借短视频助力，成为国内知名的"网红"城市。尤其是西安，凭借近年来在文化旅游领域的努力，始终占据"网红城市"排行榜前列。这显示了西部地区城市在数字化时代能够利用网络传播特性，使自身的文化资源优势很好地发挥出来，从而与东部、中部地区城市站在同一条起跑线上。

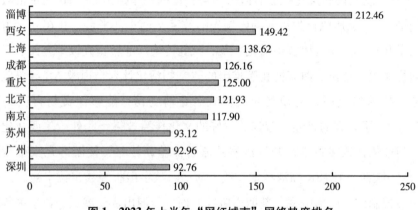

图1　2023年上半年"网红城市"网络热度排名

资料来源：鸥维数据，https：//newsovo.com.cn/post/352.html。

（五）数字化助推西部文化品牌建设案例

西部地区依托互联网时代的现代传播手段，创新发展，培育出一批文化品牌的成功案例，为更多地区的文化品牌建设提供了有益参考。

1.四川：打造"三星推"超级IP

四川三星堆遗址于20世纪20年代末首次被发现，是我国古代蜀文明的代表性遗址。1986年，考古工作者在对1、2号祭祀坑进行抢救性发掘时，出土了大量造型珍贵的青铜神像、青铜人像等文物，三星堆遗址开始被世人知晓。2019年，三星堆遗址启动了新一轮考古发掘工作，由于现代直播手段的介入，"三星堆遗址考古"这一以往较为小众、专业的考古发掘过程，引发了网民的广泛关注，一时间成为"现象级"热词。据统计，3 场"三星堆遗存再发现直播"观看量高达 6500 万人次，累计观看量超过亿人次，而相关话题在网上的阅读量更是高达 300 亿次以上。

三星堆遗址建设通过 IP 赋能，让文物"活"起来，构建文创开发、品牌营销、IP 授权等核心产业链。三星堆博物馆构建起线上线下、馆内馆外的多渠道、多场景文化空间，并且与网络公司合作，开发了 800 种相关文创产品，推出 20 多部影视、小说、游戏等作品。2022 年 3 月，三星堆博物馆新馆在广汉开始建设，将打造我国第一个沉浸式文物修复体验中心，使游客可以近距离地观看专家修复文物的过程。同时，三星堆遗址建设还将以博物馆为中心，规划建设文化产业园，形成以三星堆遗址为核心的文化和旅游融合发展格局，打造具有中国气度、国际形象的超级 IP。①

2. 陕西："大唐不夜城"文化品牌

2022 年，文化和旅游部推进实施国家文化数字化战略，认定 12 个国家旅游科技示范园区，资助 14 个文化和旅游部重点实验室研究项目，推进实施文化和旅游领域国家重点研发计划，评定发布"长安十二时辰+大唐不夜城"唐文化全景展示创新实践等 3 项文化和旅游最佳创新成果。②

西安大唐不夜城位于唐代建筑大雁塔周边，是全国唯一一个以盛唐文化为背景的大学仿唐建筑群步行街，总建筑面积达 65 万平方米。形成一个集全唐空间游玩、唐风市井体验、主题沉浸互动、唐乐歌舞演艺、文化社交休闲等于一体的全新文化旅游场景，重现了盛唐时期长安城的独特风情。经过多年的打造，大唐不夜城已经成为当地代表性景区，是盛唐文化展示与体验的"网红"之地。

2022 年 4 月 30 日，大唐不夜城开发的"长安十二时辰"主题街区正式开街，这是全国第一个沉浸式唐风市井生活街区，一经开放，立即成为游客

---

① 杨陈、翟李强：《四川三星堆将打造具有中国气度、国际形象的超级 IP》，中国新闻网，http://m.chinanews.com/wap/detail/zw/cul/2022/06-04/9771378.shtml。

② 中华人民共和国文化和旅游部：《中华人民共和国文化和旅游部 2022 年文化和旅游发展统计公报》。

"打卡"必到之地,成为网络中的热门景点。在这里,游客由以往的旁观者变为深度体验的参与者。此外,大唐不夜城开发盛唐文化元素,培育出"不倒翁小姐姐""盛唐密盒""诗仙太白"等互动表演活动,使文化资源"活"起来,增强了游客的文化体验,并依靠自媒体实现裂变式传播,不断打造新的IP。

2021年以来,大唐不夜城形成以唐文化、陕西特色文化及网红潮流文化为代表的三大主题,开发出百余种文创产品,开发了一系列表演形式。2023年1月,"长安十二时辰+大唐不夜城"唐文化全景展示创新实践成果入选国家文化和旅游部2022年度文化和旅游最佳创新成果。①

3. 新疆:"网红"文旅局长引发"出圈"热

近年来,西部地区一些省(区、市)基层地市为了在网上推介当地的文化旅游资源,文旅局长们纷纷扮演"网红"的角色,要么变身古装侠士,纵马扬鞭、起舞弄剑;要么身着民族服饰,介绍家乡、直播带货,一时间成为潮流,以至于一些网友评论说:没有点才艺,都当不了文旅局长。

新疆伊犁的"网红"副县长贺娇龙是较早在网络上火起来的,随后带动了各地文旅局长纷纷"出圈",推介家乡。2020年5月,新疆伊犁为推广当地农副产品,组织了视频直播带货活动,要求各县(市、区)选派县领导和头部主播参与直播活动。然而,邀请头部主播成本高,地方财力有限,因此县领导便亲自上阵,探索直播电商,拍短视频直播带货。2020年11月,时任昭苏县副县长的贺娇龙,为宣传当地旅游项目,拍摄了一段短视频。视频中的她,身披红斗篷,英姿飒爽,在雪地中策马奔驰。视频发布在抖音账号"贺县长说昭苏",一时间火遍全网,取得了意想不到的效果。此后,调任伊犁州文化和旅游局副局长的贺娇龙,继续通过短视频和直播等新媒体运营方式,推广伊犁本土文化和旅游资源及特色农副产品,吸引了众多

---

① 李卫:《陕西一项目获评2022年度文化和旅游最佳创新成果》,《陕西日报》2023年1月16日。

网友的关注，也引发了文旅局长纷纷上网当"网红"的热潮。2022 年 1 月 24 日，2021 年度中国旅游产业影响力案例名单揭晓，新疆文旅消费创新案例——"贺局长说伊犁"短视频助力本土旅游消费，入选 2021 年度中国旅游产业影响力案例。[1]

继新疆"网红"女副县长之后，"网红"文旅局长相继登场。四川甘孜藏族自治州文化广播电视和旅游局局长刘洪，在推介本地旅游时意外走红，被网友称为"最帅文旅局长"。他开设了短视频账号，参与网络直播活动，观看人数近千万人次，点赞超百万次。他在接受记者采访时表示，不带货、不收打赏，一切为了甘孜州文化旅游发展。[2]继刘洪之后，甘孜州道孚县文广旅局长降泽多吉，在短视频中化身宇航员、唐明皇、格萨尔王等不同角色，向广大网友介绍当地的代表性景点。这种形式新颖有趣的视频一经上网即热度飙升，成为热搜。降泽多吉也成了甘孜州又一位"网红文旅局长"。

二 西部地区文化产业发展与品牌建设问题及分析

近年来，西部地区各省（区、市）深入推动文化产业发展，新型文化业态不断涌现、文化消费模式更加便捷、文化产业门类发展势头良好，文化产业已经成为推动经济社会快速发展的新引擎，成为提升区域知名度的重要方面。但西部地区一些省（区、市）文化产业发展出现了一定幅度的下滑。总体来说，西部地区文化产业发展呈现逐步复苏的态势，文化新业态显著，文化产业固定资产投资不足，高质量发展有待加强。

（一）发展不够稳定，亟待恢复性增长

文化企业由于投入资产不高，对创新要求比较高，普遍面临盈利不稳定

---

[1] 《2021 年度中国旅游产业影响力案例名单揭晓，新疆 7 个案例入选！》，新疆维吾尔自治区文化和旅游厅网站。

[2] 王鹏、吕杨、刘忠俊：《四川甘孜"网红"文旅局局长：我内心坦荡，一切都是为了家乡》，中国新闻网，http://m.chinanews.com/wap/detail/zwsp/sh/2021/03 - 28/9442094.shtml。

和生命周期较短的问题。多年来,西部地区面临着文化产业规模偏小、规模以上文化企业数量偏少、增量不足等问题,营业收入、经营效益与东部地区相比有较大差距。

从 2022 年西部地区各省(区、市)文化产业发展情况来看,有 7 个省(区、市)公布了 2022 年文化产业统计数据,其余省(区、市)未单独公布。在已公布相关数据的省(区、市)中,四川、重庆、陕西等传统文化产业强省产业规模较大,抗风险能力较强,2022 年仍能保持低速增长态势;其余省(区、市)如西藏、云南、新疆、内蒙古等,则出现了一定幅度的下降,分别比上年下降8.1%、9.6%、43.4%和9.3%(见表4)。今后一段时期,西部地区文化产业亟待实现恢复性增长。

表4 2022年西部地区部分省(区、市)文化产业发展情况

单位:亿元,%

省(区、市)	营业收入	比上年增长
四 川	4797.30	1.4
重 庆	2129.00	1.5
陕 西	1169.29	2.9
西 藏	63.29	-8.1
云 南	47.15	-9.6
新 疆	45.93	-43.4
内蒙古	112.60	-9.3

资料来源:各省(区、市)统计局,其中西藏增速为依据自治区文化厅相关资料整理计算。

从各省(区、市)具体情况来看,四川、重庆及陕西规模以上文化及相关产业企业经营收入超过千亿元,规上企业数量超过 1000 家。2022 年,重庆规模以上文化企业数量为 1144 家,实现营业收入 2129.0 亿元,比上年增长 1.5%,增速比全国高 0.6 个百分点。[①] 2022 年四川规模以上文化及相关产业企业达 2424 家,实现营业收入 4797.3 亿元,比上年增长 1.4%,比

---

① 《2022年重庆规上文化及相关产业企业营业收入增长1.5%》,重庆市统计局网站。

全国高 0.5 个百分点;① 2023 年第一季度,四川文化产业增长速度加快,企业效益明显好转。规模以上文化及相关产业企业实现营业收入 1156.1 亿元,比上年同期增长 10%;增长速度比同期全国平均增速高 6 个百分点,比西部地区省(区、市)平均增速高 5 个百分点。此外,四川扭转了 2022 年以来的利润下滑态势,实现利润 152.5 亿元,比上年同期增长 19.2%。2022 年陕西规模以上文化企业总数为 1674 家,营业收入达到 1169.29 亿元,实现增速由负转正,比上年增长 2.9%,且增速高于全国 2.0 个百分点。② 2022 年内蒙古规模以上文化企业总数约 150 家,实现营业收入 112.6 亿元,比上年下降 9.3%,低于全国平均增速 10.2 个百分点。③ 2022 年新疆规模以上文化、体育和娱乐业实现营业收入 45.93 亿元,比上年下降 43.4%。④ 2022 年云南文化、体育和娱乐业实现营业收入 47.15 亿元,比上年下降 9.6%。⑤ 2021 年,西藏文化产业产值已达 68.87 亿元;⑥ 2022 年,西藏文化产业营业收入为 63.29 亿元,⑦ 较 2021 年下降约 8.1%。

(二)文化产业固定资产投资波动较大

近年来,西部地区各省(区、市)文化、体育与娱乐业固定资产投资增长速度波动较大,个别省(区、市)呈现大起大落态势。2018~2022 年仅少数省(区、市)文化、体育与娱乐业固定资产投资保持稳定,5 年间保持固定资产正增长的仅有四川,其余省(区、市)均出现负增长。总体上看,四川、重庆等省(区、市)文化、体育与娱乐业固定资产投资增长速度较为平稳,甘肃、新疆、西藏等省(区、市)不同程度下滑(见表 5)。

---

① 《2022 年四川省规模以上文化及相关产业企业营业收入增长 1.4%》,四川省统计局网站。

② 陕西统计局:《2022 年全省规模以上文化企业运行情况》。

③ 《2022 年文化企业营业收入总体回落,文化新业态带动持续增长》,内蒙古自治区统计局网站。

④ 新疆维吾尔自治区统计局:《新疆维吾尔自治区 2022 年国民经济和社会发展统计公报》。

⑤ 云南省统计局:《云南省 2022 年国民经济和社会发展统计公报》。

⑥ 西藏自治区文化厅:《砥砺奋进、高质量发展的西藏特色文化产业》,西藏自治区文化厅官方政务号。

⑦ 琼达卓嘎:《西藏文化产业产值达 63 亿元》,《人民日报》2023 年 3 月 23 日。

作为文化产业发展基础设施的固定资产投资，需要保持一定的稳定性，大起大落不利于文化产业稳定发展。

表5　2018~2022年西部地区各省（区、市）文化、体育与娱乐业固定资产投资增长速度

单位：%

省（区、市）	2018年	2019年	2020年	2021年	2022年
陕　西	29.7	-8.4	-10.9	6.3	-12.5
甘　肃	7.5	-9.4	9.9	-18.7	-19.7
宁　夏*	-23.7	-14.7	-5.3	2.0	1.1
青　海	69.7	46.5	-43.3	-57.6	-22.2
新　疆	32.6*	0.0*	18.5*	-8.0	-20.4
云　南	28.1	-23.5	15.3	-7.2	71.1
广　西	19.3	-14.7	-7.3	-8.1	11.5
四　川*	11.2	11.7	8.3	9.6	7.7
贵　州*	15.6	-3.8	-0.4	-10.7	-10.0
重　庆*	7.4	4.3	2.7	5.2	-3.4
西　藏	20.5	16.3	-1.1	-33.3	-40.0
内蒙古	-31.6*	5.9*	-16.4	-2.2	-0.2
全　国	21.2	13.9	1.0	1.6	3.5

注：带*号的为该省（区、市）当年未单列，以第三产业投资作为参考。

资料来源：各省（区、市）国民经济和社会发展统计公报。

（三）文化产业发展不均衡，产业结构趋向雷同

我国文化产业区域发展不均衡，总体上呈现东部强、中部弱、西部及东北部规模偏小的格局。西部地区也呈现明显的差异，四川、重庆、陕西等省（区、市）文化产业发展规模大、实力强，经过长期的发展，已经涌现了一些具有竞争优势的文化品牌。

从西部地区各省（区、市）"十四五"文化与旅游发展规划来看，西部地区文化产业呈现发展思路单一、产业结构趋向雷同的问题。为推动西部地区文化产业发展，提升文化软实力，西部地区应在融入国家区域发展战略的基础上，进一步充分发挥区域优势，改善文化产业结构趋同状况，形成具有各地特色、优势互补、协调发展的文化产业空间布局，促进文化产业高质量发展。

（四）特色文化旅游品牌有待丰富

西部地区形成了具有鲜明地域特色、多民族交融的文化传播品牌，在数字化时代，显示出强大的感染力和影响力。近年来，西部地区相继推出了一批代表性文化旅游品牌，尤其是以大型山水实景演出为代表的文化演艺项目（见表6）。虽然这些文化旅游品牌在一定程度上活跃了文化旅游市场，取得了一定的效益，但也不可避免地出现了竞相上马、扎堆演出的现象。

表6　西部地区各省（区、市）有影响力的大型实景演出代表性品牌

省（区、市）	名称	地点	类型	首次公演时间
广　西	《印象·刘三姐》	桂林阳朔漓江山水剧场	大型山水实景演出	2004年3月20日
云　南	《印象·丽江》	丽江玉龙雪山景区	大型实景演出	2006年7月23日
陕　西	《长恨歌》	西安临潼华清宫景区	大型实景历史舞剧	2007年4月7日
四　川	《道解·都江堰》	成都都江堰景区	大型山水实景演出	2010年6月3日
内蒙古	《阿拉腾陶来》	额济纳旗胡杨林景区	大型实景音乐剧	2010年9月27日
西　藏	《文成公主》	拉萨慈觉林	大型实景演出	2013年8月1日
重　庆	《梦幻桃源》	酉阳桃花源景区	大型歌舞实景演出	2014年8月1日
甘　肃	《敦煌盛典》	敦煌山庄	大型沙漠实景演出	2015年8月15日
贵　州	《西江盛典》	雷山县西江千户苗寨	大型山水实景演出	2019年10月19日
新　疆	《昆仑之约》	乌鲁木齐南山景区	大型实景音乐剧	2020年5月28日
青　海	《印象茶卡》	茶卡盐湖景区	大型历史实景演出	—
宁　夏	《梦回灵州》	灵州兴唐苑	大型古风实景舞剧	2023年4月28日

资料来源：依据各省（区、市）文化旅游相关资料整理。

实景演出，是以山水等实景为演出舞台，以当地独特的文化、民俗为主要内容，融合演艺、商业的独特文化旅游模式。2004年，由张艺谋执导的《印象·刘三姐》首次公演，开创了我国实景演出的先河。这一演出突破了传统的舞台演出模式，开创性地以丽江水域为舞台，以12座山峰为背景，结合当地经典山歌、民族文化、山水风情，运用先进的声光电技术，在自然山水间，再现了关于刘三姐的美丽传说。《印象·刘三姐》的成功，为国内

其他省（区、市）提供了一个范例，并风靡全国。其中影响力较大的《印象·刘三姐》和《印象·丽江》，已被列入国家文化产业示范基地。

在《印象·刘三姐》之后，出现了各种类型的实景演出，包括山水、沙漠、历史、民俗等类型。一些演出与历史文化相结合，已成为当地的著名文化品牌。如陕西西安开发的实景演出《长恨歌》，以临潼骊山和华清池为背景，以唐玄宗与杨贵妃的爱情故事为主线，演出阵容包括300名专业演员，在故事发生地，将历史故事与人文艺术完美地展现在观众面前。

西部地区既有悠久的历史文化资源，又有美丽的自然风光、多彩的民族风情，大型实景演出将文化歌舞等元素与自然风光融合在一起，为西部地区文化产业发展提供了良好的基础。然而，自《印象·刘三姐》取得成功以后，国内各地纷纷上马类似项目，全国各种类型、各种层次的实景演出一度高达200余项，每个省（区、市）均有各类实景演出项目。由于各地产品相似度高，观众难免"审美疲劳"，一些地方的实景演出效益不佳，仅有少数演出能够取得较好的市场回报。

三　西部地区文化产业发展与品牌建设的对策建议

2019年，古装悬疑电视连续剧《长安十二时辰》热播，加之网络短视频的助力，使得西安成为经久不衰的"网红"城市。这显示出西部地区在文化产业发展中，依托自身优势资源，创新发展，相比东部、中部地区是能够有所作为的。

今后一段时期西部地区文化产业发展，凝聚在两个关键词上，一是"数字化"，二是"品牌"。文化企业具有行业覆盖面广、产业链条长、关联效益好、吸纳就业能力较强等特点。文化产业稳定持续发展，能够更好地拉动西部地区经济增长、吸纳更多的就业。西部地区具有发展文化产业的良好基础和优势条件，在数字化时代，加快西部地区文化产业发展与文化品牌建设应从以下四点入手。一是政策扶持，走高质量发展道路，协同推进西部地区文化产业发展。二是将文化新业态作为西部地区文化产业发展的重要方向。顺应数字产业化和产业数字化趋势，加快发展文化新业态，激发西部地区文化产业活力，促进西部地区文化产业升级转型。三是将文化品牌作为西部地区文化产业发展的着力点，加强西部地区文化品牌建设，打造区域优势品牌，以品牌建设引领区域文化产业发展。四是加大文化产业投入，使文化产业成为西部地区发展的新动能。

（一）抓住数字化转型机遇，推动西部地区文化产业跨越式发展

随着国民经济与社会发展面临新的国际、国内环境，对于西部地区文化产业来说，2024 年将是一个重要的转折年。一方面，西部地区各省（区、市）进入"十四五"具体实施阶段；另一方面，"十四五"是西部地区文化产业发展的关键时期，是数字化转型的关键节点，是西部地区实现文化产业跨越式发展的重要"时间窗口"。

习近平总书记强调："要顺应数字产业化和产业数字化发展趋势，加快发展新型文化业态，改造提升传统文化业态，提高质量效益和核心竞争力。"在数字化时代，文化产业的繁荣与发展，离不开数字化的强大助力，西部地区应继续完善产业政策，加大政策扶持力度，依托数字化，按下西部地区文化产业发展与文化品牌建设的"加速键"。

近年来，我国文化产业结构发生了巨大变化，正迈入以数字化为主要特征的文化产业发展新阶段。在宏观层面，国家对数字化与文化产业发展进行了战略部署，出台了一系列措施、规划。2020 年，国家文化和旅游部出台了《关于推动数字文化产业高质量发展的意见》，明确提出文化产业数字化战略，推动数字文化产业高质量发展。2022 年，中共中央办公厅、国务院办公厅又下发了《关于推进实施国家文化数字化战略的意见》《"十四五"文化发展规划》，再次明确了实施数字化战略，加快文化产业数字化布局的发展思路。文化产业数字化、数字文化产业发展的重要性日益凸显。

从全国范围来看，数字文化产业发展已呈现蓬勃发展态势。2022 年，规模以上文化新业态企业营业收入已达 43860 亿元，占全部规模以上文化企业营业收入的比重为 36.0%，占比较 2019 年提高了 13.1 个百分点；增速比

上年提高 5.3%，高于整体文化产业 4.4 个百分点。在文化产业领域，AR/VR、大数据、人工智能、超高清、5G 等数字技术已被广泛应用。线上演播、数字艺术、沉浸式体验等新业态发展迅速。数字文化产业已成为近年来投资的热点。

西部地区一方面要努力推动文化产业数字化建设迈上新台阶，抓住数字化转型的有利机遇，重视内容和产品的生产，尤其是要扶持和鼓励更多的高质量数字文化产品生产；另一方面要加强自主创新能力建设，努力形成西部地区文化产业创新体系。

（二）加大文化产业投入，把文化新业态作为发展的重要方向

文化产业是西部地区更具竞争优势的产业。从近年来西部地区文化产业发展态势来看，西部地区各省（区、市）文化产业增速能够保持一定的领先，具备进一步快速发展的潜在能力。因此，西部地区各省（区、市）应进一步加大对文化产业的扶持力度，加大固定资产投入，进一步吸引社会力量投入。针对西部地区文化企业规模小、盈利能力不强等问题，西部地区各省（区、市）要进一步降低文化及相关产业的市场准入门槛，鼓励兴办文化及相关企业、吸纳从业人员，采取措施改善文化企业经营状况，激发市场主体特别是中小微文化企业的活力。

此外，要加强融合创新，把文化新业态作为发展的重要方向，培育西部地区文化产业新动能。一是推进公共文化服务"数字赋能"，加快推进文化和旅游场馆的智慧化升级。二是鼓励数字内容产业发展。三是培育融合发展新业态。通过产业融合，促进业态创新、转型升级，提高产业关联度和附加值。

（三）加大文化产业金融支持力度，扶持鼓励文化产业发展

近年来，西部地区一些省（区、市）已经出台一系列金融扶持措施，鼓励文化产业发展。如四川于 2022 年出台《四川省引导扶持文化企业发展六条措施》，优化金融政策，从贷款融资、专项资金等方面扶持文化企业健

康快速发展。陕西出台相关措施，明确提出支持中小微文化企业发展；并实施中小微企业倍增行动，设立"专精特新"文化旅游企业培育孵化平台，培育一批"独角兽""小巨人"文化旅游企业。

解决文化企业融资贷款难的问题，需要进一步解放思想，突破壁垒和障碍。文化企业多为轻资产企业，长期以来，金融机构出于风险防控及贷款相关规定，往往要求文化企业提供实体资产等作为担保抵押，而对文化创意作品等相关资产的知识产权评估价值并不完全认可，导致文化企业贷款难以落地、融资难的问题难以有效破解。西部地区各省（区、市）要加快文化企业发展、推进数字化转型，如果缺乏金融扶持，仅靠自身资金投入，是很难做强做大的，也会错失发展机遇。

（四）加快实施品牌战略，把文化品牌建设作为着力点

文化产业是西部地区具有资源优势与发展基础的重要产业，西部地区文化产业发展速度已经连续数年高于其他地区，显示出一定的竞争优势。当前，西部地区应更好地发挥文化产业的带动作用，努力用好政策空间，找准发力方向，精准施力，使西部地区文化产业实现超常规发展。

西部地区具有打造文化品牌的优势资源，无论是丝绸之路、兵马俑、莫高窟还是九寨沟、香格里拉等，都是国内独一无二的历史文化资源，借助数字化的推动，西部地区优势文化旅游资源不断走上虚拟空间，成为发展文化旅游产业的重要助力。

西部地区具有独特的文化和旅游品牌资源优势，但文化品牌的影响力仍有待进一步提升，西部地区需要进一步打造文化IP。品牌是文化产品发展的核心竞争力。西部地区要努力培育和打造一批具有西部特色的原创IP，加强IP开发和转化，顺应数字化发展趋势，充分利用游戏、动漫、网络视频、网络文学、网络音乐等产业形态，创新发展，打造具有广泛影响力、具有各省（区、市）特色的数字文化品牌。

与此同时，在推进品牌战略中，要加强差异化竞争，避免同质化，努力做大做强区域优势品牌，提升西部文化品牌影响力。西部地区应选择自身的

龙头品牌，加大开发力度。各省（区、市）应重点打造代表性品牌，进行有针对性的推广，提升品牌的国际国内影响力，打造一批辨识度高、影响力大的代表性和引领性品牌，如陕西的丝绸之路、秦始皇兵马俑等，甘肃的敦煌莫高窟，四川的三星堆遗址等。

数字化驱动环境友好

Digitalization Dives Environment Friendly

B.14

数字化驱动西部地区低碳发展

董梅[*]

摘　要： 本文梳理了西部地区数字化发展的现状与趋势，进而分析了西部地区各省（区、市）能源消费、二氧化碳排放和工业"三废"排放的现状，探索了数字化技术在西部地区低碳发展中的作用和潜力。本文将2018~2021年西部地区12个省（区、市）33项指标划分为经济水平、数字化水平、能源节约、污染物减排、环境治理5个维度，构建低碳发展综合评价指标体系，并得出低碳发展综合指数。结果表明：宁夏、青海、新疆和内蒙古的低碳发展表现较好；重庆、四川和陕西的低碳发展快速提升；西藏低碳发展进展缓慢。鉴于分析结论，探讨数字化驱动西部地区低碳发展中的挑战与机遇，并据此提出数字化驱动西部地区低碳发展的思路与对策。

---

* 董梅，江苏师范大学商学院副教授，研究方向为低碳经济研究。

关键词： 西部地区　数字化　低碳发展　主成分分析

气候变化是全球面临的最严峻挑战之一。自 2021 年 9 月 22 日习近平主席在联合国大会上宣布中国"二氧化碳排放力争于 2030 年前达到峰值，努力争取 2060 年前实现碳中和"目标以来，"双碳"目标成为中国经济和社会发展的重要议题。西部地区作为国家生态文明建设的重要区域，低碳发展成为其促进经济增长和环境保护的关键路径。同时，数字化技术的迅速发展也为低碳发展提供了新的可能性。研究数字化驱动西部地区低碳发展的路径，可以发掘数字化技术在低碳发展中的潜力和优势，引导数字化技术在西部地区的应用，推动区域绿色转型，提高资源利用效率，降低碳排放，为经济发展和环境保护寻求新的发展路径，为制定更加精准的数字化驱动低碳发展策略提供参考，为实现西部地区低碳发展目标提供科学依据。

一　数字化驱动西部地区低碳发展的现状与趋势

（一）西部地区数字化发展的现状与趋势

1. 西部地区数字化发展现状

目前，西部地区各省（区、市）的数字化发展整体处于较为初级的阶段。依据北京大学发布的数字普惠金融指数，2018～2021 年西部地区各省（区、市）数字化程度指数如图 1 所示。总体来看，西部地区各省（区、市）的数字化程度指数在 4 年间均在 325～425，其中，广西、重庆、四川和陕西的数字化程度指数较高，数字化发展相对较好，但仍然有较大的提升空间；西藏、宁夏和新疆的数字化程度指数较低，数字化发展滞后，需要加大力度推进。西部地区数字化发展的具体特征可总结为以下几点。①数字化程度指数整体提升。除个别省（区、市）2020 年有所下降外，西部地区各省（区、市）的数字化程度指数在 2018～2021 年整体呈现较快增长。②数字化程度指数省际差异较大。广西、重庆、四川在数字化程度指数上起步较高，且提升较快，说明这些省（区、市）在信息技术应用和数字化产业发展方面投入较大，并取得了成效。特别是陕西在 2021 年数字化程度指数达到 413，超过西部地区其余省（区、市），说明数字化建设取得了较大进展。而西藏、宁夏和新疆等省（区、市）数字化程度指数相对较低，需要加大力度推动数字化发展。③数字化程度指数与经济发展密切相关。广西、重庆、四川和陕西等西部地区经济发展相对较好的省（区、市）数字化程度指数较高，而青海和宁夏等经济相对欠发达的省（区、市）数字化程度指数相对较低，数字化发展滞后，需要加大力度推进。

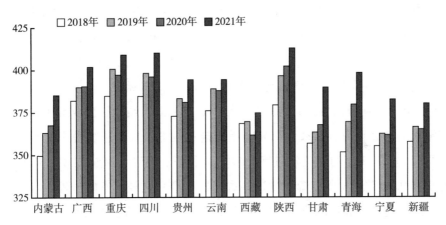

图 1   2018~2021 年西部地区各省（区、市）数字化程度指数

2. 西部地区数字化发展的趋势

随着科技进步和数字技术的快速普及，西部地区将加快数字化基础设施建设，包括加快互联网接入速度、提高网络覆盖率、推进 5G 网络建设等，为数字化发展打下更坚实的基础，由此可预见未来西部地区数字化发展有如下趋势。第一，产业数字化转型提速，数字技术在各行各业不断深化应用，企业将加快数字化转型，推动传统产业向数字化、智能化升级，提高产业效率和竞争力。第二，数字经济快速崛起，包括电子商务、数字支付、云计算、人工智能等领域的发展将成为西部地区的新增长点。第三，政府数字化

治理推进，包括推动电子政务建设、提升数字化公共服务能力等，提高政府效率和服务水平。第四，数字化人才培养加强，提高人才素质和技能，推动数字化发展人才的储备和更新，以适应数字化发展的需求。

（二）西部地区低碳发展的现状

1. 能源节约方面

（1）能源消费。

能源为经济增长提供必要支撑，随着西部地区经济不断增长，西部地区整体能源消费也呈上升趋势。西部各省（区、市）能源消费总量（以下简称"能耗"）整体呈现波动态势，反映了不同省（区、市）在能源利用和经济发展方面的差异。具体特征有：①内蒙古和新疆能耗较高。内蒙古2021年能耗虽较2020年有所下降，但仍达到2.41亿吨标煤，新疆则从2018年的1.77亿吨标煤增加到2021年的2.02亿吨标煤，显示出这两个省（区、市）对能源消费方面的高度依赖，这与其经济结构、工业发展和资源禀赋有关。②青海、甘肃、宁夏和重庆能耗较低，且增速缓慢，这4个省（区、市）2021年的能耗分别为0.47亿吨标煤、0.84亿吨标煤、0.86亿吨标煤和0.80亿吨标煤，显示出这些省（区、市）在经济发展过程中可能更加注重绿色发展和资源节约利用。③四川、陕西、广西、贵州和云南的能耗在西部地区处于中等水平，这与其经济增长和城镇化进程有关，这些省（区、市）需要关注能源消费的可持续性和环境影响。④部分省（区、市）呈现能源结构转型，即能源消费总量虽然增长，但增长幅度逐年下降，如重庆、甘肃、青海、宁夏和贵州，说明这些地区能源结构可能开始向更加高效、清洁的方向转变（见图2）。

单位生产总值能源消费（以下简称"单位能耗"）是衡量能源集约程度的重要指标，该指标越低，表示能源集约程度越高，即能源效率越高。2018~2021年西部地区各省（区、市）单位生产总值能源消费如图3所示，呈现以下特点。①单位能耗的省际差异较大。宁夏的单位能耗远高于其余各省（区、市），2021年达到1.91吨标准煤/万元。青海、新疆和内蒙古的单

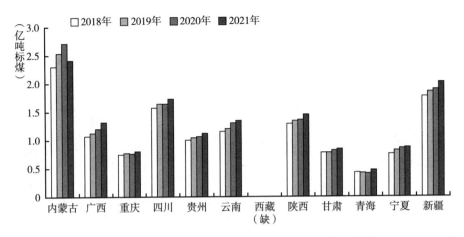

图 2　2018~2021 年西部地区各省（区、市）能源消费

位能耗紧随其后，到 2021 年分别达到 1.4 吨标准煤/万元、1.27 吨标准煤/万元和 1.18 吨标准煤/万元。而重庆、四川和陕西的单位能耗相对较低，到 2021 年均在 0.5 吨标准煤/万元以下，这表明各省（区、市）在能源利用效率方面存在较大差异，高耗能省（区、市）应该加大节能减排和绿色经济推进力度。②单位能耗整体呈现下降态势。2018~2021 年西部地区各省（区、市）单位能耗均有不同程度下降，降幅较大的省（区、市）有：内蒙古从 1.43 吨标准煤/万元下降到 1.18 吨标准煤/万元，宁夏从 2.15 吨标准煤/万元下降到 1.91 吨标准煤/万元。这反映了西部地区在经济发展过程中逐步提高了资源利用效率，加大了节能减排和绿色发展的力度。③高耗能地区转型进展相对缓慢。如 2018~2021 年新疆和青海的单位能耗虽然有所下降，但降幅有限，说明这些地区在能源结构转型和能耗减排方面还需加大力度，加速向绿色低碳发展转型。④能耗较低地区保持稳定。如重庆、四川、陕西和广西在过去 4 年中能源消费总量较低，且单位能耗保持相对稳定，显示出这些省（区、市）在能源利用效率方面表现较为高效，能源消费结构相对较为绿色，可以作为其他高能耗地区的借鉴对象，分享绿色发展经验。

（2）电力消费方面。

电力作为二次能源，其消费变动与经济增长呈高度相关。2018~2021 年

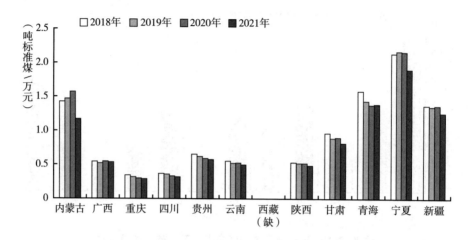

图3 2018~2021年西部地区各省（区、市）单位生产总值能源消费

西部地区各省（区、市）的单位生产总值电耗（以下简称"单位电耗"）如图4所示，有如下特征。①各省（区、市）间单位电耗差异显著。2021年，宁夏、青海和新疆的单位电耗分别为2561千瓦时/万元、2564千瓦时/万元和2210千瓦时/万元，而西藏、重庆和四川的单位电耗分别为486千瓦时/万元、481千瓦时/万元和610千瓦时/万元。这些数据显示了西部地区不同省（区、市）在电力消耗效率方面的差异，高电耗地区应该加大节电和能效改进的力度。②单位电耗整体呈下降趋势。如宁夏从2018年的3034千瓦时/万元下降到2021年的2561千瓦时/万元，青海从2018年的2687千瓦时/万元下降到2021年的2564千瓦时/万元，表明这些省（区、市）在经济发展过程中逐步提高了电力利用效率，加大了节电和能效改进的力度。③高电耗地区转型进展缓慢。2018~2021年宁夏、青海的单位电耗虽然有所下降，但降幅有限，表明这些省（区、市）还需加大力度提高电力利用效率，加速向绿色低碳发展转型。④电耗较低地区保持稳定。2018~2021年西藏、重庆和四川单位电耗较低，且在这段时间内保持相对稳定，显示出这些省（区、市）在电力利用方面表现较为高效，电力消费结构较为绿色，可以作为其他高耗能地区的可借鉴对象，分享绿色发展经验。

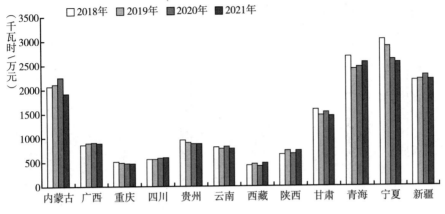

图4 2018～2021年西部地区各省（区、市）单位生产总值电耗

（3）水耗方面。

水资源是重要的自然资源，但西部地区各省（区、市）自然资源禀赋比东部地区差，特别是西北地区水资源不丰富，因此提高西部地区用水效率更为重要。2018～2021年西部地区各省（区、市）单位工业增加值水耗（以下简称"单位水耗"）如图5所示，呈现如下特征。①各省（区、市）间单位水耗差异很大。2018年，西藏的单位水耗高达118立方米/万元，而陕西的该指标仅为16立方米/万元，显示了不同省（区、市）在水资源利用效率方面的差异，高耗水省（区、市）应该加大节水和水资源利用效率的改进力度。②单位水耗整体呈下降趋势。降幅较大的省（区、市）有：西藏从2018年的118立方米/万元下降至2021年的58立方米/万元，广西从2018年的93立方米/万元下降到2021年的60立方米/万元。这表明各省（区、市）在工业生产过程中逐步提高了水资源利用效率，加大了节水和水资源管理的力度。③高耗水地区转型较快。西藏、广西和贵州的单位水耗快速下降，表明水资源利用效率提高和节水措施实施力度较大，加速向高效利用水资源的方向转型。④节水地区仍继续转型。陕西、内蒙古等地单位水耗较低，但在2018～2021年继续缓慢下降，这些省（区、市）水资源利用效率方面表现较为高效，较少浪费水资源，但仍在探索更高效的节水方式，可以作为其他高耗水地区的借鉴对象，分享节水经验和做法。

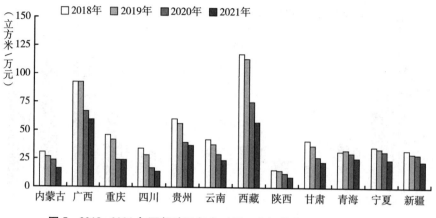

图5 2018~2021年西部地区各省（区、市）单位工业增加值水耗

2.二氧化碳排放及污染物排放方面

（1）二氧化碳排放方面。

化石能源燃烧会产生大量二氧化碳排放，而西部各省（区、市）能源消费增加，二氧化碳排放（以下简称"碳排放"）随之上升。2018~2021年西部地区各省（区、市）二氧化碳排放量如图6所示，其特征如下。①碳排放量整体上升。例如，内蒙古的碳排放量由2018年的8.37亿吨上升至2021年的9.53亿吨，新疆的碳排放量也从2018年的4.33亿吨上升至2021年的5.53亿吨，其余省（区、市）也有不同程度上升，这表明经济发展和能源消费增长的背景下，碳排放量也随之增加。②低排放省（区、市）的碳排放量相对稳定。如青海、重庆和甘肃的碳排放量在2018~2021年保持相对稳定，这与这些省（区、市）推进能源结构转型和能源消费方式优化等措施有关。③高排放省（区、市）的碳排放量增速较快，碳排放压力逐渐加大。如内蒙古、新疆和陕西的碳排放量在西部地区较高，4年间增幅也较大，在能源消费和经济增长方面面临较大的碳排放压力，应加强碳排放控制和低碳转型工作。④能源消费结构对碳排放量有着重要影响。能源密集型地区如内蒙古、新疆和陕西的碳排放量较高，这与其能源消费结构中较多使用传统化石能源有关。相反，一些经济较为发达的地区，如广西和四川，其碳排放量相对较低，这些省（区、市）相对高效的能源利用方式和清洁能源利用比例较高。

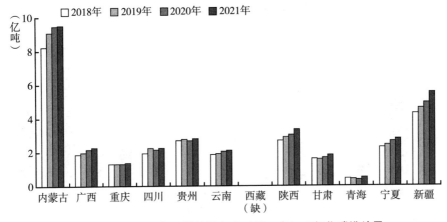

图6　2018~2021年西部地区各省（区、市）二氧化碳排放量

西部地区各省（区、市）保持一定的经济增速，难以在短期内减少碳排放量。单位生产总值二氧化碳排放量（以下简称"碳强度"）是衡量碳减排成效的重要指标。2018~2021年西部地区各省（区、市）单位生产总值二氧化碳排放量如图7所示，其特征如下。①碳强度整体下降。除了新疆的碳强度有微量上升，内蒙古和宁夏的碳强度在2021年快速下降，其余各省（区、市）碳强度均呈下降趋势，表明各地区在推动绿色低碳发展方面取得了积极进展，经济发展与碳强度之间的解耦效果显著。②多数省（区、市）碳强度保持相对稳定。例如，四川的碳强度4年间稳定在0.4吨/万元左右，陕西的碳强度稳定在1.1吨/万元左右，这与其经济结构和能源消费结构相对稳定有关。③宁夏、内蒙古和新疆碳强度较高。这3个省（区、市）2021年的碳强度分别为6.13吨/万元、4.65吨/万元和3.46吨/万元，远超其余省（区、市），这与其产业结构、能源结构和生产方式有关，需要加强低碳技术和清洁能源的推广应用。④贵州、甘肃和青海的碳强度在西部地区属于中等水平，在推动低碳发展方面仍面临一定的挑战，需要加大绿色技术创新和清洁能源利用的力度，促进低碳经济的转型升级。

（2）污染物排放方面。

污染物排放主要指工业生产过程中排放废水、废气和固体废物，即

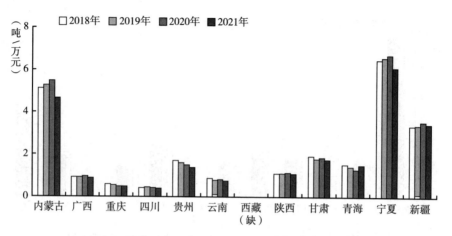

图7 2018~2021年西部地区各省（区、市）单位生产总值二氧化碳排放量

工业"三废"。其中，废水指标主要包含化学需氧量排放和氨氮排放，废气指标主要包含二氧化硫排放、氮氧化物排放和颗粒物排放，固体废物指标主要包含一般工业固体废物产生量、综合利用量和处置量。图8、图9和图10分别绘制了2018~2021年西部地区各省（区、市）单位生产总值废水氨氮排放量（以下简称"单位氨氮排放量"）、单位生产总值二氧化硫排放量（以下简称"单位硫排放量"）和单位生产总值固体废物产生量（以下简称"单位固体废物产生量"）。

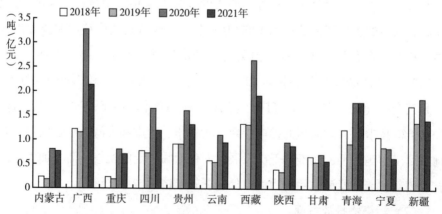

图8 2018~2021年西部地区各省（区、市）单位生产总值废水氨氮排放量

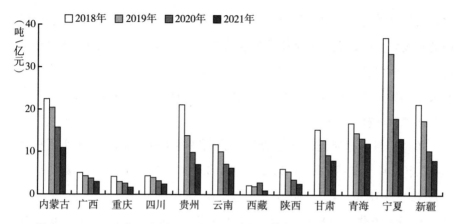

图 9　2018~2021 年西部地区各省（区、市）单位生产总值二氧化硫排放量

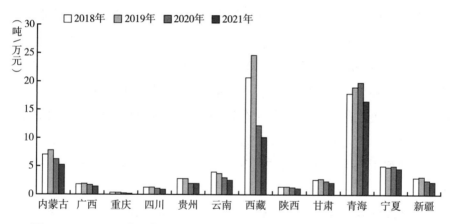

图 10　2018~2021 年西部地区各省（区、市）单位生产总值固体废物产生量

单位氨氮排放量是反映工业废水排放强度的指标。①多数省（区、市）2020 年的单位氨氮排放量高于其他年份，2021 年快速下降。广西和西藏2020 年的单位氨氮排放量分别猛增至 3.28 吨/亿元和 2.66 吨/亿元，四川、贵州和青海在 2020 年该指标也均超过 1.6 吨/亿元，这与这些省（区、市）的经济结构和产业特点有关，需要加强废水处理和排放控制，减少废水排放对环境的影响。②广西、西藏、青海和新疆的废水减排压力较大。这些省（区、市）在推动废水治理方面仍面临较大的挑战，需要加大污水处理和废水排放控制的力度。政府可以加大对这些地区的环保投入，推动废水处理设施的建设和升级，促进废水排放强度的降低。③内蒙古、重庆、陕西和甘肃的废水排放强度相对较低，这与其在推动绿色发展方面所采取的措施和政策有关，例如加强环境保护和水污染防治工作，推进工业结构升级，促进节水和废水处理的技术应用。

单位硫排放量是反映工业废气排放强度的指标。①除西藏外，其他省（区、市）单位硫排放量在 2018~2021 年逐年下降。其中，宁夏的单位硫排放量由 2018 的 37.22 吨/亿元大幅下降至 2021 年的 13.33 吨/亿元；贵州、新疆和内蒙古该指标降幅也超过一半，表明这些省（区、市）在推动绿色低碳发展和环境保护方面取得了显著进展，废气排放强度得到了显著控制。②内蒙古、宁夏、青海、甘肃和新疆的单位硫排放量相对较高，面临较大的工业废气减排压力，这与这些省（区、市）经济结构和产业特点有关，需要加强大气污染治理和二氧化硫排放控制，减少二氧化硫排放对环境的影响。③广西、重庆、四川、西藏和陕西的单位硫排放量相对较低，显示出这些省（区、市）在推动经济发展与环境保护之间取得了较好的平衡，这与其在推动绿色发展方面所采取的措施和政策有关，例如加强环境保护和大气污染治理工作，推进工业结构升级，促进清洁能源利用。

单位固体废物产生量是反映固体废物产生强度的指标。①西藏和青海的单位固体废物产生量很高，且西藏剧烈波动，降速很快，表明这些省（区、市）在推动废物治理方面仍面临较大挑战，需要加大固体废物处理和资源化利用的力度。政府可以加大对这些地区的环保投入，推动固体废物处理设施的建设和升级，促进固体废物产生强度的降低。②单位固体废物产生量整体下降。如内蒙古的单位固体废物产生量从 2018 年的 7.18 吨/万元下降至 2021 年的 5.21 吨/万元，云南的该指标从 4.02 吨/万元下降至 2.72 吨/万元，表明各省（区、市）在推动绿色低碳发展和资源节约方面取得了积极进展，工业废物产生强度得到了有效控制。③除内蒙古、西藏、青海和宁夏外，其余省（区、市）2018~2021 年单位固体废物产生量均低于 5 吨/

万元，这与其在推动绿色发展方面所采取的措施和政策有关，例如加强资源节约和固体废物管理，推进工业结构升级，促进废物资源化利用。

（三）西部地区数字化技术在低碳发展中的作用与潜力

以上总结了西部地区各省（区、市）在数字化建设方面的情况以及各省（区、市）能源消费、碳排放和工业"三废"排放等方面的变动。数字化建设对能源消费、碳排放和工业"三废"排放产生以下影响。①就能源节约而言，数字化程度的提高可能会促进能源行业的数字化升级和智能化改造，提高能源利用效率。数字化程度高的省（区、市）在能源行业中可能更加倾向于采用先进的数字化技术和智能化设备，从而实现能源消耗的优化和节约。②就碳减排而言，数字化程度的提高可能有助于优化产业结构和能源结构，减少高碳能源的使用，从而降低碳排放。数字化技术的应用也有助于提高企业生产和管理的效率，减少不必要的能源消耗，进而降低碳排放水平。③就减少工业污染物排放而言，数字化程度的提高可以在一定程度上推动工业过程的智能化和自动化，减少生产中的资源浪费和环境污染。通过数字化监测和控制系统，企业可以更加精准地监测和管理废水、废气、固体废物的排放，减少环境污染。

二 西部地区低碳发展综合评价指标体系

（一）低碳发展综合评价指标体系与计算方法概述

1. 低碳发展综合评价指标体系

在评价低碳发展综合水平时，考虑到所涉及的评价体系具有多指标、时间序列较短的特点，本文采用主成分分析法对西部地区低碳发展水平进行综合评价。主成分分析法的指标构建包括目标层、准则层和指标层三个层次，其中目标层为低碳发展综合水平；准则层包括5个维度，即经济水平、数字化水平、能源节约、污染物减排、环境治理；指标层是上述准则层分类下的若干具体指标，共设33个指标（见表1）。

表 1 低碳发展综合评价指标体系

目标层	准则层	指标层				指标类别
		符号	指标名称	单位	指标来源或计算方式	
低碳发展综合水平	经济水平	A1	人均地区生产总值	元	相关统计年鉴	正
		A2	第三产业增加值占地区生产总值的比重	%	相关统计年鉴	正
		A3	农村居民人均可支配收入	元	相关统计年鉴	正
		A4	城镇居民人均可支配收入	元	相关统计年鉴	正
		A5	制造业固定资产投资比上年增长率※	%	相关统计年鉴	正
	数字化水平	B1	人均移动互联网接入流量	GB	移动互联网接入流量/年末常住人口	正
		B2	每百人移动互联网用户数	户/百人	移动互联网用户/年末常住人口	正
		B3	每百人互联网宽带接入用户数	户/百人	互联网宽带接入用户/年末常住人口	正
		B4	移动电话普及率	部/百人	相关统计年鉴	正
		B5	每百家企业拥有网站数	个/百家	相关统计年鉴	正
		B6	有电子商务交易活动的企业数比重	%	相关统计年鉴	正
		B7	数字普惠金融总指数	—	北京大学数字普惠金融指数	正
	能源节约	C1	单位生产总值能耗	吨标准煤/万元	能源消费总量/地区生产总值	逆
		C2	单位工业增加值能耗	吨标准煤/万元	能源消费总量/工业增加值	逆
		C3	单位生产总值电耗	千瓦时/万元	电力消费总量/地区生产总值	逆
		C4	单位工业增加值水耗	立方米/万元	工业用水量/工业增加值	逆
		C5	人均用水量	立方米	相关统计年鉴	逆
	污染物减排	D1	单位生产总值二氧化碳排放	吨/万元	自估算碳排放量/地区生产总值	逆
		D2	单位生产总值化学需氧量排放量 COD	吨/亿元	化学需氧量排放总量COD/地区生产总值	逆
		D3	单位生产总值氨氮排放量	吨/亿元	氨氮排放总量/地区生产总值	逆
		D4	单位生产总值二氧化硫排放量	吨/亿元	二氧化硫排放总量/地区生产总值	逆

目标层	准则层	指标层					
		符号	指标名称	单位	指标来源或计算方式	指标类别
低碳发展综合水平	污染物减排	D5	单位生产总值氮氧化物排放量	吨/亿元	氮氧化物排放总量/地区生产总值	逆
		D6	单位生产总值颗粒物排放量	吨/亿元	颗粒物排放总量/地区生产总值	逆
		D7	单位工业增加值固体废物产生量	吨/万元	一般工业固体废物产生量/工业增加值	逆
		D8	工业固体废物综合利用率	%	一般工业固体废物综合利用量/一般工业固体废物产生量	正
		D9	工业固体废物处置率	%	一般工业固体废物处置量/一般工业固体废物产生量	正
	环境治理	E1	森林覆盖率	%	相关统计年鉴	正
		E2	城市燃气普及率	%	相关统计年鉴	正
		E3	建成区绿化覆盖率	%	相关统计年鉴	正
		E4	地方财政一般预算支出中节能环保支出比重	%	节能环保支出/地方财政一般预算支出	正
		E5	城镇环境基础设施建设投资占地区生产总值的比重	%	城镇环境基础设施建设投资/地区生产总值	正
		E6	工业污染源治理投资占工业增加值的比重	%	工业污染源治理投资/工业增加值	正
		E7	水利、环境和公共设施管理业固定资产投资比上年增长率※	%	相关统计年鉴	正

注：1. "指标来源或计算方式"列中的"相关统计年鉴"包括历年《中国统计年鉴》《中国能源统计年鉴》《中国环境统计年鉴》，各省（区、市）《统计年鉴》，国家统计局网站数据等，均为官方数据来源。2. 表中标记※的 A5 和 E7 指标，原数据含有正值和负值。3. "指标类别"中"正"表示该指标与低碳发展综合水平趋势一致，"负"表示该指标与低碳发展综合水平趋势相反，需要做正向化处理。

2. 低碳发展综合评价指标方法概述

主成分分析法的核心思想是降维，即用较少的几个综合指标来代替原来较多的指标，使之能尽量多地反映原来指标所反映的信息。本文主成分分析的主要步骤如下。①数据正向化和无量纲处理。对不同性质和量纲的数据进行正向化和无量纲处理，可使所有数据变动与低碳发展综合水平趋势一致。

②分别在每一个年份，计算准则层各维度的主成分得分和综合得分。③各维度主成分得分分别与其对应的方差贡献率相乘，得到各维度的综合得分。④对各维度的综合得分再次进行主成分分析，获得低碳发展综合评价得分。

以下根据评价体系中 5 个准则层分别列出分析过程（因篇幅所限，仅以 2018 年经济发展指数和低碳发展综合指数为例展开说明，其余年份各维度分析方法相同）。

（1）经济发展指数。

对经济水平维度中的指标 A1、A2、A3、A4、A5 标准化后分别记为 Z_{A1}、Z_{A2}、Z_{A3}、Z_{A4}、Z_{A5}，2018 年经济水平维度的主成分分析提取了 2 个主成分，分别记为 F_{A1} 和 F_{A2}，这两个主成分的方差贡献率分别为 G_{A1} 和 G_{A2}，则 2018 年经济水平维度的经济发展指数 Z_{A2018} 计算如下：

$$Z_{A2018} = (F_{A1} \times G_{A1} + F_{A2} \times G_{A2}) / (G_{A1} + G_{A2}) \tag{1}$$

（2）数字化发展指数。

参照以上计算方法，构造 2018 年数字化发展指数 Z_{B2018}。

（3）能源节约指数。

参照以上计算方法，构造 2018 年能源节约指数 Z_{C2018}。

（4）污染物减排指数。

参照以上计算方法，构造 2018 年污染物减排指数 Z_{D2018}。

（5）环境治理指数。

参照以上计算方法，构造 2018 年环境治理指数 Z_{E2018}。

（6）低碳发展综合指数。

在获得 2018 年五个维度的指数 Z_{A2018}、Z_{B2018}、Z_{C2018}、Z_{D2018}、Z_{E2018} 的基础上，再次进行主成分分析，本次提取了 2 个主成分，分别记为 F_{Z1} 和 F_{Z2}，这两个主成分的方差贡献率分别为 G_{Z1} 和 G_{Z2}，则 2018 年低碳发展综合指数 Y_{2018} 为：

$$Y_{2018} = (F_{Z1} \times G_{Z1} + F_{Z2} \times G_{Z2}) / (G_{Z1} + G_{Z2}) \tag{2}$$

参照以上计算 2018 年低碳发展综合指数的方法，再分别计算出 2019~

2021 年的低碳发展综合指数，即 Y_{2019}、Y_{2020}、Y_{2021}，用以评价西部地区低碳发展的综合水平。

3. 数据来源及指标预处理

（1）数据来源。

本文选取西部地区 12 个省（区、市），即内蒙古、广西、重庆、四川、贵州、云南、西藏、陕西、甘肃、青海、宁夏和新疆的 33 项统计指标为分析依据。需要说明的是，西藏仅有能源消费数据缺失，由此影响其二氧化碳排放数据无法估算，其余各项指标数据均可查，弥补了以往相关文献均不列入西藏的不足（有关西藏缺失数据的处理方法，详见"指标的预处理"小节）。各项指标时间涵盖 2018～2021 年的年度数据，各数据来源于历年的《中国统计年鉴》、《中国能源年鉴》、《中国环境年鉴》以及各省（区、市）的《统计年鉴》，其中有关二氧化碳排放的数据，是采用《2006 年 IPCC 国家温室气体清单指南》［以下简称 IPCC（2006）］提供的"方法 1"，参照各省（区、市）能源消费数据的物理数量和对应的缺省排放因子对碳排放量进行估算而得的。

（2）指标的预处理。

本文对指标的预处理包括：①逆指标的正向化处理。对于表 1 中能源节约和污染物减排维度的 12 个逆指标，采用 Min-Max 方法对数据进行正向化处理，即 $X_i^* = (X_i - X_{min}) / (X_{max} - X_{min})$，"Min"和"Max"分别代表同一指标 2018～2021 年的最小值和最大值。②含有负值指标的正向化处理。表 1 中标注"※"的 A5 和 E7 指标既含有正值也含有负值，本文将这两组数值均加 50，使所有数值正向化平移 50 个单位，使所有数值均为正，且不影响数值之间的间隔。③西藏缺失数据的补充。西藏缺失能源消费数据和由此估算的碳排放数据（即 $C1$、$C2$ 和 $D1$ 指标），本文采用对应指标当年正向化后的最小值对西藏的缺失值进行补充，例如 2018 年各省（区、市）$C1$（单位生产总值能耗）指标正向化后的最小值是 0.03，将该数值补充到 2018 年西藏的该指标，同理，该指标 2019 年、2020 年和 2021 年的补充值分别为 0.019、0.008 和 0，

$C2$ 和 $D1$ 指标补充方法相同。④标准化处理，即对全部指标进行 Z-Score 转换处理，使数据服从标准正态分布，消除各指标的量纲影响。经过以上预处理的指标均与低碳发展综合评价趋势一致，不存在量纲的影响，保证了主成分分析的科学性。

（二）西部地区低碳发展综合指标评价

本文主成分分析的指标采用标准化数值，因此每一年计算而得的 12 个省（区、市）经济发展指数、数字化发展指数、能源节约指数、污染物减排指数、环境治理指数，以及低碳发展综合指数的均值为 0，因此各指数在同一年具有截面的可比性。另外，主成分分析的所有指标在 2018~2021 年各年份的数据预处理方式都一致，同一省（区、市）在不同年份间也具有时间序列的可比性。

1. 经济发展指数评价

2018~2021 年西部地区各省（区、市）经济发展指数如表 2 所示。从各省（区、市）经济发展指数的平均值对比来看，重庆、内蒙古和西藏的经济发展指数位居前 3，其指数平均值分别为 1、0.9 和 0.75，经济发展较快。经济发展水平排名靠后的 3 个省（区、市）分别是甘肃、青海和贵州，其经济发展指数平均值分别为 -1.58、-0.59 和 -0.52，即这 3 个省（区、市）经济发展在西部地区较落后。从时间发展趋势的角度来看，经济发展指数均呈现波动变化。广西、云南、陕西、宁夏和新疆的经济发展指数大多接近于 0，说明这几个省（区、市）2018~2021 年的经济发展较为稳定。

表 2　2018~2021 年西部地区各省（区、市）经济发展指数

年份	内蒙古	广西	重庆	四川	贵州	云南	西藏	陕西	甘肃	青海	宁夏	新疆
2018	0.15	0.17	0.67	0.23	-0.32	0.03	1.28	-0.08	-1.78	-0.18	-0.08	-0.10
2019	1.46	-0.24	1.16	0.41	-0.68	-0.12	0.17	0.23	-1.62	-0.51	-0.20	-0.06
2020	0.78	-0.09	0.98	0.45	-0.49	-0.02	1.19	0.16	-1.31	-1.18	-0.16	-0.30
2021	1.21	-0.01	1.18	0.43	-0.59	-0.29	0.34	0.07	-1.61	-0.50	-0.26	0.04
平均值	0.90	-0.04	1.00	0.38	-0.52	-0.10	0.75	0.10	-1.58	-0.59	-0.18	-0.11

2. 数字化发展指数评价

2018~2021 年西部地区各省（区、市）数字化发展指数如表 3 所示。从各省（区、市）数字化发展指数平均值对比来看，重庆和陕西的数字化发展指数分别为 0.82 和 0.73，远高于其他省（区、市）。四川和宁夏的数字化水平紧随其后，其数字化发展指数分别为 0.52 和 0.4。数字化建设较为滞后的省（区、市）有新疆、西藏和广西，这 3 个省（区、市）的数字化指数平均值分别为 -0.86，-0.58 和 -0.46，需要进一步加大数字化建设的力度。

比较表 2 和表 3 可以发现，数字化程度与经济发展密切相关，重庆和四川在数字化程度和经济发展两个方面表现较为突出，其数字化程度较高，经济发展增速较快，说明数字化建设对经济增长的贡献较大，数字化经济发展已经成为重庆和四川经济发展的重要动力。

表 3　2018~2021 年西部地区各省（区、市）数字化发展指数

年份	内蒙古	广西	重庆	四川	贵州	云南	西藏	陕西	甘肃	青海	宁夏	新疆
2018	0.02	-0.85	0.61	0.41	-0.08	-0.22	-0.33	0.69	-0.19	0.50	0.63	-1.22
2019	-0.44	-0.35	1.05	0.88	-0.26	-0.23	-0.09	0.76	-0.31	-0.20	0.12	-0.93
2020	0.71	-0.15	0.60	0.12	-0.34	-0.66	-1.36	0.56	0.01	0.12	0.64	-0.25
2021	-0.27	-0.48	1.00	0.65	-0.19	-0.37	-0.54	0.89	0.01	0.12	0.22	-1.04
平均值	0	-0.46	0.82	0.52	-0.22	-0.37	-0.58	0.73	-0.12	0.14	0.40	-0.86

3. 能源节约指数评价

2018~2021 年西部地区各省（区、市）能源节约指数如表 4 所示。受能源消费约束，单位能源消费越少越好，由于主成分分析前对指标进行了正向化处理，该指数越高表明能源使用效率越高。

从截面角度对比来看，宁夏和新疆的能源节约指数平均值最高，均为 1.34，说明这两个省（区、市）的能源使用效率较为突出。青海和内蒙古的能源节约指数平均值紧随其后，分别为 0.68 和 0.54。重庆、四川和陕西的能源节约形势较为严峻，其能源节约指数平均值分别为 -0.86、-0.85

和-0.79，表明这3个省（区、市）单位能耗较多，能源使用效率有很大的提升空间。从时间序列的发展趋势来看，2018～2021年各省（区、市）的能源节约指数都比较稳定，多数省（区、市）波动很小。

对比表3和表4后发现，数字化发展与能源节约的重合度并不高，说明西部地区数字化发展对能源节约的推动作用仍有很大发展空间，需要政府和企业根据各省（区、市）的实际情况，加强数字化建设，提高数字化技术在能源节约方面的应用水平，促进西部地区的可持续发展和能源资源的合理利用。

表4　2018～2021年西部地区各省（区、市）能源节约指数

年份	内蒙古	广西	重庆	四川	贵州	云南	西藏	陕西	甘肃	青海	宁夏	新疆
2018	0.56	-0.30	-0.83	-0.8	-0.41	-0.52	-0.36	-0.77	0	0.74	1.38	1.32
2019	0.61	-0.26	-0.83	-0.81	-0.42	-0.54	-0.35	-0.74	-0.05	0.61	1.41	1.35
2020	0.65	-0.07	-0.90	-0.88	-0.43	-0.51	-0.16	-0.83	-0.04	0.55	1.29	1.32
2021	0.35	-0.02	-0.88	-0.89	-0.35	-0.52	-0.26	-0.83	-0.03	0.81	1.27	1.36
平均值	0.54	-0.16	-0.86	-0.85	-0.40	-0.52	-0.28	-0.79	-0.03	0.68	1.34	1.34

4. 污染物减排指数评价

污染物减排指数主要衡量了单位碳排放和工业"三废"排放约束的情况。随着环境约束的不断增强，这些污染物单位排放量越少越好。由主成分分析所得的污染物减排指数越高，表明其污染物排放量越少。2018～2021年西部地区各省（区、市）污染物减排指数如表5所示。

从截面角度对比分析，青海的污染物减排指数最高，其指数平均值为1.13。此外，宁夏、内蒙古和新疆的污染物减排指数紧随其后且均为正，这3个省（区、市）该指数平均值分别为0.81、0.53和0.48，表明这些省（区、市）低碳发展程度较好。陕西、贵州和重庆的污染物减排指数较低，分别为-0.69、-0.67和-0.52，说明这些省（区、市）需要进一步加大污染物减排工作的力度。从时间发展趋势的角度来看，各省（区、市）的污染物减排指数波动较大，上升或下降趋势并不显著，说明西部地区各省

（区、市）污染物减排的长效机制仍未形成，其减排效果与各省（区、市）减排措施的稳定性和执行力度有关。

表 5　2018~2021 年西部地区各省（区、市）污染物减排指数

年份	内蒙古	广西	重庆	四川	贵州	云南	西藏	陕西	甘肃	青海	宁夏	新疆
2018	-0.04	0.09	-0.92	-0.50	-0.08	-0.56	0.36	-0.83	0.04	0.48	1.24	0.71
2019	0.50	-0.09	-0.53	-0.50	-0.08	-0.20	-0.70	-0.30	0.04	-0.22	1.59	0.48
2020	0.95	-1.09	0.33	-1.09	0.44	0.02	-2.12	-0.87	-0.02	3.30	-0.22	0.38
2021	0.69	-0.21	-0.95	-0.60	-0.34	-0.32	0.52	-0.75	0	0.97	0.63	0.36
平均值	0.53	-0.33	-0.52	-0.67	-0.02	-0.27	-0.49	-0.69	0.02	1.13	0.81	0.48

5. 环境治理指数评价

环境治理是低碳经济发展最重要的环节，对生产过程中产生的污染物进行综合利用及无害化处理，投入资金用于环境污染的防治，优化能源结构，增加森林碳汇，这些都是减少碳排放和节约能源的重要措施。环境治理指数衡量了环境治理水平，该指数越高，说明对环境治理的投入及治理成效越好。2018~2021 年西部地区各省（区、市）环境治理指数如表 6 所示。

表 6　2018~2021 年西部地区各省（区、市）环境治理指数

年份	内蒙古	广西	重庆	四川	贵州	云南	西藏	陕西	甘肃	青海	宁夏	新疆
2018	0.60	-0.34	-0.52	-0.21	-0.40	-0.30	-1.13	0.14	0.31	0.70	0.89	0.25
2019	0	-0.09	0.33	0.26	-0.55	-0.46	-1.33	0.20	-0.31	0.78	0.67	0.49
2020	-0.29	0.90	0.81	0.32	-0.22	-0.10	-0.77	0.22	-0.33	-0.66	-0.14	0.27
2021	0.42	-0.17	0.95	-0.01	-0.16	-0.44	-1.14	0.06	-0.04	-0.13	0.47	0.17
平均值	0.18	0.08	0.39	0.09	-0.33	-0.33	-1.09	0.16	-0.09	0.17	0.47	0.30

从西部地区各省（区、市）环境治理的指数平均值来看，指数最高的 3 个省（区、市）分别是宁夏、重庆和新疆，其数值分别为 0.47、

0.39 和 0.3，特别是宁夏和新疆在环境治理和污染物减排两个方面都取得了较好的综合表现，环境治理指数较高，污染物减排效果较好，这表明环境治理和污染物减排之间具有协同效应，通过改善环境治理可以推动污染物减排效果的提升。环境治理指数较低的 3 个省（区、市）分别是西藏、云南和贵州，其指数平均值分别为-1.09、-0.33 和-0.33。依据前文数据，西藏在单位固体废物产生量方面较高，环境治理效果较弱，表明西藏需要加大对固体废物产生的管控力度，从源头上减少固体废物的产生，进一步改善环境治理效果。

从时间序列来看，西部地区各省（区、市）的环境治理资金投入和工业污染物治理资金投入存在较大波动，环境治理指数也表现出较大波动，这是由于西部地区人口密度相对较低，环境保护在很大程度上依靠该地区生态的自净功能，环境治理投入并未形成稳定的长效机制，从而使得环境保护效果存在一定的不确定性。

图 11 和图 12 分别展示了 2018 年和 2021 年西部地区各省（区、市）五维度指数。

从图 11-b 可以看出，2018 年青海和宁夏在经济水平方面略有欠缺，在其他四个维度的表现都较好。新疆在数字化水平和经济水平方面有短板，但在能源节约、污染物减排和环境治理方面表现较好。依据图 11-a，重庆在经济水平、数字化水平和环境治理方面较为优越，但在污染物减排和能源节约方面存在劣势。内蒙古的能源节约表现较好，而其他四个方面均有很大进步空间。数字化水平和环境治理是四川的优势，而其在能源节约和污染物减排方面较为欠缺。从图 12-a 可以发现，较 2018 年，内蒙古 2021 年在污染物减排方面进步很大，表明其采取了积极的措施和政策，取得了显著的成效。重庆在环境治理和能源节约方面有所退步。从图 12-b 中可以看出，西藏在经济水平方面的优势明显缩小，这与西藏经济发展速度放缓有关。陕西和甘肃在数字化水平和污染减排方面均有改善。

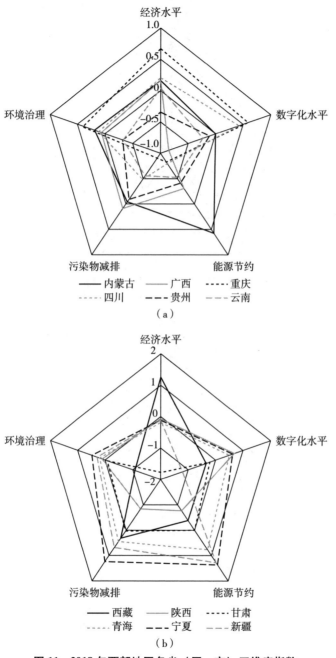

（a）

（b）

图 11　2018 年西部地区各省（区、市）五维度指数

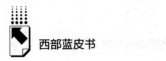
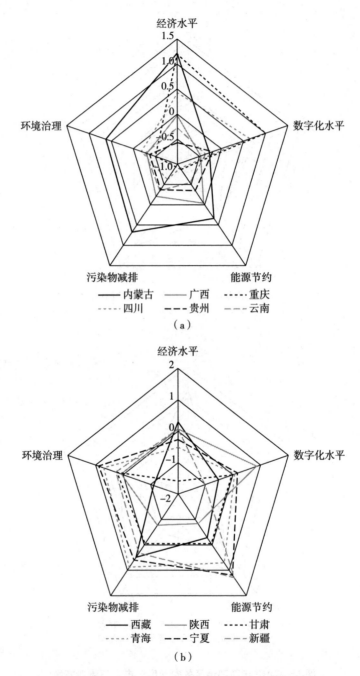

图 12　2021 年西部地区各省（区、市）五维度指数

依据各省（区、市）特点，西部地区发展重点如下。①内蒙古、重庆在经济水平和环境治理方面表现突出，可以进一步加大环保投入和环境治理力度，确保经济发展与环境保护的良性互动。同时，要保持经济稳定增长的态势，继续推动产业结构优化和高质量发展。②重庆和陕西在数字化水平上表现突出，可以进一步加强数字经济建设，推动信息技术在各行业的广泛应用，促进数字化产业发展，提高经济发展的智能化水平。③内蒙古、新疆、宁夏和青海在能源节约和污染物减排方面表现较好，可以继续加大节能减排力度，推动清洁能源的开发和利用，促进绿色发展，同时推动产业结构的优化和转型升级。④广西、贵州和云南在多个维度上表现相对较弱，需要加强环保和资源节约工作，制定更为严格的环保政策和标准，加大资源节约和环境治理力度，推动经济发展与生态保护的有机结合。

综上所述，西部地区各省（区、市）在经济水平、数字化水平、能源节约、污染物减排和环境治理等方面存在明显的差异。各省（区、市）需要结合自身实际情况，采取有针对性的政策和措施，推动经济发展与环境保护的协调，实现经济绿色转型和可持续发展。同时，加强数字化技术在经济发展和环境治理中的应用，推动数字经济和绿色经济的融合发展，为实现高质量发展和生态文明建设提供有力支撑。

6. 低碳发展综合指数评价

依据西部地区各省（区、市）经济发展指数、数字化发展指数、能源节约指数、污染物减排指数和环境治理指数，进一步计算而得的低碳发展综合指数能够综合反映各省（区、市）低碳发展成效。2018~2021年西部地区各省（区、市）低碳发展综合指数如图13所示，可总结如下特征。①宁夏、青海、新疆和内蒙古的低碳发展表现较为优异。2018~2020年宁夏的低碳发展综合指数均保持在较高水平，青海、新疆和内蒙古在多数年份也表现较好，说明这些省（区、市）在能源节约、环境治理和污染物减排等方面采取了积极的措施，为低碳发展做出了显著贡献。②重庆、四川和陕西的低碳发展综合指数快速提升，2021年重庆低碳发展综合指数达到1.72，远超西部地区其他省（区、市），四川和陕西的该指数也由负转正，增速很快，表明这些省

（区、市）在低碳发展方面加大了投入和推动力度，加强了节能减排方面的政策和措施，到 2021 年成效凸显。③西藏低碳发展进展缓慢。西藏的该指标四年间一直处于较低水平，且没有明显的增长趋势，这与西藏地理条件特殊、经济基础相对薄弱等因素有关，其在低碳发展方面面临着一定的挑战。

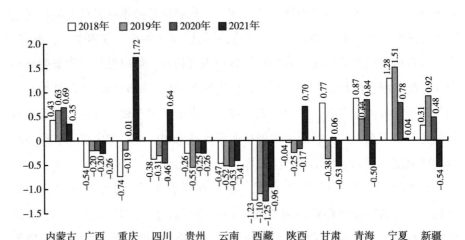

图 13　2018~2021 年西部地区各省（区、市）低碳发展综合指数

三　数字化驱动西部地区低碳发展中的挑战与机遇

（一）数字化驱动西部地区低碳发展中的挑战

数字化可以推动低碳发展，在提高资源利用效率、减少能源消耗、优化产业结构等方面具有重要作用。西部地区在数字化驱动低碳发展方面取得了一定的进展，但仍面临多方面的挑战。

1. 数字化基础设施不完善

西部地区的数字化发展水平相对较低，数字化程度、数字化发展指数等均未达到理想的水平。数字化基础设施的不足主要体现在通信网络覆盖不全、数据传输速度慢、信息安全保障体系不完善等方面。这些问题限制了数字化技术的应用和推广，也制约了低碳发展的进程。例如，西部地区一些偏远省（区、市）的通信网络不稳定，导致数字化技术的传输效率低下，难以实现数字化数据的实时收集和分析。在低碳发展中，需要通过数字化技术实现对能源消耗、排放情况等数据的准确监测和控制，但数字化基础设施不完善可能导致数据采集不及时、精度不高，影响低碳发展的效果。

2. 数字化能力有待提升

西部地区数字技术的应用水平相对较低。从数字化发展指数等数据可以看出，西部地区的数字技术应用相对滞后，数字技术的普及和推广受到多方面的制约。此外，数字技术的使用和管理能力也需要加强，许多企业和机构以及农村地区难以承担这样的费用，所以尚未充分利用数字技术进行低碳发展。因此，长期而言，加强数字技术培训和人才引进，提升数字化能力显得尤为重要。

3. 数字化技术应用不均衡

在西部地区，各个省（区、市）的数字化发展指数差异较大，一些省（区、市）的数字技术应用较为广泛，已经在低碳发展中发挥了重要作用。例如，新疆在数字化监测、能源调度和智能交通等领域取得了显著成果。然而，仍有一些省（区、市）在数字技术应用方面相对滞后，缺乏有效的数字化解决方案。因此，需要进一步推动数字技术在各省（区、市）的全面应用，促进数字技术在低碳发展中的普及和推广。

4. 数字技术与传统产业融合不足

许多企业和机构的数字化转型仍停留在表面，未能将数字技术与实际生产、管理和服务相结合，形成互融互通的发展模式。例如，一些能源企业在数字化监测和管理方面取得了进展，但其能源生产过程中的数字化应用仍有待加强。因此，需要加强传统产业与数字化技术的深度融合，推动数字化技术在传统产业中的广泛应用，实现低碳发展的转型升级。

5. 政策支持和激励机制不够完善

政策支持和激励机制的不足是数字化驱动低碳发展的制约因素。西部地区一些省（区、市）在数字化发展中缺乏明确的政策支持和激励措施，导

致企业和机构对数字化技术的应用缺乏积极性。此外，数字化驱动低碳发展的成本较高，需要政府提供更多的资金支持和税收优惠，以及建立相应的激励机制，鼓励企业和机构投入数字化转型。

（二）数字化驱动西部地区低碳发展中的机遇

数字化驱动西部地区低碳发展，伴随着一系列挑战，也蕴含着许多机遇。这些机遇为西部地区实现低碳发展提供了有利条件和契机。在正确把握这些机遇的基础上，可以推动数字化与低碳发展相互促进，实现经济社会的绿色、可持续发展。

1. 数字技术创新与应用的机遇

数字技术的不断创新和快速应用为西部地区低碳发展提供了新的契机。随着科技的进步，人工智能、大数据、物联网等数字化技术不断涌现，并在各个领域得到广泛应用。例如，智慧城市建设中的智能交通、智能供水系统、智能能源管理等，都有助于提高资源利用效率，降低碳排放。此外，数字技术的应用还可以优化生产流程，提高能源利用效率、降低碳排放。因此，西部地区可以积极引进和应用先进的数字化技术，促进绿色低碳发展。

2. 新兴产业发展的机遇

数字化驱动低碳发展可以促进新兴产业的发展。随着数字经济的快速崛起，云计算、人工智能、区块链等新兴产业在全国范围内得到了迅猛发展。西部地区作为数字经济发展较为滞后的地区，具有较大的发展潜力。通过推动数字化技术与传统产业的融合，西部地区可以加快新兴产业发展，推动低碳产业结构转型升级。例如，发展数字化农业、数字化能源等低碳产业，不仅可以提高产业附加值，还有助于降低能源消耗和环境污染。

3. 低碳政策倾斜支持的机遇

我国"双碳"目标的确立实施，为西部地区低碳发展提供了倾斜支持。例如，推动绿色金融、设立碳市场、建设碳交易体系等政策措施，为低碳产业的发展提供了经济支持和政策保障。西部地区可以充分抓住这些政策机遇，积极开展低碳项目，推动低碳产业的发展。

4. 能源结构转型的机遇

数字化驱动低碳发展还可以促进能源结构的转型。西部地区以其丰富的自然资源和新能源开发潜力而闻名，尤其在太阳能、风能等新能源方面具有独特优势。通过数字化技术的应用，西部地区可以更好地优化能源资源的利用，提高新能源的开发利用效率。此外，数字化技术还可以推动能源供给侧改革，实现能源的智能化管理和优化配置。因此，西部地区可以加快能源结构转型，积极推动新能源开发和利用，实现能源的多样化和绿色化，为低碳发展提供坚实基础。

5. 绿色基础设施建设的机遇

数字化驱动低碳发展可以促进绿色基础设施的建设。绿色基础设施是指以节能、环保、可持续为设计理念的基础设施建设项目，例如智慧交通、智能建筑、生态园区等。数字化技术的应用，可以推动实现绿色基础设施的智能化管理和高效运营，提高资源利用效率，降低能源消耗和碳排放。西部地区可以借助数字化技术，推动绿色基础设施的建设，提升城市和产业园区的绿色化水平，实现低碳发展目标。

6. 创新人才培养的机遇

数字化驱动低碳发展需要大量的专业技术人才和管理人才。西部地区数字经济和低碳领域的人才储备相对不足，但也为西部地区提供了培养创新人才的机遇。西部地区可以积极引进高端科技人才，同时加强本土人才的培养和引进，建设一支高素质的数字化与低碳发展人才队伍。通过创新人才培养和引进机制，西部地区可以在数字化驱动低碳发展的过程中赶超发达地区，实现跨越式发展。

四 数字化驱动西部地区低碳发展的思路与对策

数字化驱动西部地区低碳发展是实现经济转型升级和生态文明建设的重要途径。为了更好地实现低碳发展目标，本文提出以下思路和对策。

1. 加强政策支持和引导

各级政府应加大对低碳发展的政策支持和引导力度，推出激励措施，鼓励企业和居民采用低碳技术和产品，促进低碳产业发展。政府还可以制定更具针对性的低碳政策，如推出碳排放权交易制度，建立绿色金融体系，鼓励绿色投资。同时，政府要加大监管和执法力度，确保低碳政策的落地和执行，避免虚假宣传和环保欺诈。例如，重庆出台了《重庆市生态环境保护条例》和《重庆市碳排放权交易管理办法（试行）》，加强了碳排放权交易和碳市场建设，鼓励企业减少碳排放。此外，西部地区还应积极争取国家和地方财政支持，加大投入力度，支持低碳产业发展和环保工程建设。

2. 推动新兴产业发展

数字化技术的发展为新兴产业提供了巨大机遇，西部地区各省（区、市）可以充分利用数字化技术，推动新兴产业的发展，尤其是推动绿色和低碳产业发展，如发展清洁能源产业，推广新能源汽车，推动智能制造和物联网技术在工业生产中的应用，加快数字化农业和智慧农业的发展等。这些新兴产业不仅有利于降低碳排放，还可以带动经济增长和就业机会。例如，云南积极发展清洁能源，特别是水电、光伏发电等新能源产业，成为国内新能源产业的重要基地。陕西推动智能制造和物联网技术的应用，提高工业生产的智能化水平。

3. 促进能源结构转型

能源结构转型是低碳发展的重要环节，西部地区资源丰富，但以传统化石能源为主，碳排放量较高。数字化技术可以为能源结构转型提供技术支持和数据支撑。数字技术的应用可以优化能源生产、转换和消费过程，推动清洁能源的替代，提高能源利用效率。同时，数字技术还可以实现能源供应与需求的智能匹配，提高能源系统的灵活性和稳定性。例如，新疆作为我国重要的能源基地之一，积极发展清洁能源，特别是光伏和风能产业，逐步减少对煤炭等传统能源的依赖。四川推进水电和天然气等清洁能源的利用，优化能源结构，提高能源利用效率。

4. 建设智慧城市和智慧交通

数字技术的应用可以促进城市和交通的智能化发展，进而实现低碳发展。西部地区各省（区、市）应加快智慧城市建设，推动城市规划、交通管理、供水供电等城市基础设施的智能化。数字化技术的应用有助于降低城市能源消耗，优化交通运输系统，减少交通拥堵和尾气排放。例如，重庆推动智慧交通建设，采用人工智能、大数据等技术，优化交通信号控制，提高交通运行效率，减少交通拥堵和尾气排放。

5. 强化数字化环境监管

数字技术的应用可以为环境监管提供更为全面和精准的数据支撑，有利于加强对环境污染的监控和治理。西部地区各省（区、市）应推动数字化环境监管的建设，建立完善的环境监测体系，实现对空气、水质、土壤等环境参数的实时监测和数据采集。同时，应利用大数据和人工智能技术，分析环境数据，及时预警和应对环境污染事件，提高环境治理的效果。例如，云南建设了环境大数据平台，整合了环境监测数据和污染源数据，实现了对环境污染情况的实时监测和分析。

6. 加强科技创新和人才培养

数字化驱动低碳发展需要科技创新和人才的支撑，西部地区各省（区、市）应加大对科技创新的投入，支持数字技术在低碳发展中的应用。同时，要加强人才培养，培养更多的数字技术人才和环保人才，为数字化驱动低碳发展提供强有力的人才保障。例如，四川加大对科技创新的支持力度，鼓励企业增加科研投入，培养创新型人才。云南推动数字化技术在农业、能源等领域的应用，提高数字技术在低碳发展中的应用水平。

综上，数字化驱动西部地区低碳发展是实现可持续发展的关键途径。西部地区通过加强政策支持和引导、推动新兴产业发展、促进能源结构转型、建设智慧城市和智慧交通、强化数字化环境监管、加强科技创新和人才培养，可以有效应对数字化驱动低碳发展过程中面临的挑战，把握机遇，实现低碳发展的目标。同时，要充分利用数字化技术的优势，提高数据的精准性和有效性，加强跨部门协调合作，形成合力推动低碳发展，共同迈向绿色、可持续的未来。

B.15
数字化驱动西部地区新能源开发利用

田洪志　侯俊辰 *

摘　要： 西部地区能源产业的数字化转型是实现碳中和、碳达峰目标和中国经济高质量发展不可或缺的重要组成部分，也是西部地区低碳绿色转型的战略重点。本报告通过收集 2016~2021 年西部地区能源行业相关数据，发现虽然西部地区传统能源与新能源等资源丰富，具有巨大的发展潜力，但是新能源发电存在输出不稳定和能量密度低等问题，亟须进行数字化转型。本报告围绕西部地区能源与新能源开发利用现状、能源数字化转型过程中的限制性条件以及数字化驱动新能源开发利用的具体路径进行分析探讨，力求深入分析推动西部地区数字能源产业发展的关键所在。

关键词： 西部地区　数字化　新能源开发利用

一　引言

2020 年 9 月，中国提出了 2030 年达到碳排放峰值和 2060 年实现碳中和的"双碳"目标，气候问题已经成为世界范围内的一个重要问题。中国作为世界上最大的发展中国家，过去十多年来经济的快速增长在一定程度上是以大量的化石能源消耗为代价的，大量的化石能源消耗将会大幅提高碳排放量，加快全球变暖的进程，不可避免地对生态系统和人类社会造成严重破

---

* 田洪志，西北大学中国西部经济发展中心研究员，西北大学经济管理学院教授，博士生导师，主要研究方向为能源经济学；侯俊辰，西北大学经济管理学院硕士研究生。

坏。能源领域是中国实现"双碳"目标的主战场,《"十四五"现代能源体系规划》指出"到2035年要基本建成现代能源体系,推动能源领域的高质量发展"。数字革命与能源革命作为当前时代发展的两大主题,正在进行深度融合。国家战略对数字经济的大力支持以及大数据、人工智能、云计算、机器学习等数字技术的创新发展,都为能源行业的数字化、智能化转型打下了坚实的基础。

西部地区是中国重要的能源生产基地,具有充足的矿产资源和风能、太阳能等新能源资源。能源要素的投入在中国经济社会发展中发挥了重要作用,但不可避免地会影响经济的可持续发展和导致生态环境的恶化。所以,西部地区"高耗能、高碳排"产业的低碳绿色转型对"双碳"目标的实现具有关键作用。在中国当前增长方式转变以及"东数西算"工程深入实施的背景下,将实体经济与数字经济进行深度融合是数字能源发展的重要保障,能源行业的数字化转型成为经济高质量发展的重要推动力。因此,分析和探讨数字化驱动西部地区新能源开发利用的现状、限制性条件以及实现西部地区能源产业数字化转型的路径,有助于推动西部地区的低碳、可持续发展和产业结构升级,还有助于缩小东西部地区发展差距,促进东西部地区协调发展。

二　数字化驱动西部地区新能源开发利用的现状分析

(一)西部地区能源数字化转型概况

长期以来,中国的能源结构以化石能源为主,2021年中国化石能源消费占总能源消费的比重为82.7%。能源消耗过程会产生大量二氧化碳,要想顺利实现"双碳"目标必须进行能源的低碳转型。一些西部地区自然资源被过度地开发利用,生态环境遭到了破坏,导致能源开发与生态文明建设之间开始出现矛盾。不仅如此,生态环境天然的脆弱性也制约了西部地区经济的可持续快速发展。可见,自然资源勘探难度较大以及限制条件比较多、

资源利用不均衡不合理、体制机制与西部地区能源现状不匹配等因素导致西部地区的能源发展存在诸多问题。煤炭等化石能源消费比重降低可以显著提升能源使用效率①，因此西部地区发电方式逐渐由火力发电向风能、太阳能等清洁能源发电转变。

在国家政策的大力扶持下，新能源发电的快速发展有效地改善了部分环境污染问题，但是西部地区作为新能源发电行业的重要基地，新能源产业发展仍面临许多阻碍。由于西部地区可再生能源的技术研发与创新能力不足，与经济发达地区存在较大差距，其新能源发电表现出不确定性和波动性强，以及电力充足与时空不平衡并存的特征②，结构性矛盾突出，面临电力供需不平衡、本地电力消纳对大规模新能源接网的适应性不足等困境。随着西部局部地区弃光、弃风现象的抬头，数字技术对提高能源使用效率的作用日益凸显，数字技术与能源领域的融合有助于改变能源生产、运行和传输模式，推动能源消费结构转型，提高清洁能源占比和电力使用比例。

随着西部大开发战略的推进，西部地区各省（区、市）逐步实现依托当地资源优势运用数字技术促进万物互联，将大数据、云计算、互联网、人工智能等数字技术与实体经济进行深度融合，逐步实现由资源依赖向低碳绿色发展转型。截至2021年底西部地区各省（区、市）成立了多家数字能源企业（见图1），许多能源企业走上了探索数字化转型的道路，对未来能源的数字化转型起到带头引领作用，推动数字能源发展进程。

在"东数西算"背景下，数据中心逐渐实现从东向西梯次布局，被数据中心吸引而来的上下游算力产业链落在西部，促进了西部地区的数字化转型，有效解决了东部地区电力成本高、能耗指标紧张等问题，同时提高了西部地区清洁能源、可利用荒地等的利用率。目前，依托大规模数据中心集群的建立，西部地区在煤炭、发电、化工等多个领域开启了能源的数字化转

---

① 刘丹丹、赵颂扬旸、郭耀：《全要素视角下中国西部地区能源效率及影响因素》，《中国环境科学》2015年第6期。

② 张协奎、王德磊、刘伟：《西部地区可再生能源发电绩效评价研究》，《学习与探索》2021年第4期。

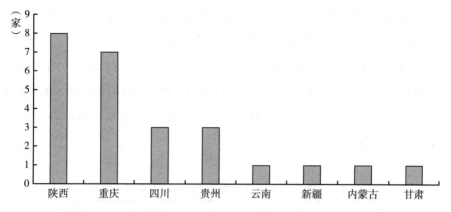

图 1   2021 年西部地区各省（区、市）数字能源企业数量

资料来源：IESPlaza 数字能源网。

型。西部地区能源云平台的建立大力推动了数字能源行业的发展进程。西部地区依托阿里云数据等数字技术搭建了促进实现能源化工产业聚集区一体化的互联网平台，建设了智慧矿区、数据中台等应用，对能源企业生产、运输等各个环节进行全方位、多角度数字化升级。

从发电行业来看，龙源电力作为国际知名的风电运营商，运用数字化技术赋能促进风电设备打破边界，依托 OneData 数据研发工具和阿里云核心大数据组件建设数据挖掘系统，实现数据资产的统一分析和应用生产，借助阿里云 ACK 容器技术构建服务器资源统一管控平台，便于集团总部统一调度、应用和监控西部地区子公司和 200 余家风电服务器资源。

（二）西部地区能源与新能源开发利用现状

1. 西部地区能源开发利用现状

能源是推动经济发展的重要动力之一，是社会发展的重要物质基础。丰富的自然资源禀赋特别是矿产资源是一个国家经济增长的引擎和工业化发展的基础。西部地区地广人稀、光照充足，具有丰富的能源资源、土地资源和显著的区位优势，具有巨大的发展潜力，是中国重要的能源生产、加工和外输基地，同时也是中国与"一带一路"沿线国家和地区进行能源合作的重要枢纽和我国顺利实现"双碳"目标的重要依托。西部地区蕴含煤炭、石油、天然气等充足的自然资源，是中国"西煤东运""西电东送""西气东输"的主要力量。从2021年能源矿产基础储量来看，西部地区的煤炭储量为1350.5亿吨，占全国总量的64.96%；西部地区的石油储量为116765.38万吨，占全国总量的31.66%；西部地区的天然气储量为52968.49亿立方米，占全国总量的83.56%（见表1）。

表1　2021年全国及西部地区能源矿产基础储量

能源种类	全国基础储量	西部地区基础储量	占全国的比重(%)
煤炭(亿吨)	2078.85	1350.50	64.96
石油(万吨)	368843.97	116765.38	31.66
天然气(亿立方米)	63392.67	52968.49	83.56

资料来源：《2021年矿产资源储量统计表》。

西部地区作为中国核心的能源生产基地，油、气、煤等一次能源生产总量已经达到全国生产总量的一半以上。2016~2021年西部地区原煤生产量总体呈现逐年增长趋势，2021年原煤生产量为245152万吨。虽然西部地区原煤生产量占全国原煤生产量的比重在2020年有所下降，但仍保持较高水平，2021年该地区原煤生产量占全国原煤生产量的59.42%（见图2）。2016~2021年西部地区天然气生产量呈现逐年增长态势，2021年该地区天然气生产量为1652.62亿立方米。西部地区天然气生产量占全国天然气生产量的比重一直处于较高水平，2021年该地区天然气生产量占全国天然气生产总量的79.61%（见图3）。2016~2021年西部地区原油生产量占全国比重呈现小幅上升态势，2021年该地区原油生产量为7039.7万吨，占全国原油生产量的35.40%（见图4）。

2.西部地区新能源开发利用现状

随着清洁能源对国家可持续绿色发展的重要性不断提升，光伏、风电等新能源产业也得到了快速发展。由于西部地区独特的地理位置和资源禀赋以及国家政策对发展可再生能源的大力支持，西部地区逐渐成为以光伏为代表

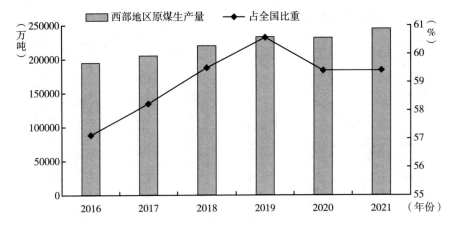

图2　2016~2021年西部地区原煤生产量及其占全国比重

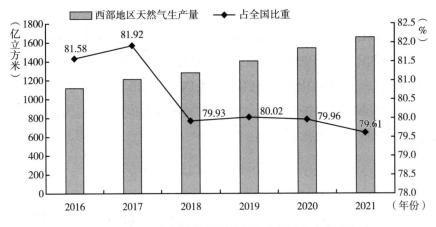

图3　2016~2021年西部地区天然气生产量及其占全国比重

的新能源产业建设的主战场，新能源革命促进了西部地区光伏、风电等产业
的整体发展，以光伏为主的清洁能源的大力发展有助于推动西部地区能源结构
的调整。西部地区整体上可再生能源资源充裕，拥有全国可再生能源资源总量
的70%以上，其中太阳能资源占全国的90%左右，风力资源占全国的85%以上。
"十四五"规划纲要提出建设的9个大型清洁能源基地中有7个在西部地区。

　　西部地区是风电装机和光伏装机布局的主要基地。西部地区累计风电并网
容量呈现逐年递增态势，2021年西部地区累计风电并网容量占全国的43.90%，

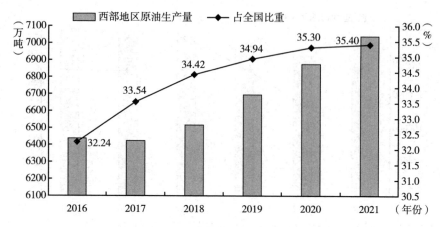

图4 2016～2021年西部地区原油生产量及其占全国比重

资料来源：2017～2022年《中国能源统计年鉴》。

仍然保持较高比重（见图5）。2016年西部地区光伏累计装机容量为4128.5万千瓦，占全国的比重为53.33%，截至2021年底西部地区光伏累计装机容量已达到10486万千瓦，占全国的比重为34.27%，虽然比重有所下降，但西部地区仍是我国新能源发展的重要抓手。西部地区大规模的风电和光伏装机为新能源上中游能源储存和产业链发展等提供巨大市场。

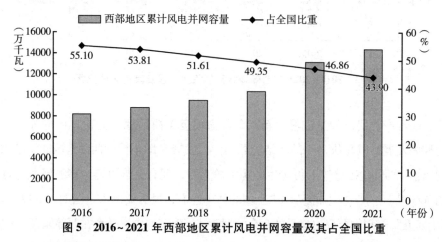

图5 2016～2021年西部地区累计风电并网容量及其占全国比重

资料来源：国家能源局。

随着风能、光伏等清洁能源发电规模的扩大,西部地区逐渐成为新能源电力发展的高地。西部地区核能、风能与太阳能等新能源发电量在西部地区发电量中所占的比重呈现逐年小幅上升态势。2016 年西部地区新能源发电量为 1728.15 亿千瓦时,到 2021 年新能源发电量为 4497.78 亿千瓦时。2016~2020 年西部地区新能源发电量增长速度有所放缓,但 2021 年西部地区新能源发电量与上年相比提升了 26.57%,与上年相比增长幅度出现明显上升(见图 6)。

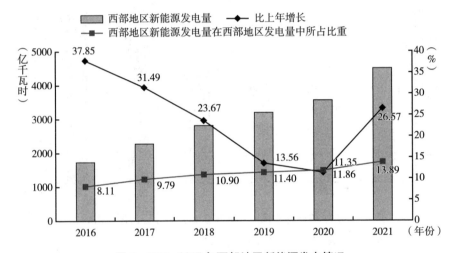

图 6　2016~2017 年西部地区新能源发电情况

资料来源:2017~2022 年《中国能源统计年鉴》。

三　数字化驱动西部地区新能源开发利用的约束条件分析

(一)数字经济存在区域发展不均衡

数字经济的发展水平在很大程度上决定了知识密集型产业的发展,以数字经济赋能能源产业的数字化转型会促进当地产业转型升级,带来更大的规模效应、创新效应和发展空间。近年来，随着数字经济发展战略的深入实施以及数字化基础设施和新业态、新模式的不断完善，数字产业化和产业数字化不断向前推进。2016~2021年全国数字经济发展呈现迅猛增长态势，从基础、产业、融合与环境等4个维度以2013年为基准（指数值为1000）进行标准化量化全国数字经济发展水平，2016年中国数字经济发展指数为1858.19，到2021年数字经济发展指数增长至5610.60，5年间增长了约2.02倍（见图7）。

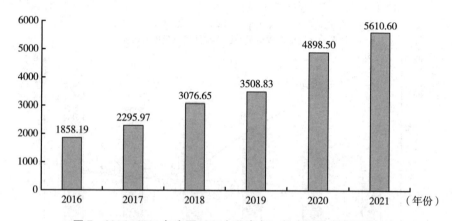

图7　2016~2021年中国（不含港澳台）数字经济发展指数。

资料来源：《中国数字经济发展指数报告（2022）》。

从东、中、西部地区的数字经济发展指数来看，全国数字经济发展存在区域不平衡性，东部地区和西部地区的数字化发展水平存在较大的差距，东部地区的发展优势更加明显，表现出东强西弱的特征。截至2021年12月底，西部、中部、东部地区的数字经济发展指数分别为2855.36、3066.77和7818.25，东部地区作为中国数字经济发展的主要引擎，数字经济发展指数从2016年到2021年增长了约2.19倍。对比来看，西部地区是中国数字经济发展的"洼地"，其数字经济发展指数虽然保持良好增长态势，但数字经济发展水平与东部地区仍存在巨大差距，2021年东部地区数字经济发展指数约为西部地区的2.74倍（见图8）。

西部地区与东部地区之间存在"数字鸿沟"，信息资源分配的区域

图8 2016~2021年东部、中部与西部地区数字经济发展指数

资料来源：《中国数字经济发展指数报告（2022）》。

不平衡性较为突出，表现为从东向西逐渐减弱，东部地区具有显著的发展优势。截至2021年底，全国数字经济规模排名前5的城市均来自东部地区，末位城市均来自中西部地区。数字经济的快速发展将促进发达地区取得发展优势，从而导致区域间经济发展水平差距的进一步扩大。数字经济发展水平的区域不平衡性表现在新兴数字产业在东西部地区的发展不均衡上。

信息与通信技术（Information Communications Technology，ICT）产业作为国民经济的支柱产业和数字经济的先导产业，对传统产业的改造升级起着关键作用，是一国经济发展水平和科技创新能力的集中体现。目前中国ICT企业总部和研发部门大多集中在北京、上海、广东、浙江等东部地区省（区、市）。例如，互联网龙头企业百度、腾讯、阿里分别位于北京、深圳、杭州，软件企业龙头方正、浪潮总部分别位于北京、山东，电子信息制造行业的龙头企业华为和中兴的总部在深圳。另外，数字经济发展的不平衡性还表现在数字技术的研发创新不均衡上，研发创新的重心更偏向于东部地区。2021年全国6个R&D经费投入强度超过全国平均水平的省（区、市）均来自东部地区，创新型企业、知名高校和科研院所也集中于东部沿海地区。

（二）数字能源作为新兴行业，人才供需缺口大

西部地区对自然资源的依赖容易受到"资源诅咒"效应的影响，能源开发通过人力资本投入、科学技术创新和腐败三个间接传导路径对经济增长产生负效应，其中人力资本投入是作用最强的传导因素。[①] 数字人才是推动数字能源发展的重要驱动力，而数字能源产业作为新兴产业，存在人才短缺这一关键问题。数字能源产业快速发展，对数字人才的要求也随着大数据、人工智能等数字技术的革新处于不断变化中，在数字化转型过程中人才供需失衡、人岗不匹配等问题逐渐暴露，数字化驱动新能源开发利用面临着巨大的挑战。数字能源的发展水平与数字人才的分布具有一致性，《产业数字人才研究与发展报告（2023）》显示，数字人才大多集中分布在东部地区和南部沿海的一线和新一线城市，数字人才结构不平衡问题较为突出。

2016~2021 年，虽然西部地区 R&D 人员全时当量整体呈现稳步增长态势，但 2021 年西部地区 R&D 人员全时当量占全国的比重仅为 12.02%，而东部地区 R&D 人员全时当量占全国的比重为 67.50%（见图 9）。西部地区与东部地区科技创新人力资本发展水平存在很大差距。人力资本是科技创新的核心、经济增长的动力、技术扩散的基石，西部地区科技创新人力资本存量的不足必将导致数字人才的供给短缺问题，减缓西部地区数字化的进程。

2020 年全国数字人才缺口将近 1100 万人，在未来该缺口仍有逐渐扩大的趋势，造成西部地区高层次数字人才匮乏的原因涉及多个方面。首先，受到企业规模、培训成本等因素的制约，大部分企业对于员工入职培训以基础知识为主，尚未建立完善的数字人才培育机制。其次，近年来国家更侧重于对数字技术创新人才的专业化培养，而忽视了对既能掌握又能应用数字技术的复合型数字化人才的培养，导致了数字人才的供给不足。虽然近年来高校

[①] 邵帅、齐中英：《西部地区的能源开发与经济增长——基于"资源诅咒"假说的实证分析》，《经济研究》2008 年第 4 期。

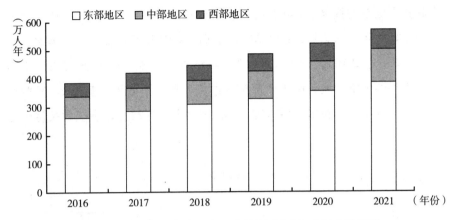

图9 2016~2021年东、中、西部地区R&D人员全时当量

资料来源：2017~2022年《中国科技统计年鉴》。

开设关于大数据、物联网等相关专业的数量有所增加，但仍难以满足企业日益增加的用人需求，出现了人岗不能精准匹配的情况。最后，数字人才的培养并非一朝一夕，传统人才需要接受专业的技能培训和学习专业的技术知识才能实现向数字人才的转变，这都需要投入大量的时间和精力。因此在未来一段时间内，数字人才仍会存在供给不足的问题，加上政府政策对于数字能源的支持以及推进全行业的数字化使得对数字人才的需求进一步加大，人才供需失衡问题将进一步加剧。

（三）数字能源共性技术难以突破

实现能源数字化智能化转型的关键是要构建以新能源为主体，以大数据、云计算等先进数字技术为依托的智能化电力系统。提高新能源的消纳能力和促进电网的安全高效运行等方面都离不开数字技术的发展，而西部地区由于受到自然地理位置、气候条件、地形地貌等因素的限制，人口素质普遍偏低，发展要素支撑能力欠缺，数字技术的创新和应用水平相对落后，数字产业基础薄弱，严重阻碍了西部地区数字能源的发展和共性关键技术的突破。随着国家对科技创新力度的加大，以R&D活动为主的技术创新对转变经济增长方式和提升技术效率起到关键作用，R&D能够显著促进自主创新能力和技术效率的提高。① 虽然近年来西部地区 R&D 经费支出及其占全国比重均呈现逐年递增态势，但 2021 年西部地区 R&D 经费支出占全国比重仅为 13.17%（见图 10），比东部地区低 54.54 个百分点。R&D 经费投入是影响科技水平的关键因素，由于西部地区经济发展水平较低，其 R&D 经费投入不足将会延缓数字技术发展速度，不利于西部地区攻克数字能源关键核心技术。

图 10　2016~2017 年西部地区 R&D 经费内部支出情况

资料来源：2017~2022 年《中国科技统计年鉴》。

在能源生产方面，传感器、物联网等数字技术是能源生产安全可靠运行的基础，数字技术的应用可以有效促进新能源的高比例并网以及提高生产侧的采集能力；在能源消费方面，人工智能、大数据等数字技术的应用能够有效提高成本管理和能量管理的能力，促进环境污染第三方治理、虚拟电厂、环境托管等的发展；在能源传输方面，数字技术能够赋能传统电网向智能安全的能源互联网转变；在能源计量方面，数字孪生、数据爬虫、区块链等数字技术的应用是实时监测企业碳排放的基础，是建立完善的碳排放监测预警系统的支撑。虽然数字技术的应用会带来大量正面效益，但与此同时能源效

---

① 唐德祥、李京文、孟卫东：《R&D 对技术效率影响的区域差异及其路径依赖——基于我国东、中、西部地区面板数据随机前沿方法（SFA）的经验分析》，《科研管理》2008 年第 2 期。

率的持续提高本身也会提高数据中心的能源消耗和增加网络服务器的电路需求，未来数十亿新设备的并网会使整体的用能大幅增加。此外，数字化转型也使得ICT的碳排放量大幅增加，未来需集中于能效技术的发展来解决数字工具应用带来能源消耗这一矛盾。

（四）数字能源相关支撑体系不完善

能源数字化转型的基础制度体系是转型过程中数据要素安全运行的前提和保障。目前，西部地区乃至全国能源数据的整合和融通尚处于初级阶段，能源数字化、智能化转型缺乏完善、规范的相关法律制度，数据要素市场的建立缺少相关权利保护，数据安全、数据防护、数据传输等方面的基础制度和规范尚不完善，能源数据要素的管理欠缺国家级统一标准，数据滥用将会出现负外部效应。由于数据掌握在能源电力企业内部不同的部门中，难以充分展现能源数字化的效益，企业面临数据壁垒的挑战。打通数据壁垒将会促进资源的合理配置，但与此同时无疑会增加数据安全隐患和提高影响能源系统能源供应安全的网络攻击事件的概率。

不仅如此，在数字化时代下西部地区传统的发电企业和油气公司还面临企业组织管理模式方面的挑战。能源企业的组织管理和数据驱动型组织的建立是一个漫长的过程，传统能源企业在运营过程中更加注重资产投资，其互联网思维的培育不足，不能根据市场变化及时做出调整，其原有的组织管理思维模式、工作模式和决策模式难以转变，短期内培育灵活的管理模式以适应快速迭代的数字化业务难以实现。另外，传统能源企业还面临着企业文化方面的挑战，企业文化是一个企业的灵魂，能源的数字化转型充分体现了企业文化的重要性。目前西部地区传统能源企业要实现数字化转型所必需的数字化素养和能力不足，没有很好地将企业文化精神和管理制度、低碳发展理念融合起来，能源企业员工数字化意识不足，短期内难以完全实现新旧动能的转换。此外，中国在地域上存在能源消费与能源生产的二元逆向分布，经济欠发达的西部地区分布了大量的能源产地，与发达经济体相比，在能源领域中国人均享有的数字化基础设施水平仍有较大的提升空间。

四 数字化驱动西部地区新能源开发
利用的可行性与对策分析

国家能源局发布的《关于加快推进能源数字化智能化发展的若干意见》提出，到 2030 年，要初步构筑各个环节数字化、智能化的能源系统，要充分激活数据要素的潜能，尽力突破制约能源数字化发展的共性关键技术，加快形成能源系统智能感知与调控体系，加快催生能源数字化、智能化的新业态和新模式，构建全面标准化、高度智能化、深度数字化的能源系统管理模式，稳步提高能源行业网络与信息安全保障能力，增强能源系统效率和可靠性，促进能源生产与供应的多元化，促进能源产业与绿色技术的协同融合。西部地区作为国家能源生产的主战场，其能源产业的数字化转型具备良好的条件，是国家数字能源发展的重要推动力。

（一）西部地区新能源数字化转型具备较好的条件

西部地区具有较好的能源数字化转型的独特资源禀赋，具有丰富的可再生能源，如充足的电力和风力、日照时间长、肥沃的土地以及低廉的用地成本和电力成本，使得新能源发展更具持久经济性，奠定了新能源产业数字化、智能化转型的基础。西部地区具有显著的化石能源优势，其具有充足的锰、铬、钒、锌、镍、钴、锂等新能源产业上游原材料所涉及的重要矿产资源，这些资源在西部地区的储量占全国的比重均达到 80% 以上。西部地区不仅拥有丰富的矿产资源，近年来西部地区可再生能源资源也进入了快速发展期，逐步实现将发展重心由高耗能产业向清洁能源产业转移，加快建设聚焦沙漠、荒漠、戈壁地区的大型风电光伏基地。随着制度由能耗"双控"转变为碳排放"双控"，西部地区显著的物质资本和人力资本优势以及新能源优势也将随之显现。

"东数西算"战略的提出和实施，有助于提高西部地区可再生能源的有效利用率、促进绿色转型、推动区域平衡发展、实现电力系统与数据中心的协同调度和提高全国整体算力水平。我国数据中心大都分布在东部地区，但东部地区资源和土地匮乏导致运营成本高，数据行业的集约化发展难以实现，数据中心的大规模建立难以可持续进行，而西部地区由于缺乏用户而出现新能源产能的结构性和政策性过剩，其资源禀赋具有大规模发展数据中心、承接东部算力需求的潜力。而要实现数字化推动新能源的开发利用离不开数字技术的创新发展，在国家政策支持引导下，越来越多的数据中心将在西部地区落地，国家数据集群的建立将推动西部地区数据要素市场和能源数字化的快速发展。

（二）西部地区新能源数字化转型的政策建议

1. 提升西部地区各省（区、市）能源互联网发展水平

西部地区各省（区、市）自然环境相对恶劣、新能源电站分布广泛、电站集中程度低等因素导致新能源电站运营成本高，并且大数据中心、5G基站等数字基础设施会产生大量能源消耗。目前新能源发展已由国家政策引导支持阶段向市场自由竞争阶段转变，对新能源降本增效提出了更高的要求。西部地区各省（区、市）应加强能源数字化顶层设计，构建系统全面的数字化支撑体系，强化能源互联网的整体性、系统性、协同性理念，运用先进的信息技术、电力技术和智能管理技术，遵从统一的数字化总体架构和统一规划的数字化平台提升数字化创新能力和差异化竞争力，减少企业各自为政的现象和"数字孤岛"的产生，提高新能源利用水平，减少能源消耗对生态环境的影响。

在构建能源互联网的过程中要形成以能源互联网技术为基础、以项目实践经验为依托的新型数字化能源行业发展模式。[①] 通过数字化转型，能源互联网可以进一步实现产业数字化、数字产业化。根据能源互联网集中与分布协同的特点，依托多方联动学习等技术建立虚拟大数据平台，实现"数据

---

① 曾鸣、杨雍琦、刘敦楠等：《能源互联网"源-网-荷-储"协调优化运营模式及关键技术》，《电网技术》2016年第1期。

不动，模型动"。西部地区需进一步加强建设创新开放共享的能源互联网生态环境，充分发挥能源数据要素的价值，亟须完善能源市场交易体系，实现多方参与、平等充分竞争，还需进一步培育综合能源运营商等新型市场主体。

首先，西部地区要以数字技术赋能推动发电行业绿色低碳转型，依托清洁能源和水能功率预测技术分析用户需求变化、电网运行状态、气象要素变化、储能配置需求等因素。西部地区还应加速火电等传统能源的数字化、智能化建设，提高分布式新能源智能化水平以充分开发利用新能源，保障清洁能源发电的有序消纳和可靠并网。另外，还要将核电的设计、制造、运行等各个环节与大数据、云计算等信息技术深度融合，建设具有一体化、智能化、可观测、自学习等特点且实现人、技术、管理方法、经营目标集成的智慧电厂，全面提高电厂的发电效率和生产技术水平，提高数据安全和网络安全水平，全面增强核心竞争力。

其次，西部地区要以数字技术赋能建设新型电力系统，深度挖掘人工智能在电网智能调控和决策等方面的应用，推动数据驱动电网的智能评估与预警，提高智能化水平以实现电力系统的多能互补联合调度和电网的安全平稳运行，保障电力供应的可靠性和在偏远地区恶劣环境下供电的稳定性。还要加大新型储能资源与用户侧分布式电源的智能配置力度，构建完善的电碳计量和核算监测体系，加速碳市场与电力市场数据的深度交互融合，实现能源行业碳足迹的分析和监控。

最后，西部地区应以数字赋能加快数字能源生态建设，加快构建全国储能数据大平台，促进新型智慧城市、智慧园区等用能场所与能源服务的高度融合，打造能源行业大数据监测预警平台和开放的行业信息资源服务共享体系，实现服务数字治理。

2. 进一步推动西部地区科技自立自强

西部地区要实现数字化驱动新能源开发利用，就要进一步提高科技发展水平，加快突破关键共性技术。

首先，要提升西部地区各区域各企业的科技创新能力，发展西部地区现代产业技术体系。西部地区要加大对科技型企业发展的支持力度,重点培育壮大高新技术企业,进一步加大高新技术企业的税收优惠力度,同时还要建立高校、科研院所与企业联合的研发机构,加强建设西安、成都、兰州等地的公共技术服务平台,为高新技术企业的创新活动提供研发服务。另外还要根据西部地区各省(区、市)的发展特色加快推动高新区的高质量发展,重点推动青海、宁夏、新疆等地的特色农牧业、生物医药等创新型产业集群,陕西、重庆、四川等地的能源化工、国防军工等创新型产业集群,内蒙古等地的新材料创新型产业集群发展。

其次,要加强西部地区的科技成果转化,加快建设国家技术转移西北中心与西南中心,构建区域科技转化协同网络,加快推进高校与科研院所联合建立技术转移机构来培养高技术专业化的管理人员队伍,实现西部地区科教资源的转化。

最后,西部地区应通过构建多层次、多方位的科技合作平台来提高科技开放创新水平。西部地区要加强与东部地区的科技合作,积极创新合作机制,进一步推进科技支宁、科技兴蒙、科技援疆、科技援藏等工作。另外,要促进西部地区与京津冀、长江三角洲、粤港澳大湾区等国家战略区域进行科技合作,还要充分发挥西部的地理位置优势,建立"一带一路"国际创新合作平台以加强国际间的科技交流,实现与国外数字基础设施的互联互通。[1]

数字技术对能源的数字化转型起到关键作用,西部地区要加快攻克能源数字化核心领域的关键技术。首先,西部地区要加快突破能源设备数字终端技术,加快研发设备的智能量测技术和感知技术,提升面向大量终端的实时数据收集和精确测量监测能力。还要促进能源设备传感终端中先进定位和授时技术的融合以及针对复杂环境的特种智能机器人等技术的研发,为能源基础设施的状态识别、可靠性评估和故障诊断提供新的思路和方法。其次,大

---

① 刘瑾、李保玉、孟庆庄:《数字经济与西部地区经济高质量发展——理论逻辑与实践路径》,《技术经济与管理研究》2023 年第 3 期。

力推进电力系统智能化控制技术的突破，为能源设备与系统的数字孪生建模与智能控制提供技术支撑，提升能源系统模拟与分析的精度。在此基础上，将新型通信和感知技术与能源设备终端相结合，提升现场感知、计算与数据传输的交互性。最后，西部地区要促进电力系统的信息安全技术取得突破性进展，在能源安全领域广泛应用内生安全理论技术，提高能源网络安全智能化防护的技术水平，实现对安全风险的自动化、智能化识别和阻断。另外，要积极研究和开发能源数据安全共享和多方协作技术，监测敏感数据是否存在泄露的风险和分析能源数据是否存在异常流动，加快建设良好可信的数据流通环境，提升流通效率。

3. 健全西部地区能源数字化发展支撑体系

西部地区要想实现数字化驱动新能源的开发利用，就要建立健全发展支撑体系，健全的发展支撑体系是实现能源数字化转型的保障。要在数字经济与传统能源企业深度融合的过程中，通过技术创新、组织管理创新、商业模式创新和制度创新引领企业数字化转型①，并且应该针对西部地区不同省（区、市）能源产业的特点进行差异化设计。国家主管部门要加大对西部地区各类能源数字化示范项目的支持力度，充分发挥财政资金的引导作用，制定相关的支持政策，增加对企业在智能工厂建设和高端芯片、智能传感器、基础软硬件、开发平台等数字技术研发领域的资金支持，提高其关键技术的自主创新能力。另外，还要制定完善的相关法律法规以保证能源行业数据要素的安全，建立健全相关标准以保证能源数据交易流通、产权保护、传输保护等环节的安全进行，攻克能源数据安全核心技术。

首先，西部地区要建立健全能源产业数字化标准体系，促进数字技术与能源行业现有相关标准的深度融合，构建各行业数字化、智能化关键技术标准并完善标准化组织建设，制定适用于各行业的评价体系，加强与国际标准体系的兼容性。另外，还要加强能源数字化与标准化的互动支撑体系，建立

---

① 赵宸宇、王文春、李雪松：《数字化转型如何影响企业全要素生产率》，《财贸经济》2021年第 7 期。

健全将数字化成果转化为标准的评价和服务体系。

其次，西部地区要重点聚焦数字人才的培养，积极培养兼有数字技术和能源相关技术的复合型人才。要加快推进企业与高校联合共建实习基地、联合实验室等，大力引进能源数字领域海外人才回国进行科研教学活动和创业，促进产教融合及国际技术交流合作，形成开放共享的创新生态圈。

最后，西部地区要加快协同创新，基于国家能源创新体系搭建能源数字化研发平台，重点研究能源数字化、智能化关键技术，提高产业链的自主化可控水平。此外，要鼓励龙头企业充分发挥各自在专业领域的优势和牵头作用，加大民营企业与社会资本在能源数字技术创新中的投入。

4. 鼓励西部地区有效地将资源优势转化成产业优势

西部地区是煤炭、石油、天然气等传统化石能源、矿产资源的能源富集区，是重工业等高能耗产业的集中地区。同时西部地区也具有丰富的太阳能、风能等新能源资源。将新能源产业的数字化转型与高能耗产业融合在一起，能够将西部地区的能源资源优势转化为产业优势，从而更好地达到低碳转型的效果，加快产业发展速度和扩大产业发展规模。另外，数据要素是传统产业升级的推动力，产业数字化有助于消纳西部地区过剩的新能源，更好地发挥西部地区能源优势来吸引东部地区的产业向西部地区转移，应根据当地的实际情况制定适合当地的发展政策，积极培育新产业和新业态。

我国能源转型进程的加快以及"双碳"目标的提出，催生了综合能源、智慧园区、绿氢产业等很多新业态。未来，西部地区应该逐步完善能源数字经济平台，实现数据要素在产业链上游和下游之间的共享，推进数据共享全过程的在线流转和在线跟踪，支持数据便捷共享应用，以数字赋能推进新能源项目全生命周期的智慧业务平台的建设，依托信息化能力实现源、网、荷、储、用全产业链的协调发展，促进全要素、全价值链、全产业链的协同融合，推动生态与产业的深度融合。同时还要充分利用大数据、云计算、物联网等数字技术构建智能化电力系统，加快推动新能源的数字化转型，依托精细化功率预测、优化调度、需求侧响应等集成技术手段提升全产业链的创新协调发展能力，构建源、网、荷、储、用智能调控和多能协调互补的高效

调度运行体系，推动能源结构的绿色转型。

西部地区的产业体系随着虚拟产业集群的建立而不断更新优化。国家发改委等 13 个部委提出要打造突破物理边界的虚拟产业园和产业集群，以此提升要素配置效率、减少交易成本和要素流通。虚拟产业集群依托数字技术打破物理空间的限制，在更大范围内合理配置要素资源，进一步提升产业集群的研发和制造效能。西部地区要打造虚拟产业集群，就要充分发挥资源优势和比较优势，因地制宜，突出产业链整体设计，精准定位在新产业集群中的分工和角色。① 首先，西部地区气候较适宜，拥有充足的电力资源，应建设国家数据枢纽节点，打造全国数据计算中心和存储中心。其次，西部地区可再生能源丰富，应着力打造国家清洁能源基地，建设成为全国清洁能源的供应商和相关设备的生产制造基地。最后，西部地区各省（区、市）可以依托雄厚的制造基础，在"东部研发、西部生产制造"的形势下，凭借土地资源优势和低廉的劳动力成本，建设新的产业集群。

---

① 王小明、王艺锦：《西部地区能源产业集群发展战略研究》，《西部论坛》2010 年第 3 期。

B.16
数字化驱动西部地区水资源利用

蒋晓辉　聂桐　许芳冰　张琳*

摘　要： 本报告基于水资源指标和已有的水资源数字化成果，针对西部地区水资源监测感知能力、信息平台能力和数字化应用现状，分析水资源信息感知能力、联通性和智能应用等方面存在的不足，探讨了水资源管理与调配系统建设数字化水资源平台途径，以典型案例论证现有智慧水利工作的发展阶段，为以后智慧水利水资源建设工作提供理论支持。

关键词： 水资源　数字化　智慧水利　水资源利用

一　引言

水资源是重要的基础性、战略性资源，对发展人类社会经济、维持生态系统功能具有十分重要的作用。由于受到自然要素（全球气候变化）和人类活动（人口增长、城市化加快）的影响，水资源短缺问题成为各个国家共同面临的严峻问题。从水资源总量来看，中国水资源总量较大，为29638.2亿立方米，但人均综合用水量仅为419立方米。由于社会经济迅速发展、人口规模不断扩大和气候变化等原因，中国水资源面临多重压力，而水资源短缺不断给环境和经济带来负面影响。

西部地区地下水资源丰富，是中国主要河流的源头。但西部地区水资源

---

* 蒋晓辉，西北大学城市与环境学院环境科学与工程系主任、教授；聂桐，西北大学城市与环境学院博士研究生；许芳冰、张琳，西北大学城市与环境学院硕士研究生。

分布很不均匀，西南地区具有丰富水资源，而西北地区水资源非常短缺。由于西部地区水资源开发过度，并且缺少科学有效的管理，中国水资源供需矛盾日益突出。同时，西部地区与东部地区相比，经济发展差距较大，水资源数字化水平较低。因此，推进水资源管理与信息化的深度融合刻不容缓，应依托建设智慧水利和数字孪生等工程促进水资源利用数字化、网络化、智能化，推进水利现代化进程，维护国家水安全。

二 数字化驱动西部地区水资源利用的现状及问题

（一）西部地区水资源现状

目前我国基本水情是水资源严重短缺，是经济社会发展的重要瓶颈制约。西部地区水资源总量大，但时空分布不均、开发难度较大。

2021 年西部地区水资源总量为 16067.75 亿立方米，比 2010 年增加 4.48%，占全国水资源总量的 54.21%。西南地区水资源总量为 10791.58 亿立方米，占全国水资源总量的 36.41%；西北水资源总量为 2792.07 亿立方米，仅占全国水资源总量的 9%，其中宁夏水资源总量仅为 9.34 亿立方米，

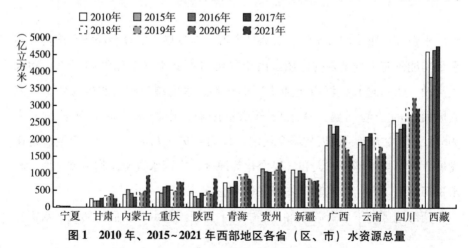

图 1 2010 年、2015~2021 年西部地区各省（区、市）水资源总量

资料来源：2010 年、2015~2021 年《中国统计年鉴》。

在西部地区水资源总量中占比不足1%。2010年、2015~2021年西部地区各省（区、市）水资源总量如图1所示。

2010年、2015~2021年西部地区各省（区、市）人均水资源量如表1所示。近7年来，内蒙古和陕西水资源总量呈现明显的增长，青海、甘肃、四川和重庆也呈现不同程度的增长，而新疆、云南、广西、贵州和宁夏呈现不同程度的下降。虽然西部地区人均水资源量较多，但仅有西藏和青海的人均水资源量高于西部平均水平。2021年按照国际公认的标准，宁夏属于极度缺水地区，甘肃属于中度缺水地区，陕西、贵州和重庆属于轻度缺水地区。这些地区大多属于西部地区人口相对集中的省（区、市），西部地区水资源矛盾较为突出，缺水问题明显。

表1　2010年、2015~2021年西部地区各省（区、市）人均水资源量

单位：立方米，%

地　区	2010年	2015年	2016年	2017年	2018年	2019年	2020年	2021年	2015~2021年年平均增长率
内蒙古	1576.1	2141.2	1695.5	1227.5	1823.0	1765.5	2091.7	3926.3	10.63
西　藏	153681.9	120121.0	141746.6	142311.3	136804.7	129407.2	126473.2	120461.7	0.05
新　疆	5125.2	3994.2	4596.0	4206.4	3482.6	3473.5	3111.3	3124.2	-4.01
青　海	13171.0	10213.2	10527.5	13407.8	16386.5	15581.9	17064.2	14178.6	5.62
甘　肃	994.7	764.8	802.9	1069.4	1345.7	1230.9	1552.0	1120.6	6.57
陕　西	1358.7	867.0	700.8	1150.4	944.9	1255.9	1061.0	2156.0	16.40
四　川	3202.0	2690.0	2833.0	2972.0	3541.0	3291.7	3867.2	3493.2	4.45
云　南	4224.0	3948.0	4379.0	4588.0	4569.0	3157.0	3811.0	3445.0	-2.25
广　西	3962.0	5074.0	4503.0	4889.0	3717.0	4258.7	4229.2	3065.0	-8.06
贵　州	2283.0	3269.0	2999.0	2937.0	2719.0	3083.0	3445.0	2829.0	-2.38
宁　夏	147.3	133.8	137.9	152.8	206.6	175.4	153.1	128.8	-0.63
重　庆	1609.4	1485.9	1944.9	2087.0	1657.4	1562.4	2389.7	2337.4	7.84

资料来源：2010年、2015~2021年《中国统计年鉴》。

2010 年、2015~2021 年西部地区各省（区、市）用水总量如图 2 所示。2021 年西部地区用水总量为 2548.84 亿立方米，与 2010 年相比，增加了 61.24 亿立方米，与 2015 年相比，减少了 19.46 亿立方米。虽然西南地区水资源量远远大于西北地区，但在用水量方面西北地区要大于西南地区。与 2010 年相比，2021 年西北地区用水总量增加了 19.01 亿立方米，西南地区用水总量增加了 12.39 亿立方米。与 2010 年相比，2021 年新疆、内蒙古、云南、四川、贵州和陕西用水量增加，其他西部地区省（区、市）用水总量减少。其中，新疆增加了 38.82 亿立方米，内蒙古增加了 62.91 亿立方米。

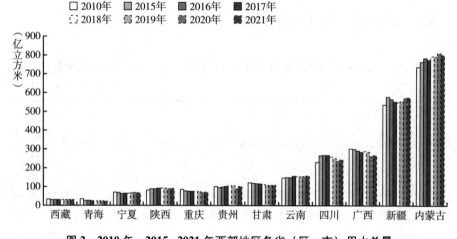

图 2 2010 年、2015~2021 年西部地区各省（区、市）用水总量

资料来源：2010 年、2015~2021 年《中国统计年鉴》。

2021 年西部地区各省（区、市）用水量构成如图 3 所示。与 2010 年相比，2021 年，西部地区农业用水增加了 79.71 亿立方米，工业用水增加了 6.08 亿立方米，生活用水减少了 82.89 亿立方米，生态用水增加了 34.8 亿立方米。这进一步说明西部地区节水意识提升，更加重视生态环境及水资源的可持续利用。为了响应"节水优先、空间均衡、系统治理、两手发力"的思路，西部地区在观念、意识、措施等方面都把节水放在优先位置，节水意识不断提升，且重视生态环境的可持续发展，不断增加生态用水，追求西部地区水资源可持续发展。新疆主要增加的是农业用水量和生活用水量，生态用水量明显减少。内蒙古主要增加的是生态用水量，生活用水量明显减少。云南和四川主要增加的是农业用水量和生态用水量，陕西生态用水量相较于其他用水类型增加明显，贵州农业用水量和工业用水量相较于其他用水类型增加明显。在用水总量减少的省（区、市）中，重庆、广西生活用水量相较于其他用水类型明显减少，西藏、青海、甘肃和宁夏农业用水量相较于其他用水类型明显减少。农业用水量减少的省（区、市），生态用水都有所增加，这也可以说明这些省（区、市）的政策取向向生态环境可持续发展转变。

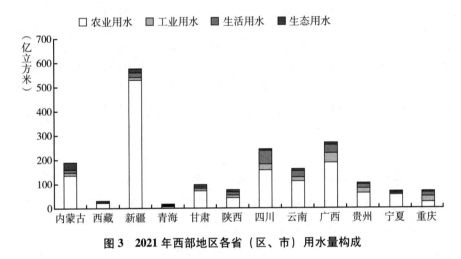

图3 2021年西部地区各省（区、市）用水量构成

资料来源：《中国水资源公报2021》

在西部地区中，2021年重庆人均用水量最少，新疆人均用水量最多。2015～2021年人均用水量年均增长率显示，甘肃人均用水量增加明显，广西人均用水量下降趋势明显。2021年西部地区中，重庆、陕西、贵州、四川人均用水量均在300立方米以下；而新疆、西藏、内蒙古、宁夏人均用水量均在750立方米以上（见表2）。这是因为这些人均用水量大的省（区、市）农业用水量占本省用水总量的70%以上，农业效率较低，耗水量较大，而人口较少，水资源利用水平低下，使得人均用水量较高。

表2 2010年、2015~2021年西部地区各省（区、市）人均用水量

单位：立方米

地 区	2010年	2015年	2016年	2017年	2018年	2019年	2020年	2021年	2015~2021年年平均增长率
内蒙古	735.84	761.48	781.20	772.71	793.15	790.48	808.99	798.75	0.80
西 藏	1169.44	933.33	914.71	899.71	895.48	886.43	879.78	885.25	-0.88
新 疆	2448.88	2420.04	2328.58	2222.18	2177.66	2166.59	2202.32	2216.69	-1.45
青 海	643.57	471.01	453.61	440.78	444.63	443.73	409.44	413.30	-2.15
甘 肃	478.29	458.41	453.46	442.01	425.86	415.35	415.08	615.46	5.03
陕 西	223.29	237.03	234.46	238.19	238.41	234.66	228.98	232.07	-0.35
四 川	286.23	323.95	323.90	323.80	311.39	302.29	282.95	291.79	-1.73
云 南	320.46	321.90	321.15	333.69	331.07	328.60	330.37	341.79	1.00
广 西	654.19	622.12	598.31	580.60	581.77	568.85	520.22	533.06	-2.54
贵 州	242.18	276.21	282.17	289.13	296.64	298.26	233.60	270.15	-0.37
宁 夏	1148.00	1054.00	933.68	936.96	931.93	974.91	973.69	939.19	-1.90
重 庆	299.43	257.26	249.14	246.31	244.06	239.87	218.48	224.53	-2.24

资料来源：2010年、2015~2021年《中国统计年鉴》。

万元GDP用水量是衡量产业耗水水平的常用指标之一，它在一定程度上反映了一个地区的经济结构、经济发展水平和技术效率。2021年重庆的万元GDP用水量最低，新疆最高。全国万元GDP用水量为51.8立方米，西部地区中，重庆、陕西和四川低于全国平均水平，其经济工业发展程度高于西部地区其他省（区、市）。西藏、新疆、广西和宁夏产业结构较为单一，农业耗水较大（见表3）。

表3 2010年、2015~2021年西部地区各省（区、市）万元GDP用水量

单位：立方米

地 区	2010年	2015年	2016年	2017年	2018年	2019年	2020年	2021年
内蒙古	156	103	97	89	87	82	100	81
西 藏	694	300	270	240	215	188	169	156
新 疆	984	619	562	506	450	408	399	359

地　区	2010 年	2015 年	2016 年	2017 年	2018 年	2019 年	2020 年	2021 年
青　海	268	111	103	98	91	88	81	72
甘　肃	303	175	165	151	136	126	115	99
陕　西	81	50	47	43	38	36	35	31
四　川	134	88	82	73	64	54	49	46
云　南	204	109	102	95	87	67	64	59
广　西	319	178	74	140	141	133	118	109
贵　州	219	107	85	76	72	71	51	53
宁　夏	440	242	206	191	179	186	179	151
重　庆	109	50	44	40	38	32	28	26

资料来源：西部地区各省（区、市）2010~2021 年水资源公报。

总体来看，西部地区水资源供需矛盾日益突出。西北地区与西南地区相比，水资源十分短缺，且由于生产手段落后，水资源利用效率非常低。西南地区的水资源极其丰富，但开发利用困难。解决西部地区水资源利用效率低问题的重点在于与数字化技术成果相结合，建设智慧水利工程。而目前西部地区水资源数字化利用现状仍处于基础水平，从西部地区水资源分布特点、数字化开发利用情况及存在的问题来看，西部地区仍需做好水资源总体规划，加强政策法规建设和管理。

（二）西部地区数字化水资源设施现状

1. 监测能力现状

2021 年西部地区各省（区、市）水文统计汇总如表 4 所示。与 2015 年相比，西北地区的国家基本水文站与专用水文站数量都有所减少，西南地区有所增加，例如陕西国家基本水文站和专用水文站分别减少 15 处和 6 处，贵州国家基本水文站和专用水文站分别增加 89 处和 222 处。各省（区、市）水位站与雨量站变化幅度较大，陕西、青海、宁夏和新疆水位站与雨量站数量均有所减少。墒情站除甘肃和陕西外，数量都有所增加。水质站除重庆和甘肃外，数量都有明显减少。地下水站除陕西外，数量明显增加，

表 4 西部地区省（区、市）水文统计汇总

地 区	国家基本水文站 处	专用水文站 处	水位站 处	雨量站 处	蒸发站 处	地下水站 处	水质站 处	墒情站 处	实验站 处	报汛报旱站 处	可发布预报站 处	测流缆道 座	机动测船 艘	无人机 架	在线测流系统 处	声学多普测流速仪 台
内蒙古	148	138	22	1405		2471	209	355		2815	7	53	3	9	52	35
广 西	149	269	252	3503		124	224	28	1	4078	162	148	20	7	202	266
重 庆	31	203	924	4550		80	250	72		5788	11	202	8	7	213	213
四 川	144	206	274	3151		169	359	109	1	4776	65	336	4	8	55	63
贵 州	104	269	481	2966		60	99	482	2	4301	57	179	3	13	131	97
云 南	180	210	138	2665	2	181	479	341	2	3040	397	299	2	4	74	105
西 藏	48	73	63	615		60	73	9	3	685	1	11	9	1	24	22
陕 西	81	73	103	1858			169	16		2058	35	68			90	10
甘 肃	95	39	158	395		455	191		1	81	4	81	2			12
青 海	35	19	28	387		140	71			140	4	38	2	5	14	19
宁 夏	39	135	151	910		345		57		1708	16	17	2	7	22	6
新 疆	130	85	60	83		439	136	522	1	371	63	171	1		79	23

资料来源：中华人民共和国水利部网站（www.mwr.gov.cn）。

增加数量超过 100 处的有 7 个省（区、市）（内蒙古、广西、四川、云南、甘肃、宁夏和新疆），这说明各省（区、市）对地下水资源的重视程度明显提高。报汛报旱站西部地区数量急剧增加，内蒙古、贵州和四川增加超过 1000 处，且可发布预报站数量也明显增加。其他监测设备或在线系统皆在不断增加且完善。

2. 信息平台能力现状

西部地区各省（区、市）信息平台建设情况如表 5 所示。国家推进各省（区、市）取水管理信息系统统一共享，基于"大系统、大平台、大数据"需求，共建取用水管理平台，实现各地取水管理业务数据处理系统与国家相应取水管理信息系统的联动，提供取水许可证书办理等服务。在西部地区，考虑到水量分配监测、环境流量控制和其他对水文监测数据的标准化管理和使用的需求，水利信息平台的构建为水文和水资源监测站网的管理、数据上报、预测预警、指标评估、分析和报告以及其他管理活动提供了数据支持。

表 5　西部地区各省（区、市）信息平台建设情况

省（区、市）	信息平台
陕西	陕西省城乡供水四级回访监督平台 陕西水利建设市场主体信用信息管理平台 陕西省水权交易大厅 陕西省水利建设与监督管理平台
甘肃	基层水利信息平台 农村饮水安全到户信息平台 甘肃省水利工程建设管理平台 农村供水监督服务平台
新疆	新疆水利建设与管理信息平台 水利信息化资源整合平台
西藏	西藏水利建设市场信用信息平台
青海	青海省水利建设市场信息信用平台 智慧河长制管理信息云平台 青海省水利综合监管平台
四川	四川省水权交易大厅
重庆	水利建设市场主体信用信息平台 重庆市水电站信息管理系统平台

省(区、市)	信息平台
贵州	贵州省水利建设市场信用信息平台 贵州省数字孪生夹岩水利枢纽工程
云南	云南省水权交易大厅 农村饮水监督平台
广西	广西水利工程建设项目管理信息系统 广西水利建设项目监督平台 广西水利工程质量与安全管理信息系统 广西水利建设市场信用信息平台
宁夏	河湖长制综合管理信息平台
内蒙古	内蒙古自治区水利工程建设项目信息和市场信用信息平台

资料来源：各省（区、市）水利厅（或水利局）官网。

3. 水资源数字化应用现状

建设智慧水利已经成为实现水利高质量发展的途径之一，智慧水利信息化系统是通过云计算、大数据、物联网、人工智能等新兴技术的应用，利用现有数据构建一个由智能环境来推动决策的水利一体化管理平台，该系统能够促进水利规划、排水供水等社会服务的智能化，提升水资源的利用效率，保障水资源安全。智慧水利信息化系统包括智能供水系统、污水监控系统、水文监测系统等，涵盖水利水务监控、运维、管理等众多环节。

西部地区各省（区、市）水利厅（或水利局）官网发布了实时雨情、实时水情、山洪灾害预警等监测数据，为大众了解水利信息提供了渠道。为了大力推进智慧水利建设，各省（区、市）建立了水利监测系统以及数字孪生工程。例如，甘肃将城市水资源监控系统项目相关数据信息整合纳入甘肃国家水资源监控能力建设项目信息平台；西藏建设大江大河水文监测系统、水文大数据综合信息服务平台；贵州构建数字孪生夹岩水利枢纽工程项目，推动贵州水利"一号工程"建设；宁夏青铜峡市利用智能监控项目、现代化生态灌区项目量测水设施改造工程和干渠直开口量测水改造工程，新建一体化智慧水利平台。

（三）西部地区数字化水资源利用的问题

1. 信息感知能力不够

现有监测体系以国家水资源管理系统为主，覆盖面不全，信息感知能力不强，监测能力尚不能满足各省（区、市）水资源业务管理要求。江河湖泊断面监测方面，各级监测信息与部属平台的数据接入有偏差，部分已建成站点监测频次和指标不符合评估要求。地下水监测方面，西部地区部分地下水超采区的政府监测点位覆盖率不足，数据质量需要更加精细。取水监测方面，西部地区各省（区、市）监测能力参差不齐，本级平台直接获取的可用于趋势研判和动态决策的取水信息不足。

2. 联通性不高

内部信息系统互联互通不够，西部地区水资源管理系统、取水许可监测系统、水资源统计调查系统尚未与国家数据实现动态同步和业务融合。水利水资源方面的监测信息系统辐射范围不广，与具体水资源管理联系不够密切。与外部信息和数据交换不足，尚未与水资源管理密切相关的相关部门建立动态的数据交换机制。西部地区人烟稀少的地方，水文监测设施不完善，水土保持监测点位布设明显不足，水库、大坝、中小型水闸监测不足，河湖排涝管理、水生态、河岸开发、河道利用、涉水工程等监测监控不到位。

3. 智能应用能力不强

工作人员直接通过信息系统进行数据处理、监测预警、实时报警的工作环节仍需改进。水资源系统的统计分析功能和数据处理机制不完整，系统数据较难被应用到实际操作中。在新一代信息技术应用方面，水利行业整体仍处于初级阶段。大数据、人工智能、虚拟现实等技术尚未得到广泛应用，其作用尚未得到充分挖掘。在此期间，水利行业的业务应用较多，服务大众的产品较少，对系统的实用性和个性化关注不够。监测手段自动化水平较低，

仅有部分河湖、大中型水库工程采用自动式监测；监测仍以单点信息采集为主，缺少点、线、可视摄像机、定位和卫星遥感无人机等新技术的应用。

三 数字化驱动西部水资源利用建设架构
——数字化平台搭建

（一）数据的获取与集成

数据底版集聚了各级水资源部门以及互联网传输的各类数据，将通过各种路径获得的数据依照统一的尺度规范、数据基准和注册接入形式集聚到水资源数据信息平台中，为数字化平台搭建提供数据效力，支撑平台的水资源管理应用。

可用二维表构造逻辑表明实现的结构化数据分别存储于基础数据库、监测数据库、业务数据库。基础数据主要来源于现有的基础信息数据；监测数据需要经过定点监测、巡测等方法获取，如水位、水量、水质这类动态变化的数据，数据更新频繁；业务数据是水资源管理过程形成的可规范化数据资源及为水资源管理服务的典型统计信息。

空间数据库、多媒体数据库用于存储非结构化数据。空间数据是用于描述有关空间实体位置、形状和相互关系的信息，主要包括矢量数据、栅格数据等；多媒体数据是一种直接作用在人体感官上的文字、视频、声音、动画和图像等信息。

（二）数据库扩建与完善

考察的监测范围应包含河流、湖泊、水库、坑塘水面、冰川以及常年积雪区域的面积和变化，把握全国及地方各级行政区域内水资源的空间分布状况、开发以及利用情况、生态现状、动态变化、水资源质量和数量，增强西部地区水资源调查的信息共享。

从同级数据库平台导出数据存储至水资源数据库的过程可称为横向抽

取，监测数据主要包括取用水监测数据、水功能区监测数据、行政区界断面监测数据及地下水监测数据等。其中，取用水监测数据直接由监测站点传输到水资源数据库中，不存在横向抽取。其他监测数据的横向抽取，是指将各监测站点的监测信息通过各种方式存储到已建立的实时雨水情库、水质库后，由同级平台通过人工导入或 ETL 工具（Extract-Transform-Load）等方式传输、存储至水资源数据库的过程。

（三）数据管控

数字化水资源的管控平台主要利用能够进行远程在线控制，实时获得整个水资源系统运行状态信息的大屏显示系统，使数据采集与监视控制系统、地理信息系统、水质监控系统以及子系统之间完成最大限度的数据共享。数字化资源管控平台能够消除信息存在的阻塞现象，通过统计技术，获取各类子系统的核心数据，使每个系统的优势得以充分的发挥。

1.流域全要素数字化映射

根据水利部对数字孪生流域技术大纲的要求，调用数字孪生流域的算据、算法、算力，结合流域内的水利建设体系、社会经济要素等现实需求，开展对流域内河流的数字化，将数字空间中构建的水利虚拟映像与物理空间相互叠加，对流域产生不同类型、不同形态的数字化映射和智能化模拟。

2.流域防洪系统的建设

"2+N"水利智能业务应用体系以数字化的方式描述实体，建立虚拟的动态模型，通过虚拟模型对数据的仿真、模拟、分析来开展防洪业务的应用。

（1）预报：对水位、流量、地下水位、泥沙、台风暴潮等水安全要素趋势进行研判，紧扣"降水—产流—汇流—演进"预报环节，加强气象与预报调度之间的耦合关系，实时预报已发生洪水，提高预报的精度。

（2）预警：设立降水量、水位、流量等预警要素指标并设立预警阈值，对江河洪水、山洪灾害、干旱灾害或水生态环境灾害等发布预警信息，指导受影响的区域采取相应应对措施。

（3）预演：构建预演场景，明确预演节点的边界条件，通过对数据信息和已获取的边界条件进行模拟计算以及可视化仿真，制定并优化调度方案。

（4）预案：确定工程运用的时机、次序、规则等，进行工程调度运用、非工程措施制定、组织实施，确保此预案的可实施性。

3. 河道槽蓄能力分析

基于断面地形法和数字高程模型法的河道槽蓄量计算，需要对处理的流程进行建模以及算法的选择。断面地形法对工程、项目、河段上下断面选择，调用断面地形表数据，通过读取水位文件或输入上下水位得到计算结果。数字高程法通过读取数据库 DEM 数据，最终得出河道槽蓄计算结果，实现槽蓄能力计算评估自动化。

（四）地理信息管理系统

地理信息管理系统以数字化水资源利用平台中的数据为数据源进行开发，更好地服务于数字化水资源利用平台。该系统通过数据层分类建立数字线划图、数字正射影像、数字高程模型。该系统对数据库中的基础数据进行详细的分类，如：水系、地貌、堤防等。将多源遥感影像进行融合，提升影像的视觉效果，更好地反映流域内的真实场景。结合属性数据建立数字化水资源的查询子系统——点状属性查询系统、线状地物查询系统、面状地物查询系统，并进行三位虚拟模拟，进一步增强该系统的实用性，提升数字化水资源利用信息化程度。

（五）远程监控分析

数字化水资源远程监控分析是指利用数字技术和远程监控技术对水资源进行监测和分析的过程，其通过传感器、物联网技术、云计算等手段实时采集、存储和分析水资源的各项指标，帮助监测人员实时了解水资源的状况，做出科学的决策。

（1）水质监测：通过监测水体中的溶解氧、PH 值、浊度、氨氮等指标，实时掌握水体的水质状况，及时发现污染源，采取措施保护水源。

（2）水位监测：通过监测河流、湖泊等水域的水位变化，预警洪涝灾害，并及时采取防灾减灾措施，保护人民生命和财产安全。

（3）水量监测：通过监测水库、河流流量等指标，实时了解水资源量的变化，进行水资源调度和管理。

（4）种植灌溉：通过远程监测土壤湿度、气温、降雨量等指标，精确确定灌溉时机和用水量，实现农田水资源的高效利用。

（六）数字化平台应用支撑

1. 绘制流域智慧虚拟画像

利用计算机模拟技术，结合数字化水资源平台数据库中的气象数据、地形图、土地利用数据、水文数据等，建立起流域的模型。模型可以包括水文循环、地貌、土壤类型、植被分布等要素，以及水资源、水质、洪涝、干旱等关键指标。

对模型进行参数设定，可以模拟不同气象条件下流域内的水资源状况。利用模型可以预测河流的水位、流速，以及水质的变化趋势，同时还可以评估不同的管理措施对流域水资源的影响，如建设水库、进行退耕还林等。

通过数据可视化技术，模拟结果以图像的形式被展现出来，形成流域的智慧虚拟画像。这样可以清晰地看到不同地区的水资源状况，发现潜在的问题和风险，并为决策者提供科学依据，指导流域管理和水资源规划。

2. 模拟仿真水利工程动态运行

模拟仿真水利工程的动态运行可以帮助理解和预测水利工程系统的行为，评估工程的性能和效果，并优化系统的运行。利用计算机建立的水利工程数学模型包括水流动力学、水力学、土壤水分运移等方面的模拟。模型可以结合数据库中现有的数据，如水库的水位、流量数据，引水渠道的水流情况，排涝工程的排水能力等，预测水库的水位变化、渠道的流速、排涝能力等，并模拟不同的操作和管理措施对系统的影响。

对水利工程进行仿真实验，通过改变输入条件、操作策略等，观察系统

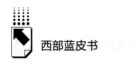

的响应和不同指标的变化。通过研究水利工程系统的动态行为，并找到合适的管理策略来优化系统的运行。同时还可以利用仿真实验来评估系统在不同情景下的性能，比如抗洪能力、防止水污染等。

模拟仿真水利工程的动态运行需要准确的数据和精细的模型。同时，对于大型复杂的水利工程系统，可能需要进行并行计算或使用高性能计算资源来提高计算效率。将仿真结果进行可视化，用图表或动画等形式展现出来。这样可以更直观地了解系统的运行情况，发现潜在的问题和瓶颈，并为决策者提供科学依据。在模拟仿真过程中，也需要不断修正和验证模型，以保证结果的准确性。

3. 实现流域可视化

（1）水文数据可视化。

将流域内的水文数据（如降雨量、河流流量、土壤湿度等）进行可视化，可以展示不同时期的水文变化趋势和水文过程。例如，通过制作降水时空分布图或河流水位流量曲线，可以了解降雨和径流的分布和变化。

（2）一维、二维、三维流域模拟。

使用数值模型对流域的水文过程进行模拟，可以生成不同维度的流域模拟结果，一维模型可以模拟河流和渠道的水流动态；二维模型可以模拟洪水的扩散过程；三维模型可以模拟地下水的运移等。通过将模型结果可视化，可以直观地展示流域的水文过程。

4. 实现水利系统可控和可预测

可控性指的是水利系统的操作和调节能力，即对水资源及其分配、利用进行有效管理和控制的能力。通过合理规划、建设和管理水利设施，如水库、水闸、泵站等，可以实现对水资源的调节和控制。同时，利用现代信息技术和智能化设备，如传感器、遥感、自动化控制系统等，可以更精确地监测和管理水资源。

可预测性指的是对水资源变化和水文过程进行准确预测的能力。通过水文观测站、气象观测站等监测点的数据采集，结合数学模型和统计方法，可以预测降雨、径流、水位等水文要素的变化。这样可以提前做好预案和决策，如洪水预警、干旱应对等，确保水资源的合理分配和利用。

在实际应用中，水利系统的可控和可预测性需要综合考虑水资源情况、气候变化、地形地貌等因素，并配合合适的技术手段和管理措施。这包括了水文模型、水资源管理系统、综合防灾减灾系统等的建设和应用。

四 西部地区数字化驱动水资源利用的典型案例

（一）陕西交口抽渭灌区—智慧灌区

渭河是交口抽渭灌区取水地，其是以灌排结合为主的多级、大型、无坝电力抽水灌区，因其工程首渠建在临潼区交口镇，故得名"交口灌区"。灌区覆盖临潼、阎良、临渭、蒲城、富平、大荔 6 个县区，建有抽、排水泵站 30 座，安装机组 125 台，装机容量 3.42 万千瓦，总扬程 99.98 米；灌区骨干渠道 344 公里，末级渠系 2948 公里；排水干、支、分沟共计 947 公里，排水控制面积 117 万亩；专用输电专线 114 公里，有效灌溉面积 112.96 万亩。

1970 年，灌区二期工程竣工。开灌以来，灌区的棉粮产量逐步升高，粮食最高亩产达 1030 公斤，棉花最高亩产 75 公斤，同时建有葡萄、冬枣等多个国家级特色果业园区，不到全省 1%的耕地面积，却生产出占全省总量 6%的粮食和 4%的经济作物，促进了地区粮食安全发展。

2021 年 6 月 24 日，交口抽渭农业灌溉管理平台投入试运行，升级后的平台，上线了水量需求填报、水费收缴、水量调度等板块。相较于之前的信息管理平台，目前的平台可以更精细地对水进行管理；规范了线上用水申报、记账核对等功能的日常操作管理；用水户可以进行线上缴费，这使水费收缴更加透明化。新软件的推广使用，对保障单位资金安全、提高灌区"为民办实事"的水平和能力有着重大而深远的积极意义。

在农业灌溉管理平台投入使用前，组织农户浇地、收水费是灌区的一大难题，而手机计量计费软件将用水户信息"大数据"接入平台，农户浇完地后，仅需在平台上填报自己的灌溉时间、亩数、用水量和作物种

类，水量、水费即可自动结算，同时对于在外地无法返乡的农户，工作人员可以帮其灌溉，农户在手机端口缴费即可完成一次灌溉。农业灌溉管理平台既方便了农户，也减轻了工作人员的负担，使交口抽渭灌区真正变成了智慧灌区。

（二）甘肃数字孪生下的智慧疏勒河

疏勒河起源于祁连山脉，其干流全长 670 公里，多年平均径流量 10.31 亿立方米。疏勒河是玉门市、瓜州县等 22 个乡镇农田灌溉、流域生态输水、防洪与发电的主要用水来源。

2004 年，疏勒河灌区启动了信息化建设项目，经过多年的修正与完善后，该灌区已成功建成了一个综合的信息化管控平台，疏勒河信息化管理平台下共设立了 698 个实时监测点、共计 106 套测控一体化的闸门以及 28 处通过雷达对水位进行监测的站点，以实现对水资源的精准监控管理。此外，还有 681 处视频监测点，可以全方位实时动态监控灌区的工作环境和设施设备状况。2022 年 2 月，水利部数字孪生流域先行先试工作启动，疏勒河因其实施全流域全过程管理的特点，成功入选全国试点，该项目主要优势是在计算机上打造了一个与实际疏勒河一样的"数字孪生疏勒河"，在计算机上采用数字化管理、智能模拟、风险预测等对现实疏勒河进行实时监控，通过虚实交替以期实现对现实疏勒河更好的保护与治理。通过这个信息化平台，仅需 10 分钟就能将管理范围内的全部干渠巡查一遍，可以更快地发现问题并及时处置，从而保障疏勒河水安全。

2023 年 3 月，甘肃开始推广"疏勒河智慧水利在线服务平台"小程序的落地使用，小程序的出现，可以方便用户水费的缴纳，减轻工作人员的工作量，使农民用水的管理更日常化，这种让数据替代农民"跑路"的办法真切地贯彻了为人民服务的思想。

（三）青海曲麻河水文站——全省第一座全自动水文遥测站

2005 年，三江源生态保护和建设工程正式启动，三江源平均海拔 4200

米，自然环境恶劣，基础条件落后，开展水文监测工作需要付出大量的人力、物力和财力，随着三江源保护工作的推进，现有的水文监测站已经不能满足工作的需求，省水文水资源勘测局在多次深入考察该地区后，综合考虑该地区的气候、交通、通信、社会环境等综合因素，建立了全省首座全自动水文遥测站——曲麻河水文站。

曲麻河水文站的首要任务是监测水量变化，并利用监测数据计算枯水期径流在全年径流中所占比例。这一比例能够反映当地生态系统的变化情况。由于青海夏季降雨较多，而冬季主要是冰雪覆盖，每年 11 月至次年 3 月期间，青海进入枯水期，各流域的土壤蓄水会补给河水，枯水期径流所占比例实际上反映了该地区的水资源储存能力，比例越高，说明当地生态系统状态越良好。

为了进行水量监测，曲麻河水文站采用了缆道雷达波在线测流系统。该系统由缆道、雷达传感器机器人和太阳能供电系统等组成，能够实现无线遥控和配套定位等远程操作。雷达传感器机器人通过单电机链条驱动滑轮，在河面上行走于缆道之上，具备自动充电和停泊功能。该机器人甚至可以爬升超过 30 度的坡道，并以每分钟 60 米的速度行动。技术人员可以通过远程控制对监测站的各种参数进行修改，以获取所需的数据。雷达波测流传感器位于机器人的正下方，即使在极端温度条件下（-30℃~80℃），也能正常工作。

曲麻河水文站的设立开始了青海水文监测站向智能化与数字化的转变。

（四）宁夏科技赋能的智慧秦汉灌区

秦汉灌区是宁夏的一个重要灌溉区域，是中国古代农业文明的重要遗产之一。

智慧秦汉灌区是指通过应用信息技术和智能化管理手段，提升秦汉灌溉区的管理效率和农业生产综合效益的方案。这涉及物联网、大数据、云计算、人工智能等技术的应用。在智慧秦汉灌区的建设中，可以利用传感器、遥感、监测设备等技术手段，实时监测灌溉水源的水量、水质和流速，掌握

耕地土壤的湿度、温度等指标，以实现灌溉的精细化管理。同时，可以利用大数据和人工智能技术，对秦汉灌区的灌溉计划进行优化和调整，根据农田的需水情况、天气预报等信息，进行智能灌溉，确保农作物获得合适的水量，提高农作物的产量和质量。此外，智慧秦汉灌区还可以应用无人机、机器人等技术进行巡查和维护，提高管理的效率和精确度。还可以建立农业信息平台，为农民提供农业知识、市场信息等，促进农业产业的发展。智慧秦汉灌区的建设旨在提高农业生产的效益和促进可持续发展，减少水资源浪费和环境污染，促进农村经济的增长和农民生活水平的提高。这对于宁夏的农业发展和农村振兴具有重要意义。

近年来，秦汉渠管理处把数字水利建设作为推动水利高质量发展的重要抓手，不断加大现代化灌区建设力度，视频安防系统、"巡渠通"App、测控一体化闸门等信息化设施设备为灌区用水户及工作人员带来了便利。

（五）新疆乌苏打造的"智慧水务"

新疆塔城地区乌苏市先后投资 2250 万元用于建设智能化的乌苏市智慧水务信息中心。智慧水务中心建成后，可以真正实现工人足不出户也可掌控全市水利情况、机电井的运行及水费缴纳情况的工作模式，且可以实时掌握全区雨水变化及农村供水水厂的情况，智慧水务中心的成功建设表明乌苏市在信息化建设走在地区及自治区前列。

乌苏市在推进"智慧水务"建设过程中，积累了一些可供借鉴的经验。首先，在收费模式方面进行了创新，打造了"水利+金融服务"平台。市政府与农商银行合作，推出了用水费现金收费的新业务。用水户可以选择在柜台以现金形式缴纳水费，也可以通过电脑和手机端口使用网银进行线上缴费，这既保障了用户的资金安全，同时又提高了收费透明度，真正实现了让用户放心用水、安心缴费的目标。其次，在管理模式方面进行了创新，为了保障设备和管理平台的良好运行，乌苏市政府采取政府购买社会化服务的方式，将平台的日常管理委托给中国农业大学。通过建立管控一体化的模式，实现了出资双方共享利益、共担风险。

五 西部地区数字化驱动水资源利用的对策建议

推进智慧水利建设，构建水资源管理与服务体系，完善水资源管理业务应用，完成水利向数字化、智能化水平的跨越。

（一）基于数字化手段提高对水资源要素的感知能力

1. 提高对自然水体的监测能力

提高西部地区重要河湖和地下水超采区得监测覆盖率，首先，建立和完善径流、降雨和地下水监测站网，以满足业务需求，包括水量分配、生态流量管控和地下水超采治理。其次，增加监测站点的密度和评价指标，以提高监测频次和传输能力。

2. 构建水资源数据管理平台

遵循"一数一源"的原则，水资源管理者可以确保数据的可靠性，从而更好地进行决策和规划。这也有助于提高信息的传递和共享效率，促进水资源管理的科学化和规范化。以水利一张图为核心平台，实现从自然水体到取水终端全过程各要素基础信息和监测信息的数字化建模，为用户提供全面概览的"一图通览"服务。这样的平台将为水资源管理提供支持，确保信息的准确性和完整性。

（二）基于网络平台提升网络互通和管理能力

1. 提高网络互通水平

在西部地区各省（区、市），以网络平台为基础，实现各省水利网、国家政务网和互联网之间的水利信息连接。与税务、电力等相关部门建立网络链接，通过国家公共服务平台和政务网络资源提供一站式服务，推动重点企业、个人用户取水审批、计量监测、统计报表、异地征税等"一站式网络"环境建设。

2. 提升服务及管理水平

充分发挥移动互联网和网络终端智能化、通用性的优势，加强网络服务基础能力，创新计量数据采集、监管措施反馈、政策落实评估、舆情监测等运行模式。为按时完成年度绩效评价目标，要加强管理，按时开工，鼓励建设部门提高施工技术水平。做好业务控制工作，加强对预算执行进度的监控管理，全面监控和跟踪重大项目资金预算执行进度，最大限度减少资金滞留，确保预算执行进度和资金安全。

B.17

数字化驱动西部地区灾害治理

邱海军　朱亚茹　唐柄哲*

摘　要： 我国西部地区自然环境复杂多变，地理和地质条件特殊，加之人类活动干扰以及全球气候变化加剧，使得西部地区地质灾害频发，传统技术手段难以满足新时期西部地区灾害治理的高要求，治理难度大，地质灾害已成为制约广大西部地区经济社会发展的瓶颈。因此，本文基于对西部地区地质灾害治理面临的严峻形势分析，以西部地区地质灾害总体现状为切入点，从联防联控、资源配置、监测预警等方面阐明地质灾害治理的共性难题，最终提出符合西部地区实际的数字化灾害治理措施，进而为西部地区防灾减灾提供理论依据。

关键词： 西部地区　地质灾害　治理措施

习近平总书记高度重视防灾减灾救灾工作，多次做出重要指示、批示，明确指出"加强自然灾害防治关系国计民生"。[①] 自然资源部印发《全国地质灾害防治"十四五"规划》，明确要最大限度防范和化解地质灾害风险，为西部地区灾害治理提供了依据。但与此同时，西部地区地质结构复杂，容易引发各类地质灾害。近年来，西部地区发生过多起特大地质灾害，西部地区与全国其他地区相比，地质灾害易发性更高，治理效果不佳。因此，亟须

---

* 邱海军，西北大学教授、博士生导师，陕西省杰出青年基金获得者，研究方向为自然灾害风险防控；朱亚茹，西北大学博士生；唐柄哲，西北大学博士后。
① 习近平：《中央财经委员会第三次会议上的讲话》，中国新闻网，2018 年 10 月 10 日。

加强西部地区地质灾害治理和防控体系建设。

西部地区生态环境脆弱，自然条件恶劣，地质灾害破坏力强、波及范围广、影响程度深、灾后恢复慢，损失惨重。例如，2008 年的汶川大地震造成近 7 万人遇难、37 万多人受伤，经济损失超过 8523 亿元。[①] 近几年，西部地区发生的地质灾害年均在 2000 次左右，造成了重大人员伤亡和数十亿元的经济损失，西部地区地质灾害防控和治理形势严峻。目前，西部地区地质灾害隐患排查的手段比较单一，不能及时获取灾害信息，数字化方法手段欠缺，无法对地质灾害的发展态势进行全方位动态监测，前期监测和主动预防能力薄弱，防范化解重大地质灾害风险面临挑战。因此需要构建数字化地质灾害隐患识别与监测预警以及治理体系。

一　西部地区地质灾害总体状况

（一）地质灾害成因复杂，种类数量规模大

中国西部地区位于东亚大陆西部，包括 12 个省（区、市），即重庆、四川、云南、贵州、西藏、广西、陕西、甘肃、青海、新疆、宁夏、内蒙古。[②] 区域广泛性决定了地质灾害空间分布和类型的广泛性，西部地区多种地质灾害并存，主要包括滑坡、泥石流、崩塌等。地质灾害成因复杂，全球气候变暖、极端降雨、地震活动、洪涝等成为诱发滑坡、泥石流等地质灾害的重要因素。西部地区的经济建设在一定程度上依赖当地的自然资源，不合理的开发和大规模的工程建设进一步加剧了生态环境的脆弱，同时也造成了环境退化，比如土地沙漠化、水源枯竭断流等，地质灾害发生的频率增加。在少数民族聚集区和西部乡村社区，经济相对落后，抗灾能力弱，灾害发生后治理不彻底，极易造成二次灾害，形成潜在隐患，灾害数量愈发增多。在

---

① 生态环境部：《2008 年中国环境状况公报》，生态环境部官网，2009 年 6 月 4 日。
② 该区域划分来源于国家统计局网站。

人类工程活动的叠加影响下，西部地区地质灾害呈逐年增长态势，造成了大量经济损失和人员伤亡。在多种因素耦合下，地质灾害与自然生态以及人类活动之间呈现恶性循环的关系。①

根据西部地区地质灾害隐患点统计结果（见表1），中国在册地质灾害隐患点约25万处，西部地区地质灾害隐患点共134227处，约占全国地质灾害隐患点总数的53.69%，其中滑坡灾害65116处、崩塌灾害29948处、泥石流灾害19944处、斜坡灾害13800处、地面塌陷灾害4052处，其他1367处。西部地区地质灾害以滑坡灾害、崩塌灾害、泥石流灾害为主；滑坡灾害最为严重，占地质灾害隐患点总数的48.51%；崩塌和泥石流灾害分别占地质灾害隐患点总数的22.31%和14.86%。

表1　西部地区各省（区、市）地质灾害隐患点数量

单位：处，%

地　区	灾害隐患点总数	滑坡	崩塌	泥石流	地面塌陷	斜坡	其他
新　疆	7169	1628	3795	1257	484	1	4
青　海	3345	613	433	1433	19	843	4
甘　肃	10645	3369	1466	4286	101	1340	83
宁　夏	871	331	191	240	10	97	2
陕　西	14677	10160	3357	619	281	92	168
内蒙古	2278	98	958	735	281	203	3
西　藏	7676	1341	1185	4582	5	557	6
四　川	26539	14041	6314	3203	9	2972	0
云　南	20088	11621	912	2858	271	4295	131
重　庆	15030	11143	2140	96	141	1500	10
贵　州	10469	6543	1692	489	436	593	716
广　西	15440	4228	7505	146	2014	1307	240
总　计	134227	65116	29948	19944	4052	13800	1367
占　比	—	48.51	22.31	14.86	3.01	10.28	1.02

资料来源：国家统计局网站。

---

① 李一石、王建山、杜清坤：《环境地质灾害治理探讨》，《工程管理前沿》2022年第3期。

（二）地质灾害分布不均衡，空间差异大

从地质灾害隐患点空间分布看，西部地区地质灾害分布广泛，地质灾害隐患点数量由南至北呈逐渐减少的趋势。在整个西部地区地质灾害中，西北地区的占比仅为总数的29.04%，而西南地区的占比则为70.96%，西南地区的地质灾害更加严重，数量明显偏多，特别是在四川和云南等地，地质灾害频发，其数量远远超过北方地区，西部地区地质灾害分布非常不均匀。在西部地区各省（区、市）中，存在多种不同类型的地质灾害，其中主要包括滑坡、泥石流和崩塌。不同类型地质灾害在地域分布上也存在较为明显的差别，西北地区泥石流发生频率较高，崩塌灾害多分布在阿尔泰山、天山、昆仑山附近，内蒙古东部以及陕西中部和北部，主要是由山区特殊的地质结构和干燥的气候条件所引起的；泥石流主要集中发生在甘肃和内蒙古东部地区；而滑坡则更为广泛地分布在陕西南部、青海、甘肃东部以及新疆西北部等地区。西南地区地质灾害频发，尤以滑坡和崩塌灾害最为集中。相较于西北地区，西南地区的崩塌灾害主要分布在重庆、贵州、广西等地；泥石流灾害主要集中在藏东南（雅鲁藏布江流域）、滇西（怒江流域、澜沧江流域），这些区域经历了强烈的地震、长时间冰川侵蚀和岩体强变质作用，为泥石流的形成提供了充足的物源。[1] 川渝等地区存在大量滑坡，这主要与其特殊易滑地层特征密切相关。

（三）地质灾害频繁，危害性大

西部地区地质灾害发生频率高，基本达到年均2000次左右，每年发生的地质灾害数量不稳定，2020年达到5847次，但2021年大幅度下降至2187次。2021年，中国发生滑坡灾害2335次、崩塌灾害1746次，泥石流、地面塌陷、地裂缝、地面沉降等地质灾害共691次，地质灾害共计4772次。其中，西部地区发生滑坡灾害1172次，占中国滑坡灾害总数的50.19%；泥

---

① 李彦稷、颜春达、胡凯衡、魏丽：《典型暴雨泥石流堆积扇危害范围演变规律》，《长江流域资源与环境》2017年第5期。

石流灾害发生 258 次，占中国泥石流灾害总数的 68.98%；崩塌灾害发生 599 次，占中国崩塌灾害总数的 34.31%；地面塌陷灾害发生 146 次，占中国地面塌陷灾害总数的 51.23%；地质灾害总计 2178 次，占中国地质灾害总数的 45.64%。西部地区地质灾害数量高于东部地区，地质灾害总体基数和新发规模大。2021 年西部地区地质灾害共造成直接经济损失 238016 万元，死亡 52 人（见表 2）。西部地区人员伤亡和直接经济损失的比例均占到中国总损失的 50% 以上。西部地区地质灾害破坏性强，直接威胁到人民生命财产安全和经济社会发展。

表 2　2010 年、2015~2021 年西部地区地质灾害发生次数、死亡人数和直接经济损失

年份	总地质灾害（次）	滑坡（次）	泥石流（次）	崩塌（次）	地面塌陷（次）	死亡人数（人）	直接经济损失（万元）
2010	7574	4644	1191	1343	194	2025	306332
2015	1653	791	305	409	128	104	159241
2016	1410	715	328	306	54	191	182609
2017	2337	1329	227	682	72	259	163454
2018	2044	1179	319	481	56	62	132095
2019	1615	786	395	383	50	148	217617
2020	5847	3566	834	1189	113	73	465002
2021	2178	1172	258	599	146	52	238016

资料来源：国家统计局网站。

2021 年西部地区地质灾害直接经济损失为近 6 年（2016~2021 年，下同）平均值的 102.1%；而死亡人口低于平均值，为近 6 年平均值的 39.69%。陕西、云南和重庆地质灾害直接经济损失分别为 2016~2021 年平均值的 4.55 倍、2.33 倍和 1.17 倍，其他省（区、市）地质灾害直接经济损失低于 2016~2021 年平均值。陕西和西藏由地质灾害造成的死亡和失踪人口数略高于 2016~2021 年平均值，分别为 2016~2021 年平均值的 1.14 倍和 1.33 倍，其他省（区、市）地质灾害造成的死亡和失踪人口数低于近 6 年平均值（见表 3）。

表3　2021年西部地区各省（区、市）地质灾害损失与近6年平均状况对比

单位：人，万元

省（区、市）	2021年		2016~2021年平均值	
	死亡和失踪人口	直接经济损失	死亡和失踪人口	直接经济损失
新　疆	0	118	7	5298.67
青　海	2	1492	4	2267.67
甘　肃	0	11215	10	45247.20
宁　夏	0	32	0	57.67
陕　西	16	79934	14	17558.50
内蒙古	0	10	0	357.33
西　藏	4	1638	3	6708.17
四　川	7	42064	20	91726.30
云　南	7	86863	17	37207.20
重　庆	9	8004	14	6841.03
贵　州	4	4590	24	6868.83
广　西	3	2056	18	13295.20
总　计	52	238016	131	233132.00

资料来源：国家统计局网站。

与2010年相比，2021年西部地区地质灾害直接经济损失整体上呈下降趋势；与2015年相比，2021年重庆的直接经济损失为2015年的103.28%，云南和青海甚至分别达到了2015年的270.59%和200%。其余省（区、市）中，新疆和内蒙古直接经济损失最少（见图1）。西部地区各省（区、市）地质灾害造成的死亡人数总体上呈现下降的态势。自2010年以来，西部地区地质灾害最为严重的一次是甘肃舟曲的泥石流灾害，造成1537人死亡。

二　西部地区地质灾害治理存在的问题

（一）西部地区缺乏地质灾害隐患基础数据库

针对整个西部地区地质灾害的调查研究工作不全面。受地质灾害的复杂

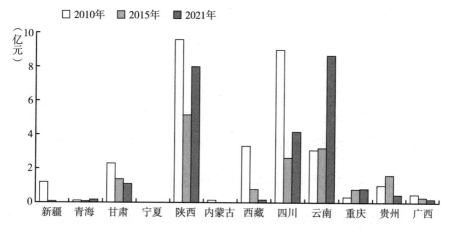

图 1　2010 年、2015 年与 2021 年西部各省（区、市）地质灾害直接经济损失

资料来源：国家统计局网站。

性、隐蔽性和动态性，以及极端降雨和人类工程建设的影响，隐患点的数量、稳定性、危害程度随环境的变化而发生变化，西部地区具体存在地质灾害隐患、隐患数量、严重程度等信息不清晰。以往针对整个西部地区范围内的地质灾害调查研究相对较少，在隐患排查过程中主要通过传统实地调查，建立相对静态化的灾害隐患数据库，数据库未随着新地质灾害的发生及时完善，基础数据库建设存在滞后效应。地质灾害的风险评估、识别灾害隐患点以及类型工作不到位，往往是在灾害发生后开展被动应急抢救等工作，灾前预警、防范抢救等基础数据还不完整，不同时空维度的灾害数据欠缺，数据的采集、审核、归档效率低，亟须搭建数据库框架，建立综合数据库。①

（二）未建立地质灾害治理联防联控机制

缺乏专门的地质灾害联合防控机构，不能有效协调自然资源部门和其他行政部门，各部门的地质灾害基础数据和监测数据分散，导致地质灾害防控治理所需的监测、预警、气象等数据无法在部门之间高效衔接和互联互通，尚未针对西部地区建立地质灾害信息数字化共享平台，存在重大地质灾害一体化指挥、

---

① 张加奇：《地质灾害综合监测数据库设计》，《华北自然资源》2020 年第 6 期。

跨区域的灾害治理和部门之间"数字孤岛"等问题，综合管理机制和有效协调机制不健全，缺乏相应的部门规章准则和管理办法支撑，通过传统电话等通信手段进行调度，手段较为单一，联动效率有待提高，未能形成数字化防灾减灾的强大合力。轻社会联动，全社会在西部地区地质灾害治理工作中参与度不高，未能有效发挥社会力量的优势，尤其乡镇和社区更多依靠政府和专门的应急管理机构，需要鼓励支持和引导多元力量科学有序参与地质灾害治理工作。

（三）应对地质灾害风险资源配置失衡

数字化技术与地质灾害治理结合不紧密，传统技术手段落后，数字化转型进程缓慢，未建立基于虚拟技术的数字化灾害模拟演练模型，灾害过程数字化复原和重建等技术欠缺。地质灾害防灾减灾、道路交通等基础设施建设不完善，应对灾情后勤保障能力不强，应急指挥平台调配应急资源忽略数字化的广泛应用，防灾减灾成本畸高，资金供需不平衡，导致地质灾害发生后不能及时治理。管理人员缺乏相关地质灾害防治专业知识，不能有效对灾害风险进行专业分析，亟待建立专家系统为灾害防控提供支持。数字化人才缺乏，乡村数字灾害治理人才队伍建设存在短板，数字化技术普及率不高，面临"空心化"的挑战，数字治理人才内在化质量提升动能不足，日益增长的数字化灾害治理需要同人才配备存在矛盾。[1] 对部分地质灾害不能提前进行防范，抵御地质灾害的能力薄弱。

（四）现有地质灾害监测预警机制不健全

防灾监测数字化仍处于初步阶段，尚未广泛推广。[2] 未能系统建立应对地质灾害风险所需要的基础监测数据、专业分析系统和多灾种预警模型，数字化监测平台亟待更新和完善，实时监测地质灾害隐患点周围环境变化面临挑战，数字化的避难、求援、逃生等预警监测信息发布不及时，传播速度

---

① 贺勇：《探讨地质灾害防治策略》，《科技资讯》2023年第5期。
② 隋嘉等：《青海省地质灾害监测预警信息化平台建设与实现》，《中国地质灾害与防治学报》2023年第2期。

慢，综合应用视频监控、传感设备进行灾害监测预警的水平低，地质监测预警更多局限于群防群测小范围，地质灾害监测预警以及工程防治技术滞后，缺乏精细化监测管理，监测设备普遍老化，室外监测设备损坏丢失情况频发，间接导致数据异常、跳跃，监测预警手段传统落后，监测预警体系还不完善，各种预警监测技术和设备结合不紧密，配合不到位，未能形成监测预警的"合力"，地质灾害监测预警能力亟待提升。

（五）西部地质灾害管理体系还不完善

西部地区地质灾害管理主要侧重于灾害的应急救助、灾情评估和灾后救援，重救轻防。西部地区地质灾害风险管理的方法、内容和程序管理仍处于探索阶段，风险管理能力弱，地质灾害管理体系不完善。数字化推演灾害发展进程以及对地质灾害的演进趋势掌控力不强，地质灾害工程体系以统一的模型进行管理是数字化转型面临的一大难题。西部地区存在因灾致贫、因灾返贫的风险，地质灾害问题具有一定的灾害—贫困链条效应，未建立地质灾害致贫人员清单制度。数字化赋能推动生态环保、污染防治、生态系统修复应用场景还不完善，西部地区数字化产业结构和经济发展方式低碳转型艰难，最根本的原因是西部地区数字建设落后，对生态文明建设和灾害治理二者间的关系认识不足，西部地区不合理的开发和生态环境破坏加剧了当地地质灾害风险。

三　西部地区地质灾害治理的对策与建议

（一）建立西部地区地质灾害隐患数据库，开展地质灾害风险评估

1. 开展全域灾害调查，明确隐患底数

建立以"地理信息系统+大数据+人工智能"为支撑的地质灾害隐患识别分析中心，建立完善西部地区地质灾害隐患数据库和平台，在西部地区已有地质灾害隐患点的基础上，开展全域地质灾害拉网式复查排查工作，识别区域范围内隐蔽性强的地质灾害隐患点，完善西部地区地质灾害信息。持续

推进数字化建设，加强数据共享、分析和挖掘。① 运用多方法、分层次、多尺度综合遥感"空—天—地"一体化手段进行调查，将调查结果并入隐患点数据库统一集中管理，加快地质灾害隐患点电子档案建设，逐步实现灾害数据档案管理的数字化。

2. 开展灾害风险评估，确定详查区域

要不断丰富地质灾害风险评估内容，更新风险评估标准。② 对隐患点所在区域进行详细调查，了解其地形地貌、地层岩性、水文植被等与灾害有关的环境条件。梳理孕灾过程，探索致灾要素与灾害事件之间错综复杂的关系，揭示灾害隐患的种类、现阶段发展情况以及稳定性状态。分析地质灾害发生的规律，探索西部地区地质灾害形成原因，并进行风险等级的划分。利用调查数据和数字化空间技术，构建数字风险技术体系，通过大数据集成，使普查数据成果以"一张图"呈现高风险区域，并对关键区域开展专题研究，结合实际情况制定综合地质灾害防治方案。

3. 构建双控模式，提升防控成效

基于全域调查和风险评估，延伸数字化触角，在普查数据库中单独列出高风险区域和域内隐患点信息，并且要不断更新完善隐患数字信息，更好地发挥数字技术作用。比较高风险区和低风险区的治理差异，精准把控高风险区和域内隐患点，部署好重点区域地质灾害防范工作，为后期重要地质灾害隐患点的治理工作提供第一手支撑资料，逐步构建地质灾害"隐患点+风险区"双控模式，形成"一点（隐患点）—区（风险区）—管控"的网格化工作机制。③

（二）健全地质灾害治理防控联席长效机制，提升工作效率

1. 权能定位与协调机制创新

建立以气象、水利、自然资源、城市规划、科研院所等部门为主的地质

---

① 徐岩岩、程晓露、支源：《关于地质灾害防治信息化建设的几点思考》，《地质灾害与环境保护》2023 年第 1 期。
② 王雪妍：《浅谈地质灾害风险评估》，《科技资讯》2018 年第 8 期。
③ 孙萍萍、张茂省、贾俊等：《中国西部黄土区地质灾害调查研究进展》，《西北地质》2022 年第 3 期。

灾害风险防控联席长效机制，设立统一的西部地区地质灾害防灾减灾综合管理机构，逐步建立多部门、跨地区、多层次、分布式网络结构下的综合协调控制数字化平台。汇集多元数据，畅通信息共享，通过数字平台技术统一调度指挥，辅助精准决策，横向贯通相关部门，纵向贯通"省、市、县、乡、村"五级，形成"机构+数字化平台"的综合联防机制。

2. 完善政府牵头、社会力量广泛参与的地质灾害治理机制

夯实社会基础，建立、健全各种减灾法规，通过网络和新兴媒体等媒介积极向全社会开展防灾减灾知识科普宣传，推动数字共享，提高全民防灾减灾意识和能力，定期开展现实和3D防灾模拟演练，通过综合协调控制数字化平台，宣传和引导灾害信息员、互联网公司等社会力量参与地质灾害治理工作。制定专门管理办法，纠正、惩戒违反防灾减灾等法规的行为，确保防灾减灾工作有章可循。加强居民自治，逐步形成"政府+社会"的自上而下多方参与的地质灾害治理工作体系。

3. 探索保险和基金会保护机制

建立健全农牧业政策保险和巨灾保险制度，政府专项补贴由专门的保险公司承保，政府再承担相应的再保险。[①] 通过保险风险管理服务，对地质灾害造成的投保财产损失赔偿予以保障，对可能发生的风险进行有效预防、分散和转移，适时公开基金会参与灾害治理工作的信息，积极进行社会动员。加强西部地区保险机制建设，充分调动社会资源，在一定程度上降低对政府的依赖性，对减轻西部地区灾害损失具有重大的意义和价值。

（三）合理配置西部地区地质灾害治理多要素资源

1. 推动创新战略，深化科技融合

确立科技防灾减灾的总方案，制定技术创新与融合的总路径，开展地质灾害成因及治理等相关课题研究和技术攻关，促进科研与防灾紧密结合，提

---

① 许飞琼：《西部民族地区的灾害问题与综合治理》，《民族研究》2013年第2期。

高产学研用一体化水平，推动重大成果产出和科技成果转化。[①] 结合"互联网、人工智能+地质灾害治理"，研发新型防灾减灾装备，提高硬件水平，补短板、强弱项，让科技创新在西部地区灾害治理实践中"落地生根"。

2.统筹资金运用，优化资金链结构

设立西部地区防灾减灾专项预算，加强资金保障支持，在地质灾害风险防控、灾后恢复工作中加大科技、人力资源、应急物资储备等的投入，增加地质灾害工程防御能力建设投入，通过大数据分析识别灾害高发区域和基础设施落后区域，定点加强道路交通、水利设施、应急避难场所等基础设施建设。高效合理调配资金投入，优化资金在不同灾害治理工作过程中的应用，提高资金使用效率。

3.促进人才队伍建设，强化"智囊"作用

加强西部地区防灾减灾队伍建设，建立由政府、高校、科研院所与信息技术、地质灾害等相关学科专家组成专家数据库，在灾害发生时第一时间抽调人员响应。加强相关学科融合和相关人才培养，将防灾减灾人才培养与队伍建设纳入西部大开发战略中，加强数字治理人才的引进，要建立完善的激励机制，用好数字治理人才，邀请相关专家学者通过云端网络会议为当地干群进行培训，助力提高灾害治理的数字化水平，为地质灾害综合研治提供强大的智力支撑。

（四）建立健全西部地区地质灾害监测预警体系

1.打造科技化地质灾害监测预警平台

坚持科技引领，加强西部地区地质灾害信息技术的应用。综合运用雷达卫星遥感、无人机、物联网、大数据、云计算等数字化技术手段，获取多源监测预警数据，对数据进行专业分析。探索应用先进实景三维融合立体监测技术，开展地质灾害监测预警试点工作，持续深挖地质灾害监测预警的新解

---

① 刘垠：《〈"十四五"公共安全与防灾减灾科技创新专项规划〉出炉》，《科技日报》2022 年 11 月 11 日。

决方案和新技术，破除传统技术的弊端，发挥新技术的优势，着力推进数字化监测预警平台建设，综合运用自动化监测技术，提高监测精度，实现自动化防控。[1]

2. 加强西部地区监测预警网格化体系建设

加快建立以北斗地质云为基础的监测预警新体系，更新和完善西部地区现有的地质灾害监测预警系统，及时发布预警监测信息，以"预警+短信+语音提醒"等多种方式提前通知域内全部人员，打通逃生通道"最后一公里"。通过 VR 技术搭建灾害数字化场景，实现"虚实融合"，使得管理者可以身临其境直观、准确地查看灾情。考虑西部地区减灾需求，建立健全由乡镇政府、行政村、国土所、地理专门人才、技术监测员组成的"五位一体"地质灾害防治网格化管理体系，依靠群测群防，建立"人防+技防"融合监测预警新模式。[2] 不断完善地质灾害专群结合监测预警体制机制，从而整体提高西部地区地质灾害的整体防控水平。

3. 因时因地制宜推动监测预警机制建设

要把握西部地区不同地质灾害发生的季节性和区域性特征，充分考虑地区间的灾种结构和灾情差异化，逐步完善针对不同地质灾害的监测预警配套设施，持续扩大监测预警范围，以数字化改革为契机，整合数字化手段，运用监控、指示器、感知终端等设备，对灾害隐患进行实时监测，构建地质灾害时空信息数据模型，形成不同时空地质灾害的数字孪生。建立监测预警平台和专群结合监测机制，推动地质灾害监测预警工作科学化、规范化和标准化。[3] 最终实现动态监测和智能预警，构建符合西部地区实际的地质灾害监测预警体系。

（五）构建西部地区全链条一体化地质灾害综合管理体系

1. 把握弹性准则，治本与应急结合

加强西部地区地质灾害全环节管理，探索灾害治理分阶段、分级管理机

---

① 龚伟、刘黔云：《地质灾害防治自动化监测手段分析》，《农业灾害研究》2022 年第 10 期。

② 王瑜：《我国"十四五"地质灾害防治明确六大目标》，《资源与人居环境》2023 年第 2 期。

③ 李慧：《2021 年度地灾监测预警实验全面试运行》，《中国自然资源报》2021 年 6 月 7 日。

制。运用 GIS、无人机遥感、InSAR 等技术，结合定期巡查，为灾前治理、灾种保障、灾后评估提供丰富的信息支撑。对于危害程度高、治理难度大的地质灾害隐患点，应采取工程治理措施进行主动治理，尤其是要加大力度开展人口聚集区的灾害治理，分期分批落实治理任务，在灾前从地质灾害"源头"本身治理，消除地质灾害隐患。灾害发生时，以现有组织框架与资源为前提，发挥各部门能动性，要积极响应，妥善处置，加强人员调配、应急资金和物资保障储备管理，最大限度减轻灾害造成的损失。在灾害发生后，评估损失，对风险处理措施进行研究和回顾，促进灾后恢复，进一步完善相应措施和加强灾害应急处置，促进地质灾害风险管理方法、流程的系统化、科学化，形成"灾前—灾中—灾后"全过程的地质灾害管理体系。

2. 推进经济发展与防灾减灾同步，协调治理与贫困的关系

推进经济发展与防灾减灾相协调，发展和减灾相互促进，将减灾纳入西部地区西部大开发战略当中，发挥西部地区传统资源优势，引入发展特色产业，鼓励有市场潜力又节约资源和能源的产业发展，实现防灾减灾和产业经济发展的双赢。把控致贫的灾害因素，切断因灾致贫、返贫的链条。针对生存条件恶劣的居民应实施搬迁移民，兴建新型定居点，建立完善的搬迁治理工程体制。① 开发大数据灾害—贫困数据平台，将信息技术引入灾害贫困治理，实时更新、全程监测贫困户数据，对因灾返贫等风险进行动态预测。探索创建医疗扶贫信息化平台，让数据"多跑路"，为灾害贫困治理插上"数字翅膀"。灾害治理就是发展，要把西部地区灾害治理作为减贫、返贫的重要抓手。

3. 做好灾害治理科学规划，改善生态环境

西部地区水土流失和生态破坏严重，易引发地质灾害，要科学规划国土资源开发布局，退耕还林，植树种草，提高植被覆盖率。同时，建设国家森林公园，实施生态修复工程，改善地质环境，从而减少地质灾害的发生频率和缩小发生范围，以深入实施西部大开发战略、"一带一路"倡议、"中巴

---

① 张英：《地质灾害防治策略和地质环境应用分析》，《内蒙古煤炭经济》2022 年第 18 期。

经济走廊"建设为纽带,培育"数字+生态环保"新兴产业。以绿色低碳转型为导向,推动生态安全、节能环保产业数字化融合工程建设,加快人工智能、物联网、云计算、数字孪生、区块链等信息技术在安全应急、节能环保、自然生态管护领域的应用,结合地质灾害发生规律和发育条件,有针对性地开展生态环境建设,构建地质环境体系。[①] 要高度重视西部地区地质灾害治理,在全国灾害治理"一盘棋"中将西部地区放在优先位置,力求取得综合的减灾防灾效果,打赢西部地区地质灾害治理攻坚战。

---

① 杨曼:《地质环境保护及地质灾害防治策略分析》,《城市建设理论研究》2022 年第 27 期。

社会科学文献出版社

皮 书

智库成果出版与传播平台

❖ 皮书定义 ❖

皮书是对中国与世界发展状况和热点问题进行年度监测,以专业的角度、专家的视野和实证研究方法,针对某一领域或区域现状与发展态势展开分析和预测,具备前沿性、原创性、实证性、连续性、时效性等特点的公开出版物,由一系列权威研究报告组成。

❖ 皮书作者 ❖

皮书系列报告作者以国内外一流研究机构、知名高校等重点智库的研究人员为主,多为相关领域一流专家学者,他们的观点代表了当下学界对中国与世界的现实和未来最高水平的解读与分析。截至 2022 年底,皮书研创机构逾千家,报告作者累计超过 10 万人。

❖ 皮书荣誉 ❖

皮书作为中国社会科学院基础理论研究与应用对策研究融合发展的代表性成果,不仅是哲学社会科学工作者服务中国特色社会主义现代化建设的重要成果,更是助力中国特色新型智库建设、构建中国特色哲学社会科学"三大体系"的重要平台。皮书系列先后被列入"十二五""十三五""十四五"时期国家重点出版物出版专项规划项目;2013~2023 年,重点皮书列入中国社会科学院国家哲学社会科学创新工程项目。

皮书网

（网址：www.pishu.cn）

发布皮书研创资讯，传播皮书精彩内容
引领皮书出版潮流，打造皮书服务平台

栏目设置

◆ 关于皮书
何谓皮书、皮书分类、皮书大事记、
皮书荣誉、皮书出版第一人、皮书编辑部

◆ 最新资讯
通知公告、新闻动态、媒体聚焦、
网站专题、视频直播、下载专区

◆ 皮书研创
皮书规范、皮书选题、皮书出版、
皮书研究、研创团队

◆ 皮书评奖评价
指标体系、皮书评价、皮书评奖

◆ 皮书研究院理事会
理事会章程、理事单位、个人理事、高级
研究员、理事会秘书处、入会指南

所获荣誉

◆ 2008 年、2011 年、2014 年，皮书网均
在全国新闻出版业网站荣誉评选中获得
"最具商业价值网站"称号；
◆ 2012 年，获得"出版业网站百强"称号。

网库合一

2014 年，皮书网与皮书数据库端口合
一，实现资源共享，搭建智库成果融合创
新平台。

皮书网　　　　"皮书说"　　　皮书微博
　　　　　　　微信公众号

权威报告・连续出版・独家资源

皮书数据库
ANNUAL REPORT(YEARBOOK)
DATABASE

分析解读当下中国发展变迁的高端智库平台

所获荣誉

- 2020年，入选全国新闻出版深度融合发展创新案例
- 2019年，入选国家新闻出版署数字出版精品遴选推荐计划
- 2016年，入选"十三五"国家重点电子出版物出版规划骨干工程
- 2013年，荣获"中国出版政府奖・网络出版物奖"提名奖
- 连续多年荣获中国数字出版博览会"数字出版・优秀品牌"奖

皮书数据库

"社科数托邦"
微信公众号

成为用户

　　登录网址www.pishu.com.cn访问皮书数据库网站或下载皮书数据库APP，通过手机号码验证或邮箱验证即可成为皮书数据库用户。

用户福利

- 已注册用户购书后可免费获赠100元皮书数据库充值卡。刮开充值卡涂层获取充值密码，登录并进入"会员中心"—"在线充值"—"充值卡充值"，充值成功即可购买和查看数据库内容。
- 用户福利最终解释权归社会科学文献出版社所有。

社会科学文献出版社 皮书系列
SOCIAL SCIENCES ACADEMIC PRESS(CHINA)

卡号：823276714955
密码：

数据库服务热线：400-008-6695
数据库服务QQ：2475522410
数据库服务邮箱：database@ssap.cn
图书销售热线：010-59367070/7028
图书服务QQ：1265056568
图书服务邮箱：duzhe@ssap.cn